绿色生态理念引领苏北高质量发展研究

仇桂且　史修松　著

中国财经出版传媒集团
中国财政经济出版社
北京

图书在版编目（CIP）数据

绿色生态理念引领苏北高质量发展研究 / 仇桂且，史修松著. -- 北京：中国财政经济出版社，2023. 7

ISBN 978 -7 -5223 -1870 -7

Ⅰ. ①绿… Ⅱ. ①仇… ②史… Ⅲ. ①区域经济发展-研究-江苏 Ⅳ. ①F127. 53

中国国家版本馆 CIP 数据核字（2023）第 018347 号

责任编辑：彭　波　　　　责任印制：史大鹏
封面设计：孙俪铭　　　　责任校对：胡永立

绿色生态理念引领苏北高质量发展研究
LÜSE SHENGTAI LINIAN YINLING SUBEI GAOZHILIANG FAZHAN YANJIU

中国财政经济出版社 出版

URL：http：//www. cfeph. cn
E－mail：cfeph@ cfeph. cn

社址：北京市海淀区阜成路甲 28 号　邮政编码：100142
营销中心电话：010 －88191522
天猫网店：中国财政经济出版社旗舰店
网址：https：//zgczjjcbs. tmall. com
北京财经印刷厂印刷　各地新华书店经销
成品尺寸：170mm×240mm　16 开　21. 75 印张　347 000 字
2023 年 7 月第 1 版　2023 年 7 月北京第 1 次印刷
定价：108. 00 元
ISBN 978 －7 －5223 －1870 －7
（图书出现印装问题，本社负责调换，电话：010 －88190548）
本社质量投诉电话：010 －88190744
打击盗版举报热线：010 －88191661　QQ：2242791300

本书由淮阴工学院苏北发展研究院、江苏省决策咨询研究基地“四化同步”研究基地、创新创业与苏北高质量发展研究团队、江苏省“青蓝工程”优秀教学团队：工商管理专业教学团队、国家级一流本科专业建设点工商管理专业、江苏省一流本科专业建设点国际经济与贸易专业、江苏高校哲学社会科学重点研究基地“苏北社区治理现代化研究中心”、国家社科基金项目“高质量发展阶段全要素生产率提升路径研究”（19BJY001）、江苏省教育科学规划重点课题“江苏高校毕业生就业空间差异及优化策略研究”（/2022/01/143）、江苏省习近平新时代中国特色社会主义思想研究中心一般项目（省社科基金一般项）“中华优秀传统文化引领引领精神生活共同富裕路径研究”（23ZXZB038）、2023 年度省社科应用研究精品工程社会教育（社科普及）专项课题：“五社联动”背景下社区教育促进社区治理的路径研究、淮安现代化研究院智库建设专项、江苏高校青蓝工程基金等项目资助。

前　　言

苏北系江苏北部地区的简称，地处黄海之滨，海岸线744公里，包括徐州、连云港、淮安、盐城、宿迁5个设区市，共37个县（市、区），土地面积5.49万平方公里，2022年末常住人口2983.8万人，分别占江苏省51.82%、35.04%。苏北地理位置优越，地处我国南下北上、东出西进重要位置，是国家“一带一路”倡议交汇点、全国沿海经济带、大运河文化带、淮河生态经济带、长三角区域一体化的重要组成部分，也是江苏省增量空间最大、增长潜力最大的区域。

当前和今后一个时期，苏北正处于转型发展的关键期。省委省政府提出，走生态优先、绿色发展的新路子，就是要把生态优先、绿色发展作为苏北发展的根本依托和最大优势，摆在首要的位置，着力发展绿色生产力，打通绿水青山转化为金山银山的通道。在苏北的转型发展进程中，必须坚持创新、协调、绿色、开放、共享的新发展理念，必须贯彻落实习近平总书记视察江苏强调“把保护生态环境摆在更加突出的位置，推动经济社会高质量发展、可持续发展，着力在改革创新、推动高质量发展上争当表率”的要求。充分利用苏北地区生态基础好、发展空间大的比较优势，才能促进苏北地区在推进“强富美高”的进程中，沿着环境生态优美化、经济生态高效化、社会生态文明化的轨道发展，把生态优势转化向经济优势，把绿水青山转化为金山银山，把苏北地区建设成为环境友好、生活富裕、社会文明的美丽宜居苏北，实现“苏北赶超”。

本书聚焦绿色生态理念引领的苏北高质量发展为主题，阐释生态优先、绿色发展的理论发展脉络，分析了苏北高质量发展的基础条件以及存在的问题、苏北高质量发展导向与功能定位、苏北地区产业结构的时序调整和空间演变，运用随机前沿分析法（SFA）、数据包络分析方法（DEA）等方法对经济高质量发展进行效率测度，对不同模型的测算结果进行归纳和提炼，分析苏北经济高质量发展的影响因素，阐明苏北高质量发展的重点选择，提出苏北高质量发展战略举措和保障体系。本书以生态优先、绿色发展为理念，探讨苏北高质量发展这一时代主题，从理论与实践上贡献绵薄之力。

仇桂且　史修松

2023 年 9 月

目　录

| 第一章 |

人类社会发展的新境界：生态优先、绿色发展

第一节　生态危机与工业文明反思

人类往往自诩是自然界的主人，一片片森林、草地、湖泊变成了高大烟囱的工厂、直插云霄的大厦、蜿蜒盘旋的马路。恩格斯曾说："我们不要过分陶醉于我们人类对自然界的胜利。对于每一次这样的胜利，自然界都对我们进行报复。"① 人类在享受工业文明成果的同时，一场风暴正席卷着我们这个蔚蓝色星球，人类采取了很多方法试图平息这场风暴。但是，几十年过去了，这场风暴不仅没有被赶走，反而变本加厉地吞噬着人类的文明成果，并且越来越难对付了，这场风暴的源头就是生态危机和资源危机。

一、生态危机与生态平衡

（一）生态危机及成因

生态灾难（ecological disaster）广义上是指生态系统平衡被破坏而给社会、给人类所带来的灾难。狭义上是指特殊干扰事件引起的生态性结构损毁与功能丧失，进而造成对相关生命的伤害，冲击与灭亡等灾难。灾难幅度有大有小，大型生态灾难所涵盖的时空尺度大，伤害范围广，复原时间长。

---

① 马克思恩格斯选集［M］. 北京：人民出版社 . 1972.

生态灾难是自然灾害中的一种。导致生态灾难的因素有自然因素和人为因素。自然因素如水灾、旱灾、地震、台风、山崩、海啸等。由自然因素引起的生态平衡破坏称为第一环境问题，由人为因素引起的生态平衡破坏称为第二环境问题。而人为因素是造成现代社会生态灾害频发的主要因素，人为因素主要有以下三方面：

1. 环境因素发生改变。首先，人类的生产和生活活动产生大量的废气、废水、垃圾等，不断排放到自然环境中，如二氧化碳大量排放导致地球温室效应，带来了一连串的气候灾难；其次，人类对自然资源不合理利用或掠夺性利用，如盲目开荒、滥砍森林、草原超载等，都会使环境质量恶化，产生近期或远期效应，使生态平衡失调，自然灾害频发。

2. 生物种类发生改变。在生态系统中，盲目增加一个物种，有可能使生态平衡遭受破坏。例如，美国于 1929 年开凿的韦兰运河，把内陆水系与海洋沟通，导致八目鳗进入内陆水系，使鳟鱼年产量由 2000 万公斤减至 5000 公斤，严重破坏了内陆水产资源。在一个生态系统中减少一个物种，也有可能使生态平衡遭到破坏。20 世纪 50 年代中国曾大量捕杀过麻雀，致使一些地区虫害严重。究其原因，就在于害虫的天敌麻雀被捕杀，害虫失去了自然抑制因素。又如，1906 年美国亚利桑那州的卡巴森林为保护鹿群，捕杀肉食动物，导致鹿群大量繁殖最后没有食物，濒临灭绝等。

3. 对生物信息系统的破坏。“生物与生物之间彼此靠信息联系才能保持其集群性和正常的繁衍，一旦某种物种消失，与其相关的信息联系也将随之消失，从而使整个生态平衡失调或遭到破坏。”① 人为地向环境中释放某种物质，干扰或破坏了生物间的信息联系，有可能使生态平衡失调或遭到破坏。例如，自然界中有许多昆虫靠分泌释放性外激素引诱同种雄性成虫交尾，如果人们向大气中排放的污染物能与之发生化学反应，则雌虫的性外激素就失去了引诱雄虫的生理活性，结果势必影响昆虫交尾和繁殖，最后导致种群数量下降甚至消失。

（二）生态平衡（ecological equilibrium）

生态平衡是指构成生物圈的各类生态系统各自发挥自身的特殊作用，共

---

① 尚玉昌．普通生态学［M］．北京：北京大学出版社，2004：101－102.

同维持生物圈的正常功能而形成的一种平衡局面。当处于这一状态时，生态系统内生物之间和生物与环境之间相互高度适应，种群结构和数量比例长久保持相对稳定，生产与消费和分解之间相互协调，系统能量和物质的输入与输出之间接近平衡。因此“生态系统的平衡是一种动态的平衡，即能量的输入与输出基本达到平衡状态。”①。

生态失衡是指由于人类不合理地开发利用自然资源，且其干预程度超过生态系统的阈值范围，破坏了原有的生态平衡状态，而对生态环境带来不良影响的一种生态现象。例如，乱砍滥伐森林，采伐速度大大超过其再生能力，则会使资源衰竭，生态失衡，后果是气候变劣，水土流失，引起生态报复。

地球曾经给了我们人类美好的生活圈，但由于人类在其发展过程中的肆意破坏，现在已经变得满目疮痍、面目全非。“城镇化推进过程中，动植物的生境会遭到破坏，原有的生态系统与生态平衡会打破，有的动植物产生灭顶之灾，会导致一系列生态灾难与环境问题。”② 生态失衡主要表现在：

1. 大气生态圈失衡。随着大气污染的加剧，全球气候变暖，冰川消融，海平面相应升高，沿海低地受到海水淹没的危险，整个地球的气候灾害在增多，频繁发生雪灾、大雾、海啸等极具破坏性的气候灾害。同时，大气中的许多污染物如碳氢化合物、一氧化碳、氮氧化合物、硫氧化物、硫化氢、氟化物、光化学氧化剂和微粒物质等对人类和其他动植物的危害也极大，对人类的健康和动植物的健康生长都构成极大的威胁。

2. 水资源生态失衡。随着水污染的加剧，带来水资源生态严重失衡。水污染既包括淡水污染也包括海洋水的污染。其中，以淡水的污染最为严重，工业废水、生活污水、农业退水是淡水污染的主要源头，这些稍作处理或未经过处理都直接排到天然水系中，导致人类的淡水资源越来越匮乏，而许多动植物受到影响，直接导致某些物种的灭绝和变异。由于整个地球的水体是一个循环的过程，这些被污染了的淡水，经过循环又会被传送到海洋和地下水中。曾经有科学家发现在南极企鹅的组织中也发现了杀虫剂，这就是一个

---

① 刘元．生态学视阈下高校行政管理改革的对策［J］．江苏高教，2016（01）：43－45.

② 莫神星，张平．新型城镇化绿色发展面临的几个重要问题及应对之策［J］．兰州学刊．2021（01）：152－167.

很好的见证。

3. 生态调节能力失衡。现实中生态系统常受到外界的干扰，但干扰造成的损坏一般都可通过负反馈机制的自我调节作用使系统得到修复，维持其稳定与平衡。不过生态系统的调节能力是有一定限度的，当外界干扰压力很大，使系统的变化超出其自我调节能力限度即生态阈限（ecological threshold）时，系统的自我调节能力随之丧失。此时，系统结构遭到破坏，功能受阻，整个系统受到严重伤害乃至崩溃，此即生态平衡失调。

（三）生态危机的特征

1. 生态危机具有系统性。生态危机是生态系统的危机，由于生态系统的系统性所致，系统性也是生态危机的基本特征。按照现代系统论的科学方法论（吴元梁，1991）来认识，就会看到，任何一个特定的生态危机都不是孤立的，而是整个生态系统遭到破坏之后所体现出来的；任何一个特定的生态危机，它也会系统地影响到别的方面，造成生态危机的系列反应。在一定生态闭限内，生态系统是具有自我调节和修复能力的，当整个生态系统的结构和功能比较完整时，是不可能爆发出生态危机的；而如果已经出现了生态危机，那说明已经不是某个方面出了问题，而是整个生态系统的结构和功能被破坏了。另外，正是由于生态系统的系统性，那么，只要有生态危机发生，它的影响也就是系统性的。例如，全球气候暖化既是整个生物圈生态系统的结构和功能被破坏所导致的一个结果，反过来，全球气候暖化又会系统地引起骤风暴雨增加、冰川融化、海平面上升、物种灭绝加速等生态危机。“一个蝴蝶在巴西轻拍翅膀，可以导致一个月后美国得克萨斯州的一场龙卷风”——著名的“蝴蝶效应”，也即初始条件的极小偏差，将会引起结果的极大差异，正是生态危机系统性形象生动的说明。①

2. 生态危机具有全面性。生态系统的系统性还决定了生态危机具有全面性。首先，从生物圈的角度看，目前人类面临的生态危机，已经遍布了整个地球生态圈的大气圈、水圈、土壤岩石圈，而且，各个生物圈的生态危机又是相互影响的。例如，大气圈有温室效应、臭氧层空洞、酸雨等生态危机，

① 韩立新，霍江河．“蝴蝶效应”与网络舆论生成机制［J］．当代传播，2008（6）：64.

水圈有海平面上升、富氧化、水生物种灭绝加速等生态危机，地圈有水土流失、荒漠化、陆生物种灭绝加速等生态危机。而且，温室效应这种生态危机不仅给大气圈带来了麻烦，也给水圈带来了海平面上升的灾难，还加速了地圈的荒漠化和物种灭绝速度。其次，从整个人类的生存环境来看，生态危机是全方位的。目前人类面临的生态危机，已经遍布了世界各大洲、各大洋、各个国家、各个地区，甚至地球每一个角落。例如，南极的企鹅、北极的海豹身上都发现了 DDT 的存在，最远离人群的北极熊、雪豹等物种也在遭受严峻考验；在被称为地球第三极的珠穆朗玛峰上，也存在着白色污染。因此，生态危机在全面地爆发，它对当代人类的生存和发展造成的严重影响和威胁无疑也是全面的。

3. 生态危机具有复杂性。生态系统是多要素、多维结构、多功能和多变性的复杂系统。正是生态系统的复杂性（complexity），决定了生态危机的复杂性。

（1）生态危机的表征是复杂的。生态的恶化不是只有一种形式，地球生态系统遭受的破坏是多种多样的，因而生态危机也表现为不同的形式。例如，生态危机可以表现为太湖的蓝藻爆发，可以表现为黄河的断流，可以表现为雪灾等灾害天气，也可以表现为中华鲟、扬子鳄、华南虎的濒临灭绝，等等。

（2）生态危机的根源是复杂的。生态的恶化绝不是单一因素造成的，而是诸多因素共同作用的结果。粗略地说，造成生态危机的原因既有人为的因素，也有自然的因素。而在更重要的人为的因素中，有人口的原因，有生产生活方式的原因，有生态意识和价值观念方面的原因，有人类社会内部非正义方面的原因，等等。并且，每一个原因又都是历史地形成的，因而是非常复杂的。

（3）生态危机的后果也是复杂的。生态危机的后果有的是可以预料的，而更多的是不可预料的。从生态系统内部来看，一个生态危机往往带来不可预料的其他生态危机。例如，2008 年 1、2 月间发生在中国南方地区的雪灾，就可能导致了一些珍稀植物物种的灭绝，还可能导致山体滑坡，等等。另外，生态危机不只是关于生态系统的危机，它也与人们的利益息息相关，因此，生态危机还很有可能导致人们发生冲突，甚至发动战争。

（4）生态危机具有一定程度上的不可逆性。自然界中各种各样的生态系统既相互联系，又彼此相对独立，它们构成了复杂有序的层级系统。按照现代系统论的观点，较高的层级系统以大尺度、大基粒、低频率和缓慢速度为特征，它们又被更大尺度、更大基粒、更低频率和更缓慢速度的更高层级系统所控制，因而是有序的，即“从时间上看，系统内元素与元素之间是有先后次序的；从空间上看，系统内元素与元素之间是有层次秩序的；从功能上看，系统的功能行为也总是在时间和空间上有秩序地发生和表现”（吴元梁，1991）。另外，生态系统是一种动态的开放系统，系统与外界环境之间存在能量流动和物质交换。在交换过程中，生态系统会受到外界的干扰。但在一定限度内，系统本身的调节作用通过进行内部结构和功能的调节，就能校正自然和人类所引起的干扰和不稳定。但如果超出一定限度，生态系统的自我调控机制就降低或消失，生态系统的相对平衡和稳定就会遭到破坏，甚至导致系统崩溃。这个限度就称为生态闭值（ecological threshold）。生态危机的爆发，意味着生态系统的生态闭值打破，而一旦生态系统的有序性和稳定性被打破，往往造成不可意料且不可逆的后果。例如，森林具有较高的抵抗外来干扰的能力，但是，如果它遭到严重破坏，则难以恢复。这就是生态学中“抵抗力稳定性高的生态系统恢复力稳定性低”的定律。另外，很多物种的灭绝也是不可逆的。或者更严格地说，生态危机造成的后果在人类时间内是不可逆的。人类时间是相对于地质时间而言的，是比地质时间要短得多的时间维度。按照动态生态学的观点，生态系统是动态发展和演化的，不一定要追求稳定性和可逆性，特别是从地质时间来看，更是如此。因此，一些生态危机的恶果并不可怕。例如，从地质时间来看，水土流失和土地的荒漠化只是生态系统进化的一个环节，根本不需要维持其稳定性和可逆性。对人类重要的时间维度是人类时间。从人类时间来看，人类活动导致的生态退化很多都是不可逆的。一旦生态环境退化发生，不仅很难恢复，还可能形成一种加速度发展态势，来自外界较小的干扰也会引起生态系统内部极为剧烈的反响，造成的灾害也会更大、更频繁、更严重。

二、亟需生态反思的工业文明

英国工业革命标志着人类社会发展史上一个全新时代的开始，拉开了整个世界向工业化社会转变的“现代化”帷幕。世界各国纷纷效仿，工业革命在全球如火如荼地开展。18 世纪的工业革命使社会生产有了巨大进步，但它在给人类带来福音的同时，也带来了严重的环境污染。如今地球就像一座火山，随时都有可能爆发，只有人人关注生态危机，人人遏制环境污染，才能把我们自己从火山口上拯救出来。

人类只有一个地球，地球是人类共同的家园。生态危机实际上就是生存危机，它是人和自然的主要矛盾，是目前世界的主要危机。早在工业革命高歌猛进，全世界都疯狂崇拜工业革命带来丰盛成果时，一些先知先觉的思想家就对人类虐待自然界的行为进行过深刻的谴责与反思。到 20 世纪中叶，大规模的环境污染和掠夺性的资源开发造成的严重恶果，引起了人们的高度警觉。一批生态思想家对人类千百年来根深蒂固的生产、生活方式和价值理念进行了深刻的反省。人类一代又一代地征服自然，使自然为人类服务的实践目的是什么，方式是否正确？在人与自然的关系中，我们在自然界建立的文明观是否是正确无误的？回答否定的。人类社会在不断变化、不断发展，正如工业文明取代农业文明是历史发展的必然一样，工业文明也不是人类社会发展的终点，工业文明最终将被新的文明所扬弃。在世界的发达国家和地区，虽然工业文明发展到极致，但工业文明的话语无法解说后工业时代的现实。这就需要新的文明观来指导和解决工业文明存在的问题，生态文明便应运而生。

到目前为止已经威胁人类生存并已被人类认识到的环境问题主要有：全球气候变暖、臭氧层破坏、酸雨肆虐、垃圾成灾、有毒化学品污染等众多方面。

（一）全球气候变暖

全球气候变暖是当前国内外研究的热点问题。近多年来，全球平均气温经历了“冷—暖—冷—暖”两次波动，总体上呈上升趋势。IPCC（政府间气候变化专门委员会）根据全球大量、长期的观测资料得出：1906～2005年，全球地表平均气温上升了 0.74℃。此外，其他一些观测证据也从不同方面验证了全球气候变暖，例如，20 世纪全球平均海平面升高了 0.17 米，北半球季节性冻土最大面积减少了大约 7%；自 1978 年以来，北极地区平均海水面积以每10年2.7%的速率退缩。卫星观测数据还表明地表上空8～12公里（地球大气对流层）的大气增温变化与地表大气增温相一致。自1880年全球有系统气象观测记录以来，2000～2009年是最暖的10年；2009年冬季，加拿大经历了有观测记录以来最暖的冬季，而同一时间，中国平均气温较常年同期偏高0.69℃；2010年1～4月，全球地表平均气温比常年偏高0.69℃，也为1880年有记录以来的最高值。2021年，世界气象组织（WMO）的数据显示，地球上现在的气温比工业化开始普及之前，高了将近1℃。《气候变化2021：自然科学基础》指出：如果不在全球范围内进行二氧化碳和其他温室气体的大幅减排，全球升温将在21世纪内超过1.5℃甚至2℃，人类的行动有可能决定未来的气候走向。

人类活动产生的温室气体是导致全球变暖的主要原因之一①，其排放主要来自能源、工业生产、农业、林业和废弃物处理等部门②。由于这些温室气体对来自太阳辐射的短波具有高度的透过性，而对地球反射出来的长波辐射具有高度的吸收性，也就是常说的温室效应，导致全球气候变暖。全球变暖的后果，会使全球降水量重新分配，冰川和冻土消融，海平面上升等，既危害自然生态系统的平衡，更威胁人类的食物供应和居住环境。

虽然关于全球变暖的质疑声还没有完全消失，但是我们却能感受到全球变暖给我们的生活带来的诸多影响：地球温度上升导致喜马拉雅山等高山的冰川消融、对淡水资源形成长期隐患；海平面上升，沿海地区面临咸潮破坏，甚至有淹没之灾；冻土融化，日益威胁当地居民生计和城市的基础设施；热浪、干旱、暴雨、台风等极端天气、气候灾害等越来越频繁，导致当地居民生命财产损失加剧；粮食减产，千百万人面临饥饿威胁；更为严重的是，因为气候变暖而导致的全球环境问题所造成的影响很可能不可逆转。人类从未面对如此巨大的环境危机，如果我们再不立即采取行动，阻止全球气候变暖，气候变化的影响将再也无法弥补。

---

① IPCC. Climate Change 2021: The physical science basis. Contribution of working group I to the sixth assessment report of the Intergovernmental Panel on Climate Change [R]. Cambridge, United Kingdom and New York, USA: Cambridge University Press, 2021.

② D' Avignon A, Carloni F A, Rovere E L La, et al. Emission inventory: an urban public policy instrument and benchmark [J]. Energy Policy, 2010, 38 (9): 4838－4847.

（二）臭氧层破坏

臭氧层是指大气层的平流层中臭氧浓度相对较高的部分，其主要作用是吸收99%以上对人类有害的太阳紫外线，保护地球生物免遭短波紫外线的伤害，因此，臭氧层也被称为地球上生物生存与繁衍的保护伞。臭氧层处在地球大气层近地面20公里至30公里的平流层，其中臭氧含量占这一高度气体总量的十万分之一。臭氧含量虽然不多，但它却具有强烈的吸收紫外线功能。

工业革命以来，科技的高速发展以及人类对于优质生活的追求，一些能够消耗臭氧层物质的化学制剂不断涌现，它们的大量排放对臭氧层构成了严重的威胁。有试验数据表明，大气中的臭氧层每减少1%，地面遭受紫外线的辐射量就会增加2%，其直接后果是人类患皮肤癌的概率会增加5%～7%。对农作物而言，过量的紫外线会伤害植物表皮，抑制光合作用，降低农作物细胞内遗传基因的品质和再生能力，导致农产品品质退化、减产。对地球上任何生物而言，一旦我们失去了臭氧层这个保护伞，地球将直接面临强烈紫外线的辐射，生物的健康都将受到极大的威胁，物种将难以生存，这种恐怖的结果是令人不敢想象的。

臭氧层减少变薄，甚至出现空洞已不是耸人听闻。南极的臭氧层空洞，就是臭氧层破坏的一个最显著的标志。到1994年，南极上空的臭氧层破坏面积已达2400万平方公里。南极上空的臭氧层是在20亿年里形成的，可是在一个世纪里就被破坏了60%；北半球上空的臭氧层也比以往任何时候都薄；在青藏高原上空，臭氧正以每10年2.7%的速度减少；欧洲和北美上空的臭氧层平均减少了10%～15%；西伯利亚上空甚至减少了35%。因此科学家警告说，地球上空臭氧层破坏的程度远比一般人想象的要严重得多。

（三）酸雨肆虐

“酸雨是当今世界普遍关注的环境公害之一，酸雨污染造成的危害日益成为制约我国经济和社会发展的重要因素，控制酸雨和全球酸化是人类走向可持续发展进程中必须解决的一个重大环境问题。”① 酸雨由于空气中二氧化

① 闫百瑞，王永平．酸雨的危害及其控制浅析［J］．北方环境，2011（3）：74－76.

硫和氮氧化物等酸性污染物引起的值小于5.6的酸性降水。受酸雨危害的地区，出现了土壤和湖泊酸化，植被和生态系统遭受破坏，建筑材料、金属结构和文物被腐蚀，酸雨污染所造成的危害日益成为制约我国经济和社会发展的重要因素，控制酸雨和全球酸化是人类走向可持续发展过程中必须解决的一个重要环境问题。酸雨同样威胁人体的健康。酸雨中的甲醛、丙烯酸和硫酸盐雾毒性比SO_2还要高10倍，其微粒如果侵入人体的深部组织，会引起肺水肿和肺硬化等疾病，甚至会导致人的死亡。

酸雨在20世纪50~60年代最早出现于北欧及中欧，当时北欧的酸雨是欧洲中部工业酸性废气迁移所致，20世纪70年代以来，许多工业化国家采取各种措施防治城市和工业的大气污染，其中一个重要的措施是增加烟囱的高度，这一措施虽然有效地改变了排放地区的大气环境质量，但大气污染物远距离迁移的问题却更加严重，污染物越过国界进入邻国，甚至飘浮很远的距离，形成了更广泛的跨国酸雨。此外，全世界使用矿物燃料的量有增无减，也使受酸雨危害的地区进一步扩大。全球受酸雨危害严重的有欧洲、北美及东亚地区。我国在20世纪80年代，酸雨主要发生在西南地区，到90年代中期，已发展到长江以南、青藏高原以东及四川盆地的广大地区。目前，我国长江以南的四川、贵州、广东、广西、江苏、浙江已经成为世界三大酸雨区之一，酸雨区占我国国土面积的40%。

（四）垃圾成灾

在我们日常生活中，处处都有着垃圾的来源。塑料袋、塑料盒、铝罐、医疗物品、食物残渣、废铁、饮料盒、烟头、牙签等充斥着我们生活的每一个角落。大气污染、水质污染、噪声污染已引起人们的普遍重视，而垃圾的污染仍被一些人所忽视。随着生活水平的提高，人们对自己的生活环境要求也相应地提高，垃圾的污染问题逐渐被人们看在眼里。垃圾会污染大气，垃圾腐化后排放的氨、硫化氢等气体，散发出很臭的气味。在垃圾区，由于焚烧或长时间堆放，垃圾腐烂霉变，释放出大量有毒气体、粉尘和细小颗粒物，它们随风飞扬，导致空气中的悬浮颗粒物超标，致使酸雨现象、扬尘污染频频发生。垃圾会污染水。垃圾对水的污染极大，它不仅会使清澈的江河变得肮脏不堪，还能使地下水受到污染，特别是露天堆放的垃圾极易污染周围地区的地下水和地表水。垃圾还会危害人体健康。垃圾中的有毒气体随风飘散，空气中 SO_2、铅含量超标，使呼吸道疾病发病率升高，对人体构成致癌隐患。地下水污染物含量超标，引发腹泻、血吸虫病和沙眼。

“全球每年产生垃圾近 100 亿吨，而且处理垃圾的能力远远赶不上垃圾增加的速度，特别是一些发达国家，已处于垃圾危机之中。”① 美国素有垃圾大国之称，其生活垃圾主要靠表土掩埋。过去几十年内，美国已经使用了一半以上可填埋垃圾的土地，30 年后，剩余的这种土地也将全部用完。我国的垃圾排放量也相当可观，我国大、中城市生活垃圾产生量由 1980 年的 0.31 亿吨增加到 2022 年的 2.03 亿吨，并以大约每年 8% 的速度递增。在许多城市周围，排满了一座座垃圾山，除了占用大量土地外，还污染环境。危险垃圾，特别是有毒、有害垃圾的处理问题（包括运送、存放），因其造成的危害更为严重、产生的危害更为深远，而成了当今世界各国面临的一个十分棘手的环境问题。

（五）有毒化学品污染

有毒化学品污染是指进入环境后以通过环境蓄积、生物蓄积、生物转化或化学反应等方式损害环境，或者通过接触对人体具有严重危害和具有潜在危险的化学品。由于全球有毒化学品的种类和数量不断增加以及国际贸易的扩大，大多数有毒化学品对环境和人体的危害还不完全清楚。就目前而言，有毒化学品通过呼吸道吸收、经皮肤、经消化道进入人体，会危害人的血液系统、损害肾脏功能，以及出现慢性、急性中毒等。它们在环境中的迁移也难以控制，对人类环境构成了严重威胁。

20 世纪中期以来莱茵河水体遭到的一系列严重有毒化学品污染事件。莱茵河周边工厂把大量的酸、漂液、染料、铜、镉、汞、去污剂、杀虫剂等上千种污染物倾入河中。此外，河中轮船排出的废油、两岸居民倒入的污水、废渣以及农场的化肥、农药，使水质遭到严重的污染。事故造成多数鱼类死亡，几百公里范围内的井水受到污染影响不能饮用。莱茵河下游的瑞士、德国、法国、荷兰四国沿岸城市自来水厂全部关闭。

2010 年 4 月 20 日夜间，位于美国墨西哥湾的“深水地平线”钻井平台

① 赵敏．论国际环境问题与国际环境法的发展变化［J］．新疆职业大学学报，2008（1）：62－64.

发生爆炸并引发大火，大约 36 小时后沉入墨西哥湾，11 名工作人员死亡，此次漏油事故超过了 1989 年阿拉斯加埃克森公司瓦尔迪兹油轮的泄漏事件，是美国历史上最严重的一次漏油事故。此次事故导致墨西哥湾生态环境遭遇“灭顶之灾”，墨西哥湾沿岸 1000 英里长的湿地和海滩被毁，渔业受损，脆弱的物种灭绝。

2019 年，亚马孙森林火灾频发，其中，巴西、秘鲁与玻利维亚交界处的亚马孙地区为火灾重灾区，集中位于巴西的朗多尼亚州、马托格罗索州和亚马孙州以及玻利维亚境内。由于人类活动和政策上的失误，亚马孙雨林遭遇了空前的大火，导致数百万的动植物死亡和生态环境遭受了严重破坏。

然而，除了这些公害事件外，人类如今又面临着另一条严峻的问题——福岛核污水的排放。日本在 2021 年 8 月开始进行排污工程的基础设施建设工作，并于 2023 年 8 月 24 日正式启动福岛核污水的入海排放工作。德国海洋科学研究机构指出，福岛沿岸拥有世界上最强的洋流。从排放之日起 57 天内：放射性物质将扩散至太平洋大半区域；3 年后：美国和加拿大将遭到核污染影响；10 年后：蔓延全球海域。核污染水经过处理，依然还有较高浓度的放射性氚，是无法消除的。排入海洋后，氚还会产生低强度的 β 射线，有可能长期影响鱼类、浮游生物、底栖生物、鸟类等生物多样性。

目前，市场上有 7 万 ~8 万种化学品，其中对人体健康和生态环境有危害的约有 3.5 万种。其中有致癌、致畸、致突变作用的约 500 种。随着工农业生产的发展，如今每年又有 1000 ~2000 种新的化学品投入市场。由于化学品的广泛使用，全球的大气、水体、土壤乃至生物都受到了不同程度的污染、毒害，连南极的企鹅也未能幸免。自 20 世纪以来，涉及有毒有害化学品的污染事件日益增多，如果不采取有效防治措施，将对人类和动植物造成严重的危害。

大自然是人类生存的家园，大自然产生了人类，从无机界到有机界，从有机界的简单细胞到最低等的生物，从最低等的生物到高等生物，再从高等生物到如今的人类，从这个意义上来说，大自然孕育和哺养了人类。生态伦理学认为，人类文明的产生依赖于自然环境，自然环境是人类赖以生存、延续的家园，人是大地之子。但人类的活动日益毁坏了自然环境，毁坏了人类赖以生存的家园，人类的行为无疑是在自毁家园。历史经验告诉我们，人类任何文明都严重依赖自然环境，在工业文明发达的今天，人类有直接的责任和义务去挽救和修补被工业文明所创伤的自然环境，努力使生态文明深入人心。

第二节 人类文明的新境界

一、环境伦理学的兴起

（一）环境伦理学的提出与主要观点

1. 环境伦理学的提出与主要观点

20 世纪 70 年代以前，西方的环境伦理学家都是在人类中心论的框架内来讨论环境伦理问题，并提出了一种开明的人类中心主义伦理学或弱人类中心主义伦理学。例如，美国植物学家墨迪（W. H. Murdy）在《一种现代的人类中心主义》（1993）一文中提出的“现代人类中心主义”；澳大利亚哲学家帕斯莫尔（J. Passmore）和麦克洛斯基（H. J. Mccloskey）分别在《人类对自然应负的职责》（1974）和《生态伦理学和政治》（1983）中提出的“开明的人类中心主义”；美国哲学家诺顿（B. G. Nordon）在《环境伦理学与弱式人类中心主义》（1984）中提出的“弱人类中心主义”；等等。概括起来看，这类伦理学认为，环境问题不仅仅是一个技术问题，也不是科学技术提供资源（或消除污染）的速度慢于人类消费资源（或制造污染）的速度。环境问题的实质是价值取向问题。因此，环境伦理学认为，狭隘的人类中心主义是导致当代环境问题的深层根源。它主要表现为：集团利己主义、代际利己主义、人类主宰论、粗鄙的物质主义和庸俗的消费主义、科学万能论与盲目的乐观主义。人类要想使全球环境恶化的趋势得到有效的遏制，就必须首先抛弃狭隘的人类中心主义，接受开明的人类中心主义。

2. 环境伦理学对人类中心主义的超越

（1）人本意蕴的超越：基于自然系统观视角。

生态文明自然系统观认为，人虽然是大自然进化出来的具有较高价值的存在物，但并不是自然界系统中唯一具有内在价值的存在物，人与其他物种并没有高低之分，对整个生态系统而言，都具有不可缺少性，人的价值只是自然价值的延伸和升华。作为自然的一部分，人的内在价值也不可能大于作为整体的自然的内在价值。人与自然界的其他存在物都是一个巨大的存在链上的环节。由于人类的活动及其所形成的社会是引起整个生态系统变化最强有力的因素，因此人的活动影响比任何生物对生态系统平衡的影响都大得多。人类通过生产活动和其他活动，虽然为人类自身造福，但反过来也会破坏生态平衡。现代生态学业已揭示，不论人和人类社会的发展状况和程度如何，它都只是地球生态系统的一个组成部分；人和整个人类社会的生存和发展，在很大程度上取决于地球生态系统的平衡状态，人类的任何经济社会活动都不能破坏地球赖以为继的生态系统的平衡。目前的环境问题，就是指由于人类活动引起环境质量恶化或生态系统失调，从而造成了人自身发展的困境。

生态文明作为对工业文明批判的产物，它的一个突出特点就是侧重于人类对于自身发展的一种反思，反思的对象是如何处理好人与自然的关系，从而实现人的全面发展，体现着“以人为本”的理念。正如马克思认为：“人靠自然界来生活。这就是说，自然界是人为了不致死亡而必须与之不断交往的人的身体。所谓人的肉体生活和精神生活同自然界相联系，也就等于说自然界同自身相联系，因为人是自然界的一部分。”① 因此，生态文明建设的立足点是建立人与自然的和谐关系，其核心价值是实现人与自然的协调发展，其指导思想是坚持以人为本的原则，从人类的长远利益出发，既要满足人类社会发展的需要，又要保护生态平衡，最终实现人类自身从必然王国迈向自由王国的飞跃。

（2）自然责任的超越：基于自然伦理观视角。

在人与自然关系上始终存在两种基本观点：人类中心主义和非人类中心主义。前者将人归属于自然，后者将自然归属于人，但都是将人类与自然的关系对立起来。强调人是自然的一部分，就会将人消解于自然之中，造成自然对人的支配；认为自然是人的一部分，就会将自然消解于人之中，导致人对自然的奴役。② 随着生态环境的恶化和能源危机的爆发，着重审视人对自然的责任和义务已成为自然伦理学研究的焦点。

---

① 马克思.1844年经济学哲学手稿［M］.北京：人民出版社，1972：49.

② 甘绍平.应用伦理学前沿问题研究［M］.江西人民出版社，2007：115.

生态文明从理论形态角度看是将人和自然的辩证关系作为理论的主题，它强调人类的道德认识应扩延到人与自然的关系层面，在充分认识自然的存在价值和生存权利的基础上，增强人对自然的责任感和义务感，建立公正合理的社会制度，来协调人与社会、自然的关系，达到三者共生共荣、共同发展。从伦理学本质上讲，生态文明伦理的实质是一种责任伦理。因为，责任伦理强调“人与人之间的责任延伸到人类，特别是对未来人类的尊重、责任和义务；并且人不仅仅是对人才有义务，而且对人类以外的大自然、作为整体的生物圈也有义务，并且这种保护并不是为了我们人类自己，而是为了自然本身”①。正如亚里士多德认为，幸福即至善，“幸福就是合乎德性的现实活动”②，“合乎德性的现实活动，才是幸福的主导，其反而则导致不幸。……在各种人的业绩中，没有一种能与合乎德性的现实活动相比，较之那些分门别类的科学，它们似乎更为牢固。在这些活动中，那享其至福的生活，最为持久，也是最荣耀和巩固的。”③ 在人与自然关系中合乎道德责任的实践活动是生态文明倡导的理念之一。

（3）环境公平的超越：基于可持续发展观视角。

自古希腊哲学家柏拉图在《理想国》中提出“公平”概念伊始，公平就成为人类的崇高理想。随着人类进入工业文明时代，“高生产、高消耗、高污染”的经济发展模式带来的能源危机和环境污染等全球灾难性问题愈演愈烈。20 世纪 80 年代，人们在对现有发展模式反思和批判中，一种新的公平概念——环境公平由美国学者约翰·罗尔斯正式提出，所谓环境公平，“首先，它意味着在分配环境利益方面今天活着的人之间的公平；其次，它主张代际之间尤其是今天的人类与未来的人类之间的公平；最后，它引入了物种之间公平的观念，即人类与其他生物物种之间的公平。”④ 这种蕴含着可持续发展内涵的公平概念一经提出很快在世界各国传播开来，成为学术界的关注焦点。

环境公平性是生态文明的最根本特征。生态文明同以往的文明形态不同，在人与自然关系上，它是以把握自然规律、尊重和维护自然为前提，以

---

① 薛建明．“人—地”关系可持续的理性思考［J］．生产力研究，2007（11）：3－5.

② 亚里士多德．尼各马科伦理学（下册）［M］．苗力田译，中国人民大学出版社，2003：14.

③ 亚里士多德：尼各马科伦理学（下册）［M］．苗力田译，中国人民大学出版社，2003：18.

④ ［法］亚历山大·基斯．国际环境法［M］．张若思编译，法律出版社，2000：3.

人与自然、人与人、人与社会和谐共生为宗旨，以全球资源环境承载力为基础，以建立可持续的产业结构、产生方式、消费模式以及增强可持续发展能力为核心的文明形态。在人类关系上，代内公平开始纳入人类的视野，代际公平法得到应有重视。可持续发展观认为，某一代人的发展也仅仅是人类整个发展链条上的一个环节，为了确保人类发展的连续性，在人类追求本代人利益的过程中，必须充分顾及后代人的发展条件，实现最大限度的代际公平。因此，生态文明的发展就是要消除人与自然的不平等关系，倡导构建世界各民族平等为核心，着眼代内公平、公正的全球政治经济新秩序，在强调人类在代内公平的基础上，追求代际公平，实现社会产品和自然资源的数量、质量与承担生态责任之间的统一，使当代人要为后代人保留优美的生态环境和发展资源。总之，生态文明理念要求人类社会从过去片面地单一地追求经济效益的发展观，转为追求“环境—经济—社会”的可持续、“代际、代内”的公平上来，这是解决当今社会发展与环境恶化相冲突的唯一途径。

二、可持续发展、生态现代化理念

可持续发展是一种全方位的总体发展，追求“自然—经济—社会”复合系统的持续、稳定、健康发展。可持续发展观的时间向度是面向未来，着眼于人类发展的持续性。可持续发展观意味着人与自然关系的优化组合，促进资源、经济、环境、社会等整个生态环境的现代化，实现眼前利益与长远利益、局部利益与整体利益、价值与工具理性的有机统一，最终使生态社会主义理念深入人心。

（一）可持续发展理论

1. 可持续发展概念的产生

可持续发展概念最初是由环境学家和生态学家提出的①，工业革命以后，世界环境出现了“八大公害”现象，人类的生存环境日益恶化。

1962 年，美国生物学家卡逊《寂静的春天》深刻细致地描绘了工业社

① 刘培哲．可持续发展理论与中国21世纪议程［J］．北京：北京气象出版社，2001：88.

会下自然生态的厄运，花儿不开、鸟儿不叫、河水断流等令人悲伤的场景将变成现实。

1972 年的联合国环境会议发表了《人类环境宣言》，严正提出了共同生活在地球上的人类必须关怀和维护我们这个小小的行星。1980 年，国际自然保护联盟受联合国环境与开发署委托，在世界野生生物基金会的支持和协助下，发表了《世界自然保护大纲》。大纲中提出了“可持续发展”的概念及其实现的前景和途径，大纲还明确指出了“可持续发展”的概念与“持续发展”的概念混为一谈，指出“持续增长”概念是不确切的，因为没有任何自然事物可以永无止境地、持续地增长。

1983 年，联合国第 38 届大会决定成立世界环境与发展委员会，该机构经过 4 年的调查研究于 1987 年向联合国提交了一份具有划时代意义的报告即《我们共同的未来》，对人类发展与环境保护方面存在的问题进行了全面、系统的评价，并指出经济的发展给生态环境带来的破坏已经对经济和社会发展产生了极大的影响，强调必须将环境保护与人类发展结合起来，把人类社会的发展与环境保护协调起来，找出一条既能促进环境发展又能保持人类进步的可持续发展之路，这也标志着可持续发展概念的确立。

1987 年世界环境与发展委员会在《我们共同的未来》报告中第一次阐述了可持续发展的概念，得到了国际社会的广泛共识。

1991 年，中国发起召开了“发展中国家环境与发展部长会议”，发表了《北京宣言》。

1992 年 6 月，在里约热内卢世界首脑会议上，中国政府庄严签署了环境与发展宣言。

1992 年，联合国环境与发展大会通过了《里约宣言》和《21 世纪议程》，明确提出了“人类要生存，地球要拯救，环境与发展必须协调”的口号。从工业时代对自然界的盲目征服到信息社会提倡人与自然的平等对话机制，人类发展观发生了一次重要的历史转折，客体自然界实现了自然的返魅，重新具备了内在价值。可持续发展观的提出顺应了社会发展的趋势，充分注意到了发展的可持续性。1995 年，哥本哈根世界社会发展会议强调了可持续发展对于人类社会的重要性，制定了相应的可持续发展的全球战略和行动计划。1996 年，在伊斯坦布尔召开的世界人类住区会议和在罗马召开的世界粮食会议上，强调在可持续发展战略框架下分别讨论人类住区和世界粮食的可持续发展问题。1997 年，联合国在纽约召开的可持续发展特别会议上，审议了里约热内卢会议 5 年来世界各国贯彻可持续发展战略的情况和存在的问题，并提出了今后的发展目标和行动措施。

1994 年 3 月 25 日，国务院通过了《中国 21 世纪议程》。为了支持《议程》的实施，同时还制定了《中国 21 世纪议程优先项目计划》。

1995 年，党中央、国务院把可持续发展作为国家的基本战略，号召全国人民积极参与这一伟大实践。

2002 年，党的十六大把“可持续发展能力不断增强”作为全面建设小康社会的目标之一。可持续发展是以保护自然资源环境为基础，以激励经济发展为条件，以改善和提高人类生活质量为目标的发展理论和战略。它是一种新的发展观、道德观和文明观。

党的十八大把生态文明建设纳入中国特色社会主义事业“五位一体”总体布局，党的十八届五中全会确立了“创新、协调、绿色、开放、共享”的新发展理念，党的十九大将“坚持人与自然和谐共生”作为新时代坚持和发展中国特色社会主义的十四条基本方略之一，并将建设美丽中国作为社会主义现代化强国目标之一，与此同时，“增强绿水青山就是金山银山的意识”正式写入党章，新发展理念、生态文明和建设美丽中国等内容写入宪法。随着这一系列新理念、新战略的提出，生态文明战略地位得到显著提升，生态文明建设和生态环境保护成为高质量发展的重要组成部分。

2022 年，党的二十大报告指出，必须牢固树立和践行绿水青山就是金山银山的理念，站在人与自然和谐共生的高度谋划发展。这是立足我国进入全面建设社会主义现代化国家、实现第二个百年奋斗目标的新发展阶段，对谋划经济社会可持续发展提出的新要求。

2. 可持续发展的基本概念

以 1992 年联合国环境与发展大会通过的《21 世纪议程》为开端，人类开始把“可持续发展”作为人类共同追求的远大目标。但是由于可持续发展涉及历史学、经济学、社会学、发展学等多学科的交融，以及人民的认识水平和利益关系的不同，对可持续发展的内涵理解有很大的差异。发达国家的可持续发展意味着要加强环境保护，通过高效率提高发展的效率，减少资源浪费；而对发展中国家来说，技术的落后和资金的缺乏，意味着可持续发展首先注重的是资源的利用，资源的不断开发，提高生活水平和减少贫困。纵观世界各国政府和学者的文件和相关论述，可以将可持续发展的概念概况为以下四种类型[①]：

（1）从自然属性方面诠释可持续发展的内涵。认为“可持续发展是寻求一种最佳的生态系统以支持生态的完整性，即不超越环境系统更新能力的发展。使人类的生存环境得以持续”，这就是所谓的生态可持续性。这一概念是由国际生态联合会和国际生物科学联合会在1991年底联合举行的可持续发展专题讨论会上提出的。

（2）从经济属性方面诠释可持续发展。认为可持续发展概念的提出是对人类传统经济发展模式的深刻反思，认为可持续发展的核心是经济发展。经济学家普遍认为可持续发展是在不降低环境质量和不破坏世界自然资源基础上的经济发展和经济的持续增长、社会福利水平的持续提高。

（3）从社会属性定义可持续发展。1991年，由世界自然保护同盟、联合国环境规划署和世界野生生物基金会共同发表的《保护地球——可持续生存战略》中给出的定义，“认为可持续发展是在生存不超出维持生态系统涵容能力之情况下，改善人类的生活品质”。并提出人类可持续生存的九条基本原则。其主要强调人类的生产方式与生活方式要与地球承载能力保持平衡，可持续发展的最终落脚点是人类社会，即改善人类的生活质量，创造美好的生活环境。

（4）从科技属性定义可持续发展。认为可持续发展就是要用更清洁、更有效的技术——尽量做到接近“零排放”或“密闭式”工艺方法，以保护环境质量，尽量减少能源与其他自然资源的消耗。其着眼点是实施可持续发展，科技进步起着重要作用。

（5）从伦理方面定义可持续发展，认为可持续发展的核心是目前的决策不应当损害后代人维持和改善其生活标准的能力。当代人和后代人对于使用自然资源和保护环境有着共同的权利和义务，当代人开发和利用资源不应当损害后代人的利益。

---

① 钱易，唐孝炎．环境保护与可持续发展［M］．高等教育出版社，2000：28.

3. 可持续发展的思想内涵

（1）可持续发展观的前提是发展。

工业文明的弊端和繁荣同时引发了两种对立的发展思想，即发展悲观主义和发展乐观主义。可持续发展观则是对这两种片面发展思想的辩证式综合，既肯定发展的必要性，又注意克服发展的消极因素，把发展与可持续统一起来，为突破增长的极限开辟新前景。

（2）可持续发展观的核心是人本和效益。

西方学者佩鲁在其代表作《新发展观》中对某些国家的追求数量的发展予以严厉批评，提出了总体的、内源的、综合的发展，包括社会、经济、资源、环境、人口等方方面面的发展。可持续发展要求改变统治自然的传统观念，树立新的价值标准，把自然界与人类视作平等统一体。后工业社会的可持续发展观强调人的主体性，但又不过分夸大人本身的价值，同时也重视客观自然界的内在价值，主张通过"对话"实现人与自然、人与社会、人与人之间的和谐共存。

（3）可持续发展观的取向在于整体性和长期性。

经济全球化时代，可持续发展早已越出一国边界，力图世界各地区的共同进步，着眼于全人类利益的实现。如果只考虑自身发展，只顾自身私利，却不考虑长远的发展和整体发展，自身的发展必然也将丧失根基。可持续发展战略追求的是近期目标和长远目标、局部利益和整体利益的有机统一，追求的整个世界长远的全面协调发展。

（二）生态现代化理论

1. 生态现代化理论的形成与发展

从20世纪60～70年代开始，西方主要国家的千百万人不断举行游行、示威、抗议活动，揭露环境污染事件，向政府发表呼吁，要求各国政府当局和企业界重视生态环境问题。从70年代开始，各种环保组织成为西方国家公民政治社团中最富吸引力和号召力的组织之一。"地球之友"[①]"绿色和平

① 地球之友：1969年在美国成立，其行动原则是：有利于环境保护的，一律支持，否则，一律反对；实行绿色消费原则，动员消费者不购买在生产和使用过程中会污染环境、破坏生态的产品。参阅奚广庆，王瑾主编．西方新社会运动初探［M］．中国人民大学出版社，1993：179.

组织”① 等环保组织如雨后春笋般蓬勃兴起，而且其队伍迅速发展壮大。1972 年，全德环境保护志愿者联合会拥有 30 万成员，到 1985 年，发展为拥有 150 万成员。② 他们开始主要是自发地开展活动，表达自己的愿望和要求：实现工业无污染化，减少垃圾；提倡保护动植物；反对开发利用核能，主张利用太阳能、风能和水资源；反对兴修大型机场、高速公路，反对过度的海洋开采、捕捞等。到 70 年代末，主要以罗马俱乐部提出的“增长极限论”为代表的激进的环境主义，被经济衰退锁住了手脚，持续通货膨胀和大规模失业使社会未来的经济发展突然失去了保障。激进的环境论说为了维护其社会可信度，不得不寻找调节经济重建与环境关注的途径。③ 同时，环境主义者也意识到，激进的对抗模式可能降低环境运动的社会影响力，他们采用参与战略替代对抗风格。于是，学术界开始寻求一种以实用主义方式解决环境问题的途径。这样，生态现代化概念在环境社会学与环境政治学领域中应运而生。

进入 20 世纪 80 年代，生态现代化理论首先兴起于德国。一般认为，这种环境政策理念是由德国学者马丁·耶内克和约瑟夫·胡伯较早提出的。最初，这一概念只是在一个被称为“柏林学派”的学术团体中接受和使用。后来，这一概念逐渐从柏林走向整个德国，从学术圈研讨变成执政党的基本政策。

1998 年，在由社会民主党（SPD）和绿党组成的德国红绿执政联盟政府中，“生态现代化”成为其联盟协定的主题。

20 世纪 90 年代，在环境科学的争论中，这一概念已经在国际上广泛使用。④ 生态现代化理论没有一个统一的理论框架，不同的学者在不同的视角和背景下使用这一内涵广泛的理论。正如阿尔伯特·威尔（Albertweale）指出，对于生态现代化这一概念，目前尚无像凯恩斯主义之源——《就业、利息、货币通论》那样公认的权威论述，它是关于环境、经济、社会和公共政

---

① 绿色和平组织：1979 年在荷兰成立，主要通过包括冒险行为在内的实际行动保护环境，拯救地球。参考奚广庆，卜瑾主编：西方新社会运动初探［M］. 中国人民大学出版社，1993：179 - 180.

② 奚广庆，卜瑾主编．西方新社会运动初探［M］. 中国人民大学出版社，1993：179.

③ 何玉宏，冯韵东．生态现代化理论及其对当代中国环境保护的启示［J］. 2008（01）：229 - 236.

④ G spaargaren and Arthur P. J. Mol，“Soeiology，Environment and Modernity：Eeologieal Modemisation as a heory of Social Change［J］.” Society and Natural Resources，1992：333.

策之间的一种关系的理念，这一思想来自多种学术观点的综合。①

荷兰学者摩尔认为，生态现代化理论从20世纪80年代产生已经历了三个发展阶段，第一阶段（20世纪80年代初至80年代后期）特别强调技术革新在环境改革中的作用，尤其是在工业生产领域；对官僚化国家持批评态度；对市场行为和市场动力在环境改革中的作用持肯定态度；采用系统理论和进化论视角，较少涉及人类机构和社会斗争；分析层面主要是民族国家。第二阶段（20世纪80年代后期至90年代中期）较少强调技术革新作为生态现代化的关键动力；对国家和市场在生态转型中各自的作用持一种更加平衡的观点；更多关注生态现代化的制度和文化动力；研究重点是OECD国家。第三阶段（20世纪90年代中后期以来）研究理论和地理范围得以扩展，包括消费的生态转型，非欧洲国家（新兴工业化国家、欠发达国家等）的生态现代化，生态现代化的全球进程（见表1－1）。

表1－1　　生态现代化理论发展的三个阶段

时间分段	主要代表人物	研究层面
20世纪80年代初至80年代后期	马丁·耶内克、约瑟夫．胡伯	生产、行业领域
20世纪80年代后期至90年代中期	马丁．耶内克、阿尔伯特·威尔、约瑟夫·墨菲、莫里·科恩	民族国家、制度和文化
20世纪90年代中后期以来	马丁·耶内克、约瑟夫．胡伯、姐娜·菲舍尔、弗雷德里克·巴尔	全球范围生态现代化

2. “生态现代化”的理论渊源

（1）“生态现代化”的原初含义。

生态现代化的主要创立者马丁·耶内克指出，应对环境污染和生态破坏有4种可能的思路：修复补偿、末端治理、生态现代化和结构性改革。前两者是一种被动回应方法，最大问题是成本太高，无论是生态环境破坏后的修复还是环境污染物产生后的处置，都需要耗费大量的物质财富和经济成本，这已经为20世纪50～60年代的环境污染与治理实践所证实。最后一种虽然是预防性的，但它的最大问题是现实可能性太小，公众对于结构性改变所带

① ［德］马丁·耶内克．生态现代化理论：回顾与展望［J］．马克思主义与现实，2010（1）：175.

来的不确定性（如对物质生活水平的影响）有一种强烈的抵触，很难给予足够的政治支持。相比之下，生态现代化理念有着自己的优越性：可以通过一种政策推动的技术革新和现有的成熟市场机制，实现减少原材料投入和能源消耗，从而达到改善环境的目的。也就是说，一种前瞻性的环境友好政策可以通过市场机制和技术革新促进工业生产率的提高和经济结构的升级，并取得经济发展和环境改善的双赢结果。因此可以说，技术革新、市场机制、环境政策和预防性原则是生态现代化的4个核心性要素，而环境政策的制定与执行能力是其中的关键。①

（2）狭义和广义视角下的“生态现代化”。

随着生态现代化理论的发展，出现了狭义和广义意义上的区别。“经济—技术”原初意义上的生态现代化主要强调技术革新对于改善环境和促进经济发展的重要价值，使经济社会朝向更高效率、更加环境友好方向转型；“制度—文化”意义上的生态现代化强调包括社会文化和制度在内的整个社会发展进程的转型。

从这个意义上来说，我们可以把生态现代化理论分为狭义现代化和广义现代化。狭义生态现代化实质上就是从经济技术视角理解的经济社会的“绿化”过程，强调一种超越末端治理的预防性环境技术和政策革新与扩散可以解决生产过程中出现的环境问题，达到环境和经济的双赢。这一视角在突出强调经济技术重要性的同时也强调相应的社会结构变化的必要性，以解决生态现代化过程中因结构调整而引发的“现代化失利者”的抵制和经济发展的抵消作用。而广义上的生态现代化包括社会制度、社会结构和文化的生态化变革。耶内克一直强调经济技术视角下的生态现代化与全方位社会变革视角下的生态现代化之间的区别，把后者界定为“生态重构”（ecological restructuring）。

3. 生态现代化理论的核心观点

不同的学者往往从不同的研究视角和研究目的出发来阐述生态现代化理论的主要观点。在有关学者论述的基础上本书把生态现代化理论的核心观点

---

① ［德］马丁·耶内克．生态现代化理论：回顾与展望［J］．马克思主义与现实，2010（1）：75－179.

归纳和总结为以下几点：

（1）生态环境问题是技术性问题，而非社会政治制度问题。西方生态现代化理论认为环境问题是由现代工业社会的结构性设计缺陷引起的，而不是整个资本主义社会的制度缺陷导致的后果。西方学者认为现代社会最主要的问题在于生物领域与社会领域都遭受了工业技术领域的“殖民”。技术系统、社会领域与自然领域的诸多问题是工业系统本身的结构性设计缺陷，通过技术领域的生态重构，而不是建构一个完全不同的政治经济体制来解决。也就是说，生态现代化理论承认环境问题的结构性特征，但是现存的政治、经济和社会制度仍然能够通过自身的净化而得以解决。

（2）生态理性（ecological rationality）具有越来越强的独立性。“生态理性”指的是生态利益、生态理念与生态关切在社会实践和制度发展过程中日益增强的重要性，从而导致人们环境意识的日益增强，一种环境诱导的与生态激发的社会转型和环境改革进入现代社会的核心实践和核心制度。生态现代化说到底就是使人类现代化的进程符合生态化的方向，并把生态现代化融入整个经济社会进程之中。随着生态原则成为生态现代化的首要原则，生态理性开始挑战并逐步代替传统经济理性的主导地位，社会生产和消费过程的分析和判断、设计和组织首先要从生态视角出发，其次才是经济视角。

（3）经济发展和环境保护在国家统筹下可以协调发展，实现共赢。在20世纪六七十年代开始的“生存主义”生态政治理论话语中，环境保护与经济发展是一种相互对立的零和关系。面对环境问题，形成了两个相互竞争的政治联盟：一方面是积极保护环境的力量；另一方面是担心环境保护限制经济发展，伤害经济竞争力的力量。环境问题成为这两种政治力量之间冲突的根源。而“生态现代化理论”的一个核心任务就是重新概念化两者之间的关系，寻求一条不同的回应环境问题的思路和方法。生态现代化理念的一个核心观点是严格的环境政策与较高的环境标准非但不是经济的负担，从长远来看，反而是经济持续发展的前提条件。

（4）科学技术革新在解决环境问题中具有至关重要的作用。历史经验证明，科学技术在推动社会进步方面起了至关重要的作用。同样，科学技术革新在生态现代化过程中也发挥着重要作用，生态现代化的过程就是科学技术不断进步与扩散的过程。因此，有学者将生态现代化过程称为“科学技术决定论”，并对此持批判态度。实际上，生态现代化理论在强调科技技术革新的同时，也同样注重支撑这种技术革新的环境政策和政府管治的核心推动作用，注重摆脱末端治理的新技术的革新。这实质上已经超越了“技术中心主义”的束缚而更加强调生态现代化是一个系统的社会经济生态化转型的综合工程。生态现代化实质上是一个工业社会的生态大转型，而技术和技术革新是这个过程最主要的发动机。

（5）生态“先驱国家”的示范、民族国家的主导不可或缺。在经济全球化背景下，生态保护走在前列的“先驱国家”的开创性革新行为是生态现代化的重要驱动力。一方面，全球化的发展使世界市场紧密相连，国家之间的相互依存增强，在某些环境技术和环境政策领域的革新在给其他国家带来压力的同时，也可以获得技术和政策扩散之后的巨大利益；另一方面，鉴于环境挑战的日益加深和复杂，增加了决策者决策的不确定性和风险，“先驱国家”的技术和政策给其他国家展示了某种可行性，为其他国家提供了政策学习和吸取经验教训的机会。同时民族国家的环境政策及其执行是一个非常关键的因素。“市场失灵”带来的投资风险、经济社会的结构性转型带来的失利者、环境革新的外部性问题诱导的“搭便车”行为，都更加需要国家政策的支持、激励和规范。

三、生态社会主义理论

生态社会主义是20世纪70年代在西方生态运动过程中产生的一个思想流派，目前已经成为世界上比较有影响力的一个社会主义理论流派。理论上，它将生态学原则与社会主义原则相结合，从生态学角度反映了对于社会主义的理解。实践上，它试图表现为未来生态文明的社会存在形态，从社会发展的视角解决生态危机与社会主义前途之间的关系问题。

1. 生态社会主义的基本内涵

（1）生态社会主义的基本内涵。

所谓生态社会主义，是将生态学原则与社会主义原则结合起来去解决人与人社会关系矛盾和人与自然生态关系矛盾的一种理论形态。生态社会主义理论的核心性问题是论证现代生态环境问题的资本主义制度根源和未来社会主义社会与生态可持续性原则的内在相容性。生态社会主义的内涵我们可以从三个方面加以概述：一是为何不是生态资本主义；二是区分传统社会主义有何异同点；三是如何构建未来生态社会在理论上的制度结构。

首先，为何不是生态资本主义。生态社会主义，顾名思义，它的相对面是生态资本主义，是对资本主义社会经济危机和生态危机的无情控诉，而资本主义制度及其生产方式的缺陷是导致危机发生的根源所在。因此，西方一些学者诸如著名的生态社会主义学者本·阿格尔，认为资本主义生态危机归根结底不是由工业化而是由资本主义制度造成的。萨拉·萨卡在《生态社会主义还是生态资本主义：人类根本性选择的批判性分析》一文中明确指出了资本主义社会的生产方式面临着与环境和资源相关的增长极限难题，而工业化的生产模式、自由市场的资本主义和大规模消费主义将无法解决生态问题，进而需要一个具有替代性的绿色未来，最终实现生态社会主义。

其次，区分传统社会主义有何异同点。生态社会主义顾名思义不是资本主义，但又不完全是社会主义。生态社会主义从资本利润的角度在理论上对资本主义生产力及生产方式进行有力批判，同时生态社会主义目标是要实现生态的现代化，通过对工业社会体系进行生态现代化的改革来实现人与自然的和谐相处、共同发展，强调“社会的整体生态”理念。当然，生态社会主义有时会陷入唯生态论的现实窠臼，与社会主义的生态现代化（实现经济发展、社会发展、生态发展的统一）相比还是有所区别的。但两者还有其相同的一面，都要求实现生态合理性与经济合理性的内在统一。

最后，如何构建未来生态社会在理论上的制度结构。生态社会主义强调：“我们为之奋斗的经济制度是以人民以及未来几代人的迫切需求为目标的。我们所考虑的是这样一种社会，在这种社会里，人际关系以及人类与自然界的关系将成为空前多地有意识予以考虑的问题；在这个社会里，注意自然界的生命循环，注意技术的发展和应用，注意生产和消费之间的关系，将成为一切有关人们的职责。”① 可以看出，生态社会主义的终极目标是要把未来社会设计成的一种绿色形态。在经济上，推行“生态经济”模式，削弱并

① ［美］弗·卡普拉查，斯普雷纳克．绿色政治——全球的希望［M］．北京：东方出版社，1988：148－149.

逐步取代现行的“市场经济”模式的主导地位，建立一种以保护自然和理性地使用自然资源为前提的经济制度。

(2) 生态社会主义的主要理论观点。

作为一个独立的理论体系，生态社会主义理论主要包括三个方面：生态社会主义的生态观，从人类可持续性发展的角度重申人与自然、人与社会的和谐发展关系；关于生态危机的理论，从资本主义制度和社会主义原则的视角分别论证与阐释了现代生态环境问题的制度根源以及解决生态危机，进行社会变革的途径和力量；关于未来绿色生态社会的理论建构，从两组矛盾出发，即人与自然之间的生态关系矛盾和人与人之间的社会关系矛盾去构想未来理想社会的整体结构。

第一，关于生态社会主义生态观。在人与自然关系方面，马克思和恩格斯就已经指出，人和自然的关系具有统一性一致性，人是自然界长期发展的结果，人直接的是自然存在物。生态社会主义继承了马克思主义关于人与自然关系的观点，认为与生态环境问题相关的不仅有自然环境领域而且包括社会环境领域，整个生态环境系统是一个由人、自然、社会等元素构成的“网络系统”，而它们又是紧密联系不可分割的有机整体。在实现人与自然的解放之后，生态社会主义进一步提出建立“适度增长”的经济发展模式促进生态和谐发展的经济观。“适度增长”的经济发展模式意在强调建立“稳态”的社会主义生态经济，这种经济形态既能满足人们的物质需要，又不会因追求增长而造成生态和社会危机，进而给予经济发展一个社会的、生态的方向去解决经济合理性与生态合理性的矛盾。在生态政治观方面，作为政治生态学的生态社会主义在追求实现生态和谐发展的政治观方面提出在基层民主与分散化原则和社会公正的核心价值上去进行政治生态的重建，最终实现人与社会两者间的政治生态系统的和谐发展。在文化生态观方面，生态社会主义以人的全面自由发展为出发点对于资本主义制度所造成的社会文化缺陷进行了激烈批判，他们认为资本主义生产方式将社会文化作为一种商品进行生产和销售，已造成社会消费主义文化的泛滥，出现资本主义社会的异化劳动和异化消费现象，这种被商品化的文化已遏制了人的全面自由发展以及社会自我意识的孕育。因此，必须建立一种适应社会生态发展需要的文化形态，既要能体现人的全面自由发展得到最大限度的解放，又要帮助人们树立一种适

应生态社会需要的、全新的价值观念，摒弃资本主义工业文明唯“纯粹物质主义”观念对于人类与生态社会的消极影响

第二，关于生态危机的理论。生态学马克思主义关于生态危机理论的共同点在于揭示资本主义制度及其生产方式的反生态本性。在他们看来，资本主义制度基于资本追求利润的扩张逻辑必然内在地含有反生态本性，这就从根本上决定了资本主义制度在生态上的不可持续性，由此提出了变革资本主义生产方式的必要性。在对待科学技术上，生态学马克思主义认为，科学技术在人类社会发展中起何种作用，关键在于科学技术在何种社会制度和价值观的影响下运行。生态学马克思主义对技术悲观主义和技术乐观主义进行了全面解析。生态学马克思主义得出了生态危机的根源在于资本主义制度与生产方式的不正义性，而不在于技术的结论。

四、绿色发展理念

2002 年，联合国计划发展署发表的《中国人类发展报告 2002：绿色发展必选之路》中首先提出了“绿色发展”的概念，这是人类对自身社会发展历史痛定思痛后形成的全新发展思想。这一报告阐述了中国在走向可持续发展的十字路口所面临的挑战。中国的发展与稳定对于世界的发展与稳定具有举足轻重的作用。近几十年来，人类社会在能源、资源和生态环境领域遇到了日益严峻的挑战。2012 年 6 月，来自世界各地 100 多个国家的政府首脑、各类国际组织和 5 万多名代表参加了里约 20 + 峰会，会上人们共同探讨了消除贫困并且尊重自然资源极限的可持续经济模式的问题，达成了未来人类绿色发展主旋律的共识。绿色发展，是指在生态环境容量和资源承载能力的约束条件下，将保护环境作为实现可持续科学发展重要支柱的新型发展模式和生态发展理念。在理念上倡导生态价值观和生态伦理观；在生产过程中实行以生态技术为支撑的绿色生产；在生活方式上推行以低碳为基础的绿色消费。

按照列宁的观点，马克思主义是最深刻最完整最严密的理论学说，无任何片面性弊病。这种完整严密性是以唯物论与辩证法的统一以及唯物辩证的自然观与历史观的统一为基础的。马克思主义理论是将社会革命与生态文明

紧密地结合起来的理论，这种结合体现了自然的人道主义与人的自然主义的交融与统一。源自马克思主义发展观的绿色发展理念，是将马克思主义与当今时代特征相结合而形成的新的发展理念，是对马克思主义发展观的继承和发展，是一种正确的世界观和价值观，是经过实践检验的强大的理论成果与思想武器。马克思在《〈黑格尔法哲学批判〉导言》中曾经指出，“理论在一个国家实现的程度，总是取决于理论满足这个国家的需要的程度。”① 改革开放以来，我国在经济、政治、文化、社会等领域的发展取得了举世瞩目的成绩，经济总量跃居世界第二，人民生活水平全面提升，政治与文化进步显著，国际地位稳步提高。在各个发展阶段，我们党根据时代发展的需要以及中国特色社会主义建设重大现实问题的深刻变化，始终将马克思主义基本原理与社会发展实践有机结合，重视理论指导与理念创新，对经济社会发展认识不断深化。从党的十五大明确提出实施“可持续发展战略”，到党的十六大的“走新型工业化道路”；从党的十七大提出建设生态文明新要求，到党的十八大把生态文明建设纳入“五位一体”总体布局，再到党的十八届五中全会提出“绿色发展理念”。每一次发展理念的创新与提升，都推动了发展的新跨越。绿色发展理念坚持了马克思主义的世界观和方法论，深刻体现了科学发展的基本要求，从最严格的制度到更严厉的法治，生态文明建设扎实有序推进，生态文明体制机制日趋完善，大力推动了我国经济社会发展实现新的跨越。

绿色发展理念具有源远流长的思想文化渊源，蕴含着丰富的东方文化智慧。中国古代人与自然和谐共生的文化传统是绿色发展理念形成的源头。“天人合一”是中国传统文化中的基本命题，其所倡导的天、地、人相通无碍、彼此交融的观点蕴含着人与自然和谐共生的思想。工业革命的生态危机导致西方生态理论的兴起，它们从不同的角度反思生态危机的根源，力求转变一味地征服自然和改造自然的发展模式，走上绿色可持续的发展道路。作为人类生态文明思想形成和发展的重要来源之一，马克思主义生态文明思想具有前瞻性的真知灼见，是中国绿色发展理念的理论基础。习近平生态文明思想是中国绿色发展理念的现实指引。江苏省第十三次党代会重新定位苏北

① 马克思恩格斯文集（第1卷）[M]．北京：人民出版社，2009：12.

发展，首次提出苏北地区要充分发挥后发优势，深度挖掘和利用各自资源禀赋，摆脱传统路径依赖，积极探索生态优先、绿色发展的新路子；江苏省第十四次党代会强调要支持苏北地区发挥优势，努力实现跨越赶超。2023年的江苏省政府工作报告中指出，江苏将加快形成“苏南引领、苏中崛起、苏北赶超”的区域发展格局。实现苏北跨越赶超，既是省委对苏北的殷切希望，更是对苏北高质量发展的迫切要求，既具有鲜明现实指向的政策主张，也有着深厚的理论支撑，是理论性、政策性与实践性的高度统一。

（一）中国古代朴素自然观提供思想滋养

中国传统文化以儒家为主要代表，儒家文化是中国传统文化的重要组成部分，儒家文化以“仁”为核心，以孔子、孟子为主要代表人物，他们对“仁”进行了解释。“天地位焉，万物有焉。”孔子认为世间万物的发展都有其自身的规律，在发展的过程中都遵循这个规律，世间万物的生长与发展都以自然界的规律为基础。儒家学派主张“天人合一”思想，肯定了自然万物的存在价值，主张善待自然，尊重自然。

道家主张“人法地，地法天，天法道，道法自然”。老子精确地阐述了天、地、人乃至整个宇宙的生命规律。“道法自然”即自得其然。因此人不能违背自然的发展规律，要做到“道法自然”，只有协调好人与自然的关系，才能使人与自然和谐发展。

中国文化博大精深，儒家“天人合一”思想，道家“道法自然”思想都蕴含有丰富的生态思想，除了儒家、道家外，佛家的众生平等、取之有时，墨家的“固本节用”，中华民族的“和合”思想等也都蕴含有丰富的生态思想，也为习近平总书记提出的人类命运共同体、人与自然和谐共生提供了丰富的历史文化底蕴，对习近平生态文明思想的提出与发展提供了重要的理论来源。

（二）西方生态富民思想提供参考借鉴

在资本主义发展的漫长历程中，生态环境主要作为资本运动的客体而存在，生态灾害成为工业化发展的副产品。思想界在对工业化带来的大规模污染的反思中，逐渐形成了具有进步性的生态理论。例如，生态现代化是现代生态和环境意识引发的传统现代化的一种生态转型，生态现代化理论提出，必须把经济增长与环境保护综合起来考虑，加快推进发展模式由先污染后治理型向生态亲和型转变，决不能以牺牲环境为代价来换取一时的发展。

20 世纪 60 年代初，美国海洋生物学家雷切尔·卡逊《寂静的春天》一书，一经出版就引起了很大的反响。1972 年，罗马俱乐部发布《增长的极限》，向人们展示了在一个有限的星球上无休止追求增长所带来的后果。1989 年，英国经济学家皮尔斯首次在出版的《绿色经济蓝皮书》中，提出“绿色经济”。1987 年，世界环境与发展委员会主席布伦特兰夫人向联合国提出了一份题为《我们共同的未来》的报告，正式提出了“可持续发展”的概念。可持续发展是既满足当前需要，又不削弱子孙后代满足其需要的能力的发展。2009 年夏季，全球瞩目的达沃斯论坛在中国大连举办，世界 500 强和中国 100 强中的部分大企业以及国内外经济学界齐聚一堂，围绕“发展绿色经济：推动未来全球复苏的契机”的主题开展交流研讨，共同寻求扩大互利合作的机制和途径，积极探索应对金融危机、发展绿色经济、推动可持续发展的思路和举措。

（三）马克思主义生态观提供科学指导

在马克思的所有著作中，虽然没有对生态思想进行专门的论述，但他的著作、手稿中都蕴含着丰富的生态思想。在《1844 年经济学哲学手稿》中，马克思由唯心主义自然观向唯物主义自然观转变，马克思认为自然是人类生存的前提。没有自然界，没有感性的外部世界，人就什么都不能创造。马克思认为，人和动物一样都需要依靠自然界生存，人通过实践劳动把自然界的有机物转化为自己的生活资料，人无法离开自然界而单独生存。马克思不仅认识到了人能够能动地改造自然，而且认识到人在利用和改造自然界的过程中会受到自然界的限制，人不能没有限制地发挥主观能动性，而是要在充分尊重自然规律的基础上利用自然和改造自然。

在《德意志意识形态》中，马克思、恩格斯对唯物主义自然观进行了全面的阐述，承认自然的优先存在，也更加注重对人的劳动研究。马克思已经认识到人与自然两者之间的辩证关系，人不仅可以从自然界获得营养物质同时也会受到自然界的限制，人类在对自然进行利用的同时必须尊重自然规律。我们要清醒地认识到人虽然是自然界的一部分，但无时无刻不在自然界的控制之下，人类要想发展，就要承认自然的优先性。当人类通过自然界获取必要的物质基础时，优先要尊重自然和保护自然。人类通过自己的劳动将自然界的有机物转换为能够为自己提供正常所需的生产资料，在劳动的过程中也要把握好适度原则，对自然界的索取并不是单向的输出，也要注重给予，给予自然界能够实现正常发展的权利，保证自然界的有机循环和可持续发展。

在《资本论》中，马克思进一步指出自然界和人类劳动一起构成财富的源泉，他说：种种商品体，是自然物质和劳动这两种要素的结合。如果把上衣、麻布等包含的各种不同的有用劳动的总和除外，总还剩有一种不借人力而天然存在的物质基础。人是劳动的主要作用主体，人通过劳动，从自然界中获取生活所需资料，人与自然界之间的物质变换是指人从自然界取得和返还的双向过程而不是单向地索取，因此尊重自然规律是获取资料的前提和基础。如果人类只想单向索取，进行无节制地开采、捕捞等，人类赖以生存的自然界就会遭到破坏，如果这种破坏严重，将会影响自然界的可持续发展，人类所需就无法从自然界持续获得，人类的生产、生活产生的排泄物以及生活产生的垃圾也无从返还，这也会反过来影响人类的正常生活，甚至影响到人类的永续发展。

总之，人是自然界的一部分并来源于自然界，人类的生存和发展必须以自然界为基础。人与自然界并不是互相独立的个体而是辩证统一的，双方互为依赖和前提，人类的发展会带来自然生态的发展，生态的良好发展也会促进人类高质量的发展。但不遵循自然规律，经济的发展也会带来生态的破坏，生态的破坏会进一步阻碍人的发展，伤害任何一方另一方也会遭受损害，这与习近平生态文明思想中人与自然和谐共处是一脉相承的。

（四）习近平生态文明思想提供现实指引

党的十八大以来，以习近平同志为核心的党中央高度重视生态文明建设，提出了一系列新理念新思想新战略，形成了习近平生态文明思想，这是习近平新时代中国特色社会主义思想的重要组成部分。这一重要思想内涵丰富、博大精深，深刻回答了“为什么建设生态文明”“建设什么样的生态文明”“怎样建设生态文明”等重大理论和实践问题，为新时代中国的生态优先、绿色发展提供了重要遵循。

习近平总书记提出的“绿水青山就是金山银山”的重要理论从根本上定义和解决了人对物质利益的追逐与人赖以生存的环境生态之间的关系，保护环境生态与发展生产力之间的关系，环境生态与财富的辩证统一关系。习近平总书记在党的十八届三中全会指出“我们要认识到，山水林田湖是一个命运共同体”。[①] 2018 年 5 月，全国生态环境保护大会在北京召开，习近平总书记在大会上强调生态文明建设是关系中华民族永续发展的根本大计。[②] 习近平总书记深刻指出，“要正确处理好经济发展同生态环境保护的关系，牢固树立保护生态环境就是保护生产力、改善生态环境就是发展生产力的理念，更加自觉地推动绿色发展、循环发展、低碳发展，决不以牺牲环境为代价去换取一时的经济增长。”

具体到江苏，在推动长江经济带发展座谈会上，习近平总书记明确提出，推动长江经济带发展必须从中华民族长远利益考虑，走生态优先、绿色发展之路，使绿水青山产生巨大生态效益、经济效益、社会效益。生态优先、绿色发展这一要求不仅对长江经济带适用，同样适用于其他发展地区，具有普遍的现实指导价值。2020 年 11 月 12 日至 13 日，习近平总书记在视察江苏时，强调要坚决贯彻新发展理念，转变发展方式，优化发展思路，实现生态效益和经济社会效益相统一，走出一条生态优先、绿色发展的新路子，为江苏经济高质量发展、可持续发展提供有力支撑。2023 年 7 月，习近平总书记在江苏考察时赋予江苏“四个新”的重大任务，其中包括：在科技创新上取得新突破，在强链补链延链上展现新作为，在建设中华民族现代文明上探索新经验，在推进社会治理现代化上实现新提升。就是希望江苏要迈向“强富美高”，无论是在高质量发展还是为人民创造高品质生活上，都要更上一层楼。

---

① 中共中央文献研究室．习近平关于社会主义生态文明建设论述摘编［M］．北京：中央文献出版社，2017：8．

② 习近平．坚决打好污染防治攻坚战 推动生态文明建设迈上新台阶［N］．人民日报，2018－05－20（01）．

第三节　生态文明观的觉醒

一、生态文明观的提出背景

（一）日益恶化的环境状况

改革开放以来，随着我国工业化进程的加速，我国的环境问题已经到了非常严峻的程度，生态环境日益恶化，自然资源枯竭，严重影响了社会的可持续发展和人民群众生活水平的提高。据统计，中国人均不可再生资源储备不到世界平均值的1/2，贫矿多，难选矿多，中小型和坑采矿多，大型超大型矿与露采矿少，而单位产值资源消耗率约为世界平均值的3倍。中国森林覆盖率约为9%，居世界百名之后，人均0.1公顷，是世界人均森林面积的不到1/10；中国的水资源人均占有量仅为2200立方米，相当于世界平均水平的1/5，美国的1/6，印度的1/8，加拿大的1/60，名列世界第122位，被列为世界13个贫水国之一；新中国成立70多年来，中国荒漠化土地面积已增至262.2万平方公里，占国土总面积之27.3%，18个省（区）的471个县近4亿人口的耕地和家园处于荒漠化威胁之中。严重水土流失面积有367万平方公里（占国土38.2%）；中国污水排放总量极大，每年排放800亿～900亿吨，其中80%以上未经任何处理直接排入江河湖海。法国每5000人就有一座污水处理站，而中国迟至20世纪70年代才有了第一座污水处理厂。90%以上的城市水环境恶化，可饮用之水越来越少；大量使用农药、化肥以及长期的污灌，造成农牧渔业产品严重污染和农业生态环境的极大破坏，农作物和水产品的残毒极高。据报道，某大城市在10个菜市场抽查了60个蔬菜样品，结果含铅量全部超过最大限量标准（0.5毫克/公斤）。在其他的一些抽查中，发现蔬菜中含汞、硝酸盐等全部超标。

（二）国际环保趋势

20世纪七八十年代，随着全球环境污染的进一步恶化以及“能源危机”的冲击，在世界范围内各种环保运动逐渐兴起。伴随着人们对公平（代际公平与代内公平）作为社会发展目标认识的加深以及对一系列全球性环境问题达成共识，可持续发展的思想随之形成。1979 年全球气候变化问题首次引起了国际社会的关注，在世界气候组织召开的第一届世界气候大会上，各国对以地球大气层迅速变暖为特征的气候变化予以高度重视，并共同发表声明号召“预见并防止可能对人类福利不利的潜在的人”。1980 年，联合国制定《世界自然保护大纲》明确提出“可持续发展的概念”。在此之后，直到 1988 年对于气候变化问题的国际合作才有了实质性的发展，这就是由联合国环境规划署和世界气象组织的所有成员成立了“政府间气候变化委员会”（简称 IPCC），1990 年 8 月 IPCC 通过了第一次气候变化评估报告，这为《联合国气候变化框架公约》提供了科学和技术的基础。1992 年 6 月，在联合国环境与发展大会《联合国气候变化框架公约》正式签署，并于 1994 年 3 月 21 日生效。这份公约最大限度地将国际社会的成员纳入了气候领域的国际合作机制中，它迈出了建立国际合作机制进程中的第一步，并最终在 1997 年 12 月 11 日通过了《（联合国气候变化框架公约）京都议定书》。2005 年 2 月 16 日世界各国迎来了《京都议定书》的生效，而正如世界自然基金会的专家斯蒂芬所说，这表明，全球大多数国家正协同一致，来应对危险的气候变化问题。截至 2007 年 12 月，共有 176 个缔约方批准、加入、接受或核准《京都议定书》。2007 年 12 月 3～15 日，在印度尼西亚巴厘岛举行了《联合国气候变化框架公约》缔约方会议第 13 次会议暨《京都议定书》缔约方会议第 3 次会议，此次会议的主要成果是制定了“巴厘路线图”，进一步确认了公约和议定书下的“双轨”谈判进程。2009 年 12 月 7 日至 19 日，来自全球 192 个国家的代表齐聚丹麦首都哥本哈根，商讨《京都议定书》第一个承诺期结束后，全球应对气候变化的道路该何去何从。2010 年 11 月 19 日，《京都议定书》第六次缔约方会议在墨西哥坎昆举行，会议通过两项应对气候变化决议，推动气候谈判进程向前。2011 年 6 月 6 日，联合国新一轮气候谈判在德国波恩举行，为德班峰会做准备。2011 年 11 月 28 日至 12 月 9 日，《联合国气候变化框架公约》第十七次缔约方大会暨《京都议定书》第七次缔约方会议在南非港口城市德班召开，经过曲折而艰难的谈判，会议决定实施《京都议定书》第二承诺期并启动绿色气候基金。环境保护在全球范围内得到了最广泛和最高级别的承诺，而且还使这一思想由理论变成了各国人民的行动纲领和指南，为生态文明的建设提供了重要的制度保障。2014 年《联合国气候变化框架公约》第二十次缔约方会议暨《京都议定书》第十次缔约方会议在秘鲁首都利马举行，大会通过的最终决议就 2015 年巴黎气候大会协议草案的要素基本达成一致，为各方进一步起草并提出协议草案奠定了基础。2019 年《联合国气候变化框架公约》第二十五次缔约方会致力于截至 2050 年实现碳净零排放目标。

（三）中国传统文化传承与社会主义发展的必然趋势

中华文化的基本精髓从社会政治制度到文化哲学艺术，无不闪烁着生态智慧的光芒。中国哲学的基本理念讲究的是“天人合一”[①]。儒家强调“天地变化，圣人效之”，道家强调“人法地，地法天，天法道，道法自然”，佛教所谓“一切众生悉有佛性，如来常住无有变异”，从人文、自然、因果联系等方面阐述了人与自然的和谐观。中国传统文化中关于人与自然和谐的理念，为实现生态文明提供了深厚的哲学基础与思想源泉。同样，社会主义作为对资本主义的超越，代表了一种更高级的文明形态，代表了一种更美好的社会理想。马克思、恩格斯很早就把自然、环境和生态摆在对人的优先发展的地位，他们认为人是自然界的产物，当然受自然规律支配。人具有主观能动性，但不能违背自然规律，否则一定会受到历史的惩罚。可以说，生态文明为社会主义理论在更高层次的融合提供了发展空间，社会主义为生态文明的实现提供了制度保障。

二、生态文明概念的界定

生态文明不是一种局部的社会经济现象，而是相对于农业文明、工业文明的一种社会经济形态，它是比工业文明更进步、更高级的人类文明新形态。应该说，生态文明是一个既高度复杂又有广泛认同的概念，如何对它加以科学的界定和阐明，需要把文明和生态的概念融入生态文明的内涵中。

按照美国学者摩尔根的观点，文明是人类社会发展到高级阶段的产物，

---

① 蒙培元．人与自然——中国哲学生态观［M］．人民出版社，2004：3.

文明是与蒙昧、野蛮相对应。他认为在人类最近的10万年历史中，蒙昧时期占6万年，野蛮时期占3.5万年，文明时期只有5000多年。一直以来，文明是指人们改造世界所获得的对人类生存和发展有价值的物质成果和精神成果的总和。具体表述为：文明是指人类借助科学、技术等手段来改造客观世界，通过法律、道德等制度来协调群体关系，借助宗教、艺术等形式来调节自身情感，从而最大限度地满足基本需要、实现全面发展所达到的程度。[①]它既从历史的纵坐标反映人类社会的发展程度，又从历史的横坐标反映一个国家或民族的经济、社会和文化的发展水平与整体风貌。因此，文明是表征人类社会进步的标志。

生态，在英文中用“ECO”表示，源于希腊文“Oikos”，意为“人和住所”。原始的生态概念，是在生态学中用它来表示生物有机体与其他生物之间、与非生物之间的关系。随着人们对生态问题的研究与深化，“生态”的含义理解为“生物和人类与环境的关系”。环境与生态并非同一个概念。任何事物的主体都有环境，但并非任何事物都有生态。生命和非生命都处于一定的环境中，但只有生命处于生态中。生态是生命的环境。对任何生命而言，其环境都是一个生态系统。这里所指的环境不仅包括无机环境如土壤、气候等，也包括有其他生物组成的有机环境。在生态系统中，物质循环与能量流动是通过食物链环环相扣地运行着，任何一种自然物都在这个系统中发挥着自己特有的功能。人是生物群落中的消费者。他处在与生物群落中生产者和分解者的关系中，处在与非生物环境的能量交换中。在有人参加的生态系统中，主要存在着人与自然、人与社会这两个子系统的统一。生态系统的平衡就是这两个子系统及其相互之间的平衡，即自然—人—社会的生态系统平衡。[②] 因此，目前对人类的生态环境的理解不仅包括自然环境，还包括政治环境、经济环境、文化环境和社会环境。

由于对生态和文明概念的不同理解，造成对生态文明概念的界定也是众说纷纭，仁者见仁、智者见智，归纳起来有三种类型：第一种类型的概念，是针对包括人在内的自然生态系统的平衡为目标而界定的，例如，俞可平认为，

① 陈炎．文明与文化．光明日报［N］．2011－5－30（05）．

② 钟佼腾．成都沿河民居环境改造中生态设计的运用模式研究——以成都市府河雍家渡段沿岸居民住宅环境改造为例［D］．西南交通大学，2013：5．

"生态文明就是人类在改造自然以造福自身的过程中为实现人与自然之间的和谐所做的全部努力和所取得的全部成果，它表征着人与自然相互关系的进步状态。"① 这直接反映出其概念提出的实践意图，保护与恢复自然生态平衡，它是生态生产发展水平及其成果的体现，是社会文明在人类赖以生存的自然环境领域的扩展和延伸。第二种类型的概念，是针对可持续发展的理论而界定的，能更好地与当前可持续发展战略相吻合，生态文明就是要求人类通过有意识、有目的实践活动，创造人类所需要的各种物质产品，满足人类生存与发展的需要。做到既改造和利用自然，又保护自然，维护人与自然的协调发展，尤其对解决当前工业文明造成的生态危机具有很强的针对性。第三种类型的概念，超越了人与自然关系，认为生态文明不仅要积极改善和优化人与自然的关系，同时也要协调和优化人与社会的关系。这是一种理想的要求，也是生态文明的发展方向和目标，反映了历史发展的必然趋势，如国家环境保护部原副部长潘岳提出的，"生态文明，是指人类遵循人、自然、社会和谐发展这一客观规律而取得的物质与精神成果的总和；是指以人与自然、人与人、人与社会和谐共生、良性循环、全面发展、持续繁荣为基本宗旨的文化伦理形态。"② 它所追求的人与自然、人与人和谐的境界与马克思所讲的共产主义理想相一致，"这种共产主义，作为完成了的自然主义，等于人道主义，而作为完成了的人道主义，等于自然主义，它是人和自然界之间、人和人之间的矛盾的真正解决。"③ 从生态文明概念的不同指向，表明人对生态文明的认识与理解有很大的差距，同时也反映了生态文明概念逐步递进的发展理念。

党的十八大把生态文明建设放在十分突出的地位，形成了经济建设、政治建设、文化建设、社会建设、生态文明建设五位一体的中国特色社会主义事业总体布局，充分体现了实现全面协调可持续发展的科学发展观基本要求，对于不断开拓生产发展、生活富裕、生态良好的文明发展，全面推进中国特色社会主义事业，具有重大意义。生态文明是人类存在的基本形式之一，它涵盖了人与人的关系、人与自然的关系，与物质文明、精神文明和政治文明紧密相连，是涉及人类生存、生活甚至生命的一种精神追求和价值关

---

① 俞可平．科学发展观与生态文明［J］．马克思主义与现实，2005（4）：4－5.

② 王正．"人"之视野下的人类文明新形态［J］．哲学研究．2022（01）：12－19.

③ 马克思恩格斯全集（第42卷）［M］．人民出版社，1979：120.

怀。党的十九大报告指出，建设生态文明是中华民族永续发展的千年大计。必须树立和践行绿水青山就是金山银山的理念，像对待生命一样对待生态环境，坚定走生产发展、生活富裕、生态良好的文明发展道路，建设美丽中国，为人民创造良好生产生活环境，为全球生态安全作出贡献。党的二十大报告指出，中国式现代化是人与自然和谐共生的现代化，明确了我国新时代生态文明建设的战略任务，总基调是推动绿色发展，促进人与自然和谐共生。报告在充分肯定生态文明建设成就的基础上，从统筹产业结构调整、污染治理、生态保护、应对气候变化等多元角度，全面系统阐述了我国持续推动生态文明建设的战略思路与方法，并对未来生态环境保护提出一系列新观点、新要求、新方向和新部署。因此，生态文明是在和谐的生态发展环境、科学的生态发展意识和健康有序的生态运行机制基础上，实现经济、社会、生态的良性循环与发展。生态文明是人类社会与自然和谐发展的新文明，也是人类社会全面发展的一个重要标志。

三、生态文明的主要特征

文明的发展是一个历史过程。目前，生态文明正处于不断发展的过程之中，其内涵也在不断丰富之中，为了了解生态文明发展的趋势和方向，我们需要通过深刻理解生态文明的主要特征来把握。生态文明具有以下五个主要特征。

（一）生态文明是以生态为本的文明形态

从世界演进的过程看，先于人类而存在的自然界，是人类社会产生和发展的物质基础，也为构成人类社会客观实在性创造了物质条件。人类作为自然界的一部分，也是自然界的产物，良性的生态环境是人类赖以生存和发展的客观物质基础。如果人类不能保持自身与自然的和谐统一，那就会危及自身的生存与发展。生态文明的根本出发点，就是以承认人类是自然界的一部分为前提，承认以生态为本。所谓以生态为本，就是强调以生态利益为根本出发点，以生态建设为中心，主张人类应该尊重和顺应自然本身的发展规律，合理调节人类与自然之间的资源互换关系，以消解人类与自然的对立，最终实现人类与自然的和谐发展。坚持以生态为本，抛弃了人类中心主义和主客二分的思想，将自然作为权利主体，纳入道德共同体中。它引导人们关注自然自身的内在价值和生态公正，开展生态文明建设的实践。以生态为本，它重建了人与自然和谐统一的关系，体现了人类认识的重大转变，这不仅为构建和谐社会提供了理论基础，也为生态文明理论的发展提供了有力的支撑。

（二）生态文明是以生态建设为中心的文明形态

生态文明主张将生态建设作为中心。工业社会的到来，使人类的物质欲望和工具理性倾向极度膨胀，这种利欲需求不断引导着人类片面追求经济发展和物质享受。一切以经济建设为中心、忽视生态环境建设、无视大自然自身的环境承载能力的人类行为，导致一系列生态危机的产生，这直接危及人类自身的生存和发展，这种本末倒置的做法值得人类深刻的反思。发展生态文明，就是要以生态为本，按生态规律办事，把生存作为第一要务；就是要随着社会主要矛盾的变化，把以经济建设为中心，逐步调整到以生态建设为中心上来。具体体现在：在生产方式上，转变高污染、高生产与高消耗的工业化生产方式，以生态技术为基础实现社会物质生产，使生态产业在产业结构中居于主导地位；在生活方式上，倡导科学、合理、适度消费，使绿色消费成为人类生活的新目标与新时尚；在文化价值上，清醒认识自然的价值，树立符合自然生态规律的价值需求、规范和目标；在社会层面上，使生态化渗透到社会结构之中，实现人类活动对生态的最小损害并能够进行一定的生态建设，从而使人类与自然变得更加和谐，这才是合乎社会发展规律的。

（三）生态文明是以生存作为第一要务的文明形态

因为生存与发展是人类社会面临的两大永恒的主题，因利益因素而追求一时的发展与享受所导致的环境危机，威胁着人类的生存，所以生态文明强调将生存作为第一要务。生存与发展之间是相互影响、相互渗透的，生存是发展的前提，没有生存就谈不上发展，一切发展都只能在确保生存的基础上进行；而发展又依附并服务于生存，发展是生存的保证，发展是为了更好地生存。从关系的递进上来看，生存是第一位的，发展是第二位的。人类首先必须生存下去，然后才能谈得上发展。因此，生存是第一要务。

（四）生态文明是以生态公正为目标的文明形态

在生态领域，分别从横向和纵向两个角度来看，生态文明追求的生态公正目标具有丰富的内涵：从横向上看，是不同国家、地区、城乡之间的生态公正，这是代内之间的生态公正，如发达国家与发展中国家之间存在着国际生态殖民主义，因经济发展不平衡，发达国家掠夺发展中国家的资源、转移污染等；从纵向上看，是指代际之间的生态公正。其体现在上代人为了满足自己的物质利益，而使整个地球生态系统的负载能力透支，从而直接威胁到下代人的生存和发展需求，继而威胁到整个人类的继续生存和发展。人类的发展不仅要讲究代内公正，而且要讲究代际之间公正，亦即不能以当代人的利益为中心而不惜牺牲后代人的利益。同时，生态公正同社会公正是紧密联系在一起的，生态不公正严重恶化了人类与自然、人与人、人类与社会之间的相互关系，且往往还会导致社会不公正，这更是直接关系到生态社会的最终实现。

（五）生态文明是自然规律与社会发展规律相融的文明形态

生态文明强调了人的自律与自觉，强调了人与自然环境的共荣共生、相互促进，既追求人与自然之间的和谐，也追求人与人、人与社会之间的和谐，而且人与自然的和谐是人与人、人与社会和谐的前提。生态文明区别于工业文明，它是以尊重生态规律为前提的文明形态。自然有着自身特有的发展规律，虽然人类社会可以改变这种规律发挥作用的条件，把自然纳入人类对象化的改造范围之内，但是人类却不可以任意改变和取消自然发展规律，因而生态文明是符合自然发展规律的文明形态。人类文明经历了原始文明、农业文明和工业文明这三大发展阶段，工业文明的发展在创造巨大物质财富的同时，也带来了一系列世界性的生态危机。这客观上就需要开创一种新的文明形态来延续人类的生存，生态文明因此应运而生。它是人类对传统文明形态，尤其是工业文明进行深刻反思的结果，是人类文明形态和发展理念、模式、道路的重大进步，是社会进步的必然要求，因此它符合人类社会的发展规律。只有将自然规律与人类社会发展规律相融合，人类文明形态和文明发展理念、道路和模式才有重大进步。

| 第二章 |

苏北高质量发展基础条件

江苏省委、省政府提出苏北必须放下“GDP包袱”，不能再做传统工业化道路的跟随者，要从“污染跑道”切换为“绿色跑道”，提出以淮安、宿迁两个设区市全域和里下河地区的高邮、宝应、兴化、建湖、阜宁5个县（市）为重点，建设江淮生态经济区，这是江苏省在实施“1+3”重点功能区战略的同时，提出在更高层次上统筹区域协调高质量发展的战略举措。苏北生态本底优良、绿色发展空间巨大、资源承载力相对较强，在经济新常态下探索生态优先绿色发展的高质量发展新路，既是贯彻绿色发展理念、推进生态富民的生动实践，也是摒弃“先污染、后治理”模式、超越传统工业化模式的现实探索，更是新形势下统筹做好治污、添绿、留白三篇文章，筑牢美丽江苏生态基底的战略抉择。

第一节　苏北经济社会发展现状

一、经济增速由快趋稳

进入21世纪以来，苏北地区逐步摆脱增速低于全省平均水平的局面，发展进入快车道，2011年地区人均GDP首次超过全国平均水平，主要经济指标增速连续11年高于全国和江苏省平均水平。2019年，苏北实现地区生产总值22963.4亿元，占全省比重由2007年20.3%上升到23.04%。进入新常态以来，特别是2016年以来，苏北主要经济指标回落幅度较大，部分指标增速逐步落后于苏中甚至苏南。2019年，苏北地区生产总值平均增速为6.96%，低于苏中的8.09%（泰州5.72%；扬州7.0%；南通11.55%，全省第一）；2021年苏北地区生产总值为26731.9亿元，占全省比重由2019年23.04%下降到22.8%，表明苏北传统后发优势带动的增长红利开始衰退，亟待塑造新优势、培植新动能。2022年，人口合计近4000万的苏南5市人均GDP达2.7万美元，体量和发展水平上相当于一个中等规模的欧洲国家。其中苏州是全省经济总量最高的地市，2022年GDP接近2.4万亿元，仅其代管的全国最强县级市昆山就超过5000亿元。苏州规上工业总产值为4.36万亿元，处于全国第一梯队。在产值中，国有企业占比4%，民营企业占比43%，外资及港澳台企业占比53%。但若看产值的增速，则苏州的民营企业比上年增长了8.9%，外资及港澳台企业仅增长了0.1%。苏南的南京、无锡GDP处于1万亿元级别，常州约9600亿元。省会南京比上年增加了一个千亿级规模的工业行业（石油加工业）；无锡的民营工业继续保持快速增长，增加值占全市规上工业增加值的54.1%，比上年增加了1.4个百分点；常州的经济增速为苏南最快，生物医药、机械、电子行业保持两位数增长；体量最小的镇江本年GDP也突破了5000亿元。苏中3市人均GDP为2.2万美元，其中南通GDP总量超过万亿元。南通产业覆盖面较广，有船舶海工、纺织、新材料、信息技术、装备制造等五大千亿级工业产业，但这五大产业集群合计产值也只占全部工业的一半多。类型全面、“东方不亮西方亮”正是苏南、苏中这些经济巨头城市的最大底气。苏北5市人均GDP为1.4万美元，虽在省内排名靠后，但仍超过全国31个省级行政区中的23个。各市中，宿迁的GDP名义增速上两位数，省内最高；盐城的实际增速为省内第一。总量排名靠后的宿迁、连云港双双超过4000亿元。全省13个地级市中，苏南5市占据人均前5名，苏中3市占据中间3名，苏北5市同时也是最后5名。可以说，江苏高质量发展的重点在苏北、难点也在苏北。

二、工业化进入中期阶段

苏北地区是传统农业区，工业基础薄弱。近年来，苏北地区依托自身要

地区生产总值	2022年1~12月	
	绝对量（亿元）	增长（%）
全　　省	122876	2.8
南京市	16908	2.1
无锡市	14851	3.0
徐州市	8458	3.2
常州市	9550	3.5
苏州市	23958	2.0
南通市	11380	2.1
连云港市	4005	2.4
淮安市	4742	3.6
盐城市	7080	4.6
扬州市	7105	4.3
镇江市	5017	2.9
泰州市	6402	4.4
宿迁市	4112	3.6

图 2-1　2022 年 1~12 月江苏省设区市地区生产总值

素禀赋优势和产业发展基础，积极培育形成一批市场竞争力强、产业配套能力好、科技含量高的特色工业基地，徐州工程机械、盐城汽车和新能源、淮安盐化新材料、连云港生物医药等产业已形成较强竞争优势。2016 年，苏北三次产业结构调整为 10.8：44.4：44.8，第三产业首次超过第二产业，整体进入工业化中级阶段；2019 年，苏北三次产业结构继续优化，三次产业结构调整为 8.58：45.54：45.88。其中，徐州综合实力最强，已进入工业化中后期，2019 年，高新技术产业产值比上年增长 8.7%，占规模以上工业总产值比重达到 40.1%，但仍低于全省平均水平 4.3 个百分点；宿迁市刚刚进入工业化中期，2019 年高新技术产业产值占全市总量仅为 31.2%，远低于全省平均水平。2022 年苏州市产业结构如下：第一产业增加值为 192.98 亿元，增长 3.0%；第二产业增加值为 11521.41 亿元，增长 1.8%；第三产业增加值为 12243.95 亿元，增长 2.1%，三次产业结构比例：0.8：48.1：51.1。苏南的苏州产业结构优化主要以高端制造以及第三产业为主体，分别占比

48.1%和51.1%，这一分布说明苏州市正从传统的制造业向服务业转型。2022年苏北的徐州第一产业增加值为771.89亿元，增长3.0%；第二产业增加值为3593.22亿元，增长4.0%；第三产业增加值为4092.73亿元，增长2.5%，三次产业结构为9.1：42.5：48.4。整体来看，虽然徐州市的产业结构呈现出第二产业和第三产业主导的格局，第二、第三产业经济增速相对较快，但是从三产比例而言，与苏州仍有较大差距。

三、新型城镇化稳步推进

近年来，苏北城镇化步伐加快，中心城市能级提升、县域经济加速发展，涌现出一批产业强、环境美的重点中心镇，所有行政村实现通电、通公路、通公交、通自来水、通电话、通有线电视、通宽带网的"七通目标"，城乡面貌焕然一新。但与发达地区相比，苏北城镇化质量不高，尤其是苏北腹地的中心城市辐射带动能力较弱；城市化率仍需提速，2021年苏南、苏中、苏北地区城镇化率分别为82.57%、70.54%、64.79%，与2020年末相比，分别提高0.24个、0.58个、0.69个百分点，三大区域城镇化水平在稳步提升的同时，苏北城镇化率与苏南仍具有较大差距，全省接近44%的农村常住人口集中在苏北地区。

（一）县域高质量发展不断推进，县域经济水平依旧薄弱

近年来，苏北县域在高质量发展进程中不断实践和突破，涌现出一批高质量发展的典型代表，对推进区域协同融合发展、实现共同富裕起到了先导作用。例如，盐城的"东台现象"表现为在县域经济发展中确立高质量发展的"一个核心思想"，即"经济发展与生态系统"和"产业集聚与内生动力"。宿迁的沭阳县围绕服务业最有活力定位，全力推进现代服务业高质量发展，截至2022年12月底，全县共有省级现代服务业集聚示范区3家、市级服务业集聚区3家、省市级生产性服务业领军企业7家，全年地区生产总值达到1308.45亿元，比上年增长3.6%，经济总量连续三年列苏北20个县（市）第一位。徐州的邳州市对标省"六个高质量"要求，同年荣获"全省推进高质量发展先进县（市、区）"称号。

县域经济水平依旧薄弱仍是当前苏北县域发展的总体特征。2020 年，苏北 20 个县域经济总量占苏北 GDP 总量的 49.7%，仅占江苏省县域 GDP 总量的 29%。苏南县域经济，特别是以昆山和江阴两市分别作为两种经济类型的典范，2020 年两市的 GDP 总额均超过 4000 亿元，2022 年昆山 GDP 超过 5000 亿元，已进入发达经济体行列。苏中三市（南通、扬州、泰州）下辖的县级单位，除兴化市外，人均 GDP 在 2020 年都超过 10 万元，其部分县市的人均 GDP 已经接近甚至超过了苏南较弱的县域。在苏北县市中，仅有淮安金湖县和盐城东台市的人均 GDP 超过 10 万元，连云港灌云县仅有 5.2 万元左右。2020 年苏北县域人均 GDP 约为 7 万元，低于全国和全省平均水平（2020 年中国人均 GDP 约为 7.2 万元，江苏省人均 GDP 约为 12 万元）。整体看，江苏省县域经济竞争力较强，但省内的悬殊较大，苏北地区县域经济发展相对较为薄弱。

（二）县域综合竞争力不断增强，发展不平衡不充分的问题依然突出

根据 2019～2022 年赛迪顾问发布的我国百强县的分布看，江苏省县域百强一直稳定在 25 个左右，占据全国百强县的 1/4。2019～2022 年全国百强县域竞争力前 10 名中，苏南 6 县域一直稳定在第一方阵，苏中（2021 年海门市撤县设区）所有县域都连续多年进入百强。苏北县域百强总量占比较低，优势不明显，部分县域竞争力有不断下滑的趋势，区域内部发展不平衡不充分的问题矛盾依然突出。

（三）县域城镇化质量不断提高，县城公共服务品质提升任重道远

高质量的新型城镇化意味着大量的农业转移人口进入城镇，更多的城镇常住人口成为新市民。截至 2020 年 12 月底，苏北 5 市县域人口总量 1715.5 万，占苏北总人口近 60%，占全省总人口的 20%。2020 年苏北县域整体城镇化率超过 58%，比 2019 年提高近 2 个百分点，低于苏北 5 市整体城镇化水平 6 个百分点，与全省平均水平相差 15 个百分点，低于全国平均水平 5 个百分点。县域户籍城镇化率近 47%，低于全省户籍人口城镇化率 10 个百分点。从县域人口城镇化、人民生活水平、公共服务和城乡协调等基本现代化指数看，目前苏北县域离城市型社会的标准还有一定的差距。党的十八大

以来，苏北县城空间得到进一步扩展，人口集聚速度不断提升，但也暴露了县城公共基础设施建设相对滞后、城区生活品质较为低下等突出问题，进一步限制了县城对农民的吸引力。

同时从各县域实践来看，实行城乡统一的户口登记制度后，不少县城附着在户籍利益上的公共服务制度和福利制度并没有发生实质改变，原城乡人口在最低生活保障、保障性住房保障、社会保险等方面的待遇差别问题，以及其他相关福利尚未得到根本性解决。这就要求苏北县域相关部门今后要着力解决进城务工人员在教育、医疗、社保、住房等方面应享受的服务，让县域农村人口进城务工人员享受到同等的城镇居民待遇。

相关数据统计显示，2023 年江苏省县域人口超过 100 万的共计 12 个，苏南 5 个，苏中 2 个，苏北 5 个。通过县域十年来人口变化数据对比，人口增量主要集中在苏南 5 县域，增长超过 10 万人的县域有 6 个，分别是昆山市、江阴市、张家港市、常熟市、沭阳县和太仓市。除了沭阳县位于苏北地区，其余 5 个全部位于苏南地区，有 4 个县域均在苏州市，经济第一县域昆山，十年来人口增加 44.62 万，总人口超过 200 万。在人口的变化方面，2020 年江苏省县域人口最少的 10 个县域中，苏北有 5 个，在人口减少最多的 10 个县域中，有 5 个县域来自苏北地区。优化县域产业结构，提升苏北县域人口城镇化转移承载能力，是当前苏北县域发展过程中亟待破解的重大问题。

四、人民生活持续改善

2021 年，苏北地区全体居民人均可支配收入 33425.8 元，增长 9.68%，比全省平均高 0.18 个百分点。其中，淮安、徐州、连云港和宿迁四市 2021 年人均可支配收入低于全国平均水平；城镇和农村常住居民人均可支配收入分别达到 40700.2 元、22915.4 元，增长 8.84%、10.88%，均快于全省平均；社会消费品零售总额 11214.3 亿元，增长 15.64%，比全省平均水平高 0.547 个百分点，群众消费力提升，消费品质也在迭代升级；就业政策全面落实，2021 年 6 月发布的《江苏省劳动力人口分布及变化特征分析报告》中指出，到 2021 年 3 月，苏北五市人口中劳动力人口比例 69.36%，与同期江苏省平均水平 73.21% 差距较大，低于苏中的 71.83%，远低于苏南的 77.31%，这表明苏北地区产业发展程度是省内的洼地，产业吸聚劳动力能力处于较低水平。；社会事业不断进步，城乡基本养老、基本医疗、失业保险参保率均稳定在 95% 以上。截至 2020 年底，江苏省累计改造农村危房 22.9 万户，发放中央及省级补助资金 24.9 亿元。实现存量农村四类重点对象危房“清零”，农村贫困人口住房安全问题得到历史性解决。经过三年努力，改善 30 万户苏北地区农房的省定目标任务如期完成。苏北在发展的同时，也应该对标全面建成高水平小康标准尤其是富民标准，人民生活质量不高仍是苏北地区的突出短板（见图 2－2）。

地区	社消总额（亿元）	增长（%）	人均社消（元）
苏州	9031.3	17.3	70845
南京	7899.4	9.7	84803
徐州	4038.0	22.9	44452
南通	3935.5	16.8	50932
无锡	3306.1	10.4	44306
常州	2911.4	20.2	55161
盐城	2684.3	21.1	40004
淮安	1828.3	9.1	40130
泰州	1576.9	18.3	34941
扬州	1480.9	7.4	32476
宿迁	1460.4	16.1	29267
镇江	1346.8	17.9	41956
连云港	1203.3	9.0	26159

图 2－2 2021 年江苏 13 市社会消费品零售总额

五、基础设施建设快速推进

近年来，苏北地区综合交通、水利等基础设施建设快速推进，公铁空水立体交通网络基本成型。2019 年 12 月，D5668 次列车从盐城站鸣笛启程，苏北地区从此迈入“高铁时代”。徐宿淮盐高铁是江苏首条全线均在苏北地区的铁路客运专线，开通运营后，一举结束淮安、盐城、宿迁不通高铁的历史，各市之间实现高铁互通，南北沟通更加便捷。目前全省铁路在建项目6个，在建里程1088公里，投资规模约2000亿元。沪通铁路一期、盐通铁路、徐连高铁、连淮扬镇高铁淮镇段等4条高铁线极大促进苏北融入省域一体化和长三角一体化。“十三五”期间，苏北地区实施一批重大基础设施项目，重点推进连云港深水港口和深水航道建设，加快实施徐宿淮盐铁路、连徐高速铁路、徐州城市轨道交通等重大项目，积极建设徐州、连云港全国性枢纽和淮安等区域性枢纽，持续完善沿海地区、淮河流域地区、黄河古道地区水利基础设施。“十四五”以来连云港港30万吨级航道二期工程、盐城港大丰港区10万吨级航道、徐宿淮盐铁路等重点项目推进顺利，中海油滨海LNG接收站和中石化青宁线、中俄东线、淮安储气库及连云港LNG项目等重点项目的前期工作进展顺利。一系列基础设施建设项目的顺利推进从根本上改变了长期以来基础设施对地区发展的瓶颈制约，成为苏北潜力释放的关键“撬动点”。

六、“四项转移”成效明显

“十三五”期间，江苏省委、省政府及南北结对帮扶合作协调小组（原苏北发展协调小组）各成员单位全面落实省委、省政府部署要求，深入实施南北挂钩合作，持续推进“四项转移”，取得明显成效。产业转移更注重项目质量、财政转移支付更注重民生、科技成果转化更注重支柱产业，并将苏北劳动力向外转移优化调整为推动境内外优秀人才向苏北转移，五年累计向苏北转移500万元以上项目近万个，总投资15000多亿元，苏北实际引资额8000多亿元；省财政对统筹安排对老区苏区各类补助资金规模超过2000亿元；引导苏北企业与400多家国内外大院大所建立稳定的产学研合作关系，建立校企联盟4500多个；新增吸纳毕业大学生64.4万人，引进急需人才、高层次人才1万人。截至“十三五”末，苏北地区已设立南北共建园区45个，共建园区累计入园企业超千家，项目注册资本超千亿元，实际利用外资超过40亿美元，为苏北发展形成内生动力提供了强大支撑。

第二节　苏北高质量发展生态基础优势

一、生态本底条件优越

苏北土地资源占全省 51.82%、水资源占 38%、林地占 61%、海洋占 66.7%。江苏省湿地面积 282 万公顷，居全国第 6 位。苏北境内有京杭大运河、淮、沂、沭、泗、灌等河流，洪泽湖、高邮湖、骆马湖、白马湖等大中型湖泊，拥湖滨水临海，水环境容量大，自净能力强；平原、滩涂、湿地、低山丘陵等形态多样的地貌交错分布，生态类型多样，突发性恶性自然灾害发生频率低，人居环境优良；可开发面积全省最大，集聚人口和产业的能力较强，是高强度、大规模工业化和城镇开发的优良地区。国际重要湿地江苏盐城沿海滩涂湿地、江苏大丰麋鹿自然保护区、淮安白马湖湿地等地处苏北；国家重要湿地盐城滨海湿地、洪泽湖湿地、高邮湖湿地等也地处苏北。苏北地区拥有江淮生态大通道、淮河生态经济走廊、沿海生态景观带等生态底色，既是全省经济社会发展重要的自然生态资源，也是具有全国及世界意义的重要生态功能区。

二、生态政策持续发力

江苏省委、省政府一贯重视苏北保护生态、走特色发展道路问题，2005 年《关于加快苏北振兴的意见》明确提出苏北要“坚持在发展中保护环境，加强生态建设，实现可持续发展”；2012 年《关于加快苏北全面小康建设的意见》要求苏北禁止新上高耗能、高排放项目，加强重点生态功能区、水域和滩涂保护，加大沿海化工园区（集中区）和重金属污染整治力度；2016 年《关于加快苏北振兴推进全面建成小康社会的若干政策意见》强调苏北地区要全面实施山水林田湖自然生态系统保护修复，适度增加生态红线区域面积，加快重点地区国家生态文明先行示范区建设；2017 年《苏北苏中地区生态保护网建设实施方案》提出选取苏北“三湖”上游、清水廊道两侧和部分自然禀赋较好的地区作为生态保护引领区进行整体保护，建立具有地方特色的绿色产业体系。2019 年，江苏出台《江苏省生态环境标准体系建设实施方案（2018 ~ 2022 年）》要求加快推进生态环境地方标准制、修订工作，有力推动生态环境标准体系建设取得突破，为加快推进生态环境治理体系和治理能力现代化打下坚实基础。2020 年《省政府关于推进绿色产业发展的意见》提出推进江淮生态大走廊建设，重点推动旅游、特色农业发展，打造淮河生态经济带绿色产业发展样板区，支持宿迁、盐城、泰州里下河地区创建生态经济示范区，支持徐州市开展采煤塌陷地综合治理。政策持续发力，既为保持苏北良好生态提供了政策支持，也对各类影响、破坏生态环境的行为形成强有力约束，为新形势下苏北地区全面转入生态优先绿色发展轨道奠定了坚实的政策基础。2022 年 8 月，江苏出台《江苏省生态文明教育促进办法》，旨在普及和加强生态文明教育，促进全社会树立生态文明价值观念和行为准则，推动构建生态环境社会行动体系，建设人与自然和谐共生的美丽江苏。其内容包括总则、学校生态文明教育、家庭生态文明教育、社会生态文明教育、保障激励措施、附则共六章四十条。

三、生态资源保护有力

在落实《江苏省生态红线保护区域规划》的基础上，苏北五市不断加强生态管控，有效保护区域生态资源。徐州市划定 11 类 82 块生态红线区域，占全市土地面积达 26.3%；连云港市规划 11 类 67 个生态红线区域，陆域保护区占土地面积达 22.3%；宿迁市生态红线区域范围由最初土地面积的 20.64% 提高到 32.20%；淮安市科学划定自然保护区、饮用水源保护区、森林公园、洪水调蓄区等 11 类 56 个省级生态红线区域，占全市土地总面积的 21.1%，土地面积中 1/2 的耕地、1/4 的水面和 1/5 的湿地得到生态红线保护；盐城市将生态红线区域从省级七大类扩展至九大类，生态红线区域保护面积占土地面积的比例达 23.5%，陆域保护面积全省最大。

四、生态治理富有成效

近年来，苏北五市大力加强环境保护，生态治理取得积极成效。“十三五”期间，徐州市区优良天数超过 300 天/年，优良率超过 82%；PM2.5 浓度为 55.9μg/m³。同时，24 个省考以上地表水断面平均水质达到或优于Ⅲ类水的比例为 87.5%，在全省排名第三，同比上升 8.3 个百分点，7 个在用地表水源地水质均达标，在全省率先成功创建国家水生态文明城市；连云港市国家级、省级生态乡镇覆盖率为 25%、75%，水质达到Ⅲ类及以上断面占 52.3%，成功获批创建“国家森林城市”；2021 年宿迁市空气质量优良天数比率和 PM2.5 浓度改善幅度均居全省第二，地表水国省考断面优Ⅲ水体比例达 90%。新造成片林 1.9 万亩，林木覆盖率达 29.84%、位居全省第三，是全国文明城市、中国人居环境奖城市；“十三五”期间，淮安市坚持生态优先绿色发展，先后投入 200 多亿元建设大运河、白马湖、洪泽湖等市级幸福河湖典型，坚持水污染治理、水生态修复和水资源保护“三水联动”，倾力打造淮安“六横两纵五湖”幸福河湖大格局。2021 年，淮安市国省考断面Ⅱ类水比例苏北第一，饮用水水源地水质Ⅱ类水比例达 60%。沈三圩断面水质全年均值达到Ⅲ类水的目标，足足提前了 3 年达成，超额完成省下达目标。目前，淮安市 57 个地表水国省考断面有 52 个达到Ⅲ类标准，“淮安蓝”早已成为常态；2021 年，盐城市新能源累计发电量 243.1 亿千瓦时，同比增长 36.0%，占全省新能源发电量比重超三成，达 32.6%，占全市全社会用电量的 59.3%。其中，风电 202.5 亿千瓦时，同比增长 45.0%；光伏发电 25.6 亿千瓦时，同比增长 9.6%；生物质发电 15.0 亿千瓦时，同比下降 4.8%。空气质量持续保持全省领先、全国前列，PM2.5 平均浓度连续大幅度下降，“盐城好空气”成为重要的城市名片和生态品牌。

五、生态富民取得突破

近年来，苏北地区积极开展依托生态优势推进创新创业、带动群众脱贫致富的探索，涌现了一批具有可推广性的典型经验，为苏北地区超越传统工业化模式、实现绿色发展提供了有力支撑。例如，邳州拥有银杏资源总量、银杏加工产量、银杏苗木交易量三项世界第一，银杏面积达 50 万亩、连片的银杏林达到了 30 万亩，拥有银杏苗木近 3 亿株，邳州的银杏已经覆盖三次产业，行业从业人员超过了 20 万人，银杏产业年产值超过了 60 亿元；宿迁市大力实施“一村一品一店”提升行动，推进生态农业与电商结合，带动群众创业致富，目前宿迁电子商务交易额年均增长率保持40%以上，平均每80人就拥有1家网店，每10人就有一人从事电子商务相关工作，快递业务量连续多年位居全国50强，每1秒钟就有10.35件快递从宿迁发往世界各地，2019年全市电子商务交易额突破1800亿元；睢宁县沙集镇依靠电商脱贫致富，截至2020年初，沙集已有1.62万个家具电商，1300多家实体企业，136家物流网店公司，获评中国家具电商产销第一镇；从2000年龙年龙虾节，到2001年第一届中国龙虾节，再到2021年第二十一届中国·盱眙国际龙虾节，盱眙龙虾节影响力持续提升，成为中国节庆史上的一个“现象级”存在，2021年“盱眙龙虾”品牌价值高达215.51亿元，位列中国水产类品牌第一。盱眙县积极推进龙虾产业转型升级，推动三次产业融合发展，目前，该县已有超过10万人从事龙虾养殖、贩运、烹饪等行业；小龙虾养殖面积达79.98万亩，50亩以上的种养大户共有4000余户；盱眙龙虾餐饮加盟店约2500家，覆盖全国20多个省区市，带动数百万人就业，拉动消费近千亿元。在探索“非工致富”的同时，苏北地区持续加强对高污染、高耗能产业改造提升力度，大力发展生态型高科技产业和循环经济，产业形态加速变轻变绿变优。

第三节　苏北高质量发展突出短板

一、产业转型与结构升级难

目前，苏北仍以传统产业居多，高新技术产业和战略性新兴产业发展不足，服务业层次低，现代服务业发展滞后，主导产业优势不显现，特别是具有广阔市场前景和增长潜力的高新技术产业总值规模小、比重低，缺乏对经济增长的整体带动作用。现有产业结构水平比较低，产业结构基本上仍属于劳动密集型、资源消耗型。一是三次产业发展不协调与产业内部失衡并存。2022年苏北五市产业结构呈现“三二一型”，表明苏北经济发展除了依赖工业，高新技术企业和战略性新兴产业外，更多依靠服务业的发展，但从各市服务业结构来看，传统服务业比重高，而现代服务业发展滞后，产业结构具有较大的优化空间。二是传统工业所占比重较大，高技术产业发展缓慢，产业层次低。苏北以低端的劳动密集型低附加值的产业为主，原料加工型、劳动密集型产业为主，原料加工型、劳动密集型行业所占比重过大，生产出的中间产品、一般产品和低附加值产品过多，高端、高质、高效的高新技术产品相对短缺。现代装备制造业、现代服务业、新一代信息技术等战略性新兴产业尚未形成规模，产业集群规模化效益远未实现。装备制造业成套产品少，加工精度、可靠性、自动化程度和国际先进水平相比差距大。三是产业竞争力低，市场份额少。面对国内外经济形势的新变化，苏北产品竞争力明显缺乏，市场份额少，高附加值、高技术含量的比重偏低。企业生产的产品多处于产业链低端，产品附加值较低，产品结构不合理，这些传统行业需要大量的资金、技术进行升级改造，然而这些专用性资产及其产品升级改造十分困难。

二、科技能力提升难

目前，苏北制造业总体上还处于全球价值链的中低端，产品加工深度不足，初级产品比重大，在核心技术、设计、软件、关键零部件、关键设备和模具、供应链管理、销售和品牌等环节上，还依附于其他地区公司。例如，新能源汽车产业方面，动力电池、电控系统等核心部件仍主要依赖进口；新医药产业方面，自主研发药和生物药占比较低。同时，大多数采用传统的生产方式、生产工艺，当前企业智能化、信息化、“互联网+”水平还有差距，在一定程度上影响了企业生产水平、科技含量和盈利能力。企业创新要素投入相对较少，R&D 投入占 GDP 的比重低于全国和全省平均水平。除领军企业外，行业内大部分企业科技水平较低，以区外技术引进为主，自主创新能力较弱。经统计调查，苏北“原始创新产品”的企业不到 9.0%，“采用购买或引进现成技术成果”的企业达到 40.25%。此外，除新医药、新材料、高端装备制造等行业龙头企业外，大多数企业位于产业价值链、创新链低端环节，产品附加值低。另外，科技创新“高新尖”不足，目前苏北创新型龙头企业少，从江苏省科技发展战略研究院、省科技情报研究所正式发布

"2021 江苏省百强创新型企业"结果来看，苏南、苏中、苏北地区分别有 78 家、11 家和 11 家企业上榜，苏北仅仅是苏南的 1/7。企业高层次研发中心数量较少，高端顶尖人才缺乏，科技成果转化率不高，导致企业创新能力、研发力量相对薄弱，产业链延伸缺少核心支撑。科技服务人员短缺，市场化、专业化中介服务机构匮乏，技术转移转化和科技金融服务能力薄弱，科技服务体系不健全。创新政策缺乏足够吸引力，部分政策执行不到位，自主创新发展统筹发力不够。大众创新创业热情不高，需要积极营造崇尚创新创业的良好文化氛围。

三、结构性污染问题突出

一段时间以来，中国经济发展与资源环境之间的矛盾越发突出，环保问题逐渐成为公众关注的焦点。虽经党的十八大以来大力整治，当前我国依然面临着长期速度效益型经济发展所带来的较为严重的环境问题。根据美国耶鲁大学公布的 2022 年《环境绩效指数（EPI）报告》，中国在全球 180 个国家中排名第 160 位，年度得分 28.4①。同时 2021 年《中国生态环境状况公报》显示，在全国 339 个地级及以上城市中，121 个城市环境空气质量超标，占比达 35.7%；15%左右的地表水低于Ⅲ类水质标准，20.6%的地下水为Ⅴ类水②。

苏北地处长江北部，在工业化之初，都以牺牲环境为代价来提高经济效益，集中了许多资源依赖型产业，如化工、建材等，这些产业布局不仅增加了水污染的风险，同时还造成大气污染和土壤污染，而环境治理未能跟上，导致苏北的环境污染日益恶化。产业多依靠自然资源的粗加工，矿产、植物、生物资源的过度开采给生态带来极大的破坏。另外，过去出于发展经济的需求，承接经济发达地区大量高污染、高耗能的低端产业，致使原有生态机制被打破，可能进一步引发生态危机。目前苏北水质总体质量不高，部分

① 耶鲁大学环境法律与政策中心和哥伦比亚大学国际地球科学信息网络中心共同发布的 2022 年环境绩效指数（EPI）报告：https://epi.yale.edu/downloads/epi2022report06062022.pdf

② 中华人民共和国生态环境部发布的《2021 中国生态环境状况公报》：https://www.mee.gov.cn/hjzl/sthjzk/zghjzkgb/202205/P020220608338202870777.pdf

地区地表水有恶化趋势，洪泽湖、骆马湖等主要湖体存在富营养化现象，南水北调东线水质全面稳定达标形势严峻；大气环境质量不容乐观，工业粉尘、烟气和有毒有害废弃治理水平有待提升，工业园区尤其是化工园区有机废气污染较重；部分排污口邻近海域环境污染严重，沿海浅滩水体呈富营养化，滩涂植被总体处于亚健康状态；农村人居环境还有待于进一步改善，农业面源污染问题突出。地区能源结构仍以煤为主，清洁能源的供求在增长，但增长缓慢，距离国家、省目标还有较大差距；能源强度有所下降，但仍偏高，养殖总量和种植强度较大，生产方式较为粗放；产业布局分散，土地资源浪费严重，煤炭利用方式粗放、污染重、资源利用效率偏低，单位土地面积 COD 和氨氮排放强度等指标均处于较高区间。大气环境质量不容乐观，机动车、燃煤、扬尘等空气污染未得根治，工业粉尘、烟气和有毒有害废气治理能力有限，工业园区尤其是化工园区有机废气污染较重。

四、生态系统退化隐患突出

非法采砂、围网养殖等粗放的资源利用和农业生产行为对生态系统稳定性造成持续影响，湖泊富氧化趋势不容忽视。城镇建设、工业开发、围湖造田等侵占生态空间现象难以杜绝，造成生态空间逐步退缩。农业过度开发、林种林相单一问题比较普遍。整体看，生物多样性保护难度不断加大。城市边界不断扩张，耕地、园地、林地、草地、水域等五大类生态用地被挤占，人均耕地面积、人均森林面积均远低于全国人均水平。过度地开发利用河湖资源，围湖造田、填河开发、网箱养殖导致湖泊面积持续萎缩，洪泽湖从新中国成立初期的2684 平方公里萎缩到现在的2465 平方公里；里下河地区最为典型，湖荡面积从新中国成立初期 1000 多平方公里萎缩到现在不到 60 平方公里。生态系统整体性保护不足，开发建设导致生态空间破碎化趋势加剧。人为干预也使一些地方天然水系遭到破坏，支流支浜滞流、断流，湿地面积减少、生态服务功能弱化。由于长期围垦、淤积和养殖，大部分湖泊都存在沼泽化现象，生态环境功能也日趋退化。城市污水处理厂普遍存在配套管网建设滞后、处理负荷率偏低的问题，乡镇污水处理能力薄弱。工业园区废水处理、集中供热等环保基础设施建设尚不能满足发展需求，特别是危险废弃物处理能力不足，安全填埋等处理方式存在空白，化工废盐、废活性炭、飞灰、工业污泥等突出类别废物利用能力严重匮乏。由于生态保护的基础设施建设滞后，增加生态系统退化隐患。

第四节　苏北高质量发展机遇与挑战

一、发展机遇

（一）可持续发展成为国际共同行动

继联合国推出《21 世纪议程》后，2015 年通过了《2030 年可持续发展议程》。2020 年 9 月，中国在第 75 届联合国大会上提出了“二氧化碳排放量力争到 2030 年达到峰值，到 2060 年实现碳中和”的目标（即“双碳”目标）。随后，我国将达到“碳峰值，碳中和”纳入生态文明建设的总体布局中，将“双碳”政策提升到国家战略高度。由此可见，双碳政策对我国生态文明建设的重大战略意义。面对日益严峻的环境约束和转型的压力，我们必须通过先进的技术水平来提高治污效率。秉持生态文明理念、提高各经济主体的环境、社会和治理（Environment，Social and Governance，ESG）表现，对破解可持续发展难题具有重要的理论和实践意义。近年来，随着联合国“2030 年可持续发展目标”的提出，贯彻环境、社会和治理原则的企业可持续发展理念逐渐深入人心。

（二）绿色发展成为治国理政新理念、新实践

2015 年 9 月 11 日，中共中央政治局会议审议通过了《生态文明体制改革总体方案》，党的十八届五中全会确立了创新、协调、绿色、开放、共享的新发展理念，这是关系中国发展全局的一场深刻变革；2020 年 11 月 14 日，习近平总书记视察江苏强调要统筹发展和安全，把保护生态环境摆在更加突出的位置，推动经济社会高质量发展、可持续发展，着力在改革创新、推动高质量发展上争当表率，在服务全国构建新发展格局上争做示范，在率先实现社会主义现代化上走在前列。2023 年 7 月 5 日至 7 日，习近平总书记

在江苏考察时强调，江苏拥有产业基础坚实、科教资源丰富、营商环境优良、市场规模巨大等优势，有能力也有责任在推进中国式现代化中走在前、做示范。要完整准确全面贯彻新发展理念，继续在改革创新、推动高质量发展上争当表率，在服务全国构建新发展格局上争做示范，在率先实现社会主义现代化上走在前列，奋力推进中国式现代化江苏新实践，谱写“强富美高”新江苏现代化建设新篇章。他希望江苏在科技创新上取得新突破，在强链补链延链上展现新作为，在建设中华民族现代文明上探索新经验，在推进社会治理现代化上实现新提升。习近平总书记的重要讲话，对江苏在推进中国式现代化走在前做示范、谱写“强富美高”新江苏现代化建设新篇章具有重要的指导意义。

（三）江苏高水平打造“美丽江苏”样板

推进美丽江苏建设，江苏省专门构建相关政策体系。成立美丽江苏建设领导小组，省委书记任第一组长，省长任组长，统筹协调全省美丽江苏建设工作，加强全省美丽江苏建设领导工作。江苏省委、省政府印发《美丽江苏建设总体规划（2021～2035 年）》，提出美丽江苏建设的目标愿景、重点任务和关键举措，充分彰显自然生态之美、城乡宜居之美、水韵人文之美、绿色发展之美，努力建设美丽中国的典范。江苏省还实施六大重点工程，让美丽江苏更加可感。生态美景建设工程，实施山水林田湖草一体化生态修复，大力提升空气质量，江海河湖统筹改善水环境质量，筑就和谐共生的自然生态安全屏障。美丽宜居建设工程，提高住有优居的住房条件，提升绿色建筑的发展质量，打造美丽宜居标杆城市，建设交相辉映的靓丽城乡。畅达交通建设工程，提升区域一体化的便捷出行服务水平，打造绿色高效现代物流系统，建设广覆盖的城乡交通基础设施网络。水韵江苏人文工程，培育苏韵文艺精品，壮大特色文旅产业，夯实文化设施基础，擦亮大运河文化品牌，充分彰显江苏文脉特质。文明新风倡导工程，开展文明城乡创建活动，实施新时代公民道德建设行动，全方位构建诚信社会体系。绿色发展提升工程，打造绿色循环产业园区，培育绿色发展领军企业，壮大绿色技术创新载体。

二、面临挑战

（一）生态环境承载力面临严重压力

苏北工业化、城镇化正处于加速发展和优化发展阶段，一些县市打着“加快城镇化进程”的旗号，盲目拉大城市框架，滥占耕地、无限扩大开发区，不断扩大建成区面积，甚至在“经营城市”的理念下，一些城市以建设工业园区为名，以获取土地出让收入及相关税费为目的，大搞扩城、造城运动。盲目造城的同时，城市基础设施、产业基础和公共服务缺失，城镇化有变成“炒地皮”“房地产化”的风险。在苏北地区，“环境容量大”是地方官员招商引资的招牌。事实证明，如果化工企业不受约束地排放污染，即使一个县域只有一家小化工企业，也足以让该县大部分地区遭受危害。在2009年江苏盐城的“2・20”事件中，一家小微企业的污水偷排使盐城市整个亭湖及盐都两区民众无水可喝。

可以说，苏北面临着增量污染的巨大压力，而前期加速工业化进程下累积的环境问题尚未得到有效解决，新老问题、新旧压力叠加，应对难度及风险明显加大。

（二）高能耗、高污染的传统增长模式存在巨大惯性

“以煤为主”的能源结构尚未根本改变，清洁能源替代能力不强，加之目前苏北地区传统制造业仍占较大比重，节能减排形势严峻。环境治理成果仍不稳固，生态环境本底条件还比较脆弱，生态产品特色优势不明显，低端化、同质化现象较为突出，相对于不断升级的生态需求，优质有效供给仍显不足。环境保护体制机制瓶颈约束亟待破解，新形势下，环保要求不断提高与环境治理能力相对不足之间的矛盾愈加凸显，亟待加快推进环境治理体系和治理能力现代化。

数据更能说明苏北发展过程中面临的环境问题的严重性与走绿色发展之路的迫切性。目前，苏北整体正在进入工业化的中后期，但尚未跨过库兹涅兹曲线拐点，生态压力仍在高位运行，加快工业化过程中产生的土壤污染、地下水污染等根治难度大、成本高。2016年，苏北单位GDP废水排放量为

9. 58 万吨/万元，高出苏南 0. 92 万吨/万元；单位 GDP 废气排放量为 47. 0 吨/万元，高出苏南 13. 8 吨/万元；单位 GDP 工业固体废物排放量为 0. 20 万吨/万元，高出苏南 0. 05 万吨/万元，苏北污染排放强度显著高于苏南。到 2021 年底，江苏省碳排放强度仍呈“北高南低”的格局。虽然苏北环境容量较大，但承载力有限。例如，苏北水资源总量为 221. 5 亿立方米，与苏南 222. 6 亿立方米的水平相当。如果苏北延续苏南工业化道路，未来环保压力必然更大；在新的资源供给和制度约束下，苏北也无法获得当初苏南同等的环保空间，不具备走苏南工业化道路的充要条件；特别是，传统工业化模式将从根本上损害苏北优良的生态本底，更无助于把生态资源转化为生态财富。因此，苏北走生态优先绿色发展道路是大势所趋，顺势而为。

| 第三章 |

苏北高质量发展问题分析

第一节　发展方式呈“粗放型”

苏北正处于经济快速发展时期，资源生态环境保护的形势日趋严峻，以前粗放式发展之路不适应当前的形势，如何处理好经济发展与自然资源合理利用、经济发展与自然环境保护之间的矛盾，改变粗放落后的发展方式，解决布局分散现状，促进产业集群化发展，实现产业发展的规模效应，将是破解制约苏北社会经济发展的重要问题。

一、现有产业布局比较分散

由于缺乏区域功能定位和布局的科学统筹规划，导致苏北的产业布局分散零乱，优势产业区域性集中程度有待提高。从集群的整体水平上来看，苏北的高端装备制造、新材料、轻纺业、高效绿色农业、现代服务业的产业集群程度仍不高，重点产业有“点”缺“面”，集群发展特色不明显。产业布局分散将进一步影响苏北的资源高效利用，导致苏北的土地资源得不到集约利用、浪费严重，且同类企业分布于不同工业园区，使企业之间难以实现信息与技术资源的同享，环境污染得不到集中治理，严重破坏生态环境，不利于实现产业的规模效应和可持续发展。

二、传统的经济增长方式没有得到根本改变

苏北经济增长仍然靠要素投入和投资拉动，传统的经济增长方式没有得到根本改变，高能耗、高污染、高排放、低附加值的“三高一低”现象比较明显。工业废水排放量、固定废弃物排放量、二氧化硫和氮氧化物排放强度明显高于全省平均水平。工业园区布局相对分散，产业技术层次普遍较低，“短、平、快、小”工业项目偏多，“村村点火、户户冒烟”在一些市县还不同程度存在，低水平铺摊子的传统发展思维没有根本改变。

第二节　产业结构呈“黑色型”

目前，苏北以传统产业的结构仍然未发生根本性改变，传统产业比重大，服务业尤其生产性服务业比重低，高新技术产业和战略性新兴产业发展不足，主导产业优势不显现，特别是具有广阔市场前景和增长潜力的高新技术产业总值规模小、比重低，缺乏对经济增长的整体带动作用。现有产业结构水平比较低，产业结构基本上仍属于劳动密集型、资源消耗型，不符合苏北生态优先，绿色发展的产业发展定位。

一、三次产业发展不协调与产业内部失衡并存

2021 年，虽然苏北五市三次产业结构比重已从传统“二一三”完成到“三二一”的突破性转变，但是第三产业不具明显优势，表明苏北现代服务业发展滞后，第三产业特别是现代服务业发展现状制约二三产业关联度提高，产业结构具有较大的优化空间。

二、传统产业所占比重较大，高技术产业发展缓慢，产业层次低

苏北以低端的劳动密集型低附加值的产业为主，原料加工型、劳动密集

型产业为主，原料加工型、劳动密集型行业所占比重过大，生产出的中间产品、一般产品和低附加值产品过多，高端、高质、高效的高新技术产品相对短缺。现代装备制造业、现代服务业、新一代信息技术等战略性新兴产业尚未形成规模，产业集群规模化效益远未实现。传统产业占比大，高新技术产业、现代服务业发展滞后。装备制造业成套产品少，加工精度、可靠性、自动化程度和国际先进水平相比差距大。

三、产业竞争力低，市场份额少

面对国内外经济形势的新变化，苏北产品竞争力明显缺乏，市场份额少，高附加值、高技术含量的比重偏低。企业生产的产品多处于产业链低端，产品附加值较低，产品结构不合理，不符合未来产业绿色转型发展的方向。

苏北传统的高污染行业仍占主导地位，造纸、化工、印染、酿造、食品、冶炼等 6 类重污染行业产值约占工业总产值的 1/3，其污染物排放量却占到工业总排放量的 55% 以上。2021 年苏北第三产业增加值为 12887. 72 亿元，仅占全省 21. 57%。高端生产性服务业与战略性新兴产业发育程度不高，高新技术产业实现产值仅占全省 19. 64%，传统农业粗放式增长特征明显，部分行业产能过剩严重的结构性矛盾突出，现代服务业占比小。

第三节　生态环境呈“污染型”

一、工业化进程加剧了环境污染

苏北地处长江北部，在工业化之初，都以牺牲环境为代价来提高经济效益，苏北集中了许多资源依赖型产业，如化工、建材等，这些产业布局不仅增加了水污染的风险，同时还造成大气污染和土壤污染，而环境治理未能跟上，导致苏北的环境污染日益恶化。产业多依靠自然资源的粗加工，矿产、植物、生物资源的过度开采给流域生态带来极大的破坏。另外，出于发展经济的需求，承接经济发达地区大量高污染、高耗能的低端产业，致使原有生态机制被打破，可能进一步引发生态危机。加之地方政府仅以经济增长为政绩考核指标的短视行为，使苏北生态保护工作推进缓慢。虽然现在都是通过市场来布局产业以实现最大经济效益，但应重点突出绿色发展、低碳发展和循环发展，加强生态屏障功能建设，因此为改善以上几类产业布局，严控高污染产业，淘汰落后产能，对促进苏北生态保护和苏北可持续发展尤为重要。

二、水资源污染防治艰巨

苏北水质总体质量不高，部分地区地表水有恶化趋势，洪泽湖、骆马湖等主要湖体存在富营养化现象，南水北调东线水质全面稳定达标形势严峻；大气环境质量不容乐观，工业粉尘、烟气和有毒有害废弃治理水平有待提升，工业园区尤其是化工园区有机废气污染较重；部分排污口邻近海域环境污染严重，沿海浅滩水体呈富营养化，滩涂植被总体处于亚健康状态；农村人居环境还有待于进一步改善，农业面源污染问题突出。

三、能源结构偏煤特征比较突出

苏北地区能源结构仍以煤为主，清洁能源的供求在增长，但增长缓慢，距离国家、省目标还有较大差距；能源强度有所下降，但仍偏高，养殖总量和种植强度较大，生产方式较为粗放；产业布局分散，土地资源浪费严重，煤炭利用方式粗放、污染重、资源利用效率偏低，单位土地面积 COD 和氨氮排放强度等指标均处于较高区间。

第四节　人才队伍呈“流失型”

以淮安市为例，淮安市目前共有 6 所高校（毕业生统计不包括南京林业大学淮安校区），分别是淮阴师范学院、淮阴工学院、淮安信息职业技术学院、江苏食品药品职业技术学院、江苏财经职业技术学院、江苏护理职业学院。根据淮安各高校2020年度就业质量报告表统计，2020年，淮安高校在校生人数为8.18万人。其中，淮阴师范学院2.03万人，淮阴工学院2.1万人，淮安信息职业技术学院1.2万人，江苏食品药品职业技术学院1.1万人，江苏财经职业技术学院1.05万人，江苏护理职业学院0.7万人。2020年，淮安高校毕业生人数为20139人，年终就业人数为19344人，淮安高校平均就业率为96.05%。面对疫情对就业的冲击，淮安市各相关部门、高校、企业多措并举，保持了就业形势的总体平稳。通过调查发现，2020年，淮安高校毕业生留在当地就业的比例只有20.49%，而苏州高校毕业生留在当地就业的比例超过了50%，苏北高校毕业生当地就业率与苏南高校相比还有较大的差距。

一、高校毕业生省域流向

从省级层面看，2017届江苏高校本科毕业生平均本地就业率为74.45%，与珠三角广东省的92.16%、长三角浙江的83.34%有较大差距；2020年受疫情影响，高校本科毕业生就业普遍呈求职成功率、签约率、就业满意度“三下降”，2020届江苏高校本科毕业生平均本地就业率较2017年增长了3.25%，但与广东省、上海市仍有一定的差距（见图3－1）。

省市	2017届	2020届
广东省	92.16%	89.24%
上海市	75.18%	82.1%
浙江省	83.34%	80.34%
江苏省	**74.75%**	**78%**

图3－1　部分省市高校毕业生省域流向

二、高校毕业生市域流向

从市级层面看，2018～2020年，淮安高校毕业生在江苏省内就业主要流向了淮安（20.49%）、南京（15.74%）、苏州（15.03）等城市（见图3-2）。

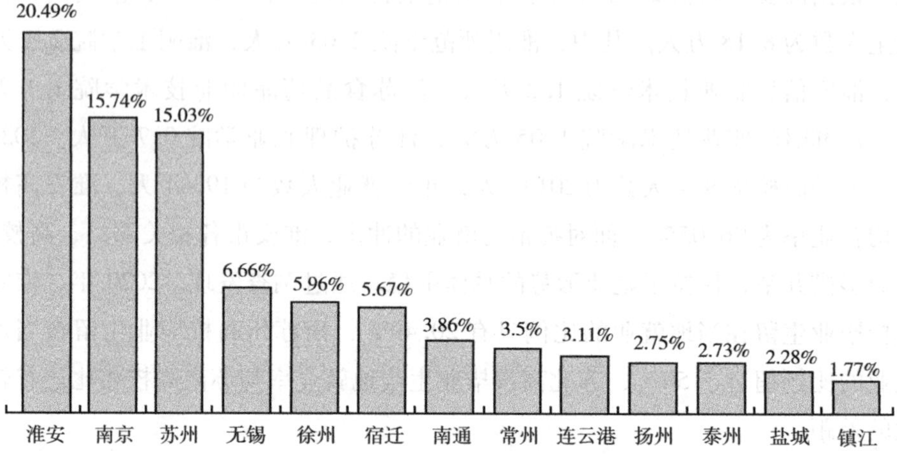

图3-2　淮安高校毕业生市域流向

具体到淮安高校，2018~2020年，淮安本科高校毕业生本地就业率最高的是淮阴师范学院27.12%（如果去除乡村教师定向委培比例，则本地就业率将进一步降低），本地就业率最低的是淮阴工学院10.8%；4所高职院校本地就业率最高的是江苏护理职业学院40.3%，其他3所高职院校毕业生本地就业率都超过了20%。整体来说，淮安本科高校毕业生本地就业率和高职院校相比还存在较大差距（见图3-3）。

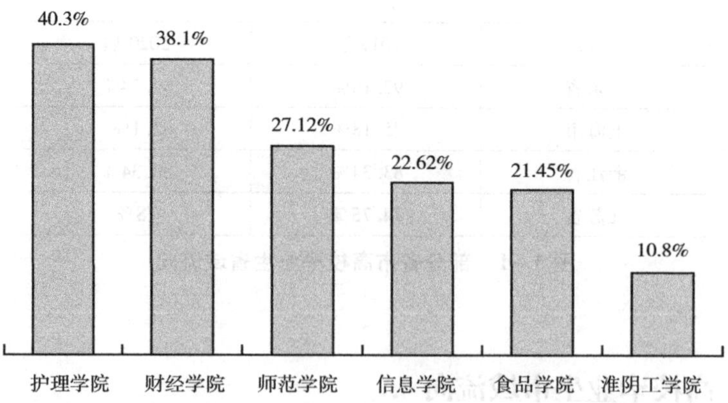

图3-3　2018~2020年淮安高校毕业生本地就业分布比例

第五节　社会治理呈“被动型”

农业、农村、农民问题是关系国计民生的根本性问题，中国高质量发展的薄弱问题仍然主要是农村问题，中国社会现代化最重要的任务之一就是农村现代化。苏北社会治理特别是农村基层社会治理现代化是社会治理现代化亟待加强的薄弱环节。随着乡村振兴战略的深入推进，苏北农村地区经济发展迈上了新台阶，在农村基层社会治理方面取得了一定的成绩。但是，随着农村的快速发展，农民对于农村基层社会治理现代化的期望也越来越高。苏北农村基层社会治理现代化面临许多新的困境，在一定程度上阻碍了现代化的发展。

一、农村治理主体定位不当

在农村基层社会治理中，党组织是农村基层社会治理的领导者，政府是农村基层社会治理的履责者，社会组织则是充当着帮助农村快速发展的角色，村委会是村民自治组织，村民是农村的主人，他们都是农村基层社会治理的主体。然而在日常生活中，各方治理主体对于自己的定位把握不准，形成了党和政府以及村委会越位多做，社会组织和群众缺位少做甚至不做的现象。在党的十八届三中全会之后，农村基层社会治理蓬勃发展，但是村民缺位的“接受者”角色和基层党组织、基层政府以及村委会越位的“管理者”角色依旧没有改变。基层党组织、政府和村委会在农村基层社会治理中越位，对农村事务大包大揽。基层党组织、政府、村委会是和村民接触最多的治理主体，也是农村事务的直接治理者。基层党组织在处理好党组织事务的基础上，主要负责村务工作的领导，“担负着组织群众、宣传群众、凝聚群众、服务群众的职责。”[①] 基层政府负责处理村民日常生活中遇到的困难，规范群众的生活。村委会是村民自治组织，贯彻政策要求，带领村民增收创

① 中国共产党章程［M］. 北京：法律出版社，2020：46.

富。然而在苏北农村的实际生活中，农村党支部和村委会的干部交叉任职，同时又全部接受基层政府的工作指导，逐渐衍变成基层政府的下属部门。基层政府为直接有效地落实上级政策要求和提高自己的政绩，对于农村的一切事物常常事无巨细地大包大揽，大到规划村子的发展方向，小到调解村民家庭矛盾。

村民们在农村基层社会治理中缺位，对农村事务少做甚至不做。长久以来，部分村民，特别是发展较为薄弱的农村村民习惯了“等”“靠”“要”，依靠政府单一主体提供服务，[①] 对于自己突然有了治理主动权完全没有意识、没有经验，相当一部分人很难快速地从过去的社会治理模式中转变过来。在苏北地区，早在2016年底，村庄的网络覆盖率就已经达到了98.8%[②]。在理论上，村民参与基层社会治理的渠道迅速扩大，不仅仅可以通过线下的会议、接待日、信件等方式参与农村基层社会治理，也可以很好地利用网络，通过微信、微博、政务服务平台等App，线上参与农村基层社会治理。另外，农村青壮年劳动力流失，人口老龄化严重。缺乏青壮年的农村无力承担村内的婚丧嫁娶等习俗性事务；同时，苏北农村经济的快速发展，也让村民们愿意放弃部分主体角色，将其交由红白喜事“一条龙”商业团队解决。在对村民进行访谈时，有村民指出：“在以前，我们村里的喜事和丧事都是我们自己村里人去解决的，一家有事，周围人都去帮忙，一直忙到事情结束。现在年轻人不在家，都出去打工了，有事也找不到什么人了（找不到帮忙的人了），何况找人来做（处理婚丧事宜）和自己家里做（处理婚丧事宜）也差不了多少钱，都是直接花钱找人来处理这些事情，也省得麻烦。”

二、农村治理资源相对缺乏

“巧妇难为无米之炊”，要实现农村基层社会治理现代化，必须有充足的

---

① 孔娜娜．“新治理”：新时代城市社区治理的趋势与挑战——以2011~2018年全国社区治理和服务创新实验区为分析对象［J］．社会主义研究，2019（04）：123.

② 牟国义．“江苏省第三次全国农业普查主要数据公报”［M］//牟国义．江苏年鉴．南京：江苏年鉴杂志社，2018：670.

治理资源。近些年，苏北农村地区发展迅速，更需要各种资源倾斜以加快基层社会治理的发展。虽然有部分农村依靠特色产业发展得比较好，但是与村民对农村现代化的向往相比，大部分农村目前还处于治理资源缺乏的状态。对沭阳县421位村干部的调查显示，关于目前农村工作中面临的主要困难选择缺少资金、技术和人才的分别有387人、396人和420人，对应占比91.92%、94.06%和99.76%。想为村民做实事、但心有余而力不足，这是困扰大多数农村干部的问题。虽然上级政府每年都会有一定的财政拨款，但是政府下拨的资金，大部分是以专项资金的形式下拨，基层不能挪作他用。虽然政府的专项资金总体上多，但是却呈现一种结构性缺乏的现象，各个农村和村内每一个项目发展情况都不一样，需要的资金项目和资金数量也各不相同。而政府的专项资金只能专款专用，当一个项目出现资金剩余，另一个项目出现资金缺乏的情况时，两个项目的资金也无法进行整合，导致政府出现了财政虽然有资金却不能使用的结构性缺乏困境。与此同时，基层政府和村委会想要发展特色产业或者工业带领村民致富，却难以拿出相应的资金和技术支持产业的开展。在苏北农村，农业是最主要的产业，根据对村民的访谈，很多农民都说自己对于粮食种植一直是依靠着自身长年累月积累的种植经验，没有和科学技术相结合，缺乏有效的科学指导。另外，随着苏北道路交通日趋完善，位于省道以及县（市）主干道等交通便利之处的村庄可以凭借着便捷的交通，充分地利用当地富足的农产品，建立一些小型的农产品加工厂，发展加工业，不仅方便运输，也方便促进村民就业，增加收入。但是，困难在于村委没有资金兴办加工厂，也没有相应的农产品加工技术，虽有便利的交通和丰富的农产品，却也无能为力。

另外，治理资源的缺乏还表现在缺乏专业型的人才。苏北农村的村委会现在都逐渐使用计算机进行办公，但是根据对部分村干部的访谈得知，在农村，能够熟练掌握计算机各项操作技能，使用计算机进行信息化办公的村干部非常少，致使苏北农村的信息化、智能化的智慧治理发展缓慢，不能很好地满足村民对农村基层社会治理现代化的期望。此外，因缺乏技术型人才，苏北农村的技术型产业发展较慢，劳动力密集型产业较多，往往只需要一两个懂技术的工人则可以带动整个车间运转。还有，在苏北农村，大部分有知识、有文化、有技能的青壮年都到城市寻求更好的发展，农村的人群主要是留守儿童、留守老人和部分中年妇女，他们知识文化有限，缺乏技能，没有才干，造成了无人可用的尴尬处境。

三、农村治理模式较为刚性

改革开放之后，面对落后的社会生产情况，为了加快经济发展和提高人民的生活水平，各级政府形成了相对明确和刚性的政府治理模式，这种治理模式可以称为“硬治理”。“‘硬治理’是指政府利用强制工具或手段进行治理”。[①] 新中国成立以后，中央政府为了巩固基层政权和方便管理民众，将农村纳入了行政化的治理范畴，致使行政化的“硬治理”成为农村的主要治理模式。我国自 1987 年就确立了村民自治制度。村民自治经过长期的发展，取得了巨大的成就。但是在苏北农村，由于村民自治组织（村民委员会）最重要的财政权依旧由基层政府控制，自身缺乏独立的自主权，加上基层政府的很多工作需要通过村委会进行开展。因而，在长期的工作中，村委会没有正确协调好自身和基层政府的关系，由对人民负责转变成对基层政府负责，慢慢演变成了基层政府的下级行政机构，致使农村还处于行政化的“硬治理”模式之中。自党的十八届三中全会之后，特别是党的十九大以来，农村基层社会治理逐渐受到人们的广泛关注，发挥人民的治理主体作用是农村基层社会治理的关键所在。虽然很多基层政府也在不断地下放权力，尝试激活农村基层的自治活力，但是，基层政府在工作上追求效率，且农村基层的经济发展、事务处理等也是基层政府领导者政绩的一部分。因而简单、直接、刚性的“硬治理”依旧是基层政府青睐的治理模式。同样，在农村，“硬治理”依旧是村委会主要的治理模式。在很多事务的处理上，村委会依旧需要按照基层政府的指示进行工作，对政府负责。近年来，随着新时代农村基层社会治理的不断发展，苏北农村的行政化“硬治理”模式虽有所弱化，但依旧占据着主流。

根据在沭阳县农村地区对 421 名村干部的调查结果[②]，有 31.35%，共

---

① 陈艾．软治理、硬治理以及多样化形态探析［J］．贵州社会科学，2021（07）：156.

② 石海江．苏北地区农村基层社会治理现代化的困境与对策研究——基于沭阳县的调查分析［D］．江苏大学，2022：27－45.

132 名村干部认为乡镇政府和村委会是上级与下级的关系；有 30.17%，共 127 名村干部指出村委会工作全部经乡镇政府指示完成；在工作决策时，有 79.81%，共 336 位的村干部表示会依照上级要求执行。可见，虽然苏北农村开始运用协商民主的方式处理事务，但是简单、直接、刚性的行政化“硬治理”依旧在农村基层社会治理中占据着主流地位。

| 第四章 |

苏北高质量发展的导向与功能定位

苏北走生态优先绿色发展道路要自觉放在建设“一带一路”倡议、大运河文化带、沿海经济带、淮河生态经济带、长三角一体化中来思考和推进，牢固树立创新、协调、绿色、开放、共享新发展理念，勇于探索，奋力开拓，把生态优先绿色发展理念深度融入地区发展，精心勾勒“生态苏北、绿色苏北”，以富民为核心，以生态经济化和产业绿色化为方向，着力发展绿色生产力，合理开发和利用自然资源，创造经济价值打通绿水青山转化为金山银山的通道，促进自然资源资产和经济物质财富的双丰收，构建生产发展、生活富裕、生态良好的可持续发展格局。

第一节　发展原则

一、坚持高端定位，底线约束

在淮海经济区 10 座城市里，徐州不仅是地理意义上的中心城市，在经济发展和综合实力上也处于领先地位。作为全国唯一拥有“世界自然遗产”“国际湿地城市”两张国际名片的生态城市，盐城将建设绿色低碳发展示范区当作勇当沿海地区高质量发展排头兵的“破题之钥”。淮安坚持“项目为王、环境是金”，紧扣自身产业结构优化、产业链转型升级需要，围绕构建新一代信息技术、新型装备制造、新材料、新能源等千亿级主导产业重点发力。

在生态环境质量上，苏北各市瞄准国家生态文明示范区的生态标准，逐步提高要求。水、大气的主要指标在达到国家和省阶段性要求的基础上，力争取得更大改善；在生态环保标准上，按照国内最严、接轨国际的标准推进生态环境治理，体现领先性；在生态环境措施上，借鉴国内外先进经验和做法，结合苏北实际加快推进生态环境治理；在生态红线上，要把生态环境保护作为保障经济社会健康可持续发展的主要底线，以环保倒逼引导发展动力转换，加快推动发展模式和生产生活方式绿色转变。

二、坚持问题导向，质量为魂

坚持以解决当前地区发展面临的突出生态问题为导向，以解决当前面临的化工园区整治、大气及水环境污染治理等突出环境问题为抓手，突出重点，全面推进，带动生态文明建设水平整体提升；健全生态环境保护生态与生态环境质量状况挂钩制度，强化生态环境质量差异化考核奖惩机制，力争生态环境质量改善成效与人民群众感受相一致，与地区产业生态化转型升级相一致，与经济增长质量和效率提升的趋势相一致。徐州市在坚持经济高质量发展的过程中，坚持减污降碳，强化源头治理，“美丽徐州”建设取得显著成效。2022 年，百姓对生态环境总体状况满意率达 92.6%，居全省第 5 位。大气、水环境等多项主要指标改善幅度位居全省前列，公众对全市生态环境改善感受明显，认为生态环境比上年“好转”的受访者占比达 74.8%，居全省第 1 位。被访者中认为政府重视生态文明建设的占比达 89.4%，居全省第 6 位，较上年提升 5 个位次；受访者对政府推进环境信息公开、公众参与监督领域工作认可率达 95.3%，居全省第 5 位，较上年提升 3 个位次。2022 年，淮安市坚持以绿色发展为引领，聚焦打造“绿色高地、枢纽新城”，全市生态环境质量持续改善：全市 PM2.5 平均浓度首次达到国家空气质量二级标准，优良天数比率改善幅度全省第一，成为全省唯一“双达标、双改善”的设区市；57 个国省考断面达标率 100%，全部消除Ⅴ类及劣Ⅴ类断面；成功创成全国绿色出行城市、江苏省生态园林城市，白马湖生态修复项目成为首批省生态文明建设典型。

三、坚持改革创新，科学治理

习近平总书记指出，创新是引领发展的第一动力，是建设现代化经济体系的战略支撑。要认识到，以生态促发展、推动传统产业全面绿色化和绿色产业化是实现人与自然和谐共生的现代化必由之路。苏北总体上处于工业化中后期，而且苏北五市发展情况各不一样。新阶段苏北五市应把握经济社会发展的阶段性特征，按照“四化”同步的特征，把握“技术变革规律”、遵循产业发展“内在规律”，大力推动“两化融合”，把全面绿色发展作为传统产业转型升级的主要抓手，推动互联网、大数据、人工智能与产业转型升级相结合，突破一批工业绿色转型核心关键技术，促进传统产业智能化、清洁化改造。坚持实施创新驱动发展战略，大力推动5G、人工智能、智能网联汽车、数字经济、在线医疗、远程教育等产业发展，加快推动新型基础设施建设，支撑产业网络化、数字化、智能化转型升级，培育壮大新产业、新业态、新模式等发展新动能。此外，还要正确处理拉动消费与保护生态环境之间的关系，加快推动发展以商贸业、文化产业、旅游业、健康服务业、法律服务业、体育产业、养老服务业等为主要内容的生活性服务业，为人民提供绿色化程度更高的服务产品，通过促进绿色消费，提升传统产业绿色化水平。

四、坚持因地制宜，发挥特色

充分发挥苏北得天独厚的区位条件、历史悠久的旅游资源以及良好的交通条件，突出水韵特色，发挥区位优势和生态特色，积极探索把生态优势转化为现实发展优势的新模式、新路径，全面提升城市综合竞争力，走上可持续发展的轨道；坚持分区、分类的精细化管理思路，以苏北五市主城区为重点，兼顾各县区，充分考虑各区域的发展定位、产业结构、城镇化建设等方面差异，强调针对性、差异性，带动区域环境保护水平整体提升。当前，随着“一带一路”倡议和长三角一体化发展、江苏沿海开发、淮河生态经济带等国家战略在苏北的叠加，苏北经济和社会发展取得长足进步，正在迎来崭新的发展机遇。新时代，苏北要充分发挥后发优势，深度挖掘和利用各自资源禀赋，摆脱对传统路径的依赖，积极探索生态优先、绿色发展的新路子。随着高速公路、高速铁路、航空、海港、通信等基础设施的逐步完善，苏北产业优化升级应紧密围绕徐州国际陆港、连云港海港、淮安空港做文章，并打造成互为支撑的黄金三角。在绿色高质量发展方面，苏北应深化改革开放，利用国内大循环，积极对接融入长三角一体化、省域一体化新形势，加大新兴产业、先进制造业引资力度，广泛嵌入江苏省十三个先进制造业集群区域分工协作链，实现新旧发展动能转换。具体而言，苏北要继续深化供给侧结构性改革，坚持淘汰落后产能、化解过剩产能，最大限度地减少资源浪费；要坚持打好污染防治攻坚战，推进产业绿色升级改造，降低能耗物耗，减少污染物排放；要推动能源产业清洁化转型，加快发展生态利用型、循环高效型、低碳清洁型和环境治理型等产业，走具有鲜明特色的现代绿色产业发展之路。

第二节　发展导向

一、绿色理念

构建高质量现代化经济体系，必须坚持绿色发展的目标导向，坚持全面绿色发展理念，鼓励发展绿色、安全生产技术、产品和工艺，把全面绿色发展融入传统产业转型升级全过程，动态更新行业落后产能淘汰标准，继续提高重点区域标准要求，全面完成落后产能淘汰，发展绿色化、环保化的战略性新兴产业。苏北各地应根据自身资源禀赋与工业基础，培育绿色发展的核心产业。徐州市继续重点发展新能源、高端装备制造、新材料三大产业，重点培育有成长潜力的生物技术和新医药、新一代信息技术、节能环保三大产业，稳步构建“3+3”产业发展格局。盐城市重点发展新能源、节能环保产业，积极发展电动汽车、海洋生物产业，鼓励发展电子信息、新材料、新医药产业等战略性新兴产业。淮安市要紧扣绿色经济、数字经济、枢纽经济，产业绿色发展应重点放在生物技术及新医药产业、新一代信息技术产业、新能源汽车及零部件产业、高端装备制造业、新能源及节能环保产业等六大产业。连云港市的产业重点则放在了高端装备制造、新材料、新能源、节能环保、大健康、新一代信息技术和海洋产业上，在这七大战略性产业领域，通过重点工程建设打造产业发展基础，继续着力打造一批产业创新平台，建设一批一流的产业创新园区，扶持一批具有龙头作用和品牌效应的重点企业。宿迁市发展“双新一特”产业体系，由于宿迁市的产业基础较为薄弱，应发挥后发优势，把发展重点放在绿色建材、功能材料、智能家电和智能电网四大新兴产业上，兼顾有基础优势的食品饮料、纺织服装、机电装备等特色产业。实现苏北水体、大气、土壤、植被等环境要素的生态品质不断提升，塑景成带、廊道成景，打造全域生态风景；黑臭水体、灰霾、化工园区异味等人民群众反映强烈的突出环境问题得到根本解决；资源能源消耗水平显著降低，主要污染物排放总量和强度明显下降，绿色发展水平显著提升；探索可复制、可推广的生态文明制度和发展模式，成为全省和长三角地区生态示范区。

二、创新驱动

聚力创新，依靠高新技术集约利用空气、水、土地、能源、原材料等自然资源，使生态工业、生态农业、生态旅游、生态养生得到全面发展。绿色制造推动产业转型升级，促进节能减排、低碳低耗的实体经济得到空前发展。清洁生产全面施行，循环经济成效突出。单位 GDP 能耗、单位 GDP 水耗和二氧化碳排放量大幅下降，生态产业占据区域经济的主导地位。

三、富民追求

生态产品、生态产业、生态型新业态不断涌现，成为促进群众脱贫致富的主要渠道，为苏北实现富民目标提供稳定支撑，确保城乡居民收入增幅高于地区生产总值增幅、高于全省城乡居民收入增幅，农村居民收入增幅高于城镇居民收入增幅，生态经济化和经济生态化的富民效应全面彰显。

四、宜居打造

城乡绿色景观建设进展良好，城乡环境质量和生态服务功能全面提升。城乡建设与自然生态有机结合，相得益彰，蓝天白云、空气清新、绿水青山、层林叠彩、绿在家园的人居环境基本形成，苏北成为生态健康、环境优美的宜居地区。城乡基本公共服务全面均衡覆盖，社会治理井然有序，城乡居民居住更加舒心、出行更加放心、生活更加开心。

五、人文底蕴

倡导健康、休闲、文化特征的未来生活方式，生态环保教育全面开展，尊重自然、顺应自然、保护自然的观念深入人心，生产绿色化、生活绿色化的生态文明理念牢固树立，保护环境、珍爱自然、节约资源的意识和行为更加自觉，全民生态文化素质显著提高，全社会生态文明的精、气、神空前高涨，使苏北逐步成为具有独特人文魅力的生态经济区。

第三节　功能特征

一、国内领先的生态环境品质

走生态优先、绿色发展新路，不是意味着苏北不要发展，而是要实现苏北更高质量的发展；走上发展新路的苏北，不是复制别人的成功经验，而是在形成苏北独特的竞争优势。未来的苏北应当呈现出这样的图景：基础设施功能完备、便捷高效，融入全国高铁网，快速通达长三角城市群；产业体系绿色循环、富民高质，融入经济大循环，新业态、新模式不断涌现；景观风貌全域一体、令人向往，融入生态新格局，全面彰显城乡田园之美。当前，苏北应对标国内外先进地区，拉高发展标杆，提升发展定位，厚植生态优势，持续推进生态建设，在生产、生活、建筑、景观、交通等方面植入生态理念和生态智能技术，减少资源消耗对环境的负荷，倡导低碳绿色的生活方式，创造健康舒适的生活环境，实现人与自然和谐共生，打造生态环保和谐的人居生态环境。

二、富有竞争力的生态经济能级

苏北各地应根据自身资源禀赋与工业基础，培育绿色发展的核心产业。徐州市继续重点发展新能源、高端装备制造、新材料三大产业，重点培育有成长潜力的生物技术和新医药、新一代信息技术、节能环保三大产业，稳步构建“3+3”产业发展格局。盐城市重点发展新能源、节能环保产业，积极发展电动汽车、海洋生物产业，鼓励发展电子信息、新材料、新医药产业等战略性新兴产业。淮安市要紧扣绿色经济、数字经济、枢纽经济，产业绿色发展应重点放在生物技术及新医药产业、新一代信息技术产业、新能源汽车及零部件产业、高端装备制造业、新能源及节能环保产业等六大产业。连云港市的产业重点则放在了高端装备制造、新材料、新能源、节能环保、大健康、新一代信息技术和海洋产业上，在这七大战略性产业领域，通过重点工程建设打造产业发展基础，继续着力打造一批产业创新平台，建设一批一流的产业创新园区，扶持一批具有龙头作用和品牌效应的重点企业。宿迁市发展“双新一特”产业体系，由于宿迁市的产业基础较为薄弱，应发挥后发优势，把发展重点放在绿色建材、功能材料、智能家电和智能电网四大新兴产业上，兼顾有基础优势的食品饮料、纺织服装、机电装备等特色产业。

三、具有影响力的生态创新示范效应

要认识到，以生态促发展、推动传统产业全面绿色化和绿色产业化是实现人与自然和谐共生的现代化必由之路。苏北总体上处于工业化中后期，而且苏北五市发展情况各不一样。新阶段苏北五市应把握经济社会发展的阶段性特征，按照“四化”同步的特征，把握“技术变革规律”、遵循产业发展“内在规律”，大力推动“两化融合”，把全面绿色发展作为传统产业转型升级的主要抓手，推动互联网、大数据、人工智能与产业转型升级相结合，突破一批工业绿色转型核心关键技术，促进传统产业智能化、清洁化改造。坚持实施创新驱动发展战略，大力推动5G、人工智能、智能网联汽车、数字经济、在线医疗、远程教育等产业发展，加快推动新型基础设施建设，支撑产业网络化、数字化、智能化转型升级，培育壮大新产业、新业态、新模式等发展新动能。此外，还要正确处理拉动消费与保护生态环境之间的关系，加快推动发展以商贸业、文化产业、旅游业、健康服务业、法律服务业、体育产业、养老服务业等为主要内容的生活性服务业，为人民提供绿色化程度更高的服务产品，通过促进绿色消费，提升传统产业绿色化水平。积极探索走出一条具有苏北特色的“生态+”发展道路，在生态开发、治理和保护方面成为发展典范，成为江苏建设国际级生态经济创新试验区的核心主力。

第四节　功能定位

一、高标准的生态产品供给区

深入实施供给侧结构性改革，坚持品质为先，立足地区资源禀赋和特色优势，按照“一个县创建一个特优区、打造一个区域公用品牌、建设一个特色市场、培养一批技能人才、富裕一方群众”要求提高优质生态产品供给。推进空气环境质量优良天数不断增加，持续提升地表水水质优良（达到或优于Ⅲ类）的比例，县级以上集中式饮用水水源水质优良比例达到100%，耕地土壤环境质量总体保持稳定，环境风险得到有效控制，促进生物多样性得到有效保护，生态系统稳定性明显增强。

二、高能级的绿色产业集聚区

正确认识发展生态经济与走工业化道路的关系，既避免走传统工业化旧路，也防止出现“去工业化”的倾向，树立生态优先绿色发展理念，在更高标准更高层次上推进工业化进程，推进传统产业转型升级，引导绿色产业优势集聚，推动重点产业加快实现绿色化、循环化、低碳化发展。优化产业发展布局，完善现代农业；推进规模化、智能化、品牌化、循环化和集约化发展，打造优势产业升级版；全力打造产业集中、发展集约、资源共享、功能互补的现代服务业集群，逐步建设创新引领、结构优、高能级、富有竞争力的绿色产业集聚区。

三、高品质的农产品供给基地

突出绿色、生态、优质、高效的产业定位，建设优势农产品基地；坚持以市场需求为导向、以提高效益为根本，建设区域优势园艺基地；坚持以优品种、调结构为先导，以产业化经营为重点，以种养结合、生态循环为取向，加快养殖方式和资源利用方式的转变，建设规模畜禽基地；全面开发地方种质资源，推进生态健康、科技高效的养殖模式，做强特色水产，促进生态循环；围绕都市农业、乡村旅游、健康养生、农事体验、生态文明、科普教育、农耕文化等主题进行差异化布局，大力发展休闲观光农业，大力推动旅游富民、特色富民农业。

四、高定位的绿色城镇化发展格局

科学确立城市各功能定位和形态，优化城市空间结构，加强城市空间开发利用管制，合理确定城市规模、开发强度和保护空间，划定城市边界红线。统筹人口和城镇化进程，引导人口、产业布局与资源环境承载能力相适应，严格控制重点地区新增城市建设用地，节约集约利用土地。例如，徐州市深入推进特色田园乡村建设，高水平编制小城镇和新型农村社区建设规划，分类推进特色田园乡村建设，打造田园生活、生态旅游、产业发展、历史文化传承等多层次的特色镇、村，到2025年建成省、市级特色田园乡村150个，形成具有徐州特色的乡村田园景观。创新特色田园乡村建设机制，深入推进“三乡工程”，推动人才、资本等要素下乡。淮安市按照“1－3－10－47”市域城镇空间结构，作为新型城镇化和新型工业化的多层次空间载体。尊重自然格局，严格保护城市及周边自然山水资源，突出沿湖、沿河、沿山、沿路、沿公园等区域绿地建设，形成绿满水城的城市绿地景观特色。加强沿运河、环湖等重点区域的生态环境保护，合理布局城镇各类空间，尽量减少对自然的干扰和损害。传承历史文化，保持特色风貌。

第五章

苏北地区产业结构的时序调整和空间演变*

根据江苏省统计局的统计口径和政策区域划分，本书所指苏北地区的地理范围指前文所界定的徐州市、宿迁市、淮安市、盐城市和连云港市共计5个地级城市。苏北地区土地面积54865平方公里，占江苏省51.82%，占全国的0.57%。2020年末，苏北地区经济总量2.38万亿元，分别占江苏和全国的23.21%和2.36%。很显然，苏北地区单位面积的经济产出在江苏相对落后，但是在全国却遥遥领先。在中国为应对世界范围的疫情压力和贸易保护主义提出了“双循环”发展战略的大背景下，苏北地区产业结构的进一步优化和提档升级发展显得尤为迫切。作为长三角北翼，苏北地区的产业结构优化调整不仅事关本地区的转型发展，也是长三角高水平一体化的支撑。随着“轨道上”的江苏战略推进，高铁接入长三角联网全国，公路网逐渐加密，苏北地区的产业结构也将迎来进一步加速优化调整的机遇。

产业是区域经济发展的基础，而区域产业结构调整是区域经济转型升级、高质量发展的实现途径。事实上，产业结构的优化调整正是苏北地区长期以来经济稳健增长的不竭动力之一。苏北地区产业结构的时序调整和空间演变对于地区的经济持续、协同发展具有重要的支撑作用。准确把握苏北地区产业结构变迁特征和时空格局演变趋势，不仅有助于了解苏北地区产业发展历史和现状，也为制定区域发展战略、调整产业布局、促进苏北振兴提供

---

* 本节主要内容参见：嵇正龙，史修松，许忠荣．苏北地区产业结构的时序调整和空间演变分析［J］．江苏海洋大学学报（人文社会科学版）．2022，20（04）：100－108.

决策参考和科学依据。

第一节　文献综述

已有文献关于区域产业结构变迁、优化升级的分析较为丰富和深刻，主要从时间和空间两个维度展开。运用产业集聚指数、区位熵指数和莫兰指数等，从时间和空间两个角度考察中国高技术产业集聚和时空格局演变的研究较为典型，认为中国高新技术产业集聚特征显著，且呈现东高西低特征[①]。利用发展率指数和基尼系数测定中国高技术产业发展的时空间差异和集聚程度的研究，认为中国高技术产业的综合发展水平逐渐上升，并形成了T型单元向外递减扩散的空间格局[②]。

省级产业结构的空间格局及其影响因素的空间计量分析结果表明，产业结构呈现出区域集聚特征[③]。长三角地区三次产业的收敛性特征空间计量模型分析，强调区域一体化发展需要重视空间权重对产业协调发展的收敛性[④]。城市层面动态空间面板模型考察产业结构调整与生产率提高促进经济增长的研究，认为空间溢出是关键影响因素[⑤]。从合理化和高级化两个维度探讨产业结构变迁对城市空间扩展的影响分析表明，高级化的影响要大于合理化[⑥]。

区域产业结构的时序调整分析能够充分展现产业发展的历程和趋势，而空间演变则能够挖掘产业演变的区域间关系。从时间和空间两个维度的交叉分析，能够更为立体地揭示区域产业结构调整的规律。本章旨在通过考察苏

---

① 衣保中，张彩云．中国高技术产业集聚的时空格局演变研究［J］．学习与探索，2020（4）：115－121.

② 王彬燕，王士君，田俊峰，等．中国高技术产业及其细分行业发展时空演变特征［J］．经济地理，2017（9）：135－142.

③ 胡伟，陈晓东，刘壮．中国产业结构变迁的区域特征与空间格局演变［J］．南京社会科学，2018（8）：35－46.

④ 李祥妹，张荣敏．不同空间权重下区域产业结构收敛性分析——以长三角经济区为例［J］．华东经济管理，2016（10）：80－86.

⑤ 于斌斌．产业结构调整与生产率提升的经济增长效应——基于中国城市动态空间面板模型的分析［J］．中国工业经济，2015（12）：83－98.

⑥ 刘嘉毅，陈玉萍．产业结构合理化、高级化与城市空间扩展［J］．华东经济管理，2018（4）：32－38.

北地区三次产业结构调整，为区域产业结构优化调整，实现高质量发展提供政策建议。基于此，我们综合应用产业结构调整指数和地理信息系统的空间分析方法，考察苏北地区 2000～2018 年三次产业结构的时序调整动态和空间格局演变特征，试图从时间和空间两个维度把握苏北地区整体和城市之间的阶段性特征和空间性差异，为苏北地区振兴发展提供有价值的决策参考，服务于苏北地区一体化发展，同时丰富产业结构变迁理论在局部区域的应用实践。

第二节　研究设计

一、时序调整指标

（一）产业结构升级速度

学者通常使用 More 值测定法衡量产业升级速度，即用向量空间夹角来测度产业结构高度化的方法测算产业结构的升级速度①。其分析思路是：将产业分为 N 个部门，从而构成一个 N 维向量空间，然后应用空间向量原理，把两组向量在基期与报告期的夹角作为象征产业结构变化程度的指标，该值即为 More 值。具体计算公式如下：

$$M_{it} = \sum_{j=1}^{N}(W_{ijt-1} \times W_{ijt}) \Big/ \sqrt{\sum_{j=1}^{N} W_{ijt-1}^{2} \times \sum_{j=1}^{N} W_{ijt}^{2}} \tag{5-1}$$

其中，i 表示区域或城市；j 表示产业；t 表示年份；M_{it} 为 More 结构变化值，即前一期向量与报告期向量夹角的余弦值；W_{ijt-1} 为第 j 产业在前一期所占的比重；W_{ijt} 为第 j 产业在报告期所占的比重；N 为产业的分类数量。设定产业份额之间变化的总夹角为 θ，表示第 i 区域或城市的产业在 t 年的升级速度。根据上述公式可以推出矢量夹角 θ_{it} 值，值越大说明两个时期产业变动速度越快，计算公式如下：

$$\cos(\theta_{it}) = M_{it} \tag{5-2}$$

① 许金菁. 产业结构升级量化测算方法与运用 [J]. 统计与决策，2017 (13)：76－79.

进一步得到：

$$\theta_{it} = \arccos(M_{it}) \tag{5-3}$$

（二）产业结构高度化

参考产业结构高度化的量和质两个维度的测度方法①，本章设定苏北地区产业结构高度化测度模型。

（1）高度化量的测度。产业结构高度化的数量角度测度采用产业结构层次系数表示，即从产业份额相对比重的变化刻画三次产业演进。

$$Q_{it} = \sum_{j=1}^{N} (W_{ijt} \times N) \tag{5-4}$$

其中，Q_{it}表示第 i 区域或城市的产业结构高度化的量；W_{ijt}为第 i 区域或城市第 j 产业在 t 年占地区生产总值的比重。

（2）高度化质的测度。参考产业结构高度化质的测度常用做法②，使用产业间的比例作为权重计算各个产业的劳动生产率的和来表征。

$$Z_{it} = \sum_{j=1}^{N} (W_{ijt} \times lp_{ijt}) \tag{5-5}$$

其中，Z_{it}表示第 i 区域或城市的产业结构高度化的质；lp_{ijt}为第 i 区域或城市第 j 产业在 t 年的劳动生产率。

$$lp_{ijt} = y_{ijt}/L_{ijt} \tag{5-6}$$

其中，y_{ijt}为第 i 区域或城市第 j 产业在 t 年的增加值；L_{ijt}为第 i 区域或城市第 j 产业在 t 年的就业人数。此外，采用均值化方法来消除劳动生产率的量纲。

（三）产业结构合理化

产业结构合理化是产业协调发展，资源有效配置的重要测度指标。本章采用泰尔指数刻画各个城市的产业结构合理化程度，该指数能够同时反映产业的产值与就业结构偏差以及产业的经济地位差异。

---

① 袁航，朱承亮．国家高新区推动了中国产业结构转型升级吗［J］．中国工业经济，2018（8）：60－77.

② 刘伟，张辉，黄泽华．中国产业结构高度与工业化进程和地区差异的考察［J］．经济学动态，2008（11）：4－8.

$$T_{it} = \sum_{j=1}^{N} [W_{ijt} \times \ln(W_{ijt}/l_{ijt})] \tag{5-7}$$

其中，T_{it}为第 i 区域或城市泰尔指数；l_{ijt}为第 i 区域或城市第 j 产业在 t 年的就业人员占总就业人数的比重。泰尔指数是一个逆向指标，其值越小表示产业结构越合理，资源配置效率越高；反之，则偏离合理状况。

二、空间演变指标

本章从产业空间集聚、产业重心转移和产业联系强度等方面，分析苏北地区的产业结构空间格局演变特征。

（一）产业集聚

从产业层面测度产业集聚程度的指标中，区位熵指数应用较为广泛，主要用产业就业人数的结构差异来测度区域的产业分工规模分布及专业化程度，进而评价产业集聚程度和区域优势。

$$LQ_{ijt} = \frac{L_{ijt}/L_{it}}{L_{jt}/L_t} \tag{5-8}$$

其中，LQ_{it}为第 i 城市区位熵指数；L_{ijt}为第 i 城市第 j 产业在 t 年的就业人员；L_{it}为第 i 城市在 t 年的就业人员总数；L_{jt}为区域内第 j 产业在 t 年的就业人员；L_t 为区域在 t 年的就业人员总数。参考已有研究，LQ_{it}值越大，意味着第 i 城市在区域内的集聚程度和专业化水平越高①。

（二）产业重心

重心模型一般使用研究因素的重心坐标表达，表示因素多个方向力量的合力作用的均衡点，被广泛应用于社会经济、区域发展和生态系统等领域②。由于区域内产业结构变迁的相对变化差异，往往会导致产业的重心发生迁移，形成重心轨迹，用以考察发展的空间均衡性。因此，本章研究中以苏北

---

① 许燕婷，冯建喜，刘兴诏．基于经济联系度的台湾海峡西岸城市群产业地域分工空间格局［J］．西北师范大学学报（自然科学版），2020（2）：108－116.

② 曹慧明，董仁才，邓红兵，等．区域生态系统重心指标的概念与应用［J］．生态学报，2016（12）：3639－3645.

地区各个城市的三次产业增加值为作用力，估计重心坐标，并测算重心迁移轨迹。

$$LON_t = \sum_{i=1}^{n} (y_{it} \times LON_i) \Big/ \sum_{i=1}^{n} y_{it} \tag{5-9}$$

$$LAT_t = \sum_{i=1}^{n} (y_{it} \times LAT_i) \Big/ \sum_{i=1}^{n} y_{it} \tag{5-10}$$

其中，i 表示地级市；t 表示年份；LON_t 和 LAT_t 分别表示产业重心的经度和纬度坐标；y_{it}为产业增加值；LON_i 和 LAT_i 表示地级市市区的质心坐标经纬度；n 为城市数。

（三）产业联系

引力模型源自物理学中引力定律在经济学中的应用，主要用于研究经济空间的相互作用。参考已有研究，本章设定苏北地区城市之间产业引力模型，测度产业联系强度①。

$$g_{ijt} = (y_{it} \times y_{jt}) / D_{ij}^2 \tag{5-11}$$

其中，g_{ijt}为城市之间的产业联系强度；y_{it}和 y_{jt}分别为城市 i 和城市 j 的产业增加值；D_{ij}^2为城市 i 和城市 j 之间距离的平方。

三、数据说明

本章的研究数据主要来源于国研网和江苏省统计年鉴。其中，苏北地区城市三次产业增加值和就业人员数据来源于国研网数据库，价格指数来源于江苏省统计年鉴。根据数据的可得性和完整性，本章的研究期间设定为 2000 ~ 2018 年，并以 2000 年为基期采用 CPI 剔除价格因素。苏北五个城市的空间位置采用地级城市的市政府驻地经纬度表征。各个市政府的经纬度坐标通过百度地图坐标拾取系统手工搜索获取。本章使用航海大圆距离算法，应用各个市政府的经纬度计算得到苏北各个城市之间的大圆距离。本章应用 R 语言 4.1 版本完成了数据清洗、统计描述、指标测算。

---

① 嵇正龙，宋宇．产业空间集聚中心引力指数算法的设计及应用——基于长三角一体化视角的企业微观数据验证［J］．统计与信息论坛，2020（3）：38 - 48.

第三节　实证分析

一、时序调整分析

（一）产业升级速度分析

本章采用苏北地区总体和五个城市的三次产业结构数据分别测算出 More 值，然后计算出矢量夹角 θ 作为产业结构升级度量指标，能够灵敏地反映产业结构升级的过程和速度。根据计算得到的各个区域的夹角 θ 值（见表 5－1），可以发现如下特征：（1）产业升级速度在逐渐递减，苏北地区总体和五个地级市表现出相似的趋势，符合随着经济发展水平的上升，产业结构调整趋缓的一般规律；（2）以 2010 年为分界，在此之前徐州市和连云港市的速度低于苏北地区总体水平，在此之后徐州市快速调整，高于苏北平均水平，而连云港市的速度持续低于苏北总体水平，与两市的经济总体表现基本一致，与此同时，盐城市的调整速度开始低于总体水平；（3）以 2016 年为分界，苏北各市的产业结构调整相对变化较为剧烈，宿迁市的产业调整结构逆势而上，而淮安市产业结构的调整速度迅速落后于苏北平均水平。

表 5－1　2001～2018 年苏北地区以及各市产业结构升级速度 θ 值

年份	苏北地区	淮安市	连云港市	宿迁市	徐州市	盐城市
2001	0.024	0.036	0.012	0.039	0.016	0.029
2002	0.027	0.043	0.025	0.037	0.014	0.034
2003	0.057	0.079	0.025	0.113	0.044	0.073
2004	0.029	0.023	0.050	0.018	0.022	0.038
2005	0.013	0.052	0.037	0.044	0.025	0.022
2006	0.038	0.045	0.044	0.060	0.026	0.040
2007	0.029	0.037	0.024	0.032	0.021	0.039
2008	0.025	0.031	0.014	0.032	0.018	0.036
2009	0.017	0.031	0.023	0.030	0.014	0.008
2010	0.048	0.055	0.034	0.060	0.046	0.047

续表

年份	苏北地区	淮安市	连云港市	宿迁市	徐州市	盐城市
2011	0.015	0.016	0.016	0.035	0.016	0.021
2012	0.013	0.020	0.011	0.018	0.021	0.008
2013	0.016	0.019	0.015	0.021	0.025	0.014
2014	0.038	0.045	0.025	0.018	0.057	0.037
2015	0.023	0.037	0.023	0.012	0.022	0.025
2016	0.023	0.035	0.011	0.009	0.023	0.028
2017	0.015	0.006	0.015	0.027	0.018	0.015
2018	0.015	0.006	0.015	0.027	0.018	0.015

注：数据由作者计算得到，下同。

（二）产业结构高度化分析

利用苏北地区总体和五个城市的三次产业结构数据分别计算出产业结构高度化的量值和质值，用于反映产业结构高度化的量和质的两个维度（见表5－2和表5－3）。

（1）量的维度。苏北产业结构高度化量的指标显示出如下特征：①苏北地区产业结构高度化上升趋势明显，但指标呈现递减的特征，表明产业结构高度化上升的速度在减缓；②高度化排序稳中有变，徐州市始终排在首位，而宿迁始终排在末位，其他三市排序交替变化；③高度化分异明显，连云港市的产业结构高度化虽然在上升，但是相对排序在2010年之后下降明显，淮安市的产业结构高度化在2010年之后显著高于苏北地区平均水平。

表5－2　　2000～2018年苏北地区以及各市产业结构高度化量的维度测度

年份	苏北地区	淮安市	连云港市	宿迁市	徐州市	盐城市
2000	2.058	1.994	2.062	1.889	2.176	2.012
2001	2.076	2.015	2.072	1.919	2.190	2.033
2002	2.091	2.034	2.090	1.938	2.197	2.053
2003	2.111	2.065	2.101	1.997	2.209	2.066
2004	2.131	2.083	2.122	2.005	2.224	2.094
2005	2.142	2.118	2.149	2.036	2.213	2.105
2006	2.165	2.151	2.177	2.080	2.228	2.125

续表

年份	苏北地区	淮安市	连云港市	宿迁市	徐州市	盐城市
2007	2.187	2.177	2.192	2.100	2.246	2.151
2008	2.204	2.195	2.200	2.126	2.262	2.171
2009	2.213	2.213	2.209	2.151	2.269	2.174
2010	2.248	2.251	2.237	2.198	2.301	2.209
2011	2.263	2.265	2.247	2.217	2.311	2.228
2012	2.272	2.279	2.251	2.231	2.320	2.236
2013	2.282	2.291	2.257	2.247	2.328	2.248
2014	2.310	2.324	2.281	2.261	2.357	2.280
2015	2.325	2.347	2.294	2.272	2.368	2.298
2016	2.340	2.371	2.304	2.281	2.381	2.319
2017	2.351	2.376	2.317	2.299	2.389	2.333
2018	2.362	2.382	2.329	2.316	2.397	2.347

（2）质的维度。苏北产业结构高度化质的指标显示出如下特征：①苏北地区产业结构高度化下降趋势明显，高度化质的指标呈现加速下降的趋势；②质的高度化排序稳中有变，连云港市和盐城市始终排在前列，高于苏北地区总体水平，而宿迁下降最为明显；③时间节点较为清晰，2006 年之后宿迁市和淮安市的产业结构质的高度化显著低于苏北地区平均水平。

表 5－3　2000～2018 年苏北地区以及各市产业结构高度化质的维度测度

年份	苏北地区	淮安市	连云港市	宿迁市	徐州市	盐城市
2000	0.296	0.320	0.311	0.368	0.235	0.316
2001	0.293	0.313	0.309	0.355	0.238	0.311
2002	0.287	0.309	0.303	0.346	0.229	0.304
2003	0.284	0.304	0.300	0.320	0.230	0.301
2004	0.280	0.293	0.299	0.310	0.227	0.299
2005	0.271	0.279	0.283	0.293	0.229	0.291
2006	0.267	0.277	0.276	0.267	0.229	0.288
2007	0.266	0.267	0.287	0.265	0.233	0.281
2008	0.255	0.261	0.271	0.249	0.240	0.264
2009	0.240	0.227	0.270	0.203	0.235	0.258

续表

年份	苏北地区	淮安市	连云港市	宿迁市	徐州市	盐城市
2010	0.235	0.219	0.264	0.188	0.240	0.251
2011	0.227	0.213	0.259	0.172	0.217	0.248
2012	0.223	0.206	0.252	0.166	0.217	0.247
2013	0.180	0.182	0.200	0.141	0.170	0.205
2014	0.173	0.156	0.192	0.132	0.171	0.201
2015	0.160	0.144	0.187	0.126	0.158	0.179
2016	0.169	0.150	0.186	0.122	0.172	0.194
2017	0.165	0.145	0.179	0.119	0.172	0.191
2018	0.161	0.126	0.169	0.111	0.172	0.187

（三）产业结构合理化分析

从苏北地区总体和五个城市的产业结构合理化指标泰尔指数（见表5－4），可以发现如下特征：（1）产业合理化水平呈现先下降后上升的“U”形特征，意味着苏北地区总体及其五个地级市的产业结构经历了趋向合理化又偏离合理化的过程；（2）时间阶段性特征同样明显，以2009年为分界，在此之前总体趋向合理，在此之后偏离；（3）城市产业结构合理化分异显著，宿迁市合理化水平最差，显著地大幅度偏离苏北地区整体均值，超过了0.5；徐州市和盐城市合理化水平始终优于苏北整体平均水平；而淮安和连云港表现出显著的偏离趋势，依次劣于苏北地区整体平均水平。2009年之前苏北地区三次产业结构的比例轮动较为协调、温和，产业结构合理化水平逐渐提高，符合经济发展的一般规律。但是在此之后过度强调工业化的作用，导致产业结构合理化水平开始偏离。而目前经济结构中第三产业的比例相对过高，加剧了产业结构合理化水平偏离程度。

表5－4　　2000～2018年苏北地区以及各市产业结构合理化的泰尔指数

年份	苏北地区	淮安市	连云港市	宿迁市	徐州市	盐城市
2000	0.237	0.287	0.152	0.465	0.210	0.257
2001	0.211	0.250	0.173	0.442	0.173	0.211
2002	0.207	0.213	0.175	0.454	0.191	0.199

续表

年份	苏北地区	淮安市	连云港市	宿迁市	徐州市	盐城市
2003	0.185	0.173	0.180	0.363	0.172	0.184
2004	0.174	0.195	0.167	0.372	0.166	0.145
2005	0.170	0.163	0.169	0.417	0.170	0.128
2006	0.145	0.126	0.130	0.456	0.146	0.107
2007	0.120	0.099	0.090	0.356	0.137	0.091
2008	0.118	0.082	0.112	0.347	0.117	0.108
2009	0.132	0.137	0.099	0.594	0.120	0.117
2010	0.110	0.123	0.086	0.497	0.096	0.099
2011	0.106	0.113	0.087	0.441	0.099	0.090
2012	0.100	0.126	0.098	0.405	0.089	0.092
2013	0.177	0.185	0.170	0.611	0.129	0.166
2014	0.177	0.263	0.156	0.527	0.131	0.149
2015	0.205	0.265	0.156	0.494	0.131	0.156
2016	0.164	0.258	0.154	0.465	0.120	0.144
2017	0.158	0.244	0.166	0.431	0.120	0.137
2018	0.148	0.221	0.167	0.622	0.107	0.126

二、空间演变分析

（一）产业空间集聚分析

（1）第一产业。区位熵指数的对比分析发现（见表5－5），连云港市的产业集聚程度一直较高，尤其在2000年是苏北地区集聚程度最高的地级市。随着时间推移，盐城市的第一产业集聚程度最高，但是2012年与连云港不相上下。到了2018年，盐城市第一产业集聚程度显著地领先于其他城市。

表5－5　2000～2018年苏北地区各个城市第一产业区位熵指数

年份	淮安市	连云港市	宿迁市	徐州市	盐城市
2000	1.146	1.588	1.146	0.491	1.146
2001	1.145	1.408	1.107	0.535	1.221
2002	1.295	1.354	1.008	0.475	1.243

续表

年份	淮安市	连云港市	宿迁市	徐州市	盐城市
2003	1.314	1.298	1.014	0.486	1.249
2004	1.126	1.330	0.871	0.486	1.401
2005	1.139	1.200	0.719	0.544	1.448
2006	1.210	1.179	0.488	0.558	1.488
2007	1.094	1.400	0.622	0.558	1.361
2008	1.190	1.286	0.601	0.684	1.211
2009	0.848	1.583	0.132	0.780	1.341
2010	0.812	1.552	0.144	0.849	1.315
2011	0.846	1.581	0.150	0.745	1.404
2012	0.787	1.480	0.174	0.807	1.456
2013	1.013	1.359	0.062	0.898	1.501
2014	0.616	1.408	0.074	1.013	1.634
2015	0.377	1.190	0.039	0.569	0.647
2016	0.595	1.351	0.083	1.093	1.532
2017	0.575	1.237	0.090	1.139	1.547
2018	0.399	1.118	0.020	1.251	1.548

（2）第二产业。第二产业的区位熵指标显示（见表5－6），2000年，徐州市的第二产业集聚程度显著地领先苏北地区。随着时间推移，盐城市、淮安市和宿迁市的第二产业集聚程度依次领先。

表5－6　　2000～2018年苏北地区各个城市第二产业区位熵指数

年份	淮安市	连云港市	宿迁市	徐州市	盐城市
2000	0.934	0.901	0.772	1.121	1.037
2001	0.953	0.867	0.720	1.143	1.022
2002	0.959	0.883	0.755	1.131	1.018
2003	1.004	0.876	0.804	1.109	1.002
2004	1.003	0.879	0.907	1.073	1.010
2005	1.040	0.876	0.823	1.029	1.076
2006	1.023	0.937	0.778	1.031	1.070
2007	1.096	0.934	0.798	0.969	1.091
2008	1.138	0.928	0.809	0.948	1.080

续表

年份	淮安市	连云港市	宿迁市	徐州市	盐城市
2009	1.127	0.932	0.915	0.922	1.077
2010	1.116	0.936	0.955	0.899	1.093
2011	1.123	0.923	0.972	0.915	1.069
2012	1.159	0.887	0.999	0.913	1.052
2013	1.000	0.824	1.143	0.990	1.018
2014	1.077	0.818	1.091	0.971	1.017
2015	0.714	0.552	0.662	0.494	0.442
2016	1.103	0.792	1.087	0.951	1.039
2017	1.104	0.746	1.072	0.965	1.059
2018	0.929	0.817	1.218	0.940	1.095

（3）第三产业。从表5－7可以看出，2000年的宿迁第三产业集聚程度领先苏北地区，一直持续到2006年。随着时间推移，徐州市和连云港市的第三产业集聚程度超过了宿迁市，处于领先地位。而2018年的区位熵指标表明，连云港市的第三产业集聚程度开始成为苏北地区的领头羊。

表5－7　2000～2018年苏北地区各个城市第三产业区位熵指数

年份	淮安市	连云港市	宿迁市	徐州市	盐城市
2000	1.032	1.006	1.149	0.969	0.956
2001	1.016	1.045	1.183	0.955	0.959
2002	0.996	1.041	1.165	0.969	0.961
2003	0.963	1.048	1.126	0.985	0.971
2004	0.985	1.044	1.074	1.007	0.951
2005	0.959	1.067	1.150	1.024	0.904
2006	0.964	1.028	1.209	1.020	0.903
2007	0.918	1.011	1.190	1.066	0.896
2008	0.876	1.033	1.182	1.067	0.920
2009	0.910	1.014	1.127	1.077	0.915
2010	0.919	1.014	1.093	1.091	0.904
2011	0.908	1.029	1.074	1.085	0.919
2012	0.876	1.070	1.046	1.087	0.929

续表

年份	淮安市	连云港市	宿迁市	徐州市	盐城市
2013	1.000	1.279	0.798	1.021	0.950
2014	0.885	1.289	0.881	1.048	0.950
2015	0.586	0.927	0.329	0.578	0.440
2016	0.859	1.298	0.900	1.070	0.925
2017	0.868	1.346	0.926	1.045	0.902
2018	1.101	1.218	0.761	1.067	0.871

（二）产业重心

2000～2018 年，苏北地区三次产业的重心轨迹变动幅度非常小，基本集中在宿迁市和淮安市的交界处很小的范围（见表 5－8），充分表明苏北地区五市的产业发展和产业结构调整基本保持类似速度的趋势，也就是说，苏北地区的产业空间分布较为稳定，并未出现产业结构较大幅度的空间调整。

表 5－8　　　2000～2018 苏北地区三次产业重心经纬度均值

产业	平均经度	平均纬度
第一产业	118.876	33.867
第二产业	118.683	33.910
第三产业	118.677	33.914

（三）产业空间联系

本章使用城市间产业联系强度表征苏北地区的产业依赖程度，并分析产业联系的空间格局演变特征。限于篇幅，仅列示 2000 年和 2018 年指数，用于比较分析，（见表 5－9）。总体上，苏北地区城市间三次产业联系强度都在逐渐提高，同时也发现了不同城市和不同产业联系强度存在显著差异。产业联系表现出由徐、宿、连和淮、盐两个圈层的双空间特征，向徐、宿、淮、盐单一空间轴线格局演变的特征。随着徐宿淮盐高铁的运营，未来四市之间的产业联系强度将进一步强化。为简明扼要的讨论，本章选择联系强度排序前三名的城市对做进一步分析。

表 5-9　2000 年和 2018 年苏北地区城市间三次产业联系强度对比

序号	城市对比	第一产业		第二产业		第三产业	
		2000	2018	2000	2018	2000	2018
1	淮安市—连云港市	0.48	3.75	1.08	58.49	0.58	69.01
2	淮安市—宿迁市	0.83	5.79	1.02	103.48	0.57	108.84
3	淮安市—徐州市	0.31	2.91	1.01	54.48	0.59	73.78
4	淮安市—盐城市	1.45	8.94	2.46	159.67	1.48	186.71
5	连云港市—宿迁市	0.45	3.41	0.71	53.70	0.39	50.39
6	连云港市—徐州市	0.26	2.66	1.10	43.95	0.63	53.11
7	连云港市—盐城市	0.45	3.04	1.00	47.91	0.59	49.98
8	宿迁市—徐州市	0.99	9.11	2.29	172.42	1.37	185.74
9	宿迁市—盐城市	0.36	2.13	0.42	38.46	0.26	35.77
10	徐州市—盐城市	0.24	1.97	0.78	37.24	0.50	44.60

(1) 第一产业。2000 年产业联系强度前三名城市对依次为淮安市—盐城市 (1.45)、宿迁市—徐州市 (0.99)、淮安市—宿迁市 (0.83)，而 2018 年的产业联系前三名城市对依次为宿迁市—徐州市 (9.11)、淮安市—盐城市 (8.94)、淮安市—宿迁市 (4.79)。结果表明，苏北地区城市间第一产业联系强度一直保持着徐、宿、淮、盐四市的空间轴线，且呈现逐渐加强的趋势。

(2) 第二产业。2000 年产业联系强度前三名城市对依次为淮安市—盐城市 (2.46)、宿迁市—徐州市 (2.29)、连云港市—徐州市 (1.10)，而 2018 年的产业联系前三名城市对依次为宿迁市—徐州市 (172.42)、淮安市—盐城市 (159.67)、淮安市—宿迁市 (103.48)。结果表明，苏北地区的城市间第二产业联系强度表现出大幅度的跃升，并且从早期的徐、宿、连和淮、盐两个圈层，转向了徐、宿、淮、盐四市的空间轴线，同样呈现逐渐加强的趋势。

(3) 第三产业。2000 年产业联系强度前三名城市对依次为淮安市—盐城市 (1.48)、宿迁市—徐州市 (1.37)、连云港市—徐州市 (0.63)，而 2018 年的产业联系前三名城市对依次为淮安市—盐城市 (186.71)、宿迁市—徐州市 (185.74)、淮安市—宿迁市 (108.84)。结果表明，苏北地区城市间第三产业联系，类似于第一、第二产业联系的变迁，也是实现了大幅度的跃升特征，且也是从早期的徐、宿、连和淮、盐两个圈层，转向了徐、宿、淮、盐四市的空间轴线，并逐渐强化。

第四节　结论与建议

一、研究结论

在已有研究的基础上，本章综合应用数理统计和空间分析技术，从时序和空间两个方面分析了苏北地区产业结构调整动态和演变特征，得到以下结论：

苏北地区产业结构调整速度总体呈现持续下降的趋势，城市间表现出差异，其中连云港市长期低于区域平均水平。量的测度表明，产业结构高度化程度持续上升，但是速度在递减，徐州始终居于领先地位，而宿迁始终处于末位，连云港和盐城则始终低于区域平均水平。质的测度表明，产业结构高度化程度呈现明显下降趋势，且在加速下降，其中宿迁下降速度最快。产业结构高度化水平量和质相背离表明，苏北地区产业结构升级呈现显著的数量驱动特征，质量提升较慢。产业结构合理化水平以 2009 年为拐点期，呈现“U”形特征，宿迁长期偏离合理化水平，而淮安自 2010 年之后也长期偏离。

第一产业的空间集聚度首位城市从连云港变成盐城市，且盐城市长期处于首位。第二产业的集聚程度处于第一的位置的城市随着时间推移，依次为徐州市、盐城市、淮安市、宿迁市，而连云港始终排序较为靠后。宿迁市长期处于第三产业集聚的首位，随着时间推移，依次被徐州市和连云港市替代。苏北地区三次产业的重心变动幅度很小，意味着苏北地区的产业结构空间调整较为平稳。城市间产业联系的分析结果表明，苏北地区产业从徐宿连和淮盐两个经济圈层，转向了徐宿淮盐经济发展轴，连云港市“孤岛化”特征比较明显。

二、政策建议

基于苏北地区产业结构调整的时序调整和空间演变分析及其结论，本章认为可以采取以下措施，以促进苏北地区产业结构进一步优化调整，实现高质量发展：

第一，顺应经济增长阶段的客观要求，实现高质量调整。产业结构调整应从量的追求转向质的建设，注重新兴产业培育、人才引进和科技创新，提升生产率，实现高质量升级。

第二，遵从极化和扩散规律，推动产业非均衡调整。以非均衡策略，推动产业结构的非均衡调整，以及产业空间的非均衡布局，塑造有一定辐射能力的区域性中心城市，从而实现资源的高效配置。

第三，发挥政府的主导作用，引导产业链嵌入调整。成立区域发展的城市间常设协调组织，发挥各个地级市政府的主导作用，基于相互嵌入的产业链协同发展目标，采取产业结构差异化定位策略。

第四，突破区域发展障碍，实现产业一体化调整。顺应长三角一体化的大趋势，破除区域一体化发展的软件和硬件阻碍，依靠信息技术和交通路网压缩地理空间，降低区域内交易成本和运输成本，提升资源配置效率，推进区域产业结构的一体化调整。

| 第六章 |

绿色发展与江苏高质量发展的效率测度

习近平总书记在党的十九大报告中提出加快生态文明体制改革，建设美丽中国。加快建立绿色消费和生产的政策导向和法律制度，建立健全绿色低碳循环发展的经济体系。随着资源约束问题的突出和环境污染加剧，绿色发展问题成为国内外学者关注的焦点。近些年来，苏北城镇化和工业化进程加速推进，城市的生态压力日益增大，制约了苏北绿色发展。新常态环境下，苏北高质量发展的重点自然落在生产方式的可持续性上，环境全要素生产率和绿色效率将能源、环境因素一并纳入效率评价框架中，契合了实际生产过程，彰显现实的指导意义。

第一节　江苏绿色发展转型的全要素生产率分析 *

有学者将环境或资源问题纳入中国经济效率的测度之中。冯晨鹏等（2017）测度中国 30 个省区市的环境效率，并指出现实生产中产出的非期望输出是多维度的。王兵等（2010）运用卢恩伯格生产率指数和 SBM 方向性距离函数测度 1998 ~ 2007 年中国 30 个省区市的环境全要素生产率及其分解，并对影响因素进行实证分析，结果表明环境全要素生产率较高的省区市

* 本节主要内容参见：华学成，王惠，仇桂且．江苏绿色发展转型：基于绿色效率与环境全要素生产率研究 [J]．现代经济探讨，2018 (07)：18 – 25.

都集中在中国经济较为发达的东部地区。除了以中国省级行政区为研究对象，也有不少学者基于行业的角度进行分析。韩晶等（2014）立足异质性行业的角度，运用SBM模型测度制造业各行业的环境效率，认为中国制造业各行业的环境效率存在明显的行业异质性。朱智洺（2015）基于方向性距离函数，测度了中国36个工业行业的环境全要素生产率，研究表明碳排放规制促进工业行业环境全要素生产率的提高。

也有极少数文献涉及了城市经济的坏产出问题。例如，王凯风（2017）在绿色效率视角下检验中国城市的环境库兹涅茨曲线，发现经济增长与绿色效率之间呈现显著的非线性关系。李平（2017）采用基于松弛的方向性距离函数测度珠三角和长三角群25个城市的2000~2010年环境经济绩效，研究发现，技术规模变化和纯技术进步两项指标对生产率增长的贡献都非常显著。

梳理以上文献，本节发现关于绿色效率和环境全要素生产率文献中，少有针对苏北为测度的研究。因此，在考虑能源投入过程中“非期望”产出的基础上，本节基于SBM - Undesirable和DEA - Malmquist模型测度江苏省13个城市的绿色效率和环境全要素生产率。鉴于SBM - Undesirable模型具有非角度非径向的优势，可以充分考虑到“坏”产出指标带来的偏误；而DEA - Malmquist模型是一种径向的DEA测度方法，这里为了将“坏”产出最小化，将“坏”产出作为投入指标进行效率测度，同时将环境全要素生产率分解为技术效率指数和技术进步指数，并从规模可变角度分解技术效率指数为规模效率指数和纯技术效率指数，探究环境资源约束下影响全要素生产率的关键点，为地方环境部门提供数据支持和决策依据。

一、绿色经济效率界定与计算方法

（一）绿色经济效率内涵

国内学者杨龙和胡晓珍（2010）在经济效率测度模型中引入综合环境污染指数，提出了绿色经济效率的概念，但并未对何为绿色经济效率进行解析，对其内涵也没有涉及。基于现有的绿色经济效率相关文献，笔者认为绿色经济效率是一种考虑环境与资源代价后的综合经济效率，即考虑资源投入和环境代价的条件下，评价一个地区或者国家经济绩效的指标。第一，绿色经济效率将资源利用和环境付出考虑到了生产过程中，全面考虑“好”产出和资源代价；第二，从投入产出角度来看，绿色经济效率是一种评价决策单元经济效率的指标体系，即生产过程中投入资源的利用效率，衡量了该决策单元在限定的单位资源投入获取“好”产出的能力，所得效率值是在原本经济效率基础上综合了资源利用和环境损失之后，获得的“绿色”经济效率值。简而言之，绿色经济效率是考虑了环境代价和资源投入的综合经济效率，其值越低，表明综合经济效率越差，反之亦然。

（二）SBM – Undesirable 模型

数据包络分析是一种评价具有多产出、多投入关系的 DMU（决策单元）间相对有效性的非参数评价方法。传统的 DEA 模型，如 BC^2 模型、C^2R 模型多是角度的或径向的，没有充分考虑到产出或投入的松弛性问题，也不能准确测度存在“坏”产出的投入产出效率值。

Tone 自 2001 年将松弛变量引入目标函数，构建用于处理投入产出变量松弛性问题的 DEA – SBM 模型，有效解决了角度和镜像问题带来的测量误差，在此模型的基础上，Tone 在 2004 年提出了 SBM – Undesirable 模型，它保留了原来 DEA – SBM 模型的既有优势，兼顾“坏”产出给模型计算时带来的偏误。据此，本研究采用“坏”产出的 SBM 模型求解江苏省绿色经济效率。

将江苏省每一个城市看作一个生产决策单元（DMU），假定每个城市都拥有如下投入产出向量：“坏”产出、“好”产出和投入（包含物质投入和人力投入），分别表示为 $Y^b \in R^{S_2}$、$Y^g \in R^{S_1}$ 和 $X \in R^m$，定义矩阵 Y^b、Y^g、X 如下：$Y^b = [y_1^b, \cdots, y_n^b] \in R^{S_2 \times n}$、$Y^g = [y_1^g, \cdots, y_n^g] \in R^{S_1 \times n}$、$X = [x_1, \cdots, x_n] \in R^{m \times n}$，其中，$y_i^b > 0$，$y_i^g > 0$，$x_i > 0$。

生产可能集合为 $P = [(x, y^g, y^b) \mid x \geqslant X\lambda,\ y^g \geqslant Y^g\lambda,\ y^b \geqslant Y^b\lambda,\ \lambda \geqslant 0]$，其中，$\lambda \in R^n$ 为权重向量，其和不为 1 表示生产技术为规模报酬不变（CRS），否则，表示规模报酬可变（CRS）（唐德才等，2016）。

根据定义，考虑非期望产出时度量决策单元效率的 SBM – Undesirable 模型，可写成：

$$\rho^* = \min \frac{1 - \frac{1}{m}\sum_{i=1}^{m}\frac{s_1^-}{x_{i0}}}{1 + \frac{1}{s_1 + s_2}\left(\sum_{r=1}^{s_1}\frac{s_r^g}{y_{r0}^g} + \sum_{r=1}^{s_2}\frac{s_r^b}{y_{r0}^b}\right)} \tag{6-1}$$

$$s.t\begin{cases} x_0 = X\lambda + s^- \\ y_0^g = Y^g\lambda - s^g \\ y_0^b = Y^b\lambda + s^b \\ s^- \geqslant 0, s^g \geqslant 0, s^b \geqslant 0, \lambda \geqslant 0 \end{cases}$$

其中，S 表示产出、投入的松弛量；目标函数ρ^*关于 s^b、s^g、s－严格递减，取值范围在［0，1］（何枫等，2016）。对于某一特定的 DMU，当且仅当$\rho^*=1$，即 $s^-=s^g=s^b$ 时达到技术有效；如果 $\rho^*<0$，则表明 DMU 技术无效，存在产出投入上改进的空间。上述模型是非线性规划，可以通过 Cooper 和 Charnels（1962）的方法转换为式（6－2）的线性规划问题（吴昊玥等，2017）：

$$\tau^* = \min\left(t - \frac{1}{m}\sum_{i=1}^{m}\frac{s_i^-}{x_{i0}}\right) \tag{6-2}$$

$$s.t\begin{cases} 1 = t + \frac{1}{s_1 + s_2}\left(\sum_{r=1}^{s_1}\frac{S_r^g}{y_{r0}^g} + \sum_{r=1}^{s_2}\frac{S_r^b}{y_{i0}^g}\right) \\ x_0 t = X\Lambda + s^- \\ y_0^g t = Y^g\Lambda - s^g \\ y^b t = Y^b\Lambda + s^b \\ s^- \geqslant 0, s^g \geqslant 0, s^b \geqslant 0, \Lambda \geqslant 0 \end{cases}$$

（三）DEA－Malmqusit

1994 年，Fare 等人通过对数据包络分析（DEA）方法的改进，建立了用来考察两个不同时期全要素生产率的 Malmquist 生产力指数，Malmquist 指数可以分解为技术进步指数（TPCH）和技术效率指数（TECH）；假如规模效率可变，技术效率指数（TECH）还可以进一步分解为规模效率指数（SECH）和纯技术效率（PECH），这种细化可以深刻地追溯到影响配置效率的深层次原因（薛思蒙等，2017）。

TECH 表示跨期前沿技术相对使用效率的变动，表示技术效率改善；PECH 表示生产前沿的变动，表示纯技术创新效应，如设备更新、技术改造、采用新工艺等；当环境全要素生产率（TFP）小于（大于）1，表明决策单元（DMU）从 t 期到 t+1 期内的全要素生产率降低（提高）；当 TPCH 小于（大于）1，表明 DMU 从 t 期到 t+1 期内的技术退步（进步），对 TFP 的增长阻碍（贡献）；TECH 小于（大于）1，表明 DMU 的技术效率恶化（改善）。鉴于篇幅所限，具体方法请见参考文献（蔡晓春等，2017）。

（四）变量选择与数据来源

本节需要的数据来源于《中国城市统计年鉴》《中国城市建设统计年鉴》和《江苏省统计年鉴》，研究对象是江苏省 13 个地级市，包含苏北地区（徐州、宿迁、淮安、盐城、连云港）、苏中地区三个城市（泰州、扬州、南通）和苏南 5 个城市（镇江、常州、无锡、苏州、南京）。部分数据缺失，采用均值法或移动平移法进行填补。

（1）资本投入。由于资本对产出的影响具有“滞后性”，据此，城市的产出水平更多取决于固定资本存量，本节沿用永续盘存法对其进行估算（张学文，2012），

$$K_t = K_{t-1}(1 - \delta_t) + I_t \tag{6-3}$$

其中，I_t 表示当年的固定资本投资额，δ_t 表示固定资产折旧率，K_{t-1} 为上一年的固定资本存量，K_t 为当年的固定资本存量。

（2）劳动力投入。资本和劳动力在柯布-道格拉斯生产函数中显示都是生产过程中不可缺失的重要组成部分。考虑数据的可获取性，劳动力选取各个城市当年年末工业从业人员数。

（3）资源投入。考虑环境因素后，将资源投入纳入生产率的测度中，考虑到数据的可获取性较差，本节使用城市单位 GDP 能耗作为资源投入。

期望产出。采用各个城市实际生产总值作为产出指标。

（4）非期望产出。江苏省工业密集，“三废”排放量大，水污染问题长期存在。因此，本节选取污染排放量纳入“坏”产出指标中。本节涉及价格因素的变量，均调整为以 2006 年不变价格计算。

二、效率测度与分析

（一）绿色效率测度

测度结果：本节运用 SBM - Undesirable 模型对 2006 ~ 2015 年江苏省 13 个城市的绿色效率进行测度，结果见表 6 - 1。根据效率值将绿色效率分为无效、弱有效、有效。当效率值小于 0.5 时，表示该城市绿色效率为无效；当测度值在 0.7 ~ 1 之间，包括 0.7，不包括 1 时，表示该城市绿色效率为弱有效；当测度值等于 1 时，表明该城市的绿色效率有效。结果发现，各个城市的绿色效率值差异较大，其中南京、苏州的绿色效率值最高，连续 10 年达到 DEA 有效；无锡、镇江、南通、扬州、徐州、连云港的绿色效率均值在 0.7 ~ 1.0 之间，这些城市的低碳经济发展水平较高；常州、泰州、盐城、淮安和宿迁的绿色效率均值介于 0.6 ~ 0.8 之间，这些城市绿色效率还存在较大的改进空间。

表 6 - 1　2006 ~ 2015 江苏省 13 个城市绿色效率测度结果

年份	2006	2007	2008	2009	2010	2011	2012	2013	2014	2015	均值
南京	1.00	1.00	1.00	1.00	1.00	1.00	1.00	1.00	1.00	1.00	1.00
无锡	1.00	1.00	0.86	1.00	1.00	1.00	1.00	1.00	1.00	1.00	0.99
常州	0.65	0.59	0.56	0.56	0.53	0.71	0.71	0.80	0.82	0.81	0.67
苏州	1.00	1.00	1.00	1.00	1.00	1.00	1.00	1.00	1.00	1.00	1.00
镇江	1.00	1.00	1.00	1.00	1.00	0.84	0.84	0.87	0.87	0.90	0.93
苏南	**0.93**	**0.92**	**0.88**	**0.91**	**0.91**	**0.91**	**0.91**	**0.93**	**0.94**	**0.94**	**0.92**
南通	1.00	1.00	1.00	1.00	0.81	0.72	0.70	0.79	0.77	0.77	0.86
扬州	0.87	0.96	0.90	0.93	1.00	0.90	0.85	0.89	0.90	0.92	0.91
泰州	0.61	0.61	0.58	0.61	0.63	0.86	0.85	0.85	1.00	0.92	0.75
盐城	0.76	0.72	0.68	0.68	0.67	0.72	0.62	0.55	0.42	0.60	0.64
苏中	**0.81**	**0.82**	**0.79**	**0.81**	**0.78**	**0.80**	**0.76**	**0.77**	**0.77**	**0.80**	**0.79**
徐州	1.00	1.00	1.00	1.00	1.00	1.00	0.67	0.76	1.00	1.00	0.94
连云港	0.90	1.00	0.88	0.85	0.85	0.73	0.72	0.77	0.70	0.66	0.81
淮安	0.92	0.78	0.59	0.57	0.60	0.66	0.77	0.81	0.77	0.77	0.73
宿迁	0.69	0.72	0.72	0.70	0.76	0.81	0.84	0.85	0.84	0.90	0.78
苏北	**0.88**	**0.88**	**0.80**	**0.78**	**0.80**	**0.80**	**0.75**	**0.80**	**0.83**	**0.83**	**0.81**

南京和苏州作为江苏省重要的中心城市，具有完备的公共服务设施和便捷的交通运输体系，在区域发展中发挥着要素集聚和分配功能，并辐射周边地区产生联动作用。

无锡、镇江、南通、扬州、徐州、连云港的绿色效率一直保持稳定的良好水平，究其原因却各不相同。镇江、扬州是江苏省区域核心城市，地理位置与南京接近，容易受到南京中心城市的辐射影响，资源配置和节能减排工作取得不俗成绩，呈现良好的绿色经济一体化效应；而无锡、南通和徐州是重要的资源型城市，具有较强的产业吸引力，积极承接生物医药、电子信息等高新技术产业。连云港作为中国首批沿海开放城市，将旅游业作为本市的支柱产业，有数据显示，2016 年，连云港实现旅游总收入 395.40 亿元，增长 15.5%，接待国内游客 3011 万人次，增长 12.2%，取得了良好的生态收益和经济收益。因此，这些城市的绿色效率值一直处于上游。

常州、泰州、盐城、淮安和宿迁的绿色效率水平相比之下，处于下游。其中，2006 ~ 2010 年，常州的绿色效率值不高，维持在 0.5 左右，随后处于不断上升的良好态势，这与当地政府重视装备制造业、输变电设备、新能源与新材料、软件业信息产业和生物医药产业的发展不无关系。泰州和盐城的绿色效率水平低下的原因可能是多方面的，产业结构亟待优化，新兴产业正处于发展初期，规模报酬递增阶段，各要素的流动和配合至今尚未达到最佳状态，导致了长期的“产出不足”现象存在。淮安和宿迁绿色经济发展滞后的原因可能在于经济发展基础设施落后，污染治理的经费投入缺口严重以及绿色技术使用普遍性低下。因此，驱动地区产业集聚、发挥资源或地理优势，努力发展第三产业是这六个城市所面临的重要发展之路。

从区域之间的差异来看，苏南地区的绿色效率均值最高（0.92），依次为苏北（0.81）和苏中（0.79），苏南地区绿色效率不但高于苏中、苏北地区，也高于江苏省平均水平（0.85）。苏南的绿色效率经历了一个明显的“下降 - 平稳 - 上升”的变化过程，即 2006 ~ 2008 年缓慢下降，2009 ~ 2012 年持续平稳，2012 ~ 2015 年缓慢上升；苏北和苏中绿色效率展现幅度不同上升下降交替出现的局面。苏南地区不断加大能源消耗结构优化的力度，提倡和鼓励发展绿色经济，清洁能力使用比例逐年提高，加上原本经济实力雄厚，积累的资本和技术优势与绿色经济良性耦合发展。苏北地区尽管第二、第三产业起步较晚，产业结构层次低，调整优化缓慢，但是随着江苏省政府重视苏北协调发展，给予了大量经费投入以及政策优惠，重视生态环境的改善，努力适应经济增长带来环境影响。

（二）环境全要素生产率

环境全要素生产率测算面板数据，既能对生产前沿面的移动做出分析，还能分析每个城市相对生产前沿面的距离分析，是一种动态的效率测度。表 6－2 是江苏城市环境全要素生产率及其分解的时间变化趋势。

从表6－2 可以看到，2006～2015 年，江苏城市环境全要素生产率（TFP）增长率为10.7%，其中技术进步年均增长率为10.8%，技术效率年均增长率为－0.1%，生产率的增长源于技术进步，规模效率的负增长导致了技术效率的恶化。样本期内的各个时间段，环境全要素生产率都大于1，表示环境全要素生产率处于上升趋势，其中2007～2008 年、2009～2010 年、2012～2013 年和2013～2014 年这四个时期环境全要素生产率大于1.10，处于高速增长状态，面对日益严峻的环境问题，中国政府自20 世纪80 年代初开始陆续颁发实施了自然资源保护和环境污染防治的法律近30 部，行政法规多达150 部，江苏省2008 年1 月1 日起执行的《太湖地区城镇污水处理厂及重点工业行业主要水污染物排放极值》成为全国最严格的排污标准。与此同时，江苏省政府通过全面、足额征收排污费，使大批污染企业实施节能技术改造或关停，将高占地、高排放、高能耗的企业疏散，大力支持发展新兴的第三产业，用更多的环境容量和空间，改善城市居住人文环境。

表6－2　　　　江苏省各个时期的环境全要素生产率

时期	TECH	TPCH	PECH	SECH	TFP
2006～2007	0.968	1.129	0.990	0.978	1.093
2007～2008	0.936	1.181	0.993	0.943	1.105
2008～2009	0.988	1.084	1.004	0.985	1.071
2009～2010	1.054	1.119	1.010	1.043	1.179
2010～2011	1.011	1.143	1.019	0.992	1.155
2011～2012	0.984	1.102	0.978	1.006	1.084
2012～2013	1.064	1.064	1.007	1.057	1.132
2013～2014	0.988	1.114	1.008	0.980	1.101

续表

时期	TECH	TPCH	PECH	SECH	TFP
2014～2015	1.006	1.040	0.999	1.007	1.047
几何平均	0.999	1.108	1.001	0.998	1.107

技术进步和技术效率共同影响全要素生产率，规模效率（SECH）和纯技术效率（PECH）共同影响技术效率。由此可知，2006～2015年江苏省环境全要素生产率增长的原因并不完全相同，2009～2010年、2011～2012年和2014～2015年的环境全要素生产率增长是由于受到技术进步和技术效率的双重作用，表明这些年份江苏省绿色经济发展态势良好，对环境的投资强度和结构配置也趋于合理。其余的年份，环境全要素生产率的改善归根于技术进步，可以看出对环境全要素生产率的贡献程度：技术进步指数大于纯技术效率指数，纯技术指数大于规模效率指数，反映出环境设备更新、技术改造对江苏省环境改善起到主要作用，环境保护相关主体的管理水平和环境方面的法律条文对环境的改善起到次要作用，环境物力、人才和资金等资源配置仍然需要进一步优化。

从图6－1可知，江苏省环境全要素生产率与技术进步有着相似的变化轨迹，规模效率与技术效率的变动也趋于一致，由于规模效率的下降引发了技术效率的恶化，显然，技术进步在很大程度上抵消了技术效率的下降，技术进步的变动是江苏省环境全要素生产率变动的主要原因。

从江苏省13个城市环境全要素生产率及其分解指数来看，见表6－3，样本期内所有城市的环境全要素生产率均出现不同程度的提升，其中环境全要素生产率增长率排在前五位的城市依次为：南京（15.8%）、常州（14.2%）、徐州（12.8%）、南通（12.9%）、泰州（12.6%），增长率在12.6%～15.8%。南京、无锡、徐州和苏州的环境全要素生产率受技术进步指数影响最大，表明这些发达的地区在工业达到一定规模之后，逐渐淘汰了一些环境污染比较大企业，产业开始调整转型，同时，随着人们生活条件的日益改善，对环境保护的诉求也逐渐高涨，低碳技术、新设备得到普遍运用，使这些地区环境全要素生产率的增长受到技术进步影响最大。宿迁、泰州和扬州等城市受技术效率和技术进步指数双因素的正向影响，表明这些地区的环境规制主体管理水平在不断提升，环境原始创新能力也逐步提升。

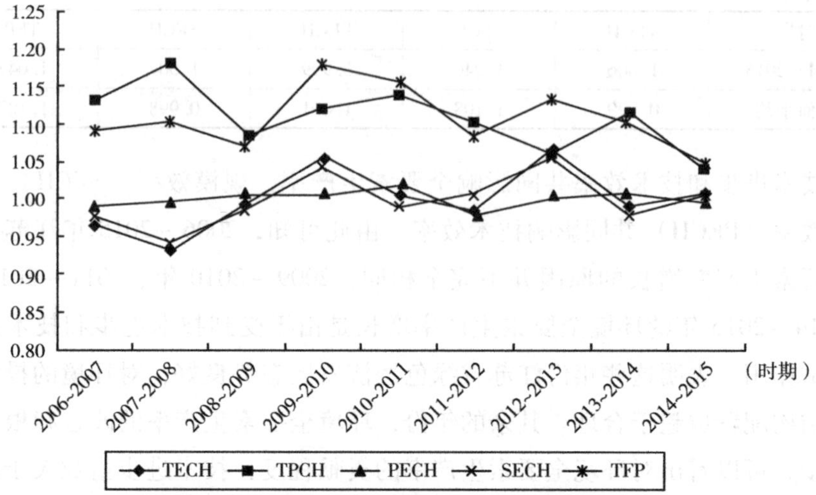

图 6-1　江苏省环境全要素生产率的动态变化

表 6-3　　2006~2015 年城市环境全要素生产率测度结果

城市	TECH	TPCH	PECH	SECH	TFP
南京	1.000	1.158	1.000	1.000	1.158
无锡	1.000	1.120	1.000	1.000	1.120
徐州	1.000	1.128	1.000	1.000	1.128
常州	1.027	1.111	1.018	1.009	1.142
苏州	1.000	1.115	1.000	1.000	1.115
南通	0.992	1.138	1.000	0.992	1.129
连云港	0.957	1.156	1.000	0.957	1.106
淮安	0.989	1.063	1.000	0.989	1.052
盐城	0.978	1.031	0.980	0.998	1.009
扬州	1.001	1.108	1.000	1.001	1.109
镇江	0.986	1.107	1.000	0.986	1.091
泰州	1.020	1.104	1.013	1.007	1.126
宿迁	1.042	1.066	1.000	1.042	1.111
几何平均	0.999	1.108	1.001	0.998	1.107

常州和泰州两个城市的环境规模指数、纯技术效率指数和技术进步指数都大于1，表示这三项指数对这两个城市环境全要素生产率都有所贡献，这

些地区经济环境和谐推进，发展态势良好；南通、连云港、淮安、盐城和镇江五个城市的技术效率呈现负增长，在一定程度上抑制了该地区的环境全要素生产率增长，表明这些地区产业结构的调整、经济发展方式的转变还需要一段时间。

（三）绿色效率动态演进

核密度主要用于随机变量的概率估计，该方法用连续的密度曲线对随机变量的分布形态进行描述，其优势在于能剔除未知参数的影响。假设随机变量 X 的密度函数为 f(x)，在点 x 的概率密度可以由式（6-4）来估计（陈园月等，2017）：

$$f(x) = \frac{1}{Nh}\sum_{i=1}^{N} K\left(\frac{X_i - x}{h}\right) \tag{6-4}$$

其中，h 为带宽，N 为样本数量，X_i 为独立同分布观察值，x 为均值，K(.) 为核函数。在核密度估计中，带宽 h 决定了核密度估计进度的平滑程度，据此，取得最优拟合结果的关键就在于选择合适的带宽。样本量越大，要求的带宽应该越小，但必须满足以下公式（龚新蜀等，2017）：

$$\lim_{N\to\infty} h(N) = 0; \lim_{N\to\infty} Nh(H) = N \to \infty \tag{6-5}$$

非参数估计没有确定的函数表达式，一般通过图形对比的方式来考察分布变化。依据核密度估计结果做出图形进行观察，可以了解变量分布的延展性、形态和位置等方面信息。利用上述公式可以得到历年的城市绿色效率、环境全要素生产率的密度图，刻画出环境 TFP 增长的分布形状动态，详见图 6-2、图 6-3。

图 6-2 显示了样本期内江苏省 13 个城市的绿色效率分布的动态演进，纵轴为核密度，横轴为绿色效率。由图 6-2 可知，江苏省城市的绿色效率分布的动态演表现为以下几个特点：

（1）分年份来看，绿色效率在 2007 年和 2009 年都呈现较为明显的“双峰”分布，波峰对应的绿色效率值维持在较高的水平，2007 年第一波峰对应的效率值约为 0.7，第二波峰对应的效率值在 0.9 以上，核密度图存在较为明显的左拖尾，反映出江苏省存在部分绿色效率低效的城市，但是这样的城市并不多，2007～2009 年核密度中心逐渐向左移动，表明绿色效率值出现下浮下降；2012 年的绿色效率由 2009 年的“双峰”变为“多峰”，随后的三年至 2015 年，“多峰”特征依旧存在，但波峰对应的核密度增大，对应的绿色效率值相比 2012 年变化不是很大。

（2）从密度分布曲线位置的平移来看，密度分布曲线整体呈现先左后右的趋势，这可以较为直观地反映出江苏省绿色效率处于先下降后增长的发展轨迹。

（3）从密度分布曲线峰度变化上可以看到，样本期内由宽峰形向尖峰形发展的变化趋势，且变化不甚明显。其中 2007 年和 2009 年的绿色效率具有较为明显的宽峰特征，随着时间推进，峰度逐年陡峭，意味着城市绿色效率的趋同。

（4）从曲线的形状来看，江苏省各个城市的绿色效率表现为显著的双峰趋同，2012～2015 年则显示出“多峰趋同”，这种双峰模式反映出部分城市的绿色效率将在较高水平上聚拢，另一部分城市的绿色效率在较低水平上集中。这种双峰分布既表明两者之间的差距扩大，绿色效率低的城市内部和绿色效率高的城市内部的收敛，也从一定程度上折射出江苏省城市低碳经济发展面临着不协调的状况。

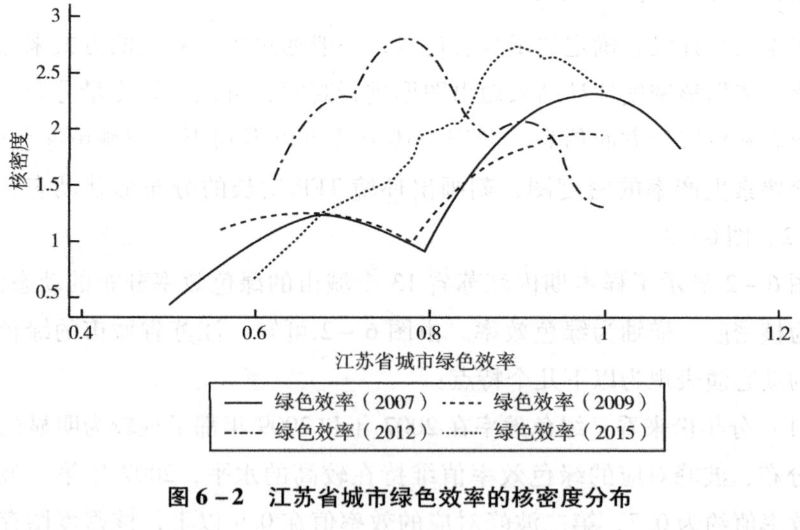

图 6－2　江苏省城市绿色效率的核密度分布

从图 6－3 可看出，江苏省城市环境全要素生产率的动态演进表现出两个特点：

①江苏省城市环境全要素生产率在样本期内分布为明显的“单峰”分布，表明江苏省各个城市环境全要素生产率的差异不大。

②核密度曲线分布图的波峰高度保持上升且向左明显偏移，即波峰所对应的核密度在不断持续的变大，反映出江苏省城市环境全要素生产率呈现出下降态势，且环境全要素生产率下降的城市在增加。

通过核密度分布图分析，可以看出江苏省城市绿色效率和环境全要素生产率分布的形状动态在各个时期发生的明显变化。究其根源在于，江苏经济已经开始转型深刻地影响着城市低碳发展。

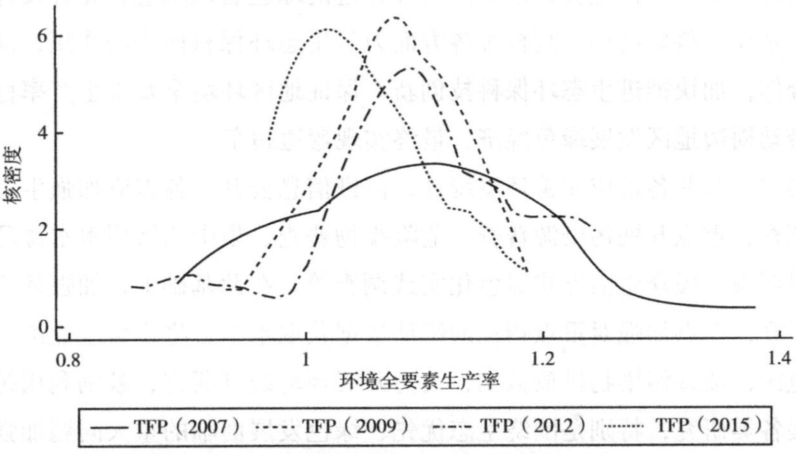

图 6 – 3　江苏省环境全要素生产率的动态变化

三、结论

本节基于 SBM – Undesirable 模型测度 2006 ~ 2015 年江苏省 13 个城市绿色效率，并进一步分析江苏省不同城市的环境全要素生产率以及分解因子情况。结果表明，江苏苏南地区的城市绿色效率水平较高，苏北和苏中地区追赶效应明显；核密度估计函数展示出江苏省城市绿色效率趋同。样本期内，江苏省各个时期的环境全要素生产率都大于 1，主要是由于技术进步推动，技术效率是江苏城市环境全要素生产率提升的短板，提升环境全要素生产率的源泉是技术效率和技术进步双因素。这就说明江苏省环境全要素生产率尚存在进一步提升的空间。针对以上结论，考虑到苏北地区经济发展的实际情况，提出以下对策：

第一，加大资金支持。政府鼓励采购绿色新产品、绿色产业新技术，通过财政扶持、补助、奖励、贴息等财政政策，支持地区发展绿色经济。完善生态环境保护投融资机制，综合运用金融、规划、土地等多种政策引导资本投入。支持各类投资主体和不同经济成分，以 PPP、BOT、股份合作制等不同方式参与环境保护建设。

第二，苏北各地区应该加大推进技术进步的力度，强化科技创新支撑。因地制宜，发挥区位优势，借鉴国内外先进的绿色管理理念，充分发挥行业协会、企业、科研结构、高校等各方面力量生态环保科研中的作用，深化产学研合作，加快推进生态环保科技创新，保证地区环境全要素生产率稳步提高，带动周边地区发展绿色经济，最终实现弯道超车。

第三，苏北各地应完善环境统计，促进信息公开。各市应加强生态环境基础调查，重点开展污染源普查、危险废物普查、集中式饮用水水源环境保护状况调查、民众生活方式绿色化实践调查等。在此基础上，加强环境统计能力提升，重点加强对重点指标的统计数据获取水平，将小微企业纳入环境统计范围，梳理污染物排放数据，大力开展环境统计研究，鼓励利用统计数据开展各类研究，特别是围绕生态优先、绿色发展面临的重大问题加强研究逐步实现各套数据的整合和归真。最终建立生态环境监测信息统一发布机制，信息公开平台，健全反馈机制，全面推进大气、水、土壤等生态环境信息公开，不断丰富生态环境监测信息内涵。

第二节　江苏环境高质量发展对工业生产效率测度 *

党的十九大作出我国经济已由高速增长阶段转向高质量发展阶段的重大判断，中央经济工作会议对推动高质量发展作了重大部署，江苏省委全

---

* 本节主要内容参见：仇桂且．江苏环境高质量发展视阈中的工业生产效率测度——基于随机前沿模型的分析 [J]．淮阴工学院学报．2021，30（04）：52－59.

会提出“六个高质量”发展任务，最终的发展目标就是以人民生活高质量引领全面小康高水平。生态环境高质量是人民生活高质量重要保障之一。为了实现生态高质量发展，党的十九大报告进一步提出转换经济发展动能的战略要求，党的十八届五中全会提出的“创新、协调、绿色、开放、共享”五大新发展理念，江苏省第十三次党代会提出的“两聚一高”发展战略，时任江苏省委书记、省人大常委会主任娄勤俭在《求是》杂志2018年第7期刊发署名文章指出，高质量发展是一场涉及发展方式、经济结构、增长动力等诸多方面的系统性重大变革。从“高速度”转向“高质量”体现的是发展规律，为江苏经济标明了发展航向；从“有没有”转向“好不好”体现的是发展追求，为江苏发展明确了价值导向。生态环境高质量作为高质量发展中的一部分其重要性日益凸显。过去经济发展初期，我国迫于经济快速发展，重视经济发展多于生态环境保护，我国生态文明建设陷入“先污染、后治理”的怪圈中。党的十九大提出“建设生态文明是中华民族永续发展的千年大计”，我国经济发展正由粗放型向集约型转变，生态环境保护也日益得到重视。

环境经济学认为，企业通过污染排放产生外部成本（External Cost）或者叫社会成本由社会负担。庇古在《福利经济学》一书中指出，如果企业在经济活动中给其他企业或者整个社会造成不需付出代价的损失，就是外部不经济（Pigou，1920），而企业污染排放就是外部不经济的典型特征之一。庇古针对这种外部不经济提出的方法侧重于政府干预的方式，对超过排放标准的污染征税；或者由企业提高生产工艺，设置净化装置，减少污染排放。有观点认为由企业负担减排费用可能会提高企业成本，降低企业生产效率，但是通过斯坦福商学院 Stefan Reichelstein 教授测算减排的成本并不如想象那么高①。Wang 等（2018）提出，我国水质监管政策迫使企业减少污染物排放，一部分生存能力弱的企业因此被迫关闭，但是经过测算，从短期来看严格的水质监管政策的确降低企业产值和生产效率，但是副作用影响很低，企业每降低10%的化学污染物仅仅降低约0.1%的产值。江苏秉承绿色发展理念，近几年工业废水排放量持续减少，根据江苏省统计局统计，2012年全省工业

① Stefan Reichelstein 教授利用美国10年的发电数据测算美国二氧化碳减排成本得出。

废水排放量达23.61亿吨，到2015年这一数字已经下降到20.64亿吨①。为了最大限度减少工业企业排放的“铊”“锑”污染物对水环境的影响，江苏省2018年9月起实施《钢铁工业废水中铊污染物排放标准》《纺织染整工业废水中锑污染物排放标准》。本节我们参考Key和Sneeringer（2014）的方法，将外生变量工业排放量引入生产函数。他们认为，将外生变量代入生产函数中，可以避免因多次回归分析所产生的误差②。本节分析在重点考察江苏生态环境高质量背景下，工业废水排放量减少对工业生产效率影响。实证研究分析江苏13个市2006～2016年这十年工业污染物排放量对工业产值影响，通过随机前沿模型测度随着工业污染物排放降低江苏13个市的工业生产效率变化情况，总体说来，随着工业污染排放物减少，如果生产效率提高表示工业污染减少对生产效率起到促进作用，反之表示工业污染减少降低生产效率。为了做更细化的比较，我们根据经济发展情况将江苏分为苏南、苏中和苏北，来分析工业污染物排放减少对江苏不同地区生产效率影响。

一、江苏环境与经济发展

江苏全省人均GDP在2016年已达到14600美元，伴随着经济总量的持续扩大，江苏省的工业污水排放总量在近几年已呈下降的趋势（见图6－4）。

卢爱桐、简舒婷、王远等在《基于半参数面板数据模型的江苏省经济增长与水污染排放关系实证研究》中提出，随着江苏经济的不断增长，人民收入水平的不断提高，当经济发展到了一定的水平后，工业污水排放呈先升后降的发展态势。人口增长与工业污水排放、水资源消耗成正比，城市化对工业污水的排放有较大的影响。当前，江苏省工业正处于转型期，污水排放量仍居高不下，特别是工业化水平相对较低的苏北地区排污任务任重道远。

江苏省境内有104个断面被列入《水污染防治行动计划》，其中包括太

---

① 数据来源：《江苏统计年鉴2017》。

② 传统方法是二阶段法，第一阶段是回归分析生产函数得到生产效率值（Technical Efficiency，TE）；第二阶段则是用环境等外生变量对TE进行回归，通过这样来分析外生变量对生产效率影响。但是根据研究发现这样方法会让第一阶段的误差带入到第二阶段，从来增大回归产生的误差，其结果属于有偏估计（biased estimation）。

图 6-4 江苏省 GDP 与工业污染排放量变化趋势

数据来源：江苏省统计局。

湖流域、淮河流域和长江流域，其在水污染治理方面的成效，在很大程度上影响了长江下游流域水污染治理的进度。随着治污成本的不断增加，江苏治污工程需要系统化加以推进，包括污水管网建设、污水处理厂改造、末端治污技术的推广等，加快降低治污成本。

二、随机前沿模型设定

本节主要目的是测度因污染物排放带来的生产效率变化。测度生产效率主要有两种方法，一种是数据包络分析方法（Data Envelopment Analysis, DEA），另一种是随机前沿分析（Stochastic Frontier Analysis，SFA）。DEA 是非参数测度方法（nonparametric method），SFA 是参数测度方法（parametric method）。与 DEA 相比，SFA 模型考虑到误差对生产函数边界产生的影响，而 DEA 模型并没有过多考虑随机噪点的影响（Hjalmarsson，Kumbhakar, and Heshmati，1996）。SFA 模型被广泛应用于各个领域的实际效率测定过程中。例如，李萍（2018）利用 SFA 模型对中国与“一带一路”沿线国际贸易效率研究；李坤明和方丽婷（2017）利用 SFA 对我国 30 个省区市能源效率进行评估；张大鹏和舒伯阳（2018）应用 SFA 对测度我国各省区市 2001 ~ 2015

年星级饭店经营效率。在环境对效率影响的相关研究中，Key 和 Sneeringer（2014）测度了温湿度指数（temperature - humidity index）对乳制品业生产效率影响，并对 2010 ~ 2030 年做了预测。

SFA 从确定性的生产边界（deterministic production frontier）中导出（Aigner，Lovell and Schmidt，1977）：

$$Y = f(X,t;\beta) \cdot e^{-u} \tag{6-6}$$

其中，Y 表示生产产出集合；$f(X,t;\beta)$ 表示生产边界；β 是需要测度的参数值；X 是生产要素集合；t 表示时间变动。

$$TE = e^{-u} = \frac{Y}{f(X,t;\beta)} \tag{6-7}$$

其中，TE 表示生产效率（technical efficiency，TE）。假如 TE = 1 表示 Y 达到最佳生产效率，当 $0 \leqslant TE < 1$ 表示生产存在低效率的情况，TE 越接近于 0 表示生产效率越低。

将式（6 - 6）两边取自然对数可得：

$$\ln y_i = f(\ln x_i;\beta) + v_i - u_i \tag{6-8}$$

根据 Aigner，Lovell 和 Schmidt（1977）研究，模型假定产出 $y_i \in R_+$；生产要素 $X_i = (x_{1i}, x_{2i}, \cdots, x_{ni}) \in R_+^n$；Key 和 Sneeringer（2014）对生产函数引入了环境外生变量 $E_i = (e_{1i}, e_{2i}, \cdots, e_{mi}) \in R_+^m$。式（6 - 8）中，$v_i$ 统计产生的误差，即随机噪点（statistical noise），其分布假定为 $v_i \sim N(0, \sigma_v^2)$，$u_i$ 即为生产效率项，其分布假定为 $u_i \sim iidN^+(0, \sigma_u^2)$；且 v_i 和 u_i 互相独立分布。

三、数据描述及实证分析

本节需要的数据来源于《江苏省统计年鉴》，研究对象是江苏省 13 个地级市，包含苏南地区 5 个城市（苏州、南京、无锡、常州、镇江）、苏中地区 3 个城市（南通、扬州、泰州）以及苏北地区 5 个城市（徐州、盐城、淮安、连云港、宿迁）2006 ~ 2016 年工业生产面板数据作分析①。参考 Dong，

① 江苏统计年鉴暂时没有 2017 年工业产出以及污染物排放数据。

Li, Long 和 Liu（2013）的研究，我们选取了各个市的规模以上工业企业生产值、规模以上工业企业资产、规模以上工业企业从业人员，以及外生变量工业污染物排放量。其中，规模以上工业企业产值和规模以上工业企业资产都利用 2006 年 CPI 转换为价格实际值。我们将各变量除以规模以上工业企业数，得到每单位规模以上工业企业生产情况，并且根据式（6-8）中变量取自然对数。数据描述性统计如表 6-4 所示。

表 6-4　　数据描述性统计

变量	符号	平均	标准偏差
工业产值	lnp	9.711	0.669
规模以上工业资产	lnk	9.321	0.657
工业从业人员	lnl	-3.115	0.304
工业污染物排放量	lne	-7.718	0.480

数据来源：江苏省统计年鉴。

根据推导结果式（6-8）以及选取的变量，我们回归模型可得：

$$\ln p_{it} = c + \beta_k \ln k_{it} + \beta_l \ln l_{it} + \beta_e \ln e_{it} + v_i - u_{it} \quad (6-9)$$

其中，c 表示常数项；β_k、β_l 和 β_e 表示各变量的回归所得参数；v_i 表示误差项，分布假定为 $v_i \sim N(0, \sigma_v^2)$；$u_{it}$ 是生产效率，其分布假定为 $u_i \sim iidN^+(0, \sigma_u^2)$。下角标 i 表示江苏省各个地级市；t 表示时间。根据柯布—道格拉斯生产函数理论，工业资产和劳动力对工业生产都是正向促进作用，但是阳立高等（2014）的研究发现，随着我国产业升级，制造业从过去传统的劳动密集型向技术密集型转变，劳动密集型制造业优势已经消失，而劳动力成本上升对我国制造业产生显著的负影响。工业污染排放虽然不是生产所需的要素投入，但是普遍认为工业污染物排放对工业生产是负相关影响，即工业污染物排放增加，将会降低工业生产。本节选取的是具有时间变化的面板数据，我们判断生产效率是随着时间有着变化的趋势，因此在本节中我们采用时变衰减（time - varying decay，TVD）的 SFA 回归模型。回归结果如表 6-5 所示

表 6－5　　随机前沿模型回归结果

	全省	苏南	苏中	苏北
β_k	1.132 *** (33.23)	1.211 *** (21.56)	1.147 *** (9.87)	0.718 *** (4.95)
β_l	－0.204 ** (－2.82)	－0.348 ** (－2.88)	－0.159 (－0.63)	－0.126 (－1.25)
β_e	－0.133 * (－2.15)	－0.146 (－1.92)	－0.140 (－1.12)	0.277 ** (3.21)
c	－0.130 (－0.27)	－1.699 ** (－3.24)	－1.395 (－0.91)	10.62 (0.56)
σ^2	－1.581 (－1.36)	－2.793 * (－2.19)	－3.444 *** (－3.90)	－3.233 *** (－10.23)
γ	1.948 (1.45)	2.084 (1.43)	－2.013 (－0.27)	－0.841 (－0.80)
μ	－0.00909 (－0.01)	0.143 (0.45)	0.0320 (0.05)	5.401 (0.28)
η	－0.00689 (－0.45)	－0.0714 * (－2.20)	－0.177 (－0.40)	0.0143 (0.29)
对数似然值	38.92	51.44	11.76	16.06

注：*，**，*** 表示回归参数在 10%，5%，1% 水平通过显著性检验；括号中数值表示 t 统计值。

我们按江苏发展水平分为苏南、苏中和苏北分别做回归，结果如表 6－5 所示。表中 β_k、β_l 和 β_e 的回归参数表示各投入要素的弹力系数。苏南在江苏经济发展处于较高水平，整体经济发展由过去劳动密集型已经转向新能源、新材料等新型产业。新型产业需要大量资本投入来转型升级，从规模以上工业资产来看，苏南、苏中和苏北在工业资产回归系数都通过 99% 显著性检验，苏南工业资产弹力系数（1.21）明显高于苏中（1.147）和苏北（0.718），表示工业资产每 1% 增量对工业产值贡献，苏南远高于江苏其他地区，这显示出苏南在高新工业产业发展过程中，依赖资本投入；而苏南对于劳动力依赖是降低的，正如阳立高等（2014）的研究，劳动力（－0.204）对江苏整体经济发展产生了负影响，苏南的劳动力（－0.348）

的负影响远高于苏中和苏北，这也从侧面体现出苏南在经济转型发展过程中，科技等资本投入对工业生产贡献度较大，而劳动力贡献度明显降低，已经产生的消极影响。而苏北在江苏整体经济发展中相对处于比较落后的位置，依然有一部分劳动密集型产业，从规模以上资产回归系数（0.718）来看，与苏南和苏中相比，资产对生产贡献较低。从劳动力弹性系数（-0.126）来看，劳动力对苏北工业发展也产生了负影响，但是相比于苏南（-0.348）和苏中（-0.159）负影响较小。工业污染排放量在统计显著性上都相对比较低，但是从苏南、苏中和苏北之间比较来看，也可以看出工业污染物排放对经济发展不同阶段的影响，从回归系数上看，工业污染物排放对江苏整体以及苏南、苏中负影响较大，对苏北影响为正。因此可以看出工业排放污染对苏南以及苏北的整体工业生产已经产生了消极作用，而现阶段工业污染排放量对苏北工业发展的作用是正向的，工业污染排放反映了苏北工业发展处于较落后阶段。工业一直是苏南经济发展的重要支撑，张媛媛等（2018）对苏南、苏中和苏北工业转型升级测度发现，苏南地区工业转型发展水平远高于苏中和苏北地区，因此过去传统破坏式工业生产方式已经不利于苏南工业生产。相比较而言，苏北已然以农业为主，工业实力弱于苏南，但是工业发展追赶势头明显，根据邓晶、戴涛（2018）的研究发现，苏北在工业产业劳动生产率呈上升态势。

通过 SFA 模型回归，我们得到江苏 13 市 2006～2016 工业产生效率变化情况。

根据 SFA 回归模型式（6-8），我们测出 13 市 2006～2016 年工业生产效率（见表 6-6）。根据式（6-7），生产效率值在 0 到 1 之间，越接近 1 表明生产效率越高。从整体来看，随着时间推移，江苏工业生产效率稳步提高。横向对比，苏南工业生产效率高于苏中和苏北，苏北在 2006～2010 年工业生产效率偏低，后期追赶效应明显。

表 6-6　　2006～2016 江苏省 13 市工业生产效率测度结果

年份	2006	2007	2008	2009	2010	2011	2012	2013	2014	2015	2016
南京	0.77	0.78	0.79	0.76	0.76	0.82	0.83	0.84	0.84	0.85	0.85
镇江	0.76	0.76	0.76	0.77	0.79	0.85	0.86	0.87	0.87	0.88	0.88
常州	0.74	0.75	0.75	0.76	0.78	0.85	0.85	0.86	0.87	0.87	0.87

续表

年份	2006	2007	2008	2009	2010	2011	2012	2013	2014	2015	2016
无锡	0.82	0.83	0.84	0.83	0.83	0.89	0.90	0.90	0.83	0.83	0.86
苏州	0.84	0.84	0.83	0.83	0.84	0.89	0.89	0.89	0.90	0.90	0.91
苏南	**0.78**	**0.79**	**0.79**	**0.79**	**0.80**	**0.86**	**0.86**	**0.87**	**0.86**	**0.86**	**0.87**
扬州	0.71	0.72	0.73	0.72	0.75	0.80	0.83	0.83	0.84	0.84	0.84
泰州	0.71	0.72	0.73	0.75	0.76	0.82	0.83	0.84	0.85	0.87	0.88
南通	0.78	0.79	0.80	0.81	0.83	0.89	0.87	0.88	0.88	0.89	0.89
苏中	**0.74**	**0.74**	**0.75**	**0.76**	**0.78**	**0.84**	**0.84**	**0.85**	**0.86**	**0.86**	**0.87**
徐州	0.74	0.73	0.75	0.75	0.76	0.81	0.85	0.86	0.86	0.87	0.87
淮安	0.68	0.69	0.74	0.73	0.71	0.77	0.77	0.80	0.81	0.82	0.82
宿迁	0.59	0.59	0.60	0.62	0.63	0.71	0.74	0.76	0.79	0.80	0.81
盐城	0.68	0.68	0.70	0.71	0.74	0.79	0.80	0.81	0.82	0.88	0.88
连云港	0.69	0.74	0.75	0.75	0.77	0.72	0.76	0.77	0.78	0.78	0.80
苏北	**0.68**	**0.69**	**0.71**	**0.71**	**0.72**	**0.76**	**0.78**	**0.80**	**0.81**	**0.83**	**0.83**

随着新加坡工业园区建成，苏北成为全国最大的工业基地，在江苏13市中，苏州工业生产效率一直保持最高水平。无锡紧跟苏州，工业生产效率较高。过去，无锡的工业企业多但是科技含量较低，其中乡镇企业比例很高，如今无锡制造业转向智能化、绿色化、高端化，生产效率也得到稳步提高。苏北地区以农业为主，在工业生产上一直处于江苏比较落后位置，从结果来看，2006～2012苏北工业生产效率低于0.8，在江苏推进苏北特色振兴的背景下，苏北工业生产效率迅速提高，尤其是淮安、宿迁、盐城和连云港生产效率提升迅速，表明这些地区整体工业水平不断上升，徐州作为苏北重要工业城市，其生产效率一直处于苏北领先位置。

图6－5表示出江苏苏南、苏中、苏北三个地区工业生产效率变化。从图6－5中很清楚显示出苏南、苏中和苏北2006～2010年生产效率有变缓下降趋势。省政府通过执行全面、足额征收排污费，疏散大批高污染、高能耗、生产低效企业，影响了江苏整体工业生产，降低江苏工业生产效率。随着“生态优先、绿色发展”理念贯彻落实，江苏工业进一步向高端、绿色转型升级，反映出环境监管进一步推动工业技术进步，提高工业生产效率，2010～2016年江苏整体工业生产效率大幅提高，但是苏北与苏南、苏中的差异依然明显。

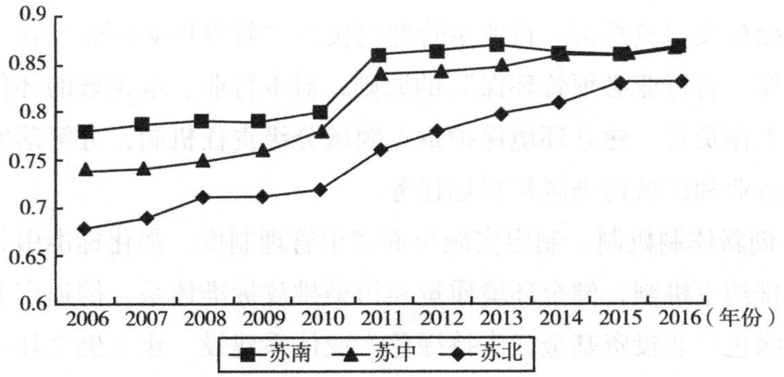

图 6－5　2006～2016 年苏南、苏中、苏北工业生产效率变化趋势

四、江苏环境高质量发展的对策建议

生态宜居是人民生活高质量的重要保障。本节重点通过随机前沿模型测度随着工业污染物排放降低江苏 13 市的工业生产效率变化情况。结果表明，在工业污染物排放降低的背景下，苏南生产效率最高，苏中和苏北追赶势头明显。江苏 2006～2016 年因为执行严格的环境管理条例，导致一大批低效、高能耗的企业关闭，在一定程度上影响了整个工业生产效率，但进一步促进企业提高生产技术，向高端化、绿色化转型升级。此外，我们还分析了各生产要素对江苏工业的影响，从分析结果来看，资本对工业生产积极作用较大，随着我国劳动力成本上升等因素，劳动力对工业生产产生负面作用，也从侧面体现了过去的劳动密集型企业已经不符合发展趋势，企业需要从过去的劳动密集转向技术密集生产。

根据上述结论，考虑江苏各地区发展情况，江苏环境高质量发展应从以下几个方面加以推进。

（一）加强组织领导，坚持规划引领

（1）强化组织领导。各市市委、市政府要加强对本地区高质量绿色发展的工作指导，市发改委统筹推进相关工作的组织协调、任务分解、督促检查、项目推进和评估考核等各项工作。建立健全工作网络，强化部门之间的

横向联系、上下级之间的纵向联系。各区县党委、政府对推动本行政辖区内生态优先绿色发展负总责。行业主管部门按照“管发展必须管环保、管生产必须管环保、管行业必须管环保”的原则，对本行业、本领域的环保工作和环境监督工作负责。建立环境保护重点领域分级责任机制，分解落实重点领域、重点行业和区域污染减排指标任务。

（2）创新体制机制。制定实施负面清单管理制度，强化标准引领、空间管控和减排约束机制，健全环境质量和污染排放标准体系，倒逼产业转型升级。设立绿色产业投资基金，支持绿色产业体系建设。建立健全环境污染联防联控机制和预警应急体系，建立跨区域、跨部门、跨流域突发环境事件应急响应机制。研究制定生态修复、环境保护、绿色发展的指标体系。构建生态承载力引导机制，以生态承载力为依据统筹产业布局，引导“土地向规模集中、人口向城镇集中、工业向园区集中”。尝试开展城乡建设用地增减挂钩、工矿废弃地复垦利用、同一乡镇范围内村庄建设用地布局调整等节约集约用地“双提升”改革试点。实施节能减排指标地区差别化管理，全省污染物排放总量指标分配实行分类指导、区别对待，对产业转型腾出的总量指标实行全省统筹、综合平衡。优化平台整合机制，重点搭建基于区域协同的创新创业平台、产业协作平台、生态环境监测平台等功能性平台，增强苏北生态优先绿色发展的要素集聚力、协同创新力和可持续发展能力。探索建立多元化生态补偿机制，开展京杭运河等河流区域生态补偿试点，实行分类分级的补偿政策，更多实施造血型生态补偿。加大排污有偿使用和交易等政策创新，全面推行排污权有偿使用和交易。实行企业碳汇抵扣碳排放指标政策。

（3）严格监督考核。完善体现生态文明要求的目标、评价、考核机制，加大资源消耗、环境损害、生态效益等指标权重，完善节能减排目标责任考核及问责制度。弱化对各市的 GDP 考核，注重发展的绿色化考核。按照“差别对待、突出重点、务实可行”的原则，设计分类考核评价体系，重点考核生态经济发展规模质量、生态空间管控和生态治理成效、生态富民等指标。建立环境保护重点领域分级责任机制，分解落实重点领域、重点行业和各区县污染减排指标任务。创新监测方式，健全生态环境监测、监管高效运转机制，运用现代信息技术有效整合统计、监测数据，全面真实反映各市高质量绿色发展情况。创新评估方式，引入第三方评估，增强生态评估的客观性和准确性。强化社会参与监督，全面落实排污单位、监管部门、建设项目环境影响评价的信息公开。建立环保责任离任审计、环境保护督察和履职约谈等制度，实施生态环境损害终身追求制度，推动环境保护责任的全面落实。

（二）加大资金支持，支持生态经济发展

（1）多渠道筹措绿色发展资金。完善绿色产业发展投融资机制，综合运用土地、规划、金融等多种政策引导资本投入，鼓励不同经济成分和各类投资主体，以独资、合资、承包、租赁、拍卖、股份合作制、BOT、PPP等不同形式参与；绿色产业发展和生态建设，推动环保投入相当于各市地区生产总值的比例达到4%左右。积极设立环保信托投资公司、风险投资公司，创新金融环境产品。

（2）完善财税价格政策和绿色金融政策。在省级层面，对各市改革转移支付制度，完善省、市事权与支出责任，加大对绿色产业发展的财政政策倾斜力度。建设与生态建设和环境保护相挂钩的税收政策，根据生态管控成效和生态环境改善状况确定省级税收对苏北各地的返还规模。完善城镇治污费用征收管理办法，实施居民生活用水、用气阶梯价格改革。逐步开展扬尘、挥发性有机物排污收费。执行差别电价和超能耗惩罚性电价、燃煤电厂超低排放、可再生能源、脱硫脱硝除尘的电价补贴政策。不断完善绿色信贷政策，支持开展排污权、特许经营权担保贷款业务，鼓励相关企业发行融资券、企业债等直接债务融资工具。推动化工、印染、造纸、危废处置等环境高风险企业实行强制环境污染责任保险制度。

（三）加大推进技术进步的力度，强化科技创新支撑

（1）加强先进生态环保技术推广应用。积极推广先进适用技术治理苏北地区工业污染、农业污染。在钢铁、铝业等高污染行业，更新传统的落后工艺，淘汰旧产能，坚持一企一测、一厂一测；在移动源废弃排放方面，不断促进氯碱离子膜核心技术的提升和新材料的研发，大力推广新能源车；在污水处理方面，突破中空纤维、纳米、石墨烯等新材料的关键技术，快速、高效分离出水中的油和固体悬浮物；

（2）推进区域特色性环保科技创新。不断强化绿色产业科研机构能力建设，提升研究人员的研究水平。加强环境治理的前瞻性研究，突破农业面源污染防治、污水深度处理等关键领域的核心技术。加强生态环境信息大数据应用，完善环境政务云、公众应用云等一批生态环保云，建立统一编码体系。

（四）内培外引，健全人才政策

（1）集聚优秀人才。瞄准高质量绿色发展急需的“高精尖缺”人才，创新人才投入税收减免政策，完善科研、工作、生活配套政策，特别是苏北各市各党政机关、企事业单位要创新人才引进模式，积极引进高端化、国际化人才。支持高层次科技人才到苏北创新创业，促进科研项目和成果转化，改善营商环境，维护各类人员创新创业合法权益。

（2）培育优秀人才。建立健全人才源头培养工作机制，围绕江苏高质量绿色发展重大需求，在高校、科研院所及领军型科技企业建设一批青年专业人才培养基地，培养具有国际视野、创新活力、成长潜力的青年技术骨干。推进生态农业、绿色工业、现代服务业等三次产业的基地建设，提升一批绿色发展所需的高素质人才队伍。

（五）文化保障

在工业、农业、旅游、人居等方面贯彻高质量绿色发展理念，体制机制改革是重要支撑。此外，绿色精神和生态文化也不可或缺。正如卢梭、孟德斯鸠和托克维尔等思想家所述，正式制度得以有效运转的前提是要具备与之相匹配的民情基础。文化就是民情得以塑成的重要力量，它可以潜移默化地影响民众的认知与行为模式。所以，生态文化就是促进生态优先绿色发展得以落实的重要民情基础。它有利于使人们树立人与自然和谐相处的价值观，促进整个社会生产生活方式的转变，为生态文明建设提供观念动力。

具体来说，各市要按照国家、省市有关贯彻新发展理念的要求，加强高质量绿色发展的文化氛围营造。这是实现绿色发展的民情条件和认同基础。文化氛围的营造主要分为制度文化、精神文化和物质文化的塑造。各市在塑造文化氛围上各具特色，但也在新时期面临重要挑战。应充分利用各类新媒体，开展生态文明教育进机关、进学校、进企业、进社区、进农村活动。要健全公众参与机制，丰富公众参与生态建设的途径，提升公众对各市绿色发展的认知度。

第三节　江苏绿色工业生产效率对经济高质量发展的测度 *

2020 年 11 月，习近平总书记视察江苏期间对江苏贯彻党中央决策部署、建设“强富美高”新江苏成果进行了集中检阅。2020 年，江苏 GDP 跃上 10 万亿元台阶，经济发展正处于由高速增长阶段转向高质量发展阶段的关键时期，经济高质量发展在江苏省委十三届三次全会提出的“六个高质量”中居首要位置。那么，如何界定江苏经济高质量发展的内涵？江苏各市经济高质量发展态势如何？苏南苏中苏北三大区域经济高质量发展水平又表现出怎样的差异？[②]进一步，在资源环境双重约束背景下，绿色工业生产效率对江苏经济高质量发展产生了哪些影响？这些无疑都是研究江苏经济高质量发展迫切需要解决的问题。虽然已有学者从环境规制、生态经济、海洋经济等角度对江苏经济增长问题进行了相关研究，但为了更加准确地判断江苏绿色工业生产效率对经济高质量发展的影响，本节利用江苏省 13 个城市 2008 ~ 2017 年面板数据，以江苏省 13 个地级市域空间单元为研究对象，基于“创新、协调、绿色、开放、共享”五大新发展理念构建了经济高质量发展综合评价指标体系，运用熵权 TOPSIS 法对 2009 ~ 2017 年江苏省各市经济高质量发展水平进行测算；运用非参数数据包络分析的 DEA - Malmquist 生产率指数法分析江苏各市的绿色工业生产效率；运用 Tobit 模型探讨江苏各市绿色工业生产效率对经济高质量发展水平的影响，以期为江苏乃至我国其他地区制定合理的工业发展引导政策、优化工业空间布局、实现经济高质量发展提供理论依据和实践参考。

---

* 本节主要内容参见：仇桂且. 我国绿色工业生产效率对经济高质量发展的影响——以江苏为例 [J]. 社会科学家，2022 (12)：91 - 98.

一、研究区概况

经济增长一直是学术界持续探讨、长久不衰的核心问题。工业革命极大地推动了社会经济的增长，早期研究大多仅关注经济数量的扩张，而对于经济增长质量提升的研究则比较少。20 世纪末，随着人类对自然资源无节制地开发利用，传统的工业生产模式促进经济增长的同时导致了全球性的环境污染与生态危机频发。改革开放以来，我国经济建设取得了巨大的成就，2020 年我国国内生产总值达 101.59 万亿元，是 1978 年的 278.7 倍，在全球主要经济体中唯一实现经济正增长。然而，我国经济增长的同时也导致了资源消耗严重、污染环境加剧、经济结构失衡等问题，是粗放式的发展方式，严重制约着经济高质量强国建设，一些学者开始从单纯关注我国经济增长数量转向强调经济增长质量，特别是对我国经济增长质量评价的探讨较多。2008 年，涂正革在研究我国经济增长的可持续性问题时，引入了方向性距离函数，构建了环境技术效率求解方法，并用环境技术效率的高低来测算环境与工业发展的协调程度。之后，很多学者提出了绿色全要素生产率的概念对其进行了测算，并用这些效率来反映工业企业环境效率与经济发展协调程度。

随着我国进入了新时代，高质量逐渐成为经济发展的基础性和关键性变量，学术界也由此围绕经济高质量发展进行了诸多的探讨。这些探讨主要集中在以下三个方面：(1) 对经济高质量发展内涵的研究。金碚认为经济高质量发展就是在“创新、协调、绿色、开放、共享”理念下的发展，是发展质量和发展效率的统一。任保平、李禹墨研究了经济高速增长与高质量增长的本质区别，认为经济高质量发展是经济由劣变优，量变质变的发展过程。王喜成认为经济高质量发展的核心内涵是实现我国供给体系领域的效率高、稳定性高、质量高。张涛认为能够满足人民日益增长的美好生活需要的发展就是高质量发展。(2) 对经济高质量发展影响因素的研究。任保平认为影响经济高质量发展的因素主要包括经济体制、供给侧动力、需求侧动力等三个方面。李军林、胡家勇认为当前我国经济发展动力（创新条件、创新过程、创新结果）、经济发展结构（供需结构、产业结构、市场结构）、经济发展效率（技术效率、资本效率、劳动效率）三个层面的合力尚未完全形成，在一定程度上抑制了经济高质量发展。周小亮认为优化要素构成配置结构、科技创新结构、产业体系结构以及需求结构对经济高质量发展具有促进作用。(3) 对经济高质量发展评价的研究。当前，学术界主要从“人民美好生活需要与不平衡不充分发展”以及“创新、协调、绿色、开放、共享”两个研究视角构建经济高质量发展评价指标体系。马茹、罗晖等从供给、需求以及对外开放等方面构建指标体系，发现我国经济高质量发展水平最高的是东部地区，中部地区次之，西部地区最低，经济高质量发展呈不均衡态势。师博从增长的基本面和社会成果两个方面构建指标体系，测算结果显示我国东部、中部、西部三大区域经济高质量发展不均衡态势在短期内难以弥合。詹新宇、崔培培以五大新发展理念为理论逻辑，对中国经济增长高质量水平进行测算，结果显示，绿色和共享对经济增长质量指数提高呈正效应，协调和开放对部分地区经济增长质量指数的贡献呈负效应。

综合来看，经济高质量发展作为习近平新时代中国特色社会主义思想的重要组成部分，学术界探讨经济高质量发展的经济学机理、基本内涵、基本特质与影响因素、评判体系与测度等方面的研究较为丰富。2020 年，我国在第七十五届联合国大会一般性辩论上提出在 2030 年实现碳达峰承诺。在此背景下，绿色发展成为工业发展的必由之路，而推动工业发展更是实现经济高质量发展的重要内容。但是从中观层面的工业视角对经济高质量发展的研究还不多，具体到研究绿色工业生产效率对经济高质量发展水平影响的研究更少。有鉴于此，本节在理论分析的基础上，通过构建经济高质量发展综合评价指标体系测度江苏各市的经济高质量发展水平，采用 DEA - Malmquist 生产率指数法测算绿色工业生产效率，并多层面考察江苏各市绿色工业生产效率与经济高质量发展之间的关系，对建设“强富美高”新江苏具有现实指导意义。

二、江苏省经济高质量发展的动态变化及空间演化研究

江苏省作为我国经济发展第一方阵的省份，高质量发展是其未来发展方向的必然选择。高质量发展要求在“创新、协调、绿色、开放、共享”五大新发展理念指导下推动我国经济注重质量、效率和动力深刻变革，追求兼顾

效率、公平、可持续的高质量发展。因此，高质量发展与以往的高速度发展有着本质的区别，高质量发展是高速度发展的质变，高质量发展不再局限于片面追求经济的快速增长，而是更加注重物质民生、精神文化、绿色生态的个人的、社会的全方位发展模式，正确把握高质量发展内涵是构建高质量发展评价体系的前提。

（一）综合评价指标体系构建及数据处理

为准确测量江苏经济高质量发展水平，贯彻五大新发展理念，引导推动经济高质量发展，结合国内外学者研究经验，在遵循可比性、综合性、动态性和最小性原则的基础上，从五大新发展理念出发选取代表性评价指标，构建经济高质量发展水平综合评价指标体系，如表6－7所示。

表6－7　　江苏经济高质量发展水平综合评价指标体系

综合指标	一级指标	二级指标	单位	指标性质
经济高质量发展水平	创新	高新技术产值	亿元	正指标
		专利申请受理量	件	正指标
	协调	城乡收入结构	倍	逆指标
		城镇化率	%	正指标
		人均 GDP	元	正指标
	绿色	人均公园绿地面积	平方米	正指标
		无害化处理厂日处理能力	吨	正指标
	开放	地区进出口总额	亿美元	正指标
		实际使用外资	亿美元	正指标
	共享	人均道路面积	平方米	正指标
		每万人拥有公共交通车辆	标台	正指标

表6－7中高新技术产值、地区进出口总额、实际使用外资这三项指标用消费者价格指数（2008＝100）进行了平减，协调角度中的城乡收入结构采用城镇常住居民人均可支配收入除以农村常住居民人均可支配收入来计算，用来测算城镇常住居民与农村常住居民的收入差距，这一指标为逆指标，对江苏经济高质量发展水平的提高有阻碍作用，其余均为正指标，对江苏省经济高质量发展水平的提高有促进作用。

（二）熵权 TOPSIS 法

采用熵值法来确定经济发展水平评价指标的权重，并对江苏各市经济发展水平作出评价。熵权 TOPSIS 法评价模型的优点在于可以获得指标权重，然后在确定标准化原始数据矩阵后，根据所选择的评价主体来找出最劣和最优的评价方案，通过比较，选择相对最优的方案。熵权 TOPSIS 法核心在于 TOPSIS 法，其实施的具体步骤如下。

假设有 n 个要评价的对象，m 个评价指标的标准化矩阵：

$$x=\begin{bmatrix} x_{11} & \cdots & x_{1m} \\ \vdots & \ddots & \vdots \\ x_{n1} & \cdots & x_{nm} \end{bmatrix} \tag{6-10}$$

1. 确定正理想解与负理想解

$$\begin{aligned} x^{+} &= \{x_1^{+}, x_2^{+}, \cdots, x_m^{+}\} \\ &= (\max\{x_{11}, x_{21}, \cdots, x_{n1}\}, \cdots, \max\{x_{1m}, x_{2m}, \cdots, x_{nm}\}) \end{aligned} \tag{6-11}$$

$$\begin{aligned} x^{-} &= \{x_1^{-}, x_2^{-}, \cdots, x_m^{-}\} \\ &= (\min\{x_{11}, x_{21}, \cdots, x_{n1}\}, \cdots, \min\{x_{1m}, x_{2m}, \cdots, x_{nm}\}) \end{aligned} \tag{6-12}$$

2. 分别计算评价对象到正理想解 x^{+} 的距离 D_i^{+} 和负理想解 x^{-} 的距离 D_i^{-}

定义第 i（i=1，2，…，n）个评价对象与最大值的距离 D_i^{+}。

$$D_i^{+} = \sqrt{\sum_{j=1}^{m}(x_j^{+} - x_{ij})^2} \tag{6-13}$$

$$D_i^{-} = \sqrt{\sum_{j=1}^{m}(x_j^{-} - x_{ij})^2} \tag{6-14}$$

3. 计算各个评价对象的相对贴进度 C_i^{*}

$$C_i^{*} = \frac{D_i^{-}}{D_i^{+} + D_i^{-}}, i = 1, 2\cdots, n \tag{6-15}$$

其中 $C_i^{*} \in [0,\ 1]$。

根据公式可以得到每个评价指标对象的相对贴近度，即经济高质量发展水平的评价结果。经济高质量发展水平的取值范围为 0 ~ 1 之间，理论上，当数值为 0 时，经济高质量发展水平最低；反之，当数值为 1 时，经济高质量发展水平最高。

（三）江苏省经济高质量发展的动态变化及空间演化分析

本节选取指标的所有数据均来源于2009～2018年的《中国城市统计年鉴》《江苏省统计年鉴》以及《中国工业经济统计年鉴》，数据处理分析使用的软件为Excel 2013、Stata10.0、SPSSAU及DEAP2.1。所有指标在计算前已做一致化、无量纲化、可比化的标准化处理，运用熵权TOPSIS法计算的2009～2017年江苏各市经济高质量发展水平综合评价结果如表6－8所示。

表6－8　2009～2017年江苏各市经济高质量发展水平评价结果

年份	2009	2010	2011	2012	2013	2014	2015	2016	2017	平均发展速度
南京	0.304	0.338	0.395	0.422	0.437	0.461	0.451	0.451	0.501	1.064
无锡	0.282	0.320	0.360	0.396	0.395	0.352	0.348	0.371	0.393	1.042
徐州	0.137	0.134	0.143	0.153	0.170	0.169	0.166	0.180	0.185	1.038
常州	0.211	0.239	0.249	0.281	0.307	0.289	0.294	0.296	0.297	1.044
苏州	0.594	0.702	0.741	0.839	0.837	0.828	0.812	0.791	0.797	1.037
南通	0.147	0.172	0.209	0.208	0.217	0.219	0.239	0.260	0.277	1.082
连云港	0.107	0.113	0.115	0.116	0.122	0.122	0.132	0.136	0.147	1.040
淮安	0.099	0.109	0.120	0.117	0.122	0.136	0.136	0.146	0.158	1.060
盐城	0.064	0.067	0.081	0.095	0.096	0.117	0.124	0.150	0.156	1.118
扬州	0.159	0.169	0.174	0.181	0.190	0.191	0.198	0.213	0.232	1.048
镇江	0.147	0.153	0.160	0.171	0.209	0.197	0.204	0.216	0.213	1.047
泰州	0.100	0.107	0.114	0.135	0.157	0.153	0.162	0.179	0.192	1.085
宿迁	0.073	0.070	0.071	0.082	0.100	0.108	0.123	0.123	0.131	1.076

从表6－8中可以明显看出，在整个样本期间内，江苏各市的经济高质量发展水平都在稳步提高。例如，苏州是2009年江苏经济高质量发展水平最高的城市（0.594），在2017年提高到0.797；盐城是2009年江苏经济高质量发展水平最低的城市（0.064），在2017年提高到0.156。尽管江苏各市的经济高质量发展水平都在提高，但发展速度却有所不同，2009～2017年江苏各市的经济高质量平均发展速度最快的是盐城（1.118），最慢的是苏州（1.037）。从表6－8中我们还可看出，江苏各市的经济高质量发展水平差异

较大，图 6－6 显示了 2009～2017 年江苏各市经济高质量发展水平最大值与最小值之间的差异。

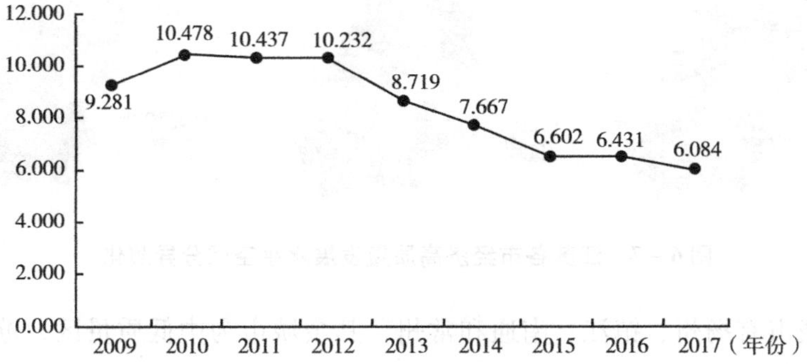

图 6－6　2009～2017 年江苏经济高质量发展水平差异

图 6－6 显示在 2009～2017 年江苏各市经济高质量发展水平之间的差异呈先扩大后缩小的趋势，在 2010 年出现了拐点。从 2009 年的 9.281 升至 2010 年的 10.478 后一直处于下降趋势，直至 2017 年缩小到 6.084。这也间接说明江苏各市之间的发展差异虽然还在，但差异一直在缩小，经济发展越来越平衡，这符合近年来江苏深化江海河湖联动发展格局，符合在省域一体化发展中推动苏中崛起、苏北振兴的战略。近三次经济普查显示，苏北经济发展强劲，与苏南地区差异有了一定程度的缩小，苏北在江苏全省经济占比明显增加，正跑出苏北振兴“加速度”。

为揭示江苏各市经济高质量发展水平的空间差异，运用 ArcGIS10.8 软件将经济高质量发展水平从高到低划分为四个梯次：高质量区（0.3 以上）、中质量区（0.2～0.3）、中低质量区（0.1～0.2）和低质量区（0.1 以下），绘制 2009 年、2013 年和 2017 年江苏各市经济高质量发展水平空间格局分布图，探讨其空间差异演变特征。

从时间截面上看，2009 年高质量区的城市有南京和苏州，中质量区的城市有无锡和常州，中低质量区的城市共 5 个，为扬州、镇江、南通、徐州和连云港，低质量区的城市共 4 个，为淮安、盐城、泰州和宿迁；到 2013 年，常州和无锡上升至高质量区，南通、镇江步入中质量区，泰州和淮安则进入中低质量区，低质量区仅剩宿迁和盐城两市；到 2017 年，江苏 13 个市的经济高质量发展水平进一步提升，高质量区的城市有南京、无锡和苏州，中质

图 6－7　江苏各市经济高质量发展水平空间分异演化

量区的城市有扬州、镇江、南通和常州，其余城市为中低质量区，苏北地区首次实现对低质量区的跨越。从空间分布格局上看，江苏经济高质量发展水平的发展具有明显的区域差异，呈现为明显的“南高北低”的空间分布格局。总的来说，江苏各市经济高质量发展水平整体稳步上升，但苏南、苏中、苏北三大区域经济高质量发展不平衡，仍然存在较大的差距。

当前，传统的依靠投资拉动、要素投入以及产业扩张促进经济增长模式已不适应经济高质量发展的要求，特别是经济高质量发展水平相对较低的苏北地区。进入新发展阶段，应推动传统高排放、高污染经济增长模式向绿色、低碳、可持续的经济高质量发展模式转变，发展绿色工业将成为今后江苏经济高质量发展的重要任务。为了弥补市域绿色工业生产效率的研究不足，更加准确地判断其对江苏经济高质量发展水平的影响程度，以下就江苏各市的绿色工业生产效率的动态变化及空间演化进行研究。

三、江苏省绿色工业生产效率的动态变化及空间演化研究

（一）DEA－Malmquist 指数法

目前，测度生产效率主要有两种方法，一种是随机前沿分析法（Stochastic Frontier Analysis，SFA）；另一种是数据包络分析方法（Data Envelopment Analysis，DEA）。数据包络分析方法是非参数测度方法，随机前沿分析法是参数测度方法。非参数测度方法（DEA）较之参数测度方法而言的优点在于，非参数测度方法无需假设固定的函数形式，可以避免固定的函数形式设定错误对测度

结果产生较大误差。本节以江苏省 13 个市为研究对象，因为各市之间经济发展差异较大，不宜事先设定固定的函数形式，故选用非参数分析方法（DEA - Malmquist 指数法）来测算江苏各市经济高质量发展水平。

本节基于产出角度研究江苏绿色工业生产效率，根据 Farrell（1994）的测算方法，把江苏各市作为一个独立的决策单位，构造 2009 ~ 2017 年江苏绿色工业生产效率的最佳实践前沿面，对江苏各市的工业绿色生产效率与最佳实践前沿面进行对比，从而对江苏各市绿色工业生产效率变化和技术进步进行测算。假设 K 市 t 时期使用 n 种投入 $X^t_{k,n}$ 得到 m 种产出 $Y^t_{k,m}$，则生产技术前沿就是每一个给定产出的最小投入集。在固定规模报酬（c）、要素强可处置条件下，根据 Farrell（1994），相对于单一技术，基于产出的 Malmquist 指数可定义为：

$$M^t_o = \frac{D^t_o(x^{t+1},y^{t+1})}{D^t_o(x^t,y^t)} \tag{6-16}$$

$$M^{t+1}_o = \frac{D^{t+1}_o(x^{t+1},y^{t+1})}{D^{t+1}_o(x^t,y^t)} \tag{6-17}$$

式（6 - 16）和式（6 - 17）分别测度了时期 t 技术条件下，各独立决策单位从 t 期到 t + 1 期的技术效率变化指数。

为了避免时期选择的随意性，用式（6 - 16）和式（6 - 17）两个 Malmquist 指数的几何平均数来计算定向输出的 Malmquist 指数，即：

$$\begin{aligned} M_0(x^t,y^t,x^{t+1},y^{t+1}) &= \left[\frac{D^{t+1}_o(x^{t+1},y^{t+1})}{D^{t+1}_o(x^t,y^t)} \cdot \frac{D^t_o(x^{t+1},y^{t+1})}{D^t_o(x^t,y^t)}\right]^{\frac{1}{2}} \\ &= \frac{D^{t+1}_o(x^{t+1},y^{t+1})}{D^t_0(x^t,y^t)}\left[\frac{D^t_o(x^{t+1},y^{t+1})}{D^{t+1}_o(x^{t+1},y^{t+1})} \cdot \frac{D^t_0(x^t,y^t)}{D^{t+1}_o(x^t,y^t)}\right]^{\frac{1}{2}} \end{aligned} \tag{6-18}$$

当式（6 - 18）的值小于 1 时，说明全要素生产效率呈下降趋势，当式（6 - 18）的值大于 1 时，表示全要素生产效率呈增长趋势。

技术效率变化指数能够进一步分解为纯效率变化和规模效率变化指数，即：

$$\begin{aligned} M_0(x_t,y_t,x_{t+1},y_{t+1}) &= \frac{S^t_0(x^t,y^t)}{S^t_0(x^{t+1},y^{t+1})} \cdot \frac{D^t_0(x^{t+1},y^{t+1}/CRS)}{D^t_0(x^t,y^t/CRS)} \\ &\cdot \left[\frac{D^t_0(x^{t+1},y^{t+1})}{D^{t+1}_0(x^{t+1},y^{t+1})} \cdot \frac{D^t_0(x^t,y^t)}{D^{t+1}_0(x^t,y^t)}\right]^{\frac{1}{2}} \end{aligned} \tag{6-19}$$

其中，技术进步代表技术进步指数，用来测度从 t 到 t+1 期技术边界的移动情况。当该指数小于 1 时，表示技术退步；当该指数等于 1 时，表示技术无变化；当该指数大于 1 时，表示技术进步。

（二）指标选取及数据处理

传统的经济增长理论认为，资本、劳动力、技术及产出水平是生产函数的基本变量，而自然资本、人力资本、物质资本是推动经济发展的重要基础。本节充分考虑资源与环境对工业经济发展规模与速度的刚性约束，进一步将资源环境纳入工业经济增长的分析框架。选取资本、劳动和资源作为投入变量，规模以上工业总产值为期望产出，工业烟（粉）尘排放量、工业 SO_2 排放量和工业废水排放量为非期望产出，利用 DEA - Malmquist 生产率指数测算江苏 2009 ~ 2017 年江苏各市的绿色工业生产效率。投入产出变量的界定如下：

（1）期望产出。工业总产值、工业增加值和工业净产值是衡量产出重要指标。但是这三项指标也存在一些不足，例如，净产值导致核算范围和价值构成不一致，增加值往往缺失中间投入品的使用效率，总产值作为产出变量则涵盖了包括中间投入在内的工业生产过程。由于本节考虑了资源消耗，因而选取规模以上工业总产值作为产出指标，用江苏各市的工业生产者出厂价格指数（2008 = 100）平减，单位为亿元。

（2）非期望产出。考虑到目前由于工业发展给地区带来的空气污染和水污染问题突出，选择使用工业烟（粉）尘排放量、工业 SO_2 排放量和工业废水排放量作为代替指标，单位分别为吨、吨和万吨。非期望产出往往以能源消耗和环境污染作为代价，这种产出表现为负的社会效应。工业发展应追求非期望产出的值尽可能的小，这与工业发展追求期望产出尽可能的大截然相反，所以应当对其进行适当变换。本节遵循 Liang 和 Li 等的做法①，令 p 为变换前的非期望产出，p′为变换后的非期望产出，$p' = -p + x$，其中 $x = \max(p) + 1$，这是一种当前学术界广泛运用的非期望处理方法。

（3）资本投入。选取江苏各市规模以上工业企业固定资产投资作为资本

① Liang L, Li Y J, Li S B. Increasing the Discriminatory Power of DEA in the Presence of the Undesirable Outputs and Large Dimensionality of Data Sets with PCA [J]. Expert System with Applications, 2009, 36 (3): 5895 - 5899.

投入指标。用固定资产投资价格指数（2008=100）进行平减，单位为亿元。

（4）劳动力投入。由于目前统计资料缺少对江苏各市有效劳动时间方面的统计数据，因此，选用江苏各市工业年末从业人员数代表劳动力投入指标，单位为万人。

（5）资源投入。对于资源投入，鉴于石油、煤、天然气等化石能源消耗是非期望产出的主要来源，在市级层面难以获得准确的工业能源消费总量，本节采用工业用电量作为代替指标，单位为亿千瓦小时；水资源的消耗则用江苏各市工业用水量为代替指标，单位为万吨。

（三）江苏省绿色工业生产效率的测算结果分析

本节利用 DEA - Malmquist 生产率指数测算的江苏各市 2009～2017 年的绿色工业生产效率的平均变动及其分解结果，如表 6-9 和表 6-10 所示。

表 6-9　2009～2017 年江苏绿色工业生产效率平均变动及分解结果

年份	工业生产效率	绿色工业生产效率	技术进步	技术效率	纯技术效率	规模效率
2009	0.987	0.934	0.951	0.983	0.993	0.990
2010	1.069	0.988	0.975	1.014	1.006	1.007
2011	0.506	0.661	0.737	0.897	0.984	0.911
2012	2.453	1.653	1.508	1.096	1.012	1.083
2013	1.073	1.020	1.051	0.970	0.996	0.974
2014	1.061	0.983	1.009	0.974	1.002	0.972
2015	1.049	1.002	1.036	0.968	0.998	0.970
2016	1.057	1.031	1.051	0.981	0.992	0.989
2017	1.084	1.144	1.127	1.015	1.007	1.008
几何平均	1.067	1.020	1.033	0.987	0.999	0.988

从表 6-9 中可以看出，2009～2017 年江苏省平均绿色工业生产效率为 1.020，平均增长率为 2.0%（根据 Frae 的研究，全要素能源效率指数减去 1 就是增长率），平均工业生产效率为 1.067，平均增长率为 6.7%，平均工业生产效率明显高于平均绿色工业生产效率，说明在考虑了环境污染后，江苏工业生产效率有所下降。为了进一步分析绿色工业生产效率变动的源泉，本节还将绿色工业生产效率变动分解为技术效率变动和技术进步，而技术效率

又可以进一步细分为规模效率和纯技术效率。从分解结果看，技术进步对绿色工业生产效率贡献最大，平均增长率为3.3%，而技术效率对绿色工业生产效率的贡献率为负且最小，平均增长率为-1.3%，在一定程度上拉低了技术效率的贡献率。总的来说，江苏绿色工业生产效率的提高得益于各种要素共同作用的结果，其中技术进步的贡献最大。

根据前面所述，江苏各市的发展差异较大，各市绿色工业生产效率之间的差异也比较大，如表6-10所示。

表6-10　江苏各市绿色工业生产效率平均变动及分解结果

城市	工业生产效率	绿色工业生产效率	技术进步	技术效率	纯技术效率	规模效率
南京	1.092	1.089	1.093	0.996	1.000	0.996
无锡	1.014	1.019	1.086	0.938	0.991	0.947
徐州	1.139	1.126	1.101	1.023	1.002	1.021
常州	1.062	1.060	1.095	0.968	0.996	0.972
苏州	1.000	1.007	1.066	0.945	1.000	0.945
南通	1.030	1.025	1.055	0.972	1.000	0.972
连云港	1.097	0.965	0.965	1.000	1.000	1.000
淮安	1.078	0.966	0.966	1.000	1.000	1.000
盐城	1.077	0.998	0.998	1.000	1.000	1.000
扬州	1.076	1.054	1.054	1.000	1.000	1.000
镇江	1.086	1.058	1.058	1.000	1.000	1.000
泰州	1.077	1.024	1.024	1.000	1.000	1.000
宿迁	1.051	0.894	0.894	1.000	1.000	1.000
几何平均	1.067	1.020	1.033	0.987	0.999	0.988

从表6-10中可以直观地看出，平均绿色工业生产效率最高的城市为徐州（1.126），这与徐州全方位推进包括产业和生态在内的新经济转型密切相关，近年来徐州获批“全国十佳生态文明城市”“联合国人居奖”“国家森林城市”等荣誉，正是徐州绿色工业生产效率高的有力证明；平均绿色工业生产效率最低的为宿迁（0.894），这与宿迁建市晚、产业发展落后、工业化水平低密切相关。总的来说，除苏州外，其余各市的工业生产效率均高于绿色工业生产效率，且江苏各市的工业生产效率和绿色工业生产效率之间的差异较大，如图6-8所示。

从图6-8中明显可以看出，南京、无锡、徐州、常州、苏州和南通的

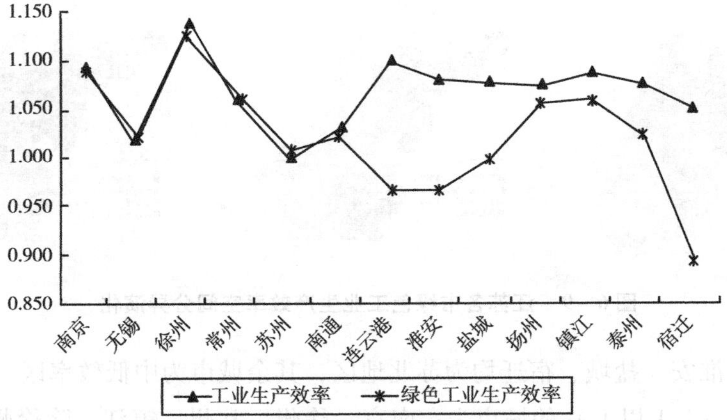

图6-8　江苏各市工业生产效率与绿色工业生产效率对比

工业生产效率与绿色工业生产效率之间的差异比较小，扬州、镇江和泰州的工业生产效率与绿色工业生产效率之间的差异居中，连云港、淮安、盐城、宿迁的工业生产效率与绿色工业生产效率之间的差异较大。这也比较符合江苏区域发展的现状，除徐州外，苏北地区仍没有迈过高污染、高风险阶段，环境问题呈压缩型、复合型、结构型特点，为连云港、淮安、盐城和宿迁等四市的经济高质量发展敲响警钟，在发展经济的同时要注意保护生态环境，走生态优先绿色发展的新路子。

为直观展现江苏各市绿色工业生产效率的空间分布特征，运用 ArcGIS10.8 软件将绿色工业生产效率按照效率水平的高低分为四个梯次，分别为低效率区、中低效率区、中效率区和高效率区。为进一步分析江苏各市绿色工业生产效率的时空变化趋势，分别选取2009年、2013年和2017年作为代表年份，绘制江苏各市绿色工业生产效率空间分异演化图，如图6-9所示，探讨其空间差异演变特征。

图6-9显示江苏各市绿色工业生产效率变化较大，2009年江苏各市绿色工业生产效率均低于1.1，没有高效率区，2017年江苏各市绿色工业生产效率均高于0.9，没有低效率区，这说明2009~2017年江苏各市的绿色工业生产效率均有明显提高。

从时间截面看，2009年处在中效率区（1.0~1.1）的城市有四个：南京、苏州、扬州、镇江，除扬州外均在苏南地区；低效率区（0.9以下）的

图 6-9　江苏各市绿色工业生产效率空间分异演化

城市为：淮安、盐城、宿迁均为苏北地区，其余城市为中低效率区。2013 年高效率区（1.1 以上）的城市为：南京、徐州、常州、镇江，除徐州外均为苏南地区；中效率区的城市为：无锡、苏州、南通、扬州；中低效率区（0.9～1.0）的城市为：连云港、盐城、泰州；低效率区为：宿迁、淮安，均为苏北地区。2017 年除南通外，其他城市均为中效率区和高效率区。从 2009 年、2013 年、2017 年三个时间截面，可以很明显地看出江苏各市绿色工业生产效率的空间差异变化，2009 年和 2013 年，总体来说呈“南高北低”的格局，但 2017 年却呈“北高南低”的新格局，表明绿色工业发展不是一成不变的，工业生产从低水平能耗向超低水平能耗迈进的绿色转型之路必定越走越难。当然，出现“北高南低”的新格局也可能与苏北地区为了创建全国卫生城市和全国文明城市采取的应急措施有关，2017 年宿迁以全省第一的成绩顺利通过国家卫生城市复审，淮安全力推进国家卫生城市复审工作并于 2018 年重新确认为国家卫生城市。

四、江苏绿色工业生产效率对经济高质量发展影响的实证分析

提高绿色工业生产效率是新时代经济高质量发展的核心途径。影响江苏经济高质量发展水平的影响因素除了绿色工业生产效率外还有哪些呢？Mlachila 等从经济增长的基本面、社会维度，包括政治体制、外部融资、生活水平等方面来分析经济高质量发展的影响因素。高志刚，克魁等认为影响我国沿边省区经济高质量发展的因素主要包括科技创新、人力资本、绿色全要素生产率以及腐败程度等方面。陈贵富、蒋娟从经济基础、资源环境、社

会效益等三个维度，选取政府治理、金融发展、创新以及财政支出四个指标构建 15 个经济发展质量指数，对沿边地区经济高质量发展进行研究。孙培蕾、郭泽华的研究表明投资水平、消费水平、城市化是推动经济高质量发展的重要因素。在参考现有研究的基础上，本节从绿色工业生产效率、财政负担、金融发展和政府干预等四个方面展开研究。

（1）绿色工业生产效率：运用 DEA - Malmquist 生产率指数以工业企业固定资产投资、工业年末从业人员数、工业用水量、工业用电量为投入，以实际规模以上工业总产值为期望产出，工业烟（粉）尘排放量、工业 SO_2 排放量和工业废水排放量为非期望产出测算江苏各市绿色工业生产效率。

（2）财政负担：用单位财政收入公职人员数来表示，计算公式为：公职人员数/财政收入。其中，公职人员数为公共管理和社会组织城镇单位就业人员数，财政收入用 CPI（2008 = 100）进行平减消除价格趋势。

（3）金融发展：用金融相关比率表示，计算公式为：地区金融机构人民币各项存贷款/地区 GDP。

（4）政府干预：用单位 GDP 财政支出来表示，计算公式为：地方财政一般预算支出/地区 GDP。

回归估计时以江苏各市经济高质量发展水平为被解释变量，以绿色工业生产效率、财政负担、金融发展、政府干预为解释变量。

因为经济高质量发展水平区间为 0 ~ 1，普通计量模型回归往往不能解决数据被截断问题，结果会产生有偏和不一致。故使用限值回归模型——Tobit 模型进行回归，采用 Stata10.0 软件中 xttobit 命令估计式，估计结果如表 6 - 11 所示。

表 6 - 11　　江苏经济高质量发展影响因素回归结果

参数	Coef.	Std. Err.	z	P > |z|	[95% Conf. Interval]	
截距项	0.1583	0.0503	3.15	0.002	0.0597	0.2569
绿色工业生产效率	0.0191	0.0093	2.05	0.040	0.0009	0.0373
财政负担	-2.6044	0.5089	-5.12	0.000	-3.6018	-1.6069
金融发展	0.0668	0.0177	3.78	0.000	0.0322	0.1014
政府干预	-0.2656	0.0766	-3.47	0.001	-0.4158	-0.1154
Wald chi2 (4) = 52.16						
Log likelihood = 202.34875			Prob > chi2 = 0.0000			

表6-11为2009~2017年江苏绿色工业生产效率对高质量发展影响的Tobit模型估计结果，从回归结果看：

（1）绿色工业生产效率对江苏经济高质量发展产生正向的积极作用，且在5%的水平上显著，绿色工业生产效率每上升1个单位，经济高质量发展水平上升0.0191个单位。绿色全要素生产率已成为影响江苏经济高质量发展的重要因素。

（2）财政负担在给定1%的显著性水平上显著，财政负担对经济高质量增长产生显著的抑制作用，财政负担每增长1个单位，经济高质量发展水平降低2.6044个单位。财政负担未能在江苏经济高质量发展中产生显著的促进作用反而在一定程度上拉低了各市的经济高质量发展水平，这需要引起各市地方政府高度关注。

（3）金融发展的回归系数为0.0668，且在1%的显著性水平上显著，金融发展每增长1个单位，江苏经济高质量水平增长0.0668个单位。这说明江苏经济高质量发展离不开金融机构的积极投入。从实证结果来看，金融发展对提高江苏经济发展水平发挥着积极的作用。

（4）政府干预对经济高质量发展的影响在1%的显著性水平上显著，回归系数为-0.2656，说明政府干预每增长1个单位，使江苏经济高质量发展水平降低0.2656个单位。这说明政府“有形的手”和市场“无形的手”并没有实现有效配合，政府有时候为了追求短期经济效应过多对市场进行干预，政府对市场的干预虽然可以有效解决“市场失灵”问题，但是过多的干预可能会降低市场活力，对江苏经济高质量发展产生抑制作用。

五、结论与政策建议

本节通过构建江苏经济高质量发展综合评价指标体系，测算了江苏各市经济高质量发展水平，运用DEA-Malmquist生产率指数法测算了绿色工业生产效率，并研究了江苏各市的绿色工业生产效率对经济高质量发展水平的影响。综合上述的研究结果，主要得出以下结论：

（1）总体来看，2009~2017年江苏各市的经济高质量发展水平都在稳步提高，但各市的发展速度不同，且江苏经济高质量发展水平具有明显的区域差异。苏北与苏南、苏中之间仍然存在一定的差距，江苏经济高质量发展水平的分布呈明显的“南高北低”的空间分布格局。

（2）2008～2017年江苏省平均绿色工业生产效率为1.020，平均增长率为2.0%，其中技术进步的贡献最大。江苏各市的绿色工业生产效率差异明显，平均绿色工业生产效率最高的城市为徐州（1.126），平均绿色工业生产效率最低的为宿迁（0.894）。

（3）绿色工业生产效率、财政负担、金融发展、政府干预对江苏经济高质量发展均产生显著的影响。其中，影响最大的因素是财政负担；绿色工业生产效率和金融发展的提高可以促进江苏经济高质量发展，财政负担与政府干预反而在一定程度上拉低了江苏经济高质量发展水平。

根据以上对江苏绿色工业生产效率与经济高质量发展的研究，本节提出以下四个方面建议：

（1）江苏经济高质量发展长期呈“南高北低”的空间分布格局，这种“南强北弱”的发展态势短期内可能无法从根本上改变，因此在推进江苏省域一体化促进全省经济高质量发展进程中，不仅应当关注江苏各市经济发展指标的绝对量，还应当关注各市自身时空变化的相对值，因地制宜地制定各市经济高质量发展政策，充分发挥各市资源禀赋和战略叠加优势，减少各市经济发展质量的差异，实现江苏各市经济均衡发展。

（2）提高绿色全要素生产率是实现绿色工业发展的核心，并促使其成为新时代经济高质量发展的新动力。让生产要素自由流动的同时，引导生产要素合理配置。

（3）深化金融供给侧结构性改革，发挥金融投入对江苏经济高质量发展的积极推动作用，加大金融投入向绿色工业倾斜力度，同时严格防范金融风险，推动江苏金融业和经济高质量双发展。

（4）鉴于财政负担和政府干预对江苏各市的经济高质量发展的负面影响，要转变“强政府”模式，加速简政放权，深化“放管服”改革，推动江苏经济高质量发展。

|第七章|

苏北高质量发展的重点选择

第一节　高质量融入长三角一体化

2019年7月4日国家印发的《长江三角洲区域一体化发展规划纲要》指出，未来长三角区域的一体化要在基础设施互联互通、科创产业协调发展、城乡区域融合发展、生态环境共同保护、公共服务便利共享等方面着力推进。7月22~23日江苏省十三届委员会第六次会议审议通过的《〈长江三角洲区域一体化发展规划纲要〉江苏实施方案》指出，江苏要深刻把握“先手棋”的历史使命、“一体化”的核心内涵、“高质量”的目标取向、“一盘棋”的实践要求，从产业创新一体化、基础设施一体化、区域市场一体化、绿色发展一体化、公共服务一体化、省内全域一体化等六个方面重点推进长三角区域的一体化发展。2020年4月1日《〈长江三角洲区域一体化发展规划纲要〉江苏实施方案》（以下简称《江苏实施方案》）发布，进一步明确了江苏融入长三角一体化的“任务书”和“路线图”，《江苏实施方案》提出，聚焦“一体化”合力构建区域协调发展新格局。

如何理解这一“新格局”？《江苏实施方案》指的新格局突破了传统空间格局，向省域一盘棋迈进，突出全省一盘棋战略思维，提出全域一体化目标，为苏北全面融入长三角一体化发展奠定整体格局。江苏作为“一带一路”交汇点集聚了“一带一路”“长江经济带”以及江苏沿海开发、长三角一体化多重国家战略，苏北地区在这些战略中都有比较重要的地位，且苏北位于“一带一路”交汇点重要位置，交汇点也是长三角经济圈辐射带动我国中西部发展，服务东北亚、中亚和欧洲的交汇点，苏北融入长三角一体化是推进江苏高质量发展服务“一带一路”的重要抓手。同时，苏北地区包含以淮安、宿迁和里下河地区为依托的江淮生态经济区，以连云港、盐城、南通三市共同构建的沿海经济带，以及淮海经济区中心城市徐州。就江苏而言，长三角区域一体化热点在苏南、重点在跨江、难点在苏北，建好长三角的江苏，必须力促苏北在新平台上走下去，推动全域并进、区域联动，从体制机制入手，提升一体化水平，精神抖擞挺进长三角，真正实现从“名至”到“实归”的跨越。

一、长三角区域一体化发展历程

抓住历史发展的本质才能预知未来发展方向，探寻苏北融入长三角一体化路径，需要从把握长三角一体化发展历程入手，抓住一体化发展本质，促使苏北更准确地呼应长三角、融入一体化。从长三角区域一体化发展的历程来看，其一体化经历了一个空间不断扩容、质量不断提升的过程。这一过程大体可分为四个阶段。

第一阶段是长三角区域一体化发展的探索期。

1961 年，华东局在上海设立，作为长三角省市合作协调机构，当时实质上形成了上海领导江苏、浙江的局面。

1982 年底，为了打破经济空间条块分割的限制，加强区域间的横向经济联系，中央决定以上海直辖市为中心，以江苏省的常州、无锡、苏州、南通和浙江省的杭州、嘉兴、湖州、宁波、绍兴等 9 个地级市为节点，辐射带动所在区域内的 55 个县，在区域面积达 7. 4 万平方公里的空间范围上建立上海经济区，从而拉开了党和国家在战略层面推进长三角区域一体化发展的序幕。

1984 年 12 月，为了优化上海经济区的空间结构，国务院决定对上海经济区进行扩容，将上海经济区由原来的 1 个直辖市、9 个地级市和 55 个县扩大到上海直辖市和江苏、浙江、安徽、江西四个省的全域。扩容后的上海经济区空间面积达 52. 5 平方公里，区域生产总值占到国民生产总值的四分之一。1986 年 8 月，经国务院批准上海经济区再次扩容，正式将东南沿海的福建省纳入上海经济区，从而使上海经济区的空间范围扩大到“五省一市”，区域空间面积达 64.9 万平方公里。

随着上海经济区的设立及其不断扩容，长三角区域的一体化发展也不断展开。首先，以产品为基础的生产联合和经营联合开始出现。如在当时的自行车生产上，初步形成了“整车为主，带动零件，形式多样，多种并存”和“自愿参加”的联合方案。其次，以港口为纽带的物流联动开始出现并不断发展。上海、宁波、张家港、南通组织了四港联合，有效促进了转口物资的分流与发展；特别是随着福建省的加入，三沙、三都、马尾、泉州、厦门等港口也不断加入上海经济区的港口联合机制，进一步提升了上海经济区的物资配套分流能力。再次，金融部门在经济区内的联合经营活动开始出现。如建设银行的江苏、浙江和上海分行，在总行领导下，开展了联合投资业务和联合信托业务，有力提高了经济区内资金的运转速度和效率。最后，建立了一个有关银行、统计、化工、纺织、港口、邮电、外贸、电子、轻工、交通、广告和机电设备等 12 个系统的信息共享网络。这些涉及生产、交通、金融、信息在上海经济区内的一体化，有力推动了长三角区域一体化的发展。

1988 年 6 月，随着国务院机构改革的推行，上海经济区规划办被撤销，上海经济区也随之解散，长三角区域的一体化发展在取得了一定探索性成果的基础上进入了下一个阶段。

第二阶段是长三角区域一体化发展的自发合作期。

1992 年，长三角的上海、苏州、无锡、常州、镇江、南京、南通、扬州、杭州、宁波、舟山、绍兴、湖州、嘉兴等 14 个城市通过自发倡议成立了长江三角洲十四城市协作办主任联席会。自此长三角的一体化进程进入了新的发展阶段。

1996 年，为有力推动长三角一体化发展的进程，在各城市的要求下，城市协作办主任联席会议升格为市长会议，且每年定期发布年度工作报告。

1997 年，上述十四个城市和新成立的泰州市经平等协商，将长三角城市协作办主任联席会议改为长三角城市经济协调会。

2003 年，浙江的台州市加入长三角城市经济协调会。由此，长三角区域的城市经济协调会的成员增加为16个，且16个城市的市长于同年在南京签署了《以承办“世博会”为契机，加快长江三角洲城市联动发展的意见》，发表了以“城市联动发展”为主题的《南京宣言》。

随着长三角区域城市间自发合作机制的不断健全，长三角区域的一体化发展水平也不断提高。首先，区域交通一体化水平不断提高。沪杭、沪宁等城际快速轨道交通和一批跨江跨海大桥建成通车，区域内方便快捷的现代化、立体化交通网络正在形成。其次，城市间发展规划的衔接度不断增强。城市“软件”设施建设协调度不断提高，区域内产业布局更趋合理，逐步形成长江三角洲城市间新型产业分工协作体系。再次，信息共享服务平台、人才资源服务平台、旅游共同市场、招商引资平台等一批要素共享平台逐步形成，有效提升了长三角区域一体化发展的综合服务功能。最后，生态环境保护协调机制逐步建立。沿江和环太湖城市，联合制定了长江和太湖流域的环境保护工作，同时，城市间绿化工作协调工作也不断加强，区域内生态环境逐步改善。

第三阶段为长三角区域一体化发展进行制度化探索与建设期。

随着我国经济的快速发展和长三角区域经济板块在我国经济版图上的快速隆起，长三角区域的一体化发展逐渐从区域内城市间的自发合作上升为国家层面予以推动，并由国家部委牵头发布了一系列推动其一体化发展的相关规划，由此拉开了长三角区域一体化发展制度建设的序幕。

2005年，交通部发布了《长江三角洲地区现代化公路水路交通规划纲要》，空间范围包括上海市、江苏省、浙江省。

2008年8月国务院出台《进一步推进长江三角洲地区改革开放和经济社会发展的指导意见》（以下简称《意见》）。《意见》明确：江苏、浙江、上海全境为长三角地区。这意味着江苏省苏北五市正式跨进了长三角大门。8月26日，时任上海社科院城市化发展研究中心主任、国家发改委长三角区域规划综合组成员郁鸿胜在接受记者采访时说，“长三角正致力打造世界城市群，现代制造业要朝苏北转移，这个势头会越来越快！”

2010年，国务院发布了《长江三角洲地区区域规划》（以下简称《规划》），从战略定位、发展目标、区域协调、城乡统筹、产业发展与布局、基础设施建设与布局、资源利用和环保、自主创新、公共服务、体制改革、开放合作等方面对长三角区域的一体化进行了规划。该《规划》以上海市和江苏省的南京、苏州、无锡、常州、镇江、扬州、泰州、南通，浙江省的杭州、宁波、湖州、嘉兴、绍兴、舟山、台州等16个城市为核心区，统筹两省一市发展，规划区域总面积21.07万平方公里。《规划》在总体上形成"一心九带"协同发展格局，即打造上海发展核心，发展现代服务业和先进制造业，形成以服务业为主的产业结构。建设连云港—盐城—南通—上海—宁波—台州—温州沿海发展带，开发海洋资源，发展港口物流、重化工和能源产业；建设沪宁和沪杭甬沿线发展带，发展高技术产业和现代服务业；建设上海—苏州—南通—无锡—常州—泰州—扬州—镇江—南京沿江发展带，发展装备制造、化工、冶金、物流产业；建设上海—嘉兴—杭州—绍兴—宁波—舟山沿湾发展带，发展高技术、高附加值的制造业和重化工业；建设宁湖杭沿线发展带，发展高技术、轻纺家电、旅游休闲、现代物流和生态工业；以大运河为纽带，建设上自徐州、下达杭州的沿运河发展带，大力发展旅游休闲和文化创意产业；在规划区的北部和南部，分别建设两条横向发展带，即沿东陇海线发展带和沿温州—丽江—金华—衢州线发展带，分布发展劳动密集型产业和日用商品、汽车机电制造及商贸物流业；以太湖为中心，建设沿湖发展带，适度发展旅游观光、休闲度假、会展、研发等服务业。

2011年，长三角区域22个城市的领导共同签署了《长三角城市合作（镇江）协议》，主张从协调机制、园区共建、高端商旅产品开发、长三角互联网终端应用推广、进沪客运大巴快捷通行、城市知识产权协作、产业转移与承接、区域空间结构重塑等方面发力，推动长三角区域的一体化发展。

2014年，国务院发布了《关于依托黄金水道推动长江经济带发展的指导意见》，首次明确将安徽视为长三角城市群的一部分，参与长三角一体化发展。

2016年，国家发改委、住建部印发《长江三角洲城市群发展规划》，该规划涉及三省一市，空间范围包括上海、南京、无锡、常州、苏州、南通、盐城、扬州、镇江、泰州、杭州、宁波、嘉兴、湖州、绍兴、金华、舟山、台州、合肥、芜湖、马鞍山、铜陵、安庆、滁州、池州、宣城等26个城市，区域面积达21.17平方公里。盐城成为长三角城市群26个入围城市之一，苏北唯一。随后，盐城为更好地融入长三角一体化出台了《盐城市深度融入长三角一体化发展行动方案（2017～2020 年）》。

通过这些规划的实施，长三角区域的一体化发展水平实现了较快的提升，形成了以上海、南京、无锡、苏州、杭州、宁波为研发设计和生产中心，以镇江—常州、嘉兴—湖州为生产基地，以南京—镇江—常州—无锡—苏州—上海—嘉兴—杭州—绍兴—宁波为产业带的电子信息产业一体化发展格局。形成了以上海、苏州、无锡、南京、杭州、宁波、台州为基地的装备制造业，以上海—南通—泰州为基地的大型修造船即海洋工程装备制造业。形成了以上海为核心的沿江精品钢生产基地和连云港、宁波为中心的新型钢铁生产基地。形成了以连云港、南通、台州为中心的基础化工生产基地，以宁波、温州、嘉兴、泰州、盐城为中心的精细化工产业密集区。

第四阶段为长三角区域一体化发展上升为国家战略期。

2018 年 11 月 5 日，习近平总书记在首届中国国际进口博览会上明确提出，支持长江三角区域一体化发展并将其上升为国家战略，由此开启了长三角区域一体化发展的新时代。总书记在讲话中指出，长三角区域的一体化发展要着力落实新发展理念，构建现代化经济体系，推进更高起点的深化改革和更高层次的对外开放，要着力同“一带一路”建设、京津冀协同发展、长江经济带发展、粤港澳大湾区建设相互配合，为完善中国改革开放空间布局贡献力量。

2019 年 3 月，国务院原总理李克强在政府工作报告明确提出，将尽快编制长三角区域一体化发展规划纲要。2019 年 7 月 4 日国家印发了《长江三角洲区域一体化发展规划纲要》，并指出未来长三角区域的一体化发展要在基础设施互联互通、科创产业协调发展、城乡区域融合发展、生态环境共同保护、公共服务便利共享等方面着力推进。同年 7 月 22～23 日江苏省十三届委员会第六次会议审议通过的《〈长江三角洲区域一体化发展规划纲要〉江苏实施方案》指出，江苏要深刻把握“先手棋”的历史使命、“一体化”的核心内涵、“高质量”的目标取向、“一盘棋”的实践要求，从产业创新一体化、基础设施一体化、区域市场一体化、绿色发展一体化、公共服务一体化、省内全域一体化等六个方面重点推进长三角区域的一体化发展。这些规划的出台和政策的实施为新时代长三角区域的一体化发展提出了要求，指明了方向。2019 年 12 月 1 日，中共中央、国务院印发《长江三角洲区域一体化发展规划纲要》(以下称《纲要》)。《纲要》提出,“加强长三角中心区与苏北、浙西南、皖北等地区的深层合作,加强徐州、衢州、安庆、阜阳等区域重点城市建设,辐射带动周边地区协同发展。”就在《纲要》公布的当天,徐州正式加入长三角地铁“通票群”,这是继“沪杭甬温合宁苏锡鹭青”互联互通后的第十一个城市加盟,使地铁“通票”范围进一步扩大。

2022 年度长三角地区主要领导座谈会在上海举行。会议深入学习贯彻习近平总书记关于长三角一体化发展的重要讲话和指示批示精神,以“共担新使命、同谱新篇章”为主题,全面总结长三角一体化发展上升为国家战略以来的工作成效,深入分析长三角地区肩负的新使命新任务,审议了《长三角区域一体化发展 2022 年度工作计划》《长三角区域一体化发展 2022 年度重点合作事项清单》,聚焦高效统筹疫情防控和经济社会发展、推动高水平科技自立自强和产业协同发展、持续提升基础设施服务保障水平、打造改革开放新高地、携手共建绿色美丽长三角、努力建设幸福和谐长三角、加快推动区域协同发展、完善区域合作机制等方面进行深入讨论,明确了当前和今后一个时期共同推进长三角更高质量一体化发展的若干重大事项。

2023 年推进长三角高质量一体化发展工会工作联席会议在上海召开。三省一市就长三角地区工会工作进行了交流,命名了首届“长三角大工匠”,并共同发布了 2023 年长三角一体化工会工作方案。

二、苏北融入长三角一体化呈现向好态势

(一)综合经济实力稳步提升,为苏北融入长三角一体化奠定基础

在改革开放后,靠近上海的苏南地区凭借外向型产业的发展,经济也随之高速发展。整个江苏的经济发展程度按照离上海的远近而明显变化,造成苏南、苏中、苏北相对块状的梯次格局。近几年,随着苏南地区进入到产业结构调整和转型升级阶段,同时随着江苏区域均衡发展的推进,不少产业向苏北转移,苏北经济实现较快发展,增速远超苏南地区。2022 年,江苏实现地区生产总值 12.28756 万亿元,仅次广东省,位居全国第二,13 个地市全部超过 4000 亿元。2022 年苏北五市居民人均可支配收入增速基本达到全省平均水平。苏北全国重点镇 49 个,占全省 51%。苏北地区综合经济实力正

稳步提升，经济水平逐渐向中上等水平迈步。

（二）苏北边缘化格局发生变化，为苏北融入长三角一体化找到新突破

近年来，江苏省把交通运输作为融入长三角一体化发展的先行领域、关键支撑和重要载体，推动区域交通网络互联互通、省内交通网络优联优通，苏北交通网络不断完善，苏北与苏南及长三角地区的时空距离正逐步缩小。一是苏北地区铁路建设有了新突破，共建“轨道上的长三角”，围绕打通沿海、省际通道，加快连淮扬镇等项目建设，推动宁淮、盐泰锡常宜等规划项目开工建设，加强沿淮通道的规划对接和前期工作。连徐、盐通、连淮扬镇淮镇段 4 条铁路建成通车。青盐、盐通、沪通三条铁路进一步拉近了苏北和长三角，苏北进入了上海 3 小时经济圈以内，其中盐城到上海 1 ~ 1.5 小时，长三角货物可以经由江苏口岸快速直运主要发达国家和“一带一路”沿线主要国家。二是苏北区域公路通达能力持续提升。加快推进连宿、宁盐等高速公路新建项目，形成便捷通达的高速公路网络。三是苏北机场建设有了新进展。以成为上海国际航空枢纽重要组成部分及节点机场为目标，提升淮安航空货运枢纽、连云港花果山新机场的航空运力。未来几年，苏北与长三角城市群内部将实现快速通达，从时空距离上为一体化提供了可能，也将推动产业在长三角城市群内部的梯度分布和合理布局，未来制造业在苏北仍有很大的发展空间。

（三）契合长三角一体化的内生需求，为苏北融入长三角一体化找到了对接点

长三角区域一体化发展是国内区域一体化发展，“一带一路”是国际范围内共同发展，国内一体化要与国际共同发展接轨，是长三角城市群走向世界的大需求，长三角一体化服务“一带一路”是国家赋予长三角区域的历史使命，苏北地区是长江三角洲城市群与京津冀城市群连接的中转站，也是长三角地区与“一带一路”沿线互联互通、开展合作的开放门户。同时，对长三角而言，苏北正逢其“需”，长三角稀缺的，正是苏北拥有的。经历多年高强度开发，土地、劳动力等生产要素已成为长三角的稀缺品，而苏北的“丰裕”让人垂青。仅一个盐城市，1.69 万平方公里土地，是上海的 2.4

倍；沿海滩涂4550平方公里，占江苏省的67%，是江苏最大、最具潜力的土地后备资源——苏北与长三角有着资源的互补、产业的联动和生产要素的互动等内生需求，产业转移苏北正逢其时，上海和苏南向苏北产业转移这个时间点，落户苏北的“飞地经济”，需要大量的上下游配套项目，苏北的吸引力难以抗拒。

三、苏北融入长三角一体化面临的关键问题

苏北被纳入长三角一体化了，就真的能够顺顺利利融入长三角了吗？苏北融入长三角是一个系统的长期的工程，是不可能一蹴而就的，苏北融入长三角一体化主要面临以下几个关键问题。

（一）发展基础薄弱抬高了一体化门槛

苏北地区发展不充分，发展基础相对于长三角其他地区较为薄弱。一是产业基础相对薄弱。苏北地区农业现代化进程有待进一步加强，缺少强大的龙头企业和品牌；工业化进程有待加快，工业规模和比重不高，缺少优势企业；服务业发展缓慢，层次和水平有待进一步提高，暂时达不到长三角发达地区标准。二是城镇化水平相对较低。苏北地区城镇布局较为分散，中心城镇规模偏小，严重制约了服务业集聚发展，金融、研发、中介类服务业基础薄弱，功能不强，信息服务、科技教育等新兴服务业培育乏力，这些抑制了苏北城镇功能的提升，与长三角发达地区仍有较大差距。三是新基建存在的突出问题制约了苏北融入长三角一体化高质量发展。苏北地区城际高铁、轨道交通、信息基础设施等仍存明显短板，新基建省际合作相对不足，特别是长三角一体化合作不够，制约数字化、信息化对城市发展与区域合作的溢出功能提升。一直以来，苏北地区高铁薄弱、建设缓慢，存在省际“断头路”，阻滞了交通基础设施一体化建设。

（二）远离核心区域增加了一体化难度

苏北地区长期处于长三角空间结构外围，由于这种自然资源、历史条件等造成的锁定效应使苏北地区很难在短时间内迅速缩小与长三角核心区域的

发展差距。目前，苏北地区中除盐城被纳入长三角中心区外，徐宿淮连并不在长三角中心区城市之列，面临着继续边缘化的危险，这给苏北地区拉近与长三角核心区时空距离，真正融入长三角一体化带来了不小的难度。

（三）思维理念固化设置了一体化障碍

传统的发展思维和理念导致了苏北融入长三角的认可度在一定程度上打了折扣。一是长三角的市场是否认可。国家将苏北列入长三角“版图”了，苏北与长三角之间的空间距离缩短了，但这并不意味着长三角市场就认可了苏北。市场认可与政府认可不一样，在市场经济条件下，资金、技术、人才等发展要素，都是要脚踏实地去做的，要有实在的内容。因此，苏北融入长三角一体化面临市场一体化的考验。二是长三角区域内城市是否认可。长三角区域内发达城市是否愿意走进苏北腹地，带动苏北地区融入一体化，是长三角一体化进程中实现跨区域联动开发模式的关键。苏北得到其他城市认可必不可少的就是“互惠互利”这根利益纽带，如何在一体化进程中实现分享利益、实现共同发展，是当前苏北融入长三角一体化的大难题。三是苏北自我对融入一体化的认可。苏北还没有完全跟上长三角思维、观念和发展节奏，亟待跳出“苏北思维”，以更宽的视野和更高的战略高度来考虑苏北融入长三角一体化，把苏北放到江苏大盘子里统筹考虑融入一体化，而不是单靠苏北自我振兴来融入长三角一体化。

四、苏北融入长三角一体化的基本思路

苏北融入长三角一体化必须立足于长三角一体化高质量发展大趋势，挖掘各项战略叠加效应，加强与长三角核心区重要城市的对接，主动策应长三角核心城市群。

一是苏北融入长三角一体化必须站在江苏整体融入长三角一体化层面，以“一盘棋”融入长三角一体化。区域合作不是“独角戏”，而是“大合唱”。苏北融入长三角一体化必须强化“一盘棋”思想，凝聚“一体化”意识。强化全局意识，从长三角一体化全局的高度理清工作思路、出台发展政策、拿出扎实举措，做好融入长三角一体化的前期政策研究，从更大视野和

战略高度来考虑苏北发展，做好苏北融入长三角的发展规划。强化协同意识，探索与长三角毗邻区域协同发展，统筹各方面各层次利益，找准发展与改革“最大公约数”，统筹各项政策，加强政策协同，在一体化实践中相互配合，实现资源共享、产业合作、效益最大化、协同协作发展。

二是苏北融入长三角一体化必须站在促进“一带一路”倡议与长三角一体化战略对接层面，来谋划定位。江苏融入长三角一体化定位中，明确提出要打造高水平对外开放的先行区，以“一带一路”交汇点建设为总揽，扩大全方位对外开放。苏北是江苏对外开放的重要组成部分，既是江苏沿海重要区域，又是“一带一路”交汇点重要区域，更是长三角与“一带一路”对接的重要部分。苏北是长三角地区向北辐射的带动区，苏北地区势必要服务好长三角区域一体化发展和“一带一路”，积极致力构筑国家“一带一路”物流大通道，成为长三角经济区对外开放、实现与“一带一路”对接的重要纽带，使长三角产业发展的脉搏延伸到中部、南部、西南部、北部，并进一步走向世界。同时，苏北沿海积极融入长三角港口群建设，发挥联通长江沿线港口，通达国际航运市场的重要作用，通过常态化、机制化的合作，形成一条国际贸易、投资的大动脉，将港口群“朋友圈”进一步迈向深蓝。

三是苏北融入长三角一体化必须在一体化的框架下实现错位、差异化发展。长三角人口密度高、城镇化水平高、土地开发强度高。这样一个“三高”地区，将从原来的单中心集聚，发展到一定阶段后扩散，形成多中心，因而长三角应该是多中心网络化的城市群。上海处于一级带动核，苏北地处上海北翼，结合苏北的地理和发展实际，苏北应积极呼应长三角一体化，成为长三角一体化网络中的一个重要极点。在与上海加强联通的同时，应按照地域差别和层级特点进一步细分，积极培育长三角城市群网中的中心、次中心。既要做到与上海、苏南错位发展，又要确保苏北五市之间互补发展，以纳入长三角核心区的盐城为支点，撬起整个苏北发展，推进苏北国际陆港建设，提升综合交通枢纽功能，提高苏北区域的辐射带动力，努力走出一条后发地区特色发展的新路子，加速苏北融入长三角一体化进程。

四是必须发挥战略优势，找准苏北融入长三角一体化的切入点。在全球化和区域一体化背景下，海洋空间和海洋资源将成为区域竞争的主要焦点。

长三角地区中上海、宁波、南通、舟山四地已开启海洋经济一体化，苏北作为江苏沿海重要地区，必须抓住“海洋经济是长三角地区新的战略重点”机遇，融入长三角海洋经济一体化高质量发展。苏北地区陆域经济发展水平较长三角发达地区偏弱，在努力缩短差距的同时，应该将海洋经济作为陆域经济的有效延伸，加快海陆统筹、区域协调、江海河联动发展，促进苏北融入长三角海洋经济一体化高质量发展。在长三角一体化发展模式下，形成区域特色鲜明、协同效应和集聚效应凸显的苏北沿海战略，不断提升苏北海洋经济发展的整体效能和核心竞争力，更好地服务长三角一体化和海洋强国战略。

五、苏北融入长三角一体化路径

（一）强化分工与合作，科学谋划“一盘棋”

苏北地区中，除盐城被纳入长三角中心区外，徐宿淮连并不在长三角中心区城市之列，但通过“一盘棋”谋划，打破区域行政区划界限的微观机制，形成“你中有我，我中有你”的发展格局，是苏北地区融入长三角一体化的最好路径。“一盘棋”并不是齐头并进，而是更加注重分工与合作，通过一体化来拉长长板，让“别人”来补短板，打造自身特色，进行错位发展。按照《江苏实施方案》加强苏北五市分工与合作，徐州放大综合性交通枢纽优势，建设淮海国际陆港，增强与长三角主要城市人流要素流联系，不断壮大枢纽经济。盐城作为唯一被纳入长三角中心区的苏北城市，可作为苏北融入长三角的“敲门砖”，扩大长三角中心区对苏北地区的辐射作用。同时，盐城土地空间丰富，是长三角稀缺的资源，可与长三角其他城市形成互补。连云港应加快建设“一带一路”交汇点战略支点，积极推进国家东中西区域合作示范区建设，成为长三角与“一带一路”对接的重要开放门户，着重发展医药产业和海洋经济等连云港特色，以特色对接长三角新的战略重点。宿迁发挥物流产业优势，推动宿迁与长三角中心区深层合作，加强产业链深度对接，提升与苏北其他城市的紧密度、融合度，成为苏北城市协同发展的黏合剂。

（二）加强产业对接，融入长三角产业生态圈

长三角核心区经济发展等各方面层次都比较高，新经济、新产业十分突出，按照区域一体化发展规律，核心区与外围区必然有明显的产业分工关系。苏北地区作为长三角外围区，一方面可以承接核心区内传统的制造业转移，加快当地经济社会发展；另一方面也不能仅仅停留在单纯地承接这一层次，而是要在承接产业转移的同时，加快自身产业集聚和升级。苏北融入长三角一体化，首先要从自身的产业基础出发，积极合理地承接长三角核心区的产业转移，加快构建与长三角一体化协同的高端产业链，主动融入以上海为龙头的长三角“产业生态圈”。充分利用给予的政策，寻找“含金量”。一是抓住长三角一体化将海洋经济作为新战略重点的机遇，积极承担海洋高端装备、海洋生物产业等产业链协同创新与产业孵化集聚创新的任务，与长三角区域内其他海洋经济发展示范区协同联动发展。着力建设大型综合性智慧港口、现代化国际合作物流园和滨海国际商贸旅游新城，承担国际海陆物流一体化深度合作、海洋服务业集聚发展、蓝色海湾综合发展、公共智慧海洋服务等方面发挥示范引领效应的重要任务，打造全苏北海洋经济发展高地。二是抓住长三角结构调整把“现代服务业”作为主导产业的战略机遇，制定自己的产业发展布局，抢占产业布局制高点。三是抓住新飞地经济的发展机遇，承接长三角的辐射，努力成为长三角优势资源的扩散地。积极与长三角区域内城市互设飞地，加强与核心城市群之间的优势资源互补与协作分工，构建不同地区之间产业转移的平台载体，形成与全球市场和供应链互联互通的完整高效产业价值链。同时，打破发达地区到欠发达地区设飞地的传统模式，积极推动苏北龙头企业到长三角核心城市设立“科技飞地”，在长三角核心区设立科技研发中心，利用核心区丰富的技术、人才等优势资源，提升本地企业研发水平，从而推动企业发展。

（三）补齐交通“短板”，融入长三角一体化网络

交通“短板”已成为苏北融入长三角一体化的重大制约，苏北融入长三角交通需先行，统筹优化苏北铁路、高速公路、内河航道、港口、机场布局，实现与长三角高效联通。一是构建快捷高效的城际交通网，以城际铁路

为重点，实现与长焦区域内城际快速对接，加快苏北高铁和城际铁路建设，缩短苏北市县与上海及苏南城市的时空距离，把苏北拉入长三角“同城效应”的辐射圈，提高苏北城市竞合能力。二是进一步加强苏北机场资源整合，加快实施重点机场升级改造，推动苏北空港经济大发展。三是以打通省际断头路为切入点，加强交通基础设施一体化建设，实现交通网络全域覆盖。四是促进苏北与长三角交通信息一体化。以5G先试先用为切入点，加强通信基础设施一体化建设；以推进工业互联网平台集群联动为切入点，加强区域市场一体化建设；以各城市轨道交通扫码便捷通行为切入点，加强公共服务一体化建设。

（四）自贸区联动发展，形成长三角一体化合力

苏北融入长三角一体化必须抓住自贸区建设机遇，加强与长三角自贸区联动发展，打造中国领先、有世界影响力的自贸区集群，构建大开放格局。在当前江浙沪所构成的自贸区一体化合力正在形成的重要时期，苏北自贸区要为策应长三角一体化贡献力量。一是推动长三角自贸区间形成一些优势领域的产业链，打造中国领先、有世界影响力的自贸区集群。积极发挥苏北自贸区作为亚欧国际枢纽汇聚国际要素的功能，突出江苏自贸区三个片区的联系，根据不同分工，做好三个片区之间合作的文章，化作“一盘棋”。加强与长三角区域内其他自贸区的联系，按照“上海围绕总部经济、跨境金融等，浙江则瞄准油品全产业链，江苏则注重开放型和实体经济”的布局，推动三者联动与互补，形成相关领域的产业链，推动长三角自贸区集群建设。二是联合长三角区域内自贸区探索制度层面的创新，促进苏北与长三角自贸区协同发展，实现企业信用信息共享、服务创新、自贸区和重点产业园区内企业混合所有制改革等，更深程度地推进苏北融入长三角一体化。率先主动适应高标准的国际贸易规则，积累新形势下参与双边、多边、区域合作发展的经验，为长三角参与新国际经贸规则和标准的制定、更好地参与国际竞争与合作提供有力支撑。

（五）促进良性流动，融入长三角人才一体化

区域人才能否良性流动是苏北深度融入长三角一体化的关键。苏北应

积极对接长三角人才政策体系和公共服务体系建设，凝聚合作发展人才资源的共识，重视打造人才一体化平台，破解体制和政策壁垒，完善共享机制，建立人才一体化发展的治理体系和开放生态，促使人才有序、有效流动，实现人才资源的合理利用和优化配置。一是夯实苏北人才工作基础。使出更多吸引人才的硬招、实招，通过出台差异化人才政策多维度吸引人才。例如，在自贸试验区内推行人力资源领域先行先试，增强企业用工灵活性，在自贸试验区内设立中外合资和外商独资人才中介机构，审批权限下放至自贸试验区；授权自贸试验区制定相关海外专业人才执业管理办法（国家法律法规暂不允许的除外），允许具有海外执业资格的金融、建筑、规划、专利代理等领域专业人才，经相关部门或机构备案后，按规定范围为自贸试验区内企业提供专业服务等，为苏北融入长三角人才一体化夯实基础。二是积极探索体制机制改革协同、人才市场开放统一、人才创新创业服务保障互通等人才一体化举措。将“非迁徙性”人才流动作为当前人才工作重点，接上基础设施和公共服务的“断头”，推动苏北与长三角人才公共服务一体化。盘活现有的苏北人才资源，为其提供良好的工作、生活环境和公共资源配置，特别是大幅推进交通基础设施建设，降低出行时间成本。积极参与长三角人才公共服务一体化体系建设，强化“一盘棋”引领，推动人才市场服务信息、平台、信用、认定、政策等的一体化，同时推动人才开发服务资源共享平台、资格考试认定的一体化。依托公共服务机构，推进标准统一、规则一致、平台互联，积极推进人才公共服务体制机制创新。

江苏融入长三角一体化的难点在苏北，目前苏北融入长三角一体化实践取得了良好进展，如徐宿淮盐铁路、连淮扬镇铁路连淮段通车，打造连云港海港、徐州国际陆港、淮安空港“物流金三角”；全力推进江苏自贸区建设，推动徐州等区域中心城市着眼更大范围规划发展、提升能级等，但距离苏北真正融入长三角一体化还有一定差距。为此，苏北融入长三角一体化必须在继续提升自身发展基础的同时，致力于进一步打破“行政区经济”约束，打通要素流通壁垒，减少内耗性竞争，提升协同性和紧密度，一切立足“一体化”考虑。

第二节　高质量推进大运河文化带建设

文化带建设是大运河古迹保护的核心关键。党的十八大以来，以习近平同志为核心的党中央高度重视大运河文化保护传承利用工作，总书记多次对大运河文化保护传承利用作出重要指示批示。2017 年 2 月和 6 月，习近平总书记先后两次就大运河文化保护传承利用作出重要指示批示，强调“大运河是祖先留给我们的宝贵遗产，是流动的文化，要统筹保护好传承好利用好”，赋予了大运河沿线地区光荣使命和崇高责任，为推进大运河文化带建设提供了重要遵循。中共中央办公厅、国务院办公厅专门出台《大运河文化保护传承利用规划纲要》，把大运河文化带建设提升为国家战略，按照高质量发展要求，从国家战略层面对大运河文化带建设进行顶层设计，为新时代大运河文化保护传承利用描绘了宏伟蓝图。江苏的运河文化保护要对照“争当表率、争做示范、走在前列”的使命要求，立足资源禀赋和良好基础，突出文化特色和生态优势，加快把大运河文化带江苏段建成走在前列的先导段、示范段、样板段，让江苏的美丽中轴在新时代更加熠熠生辉。由此可见，大运河作为具有现实使用功能的人工开挖河道，不仅仅局限于交通运输功能，更是我国南北方文化交融的社会文化传递途径。因此，苏北大运河文化带建设不单是物理价值的重构，更是文化交流的载体。基于此，苏北大运河作为大运河沿线的重要航段，其文化带建设通过将区域内运河具有的文化和经济特色进行外部扩散，重回其巅峰时的历史文化地位。

一、苏北大运河文化带建设现状

苏北大运河是国家水运主通道，也是整个京杭运河中航运功能最强、通航条件最好、船舶通过量最大、航运效益发挥最为显著的区段，全长 451 公里，占目前京杭运河通航里程的 51.4%。与世界内河主要航道相比，苏北运河年货运总量低于密西西比河，高于莱茵河和多瑙河，而货运密度远远高于其他航道，沿河南北经济实现联动，多种运输方式实现联运，有力地推动了长江经济带和长江三角洲区域一体化发展。目前，在大运河文化带建设方面，呈现以下特点。

（一）统筹推进，优化顶层设计

苏北三市（淮安、宿迁和徐州）专门组建大运河苏北段遗产保护管理领导小组，协调推进后申遗时代运河遗产的保护与管理工作，组织区域内的专职部门梳理盘清境内大运河文化资源家底，建立运河文化遗产数据库，实施大运河监测平台提升工程，实现市级以上文保单位全覆盖，确保对重点不可移动文物与重要地下文物埋藏区等实施数字化监控。围绕落实国家《大运河文化保护传承利用规划纲要》，立足江苏实际，结合江苏省《大运河江苏段文化保护传承利用实施规划》和《大运河国家文化公园江苏段建设规划》，苏北三市积极组织编制大运河文化遗产保护传承、文化价值阐释弘扬、生态长廊建设、河道水系治理管护、现代航运建设发展、文化旅游融合发展等方面规划，以规划引领大运河文化带高质量建设。宿迁市编制《宿迁市大运河文化带建设总体策划》，打造“一带一核四组团”的宿迁大运河文化带建设空间布局，策划文化传承、景观提升、产业发展和营销推广四大类48个项目。淮安市围绕“站位要高、思路要宽、内容要全、举措要实、针对要强”目标，完成《淮安市大运河文化遗产保护条例》（以下简称《条例》）编制工作。这是全国运河沿线城市第四部、江苏省第一部专门就大运河文化遗产保护制定的地方性法规，《条例》的保护对象除大运河世界文化遗产外，还包括近代以来新建的具有文化代表性和突出价值的运河水工设施，以及与运河有关的可移动文物与非物质文化遗产等。徐州率先在全国完成饮用水源地整治任务，编制完成《徐州京杭运河不牢河市区段综合整治工程实施方案》，实施清违还河、河道治理、两岸畅通、雨污分流改造、水生态环境、文化游乐六项工程，文化工程重点打造运河带状公园风光带，设置运河古今、京杭水港、泗水秦洪、田园荆山和清水溯源等五大公园节点，形成“一带两岸融山水，一水五园润彭城”的文化特色。

（二）精准梳理，强化遗产保护

苏北三市根据境内大运河文化遗产活态特征，做好各类遗产的真实性、完整性保护。在文物保护方面，重点是加强运河遗产监测及整体性保护，实施遗产本体修缮、安全防范和环境风貌综合整治，依法规范遗产区内建设工程，并在全国率先开展了水文化遗产调查。在非物质文化遗产保护方面，重点是实施传统工艺振兴和传承人群研修研习培训计划，扎实做好非遗项目活态保护传承，在淮安连续举办六届中国大运河文化带城市非遗展。在历史文化风貌保护方面，重点是加强对运河沿线名城名镇名村等历史文化聚落的整体保护，推动相关保护规划有序实施，延续传统格局和历史风貌。徐州明确保护底线，落实大运河文化遗产区等重要保护管控要求，推进保护工程，加快对北洞山西汉楚王陵等运河沿线历史遗迹的考古挖掘和保护，并结合保护工程完善文化展廊、遗址公园等展示载体及配套设施建设。宿迁境内的 41 公里世界遗产段沿线生态景观、文化遗产有 20 多处，非物质文化遗产 10 余项，先后实施大运河沿线文化遗产保护工程，对世界遗产点龙王庙行宫先后进行了三期保护修缮，对大运河沿岸的陈家大院、大王庙、财神庙等历史建筑实施了修缮、修复工程。淮安为保留珍贵的运河记忆，构建严格的运河遗产保护机制，在全省率先编制《大运河（淮安段）遗产保护规划》，出台《历史文化名城保护管理办法》，将《文物保护条例》列入立法计划，为大运河文化资源保护划定红线，并全面排查勘测运河沿线地下遗址，漕运总督公署、淮安榷关、清江浦古城遗址、板闸遗址等重现于世，将历史上的漕运指挥中心、河道治理中心、漕船制造中心、漕粮转输中心、淮盐集散中心的重要历史地位重新回归记忆。

（三）弘扬文化，打造运河标识

苏北三市为打造大运河文化标识，着力统筹做好保护、传承和利用的关键点，不断加强对大运河古道、水工设施、历史街区、文物遗迹等宝贵遗产，以及生态系统的保护和修复，从根本上留住运河文化的“根”和“魂”。淮安以“最运河、最淮安、最市井”为原则，传承漕运文化、运河文化；宿迁为“生态运河、湿地交响”，全面打响“大运宿迁”旅游品牌；徐州以“大汉雄风、豪情运河”打造城市名片。淮安、宿迁和宿迁积极推动大运河国家文化公园建设，举办大运河国家文化公园国际设计工作坊，聚焦打造一批核心展示园、集中展示带、特色展示点。淮安按照传承运河文脉、擦亮生态底色、释放经济效应的思路，全面启动“清口枢纽、洪泽湖大堤、清江大闸、总督漕运公署、泗州城遗址”5大核心展示园，“里运河、高家堰、通济渠淮河口”3大集中展示带及“板闸遗址公园、淮安水利枢纽工程、龟山御码头遗址”等10个特色展示点建设，推进大运河国家文化公园淮安段建设，全力打造大运河文化带标志性城市。宿迁以运河文化为底蕴，以龙王庙行宫为主阵地，正在打造皂河古镇；源于清代中叶“拉魂腔”的国家级非物质文化遗产柳琴戏，在古装戏基础上增加了时装戏，在传统演绎中添了新元素；传承了300多年皂河龙王庙会，已发展为集文化展示、商品贸易于一体的大型活动，成为宿迁大运河文化带上的一张“名片”。徐州的大运河水道遗产包括古泗水水道、黄河故道、京杭运河、老不牢河，大运河水利工程遗产包括黄河故堤、微山湖湖西大堤、护城石堤、韩坝闸、大屯闸、蔺家坝、周庄闸等近30处，这些遗产至今仍然“活态”存在。按照“以史为凭，丈量航运，移步异景，楚汉风韵”的设计思路，徐州设计出了蔺家坝船闸航运文化标识概念规划。

（四）生态优先，保护自然资源

京杭运河淮安段淮安船闸至九龙湖公园段长约16公里，被列为全省4个生态示范段之一。淮安市加大环境综合整治力度，坚持治理与提升相结合，改善大运河淮安段水生态环境。截至2022年2月，全线拆除厂房、老旧民房、违章设施等约6.7万平方米，清理非营运船舶、砂石堆场、非法广告标牌200余处，关停码头9座，搬迁企业10家，沿线厂房、民房、烟囱、罐体、围墙等建（构）筑物立面改造完成21280平方米。共完成绿化97.15万平方米，沿线绿色廊道已经初步形成。淮安系统谋划推进串联大运河、里运河和二河、环洪泽湖的大运河“百里画廊”建设工作，构建起连续贯通的蓝绿生态网络体系，助推特色鲜明的生态经济和绿色产业的发展，展现运河“河畅、水清、岸绿、景美”的水韵特色。徐州为保护和利用大运河沿线文化生态景观资源，提升沿线人居环境质量和城乡空间品质，引导和促进旅游等产业发展，重点加强风景路与大运河沿线城镇特色村庄景区景点的充分衔接和有机联通加快构建大运河风景路网体系。大运河宿迁段全长112公里，从中心城区穿城而过，形成了独特的文化内涵。京杭运河宿迁境内的41公里世界遗产段沿线，生态景观、文化遗产就有20多处，非物质文化遗产10余项。为了让物质遗产和非物质遗产融合呈现、相映成辉，宿迁启动实施大运河沿线文化遗产保护工程，对违章建设、企业搬迁、历史文化保护等12项工程进行集中推进，策划了“文化传承、景观提升、产业发展、IP打造”4大类48个项目。世界文化遗产、皇家历史文化遗产龙王庙行宫从1999年到如今，已启动五次大规模维修整治，让运河沿线环境保护更加深入。此外，宿迁还先后启动京杭大运河城区段沿线和骆马湖东岸“一线一岸”环境综合整治，推进“清理码头堆场、规范通航秩序、提升堤岸环境、建设船舶服务区、整治骆马湖东岸”五大类共13个项目，拆迁居民3098户，搬迁企业84家，让千年大运河堤岸绿、河水清、航道畅，焕发新生机。

（五）提质增效，扩大生态经济收益

淮安水上立交规模为亚洲最大，东西向的淮河入海水道位于下方，南北向的京杭运河位于上方，两条水路各行其道，互不干扰，两者水位差超过6米。淮安船闸年船舶通过量近2.9亿吨，位居全国第一。淮安率先在苏北运河开通港口集装箱运输，2022年集装箱年吞吐量达15万标箱，占全省内河的80%。淮安港年吞吐量占江苏内河集装箱运输3/4，在全国内河港口中处于领先地位。依托深厚的历史资料，运河淮安沿线主要发展文化创意、旅游休闲、健康养生等绿色产业，大力发展高新技术产业，全力打造富有活力的运河文化经济带。宿迁将大运河文化带建设与提升城市建设内涵有机结合起来，统筹规划、系统推进，从工作思路举措、建设项目内容等方面把两者融合起来，立足水优势、做好水文章，珍惜宝贵资源，充分运用“两湖两河”、水网密布优势，结合大运河文化带建设，高起点规划、高质量建设文旅、休闲、现代服务业等综合性项目，充分彰显城市特色，倾力打造水美城市。徐州港是京杭运河上最大的港口。徐州港、新沂窑湾古镇和京杭运河湖西段（含蔺家坝船闸、南水北调蔺家坝泵站）入选江苏最美运河地标。京杭运河徐州段全部建成国家二级航道，满足昼夜双向通航，2000吨级船舶可全年从徐州直达长江，成为我国东部地区电煤、建材等重要物资运输的交通动脉，主要运输本地及周边鲁豫皖三省，河北、山西、陕西、内蒙古等地的煤炭、黄沙、矿粉、钢坯、粮食等货物。此外，大运河徐州段的不牢河、中运河还是国家南水北调东线工程的主要输水通道，长度达181公里，昔日向北方输送漕粮的运河，今天又承担起向北方供水的重任。此外，徐州首次发行大运河文化带建设专项债券8亿元，期限为10年、利率为2.88%，这是继发行土储、棚改、城乡建设等品种专项债券后的又一个创新，为大运河文化保护传承利用开辟了新的融资方式和渠道。

（六）科学发展，寻求发展新动能

苏北三市按照“宜融则融、能融尽融，以文促旅、以旅彰文”的工作思路，抓住大运河“水”和“文化”的资源特色，推出徐州文博会等一批文旅融合示范性项目。大运河文化带建设让徐州以新的视角来梳理厚重的历史文化旅游资源，并将之规划为“三园两带十八点”，淮海战役纪念建筑群、北洞山汉墓、梁王城遗址、骆民湖景区、乾隆行宫山西会馆、奎山塔广运仓遗址、狮子山楚王陵遗址公园、淮海战役碾庄战斗纪念馆、王杰纪念馆、下邳古城等运河文化遗产将集点成线、汇线成面。宿迁深入挖掘大运河自然、历史、人文等内涵禀赋，运用好皂河龙王古镇等资源要素，努力打造了一批宿迁段大运河独有的特色景区和龙头项目。淮安举办“运河传情 匠心筑梦”——中国（淮安）大运河文化带城市非遗展，活动汇集8省（直辖市）超300项非遗项目、3000余名非遗代表性传承人、从业者展示交流，吸引八方游客观展，彰显地区悠久的历史与深厚的人文底蕴，挖掘整理大运河史料，编写《淮安里运河（故事篇）》《淮安里运河（名胜篇）》《中国大运河遗产保护管理论坛文集》等一批书籍，为运河文化研究提供鲜活的史料素材，集中实施清江大闸历史文化片区清江浦记忆馆、皇家敕建名人馆等布展工程，丰富提升运河展馆文化内涵，通过编制清口水利枢纽、洪泽湖大堤3D动漫，实施惠济祠沙盘复原、遗产点标志说明牌等系列解读工程，再现运河文化的独特魅力，加强地区的大运河文化旅游吸引力。

二、苏北大运河文化带建设存在的问题

总体而言，苏北大运河文化带规划建设成效明显，但推进中还存在一些需要解决的问题，主要表现在以下几个方面。

（一）缺乏整体系统规划

大运河是因治水、水运而形成的共有文化长廊。相比较其他大运河沿岸城市群，苏北大运河市区段虽然只横跨三个市级行政区域，但并没有形成统一的整体规划运作模式，这与苏南城市之间的大运河文化带协作运行有一定的差距。目前，三市之间尚未制定大运河文化带区域总体规划；大运河三市编制的文化带建设专项规划仅限于其市域内，尚未形成苏北全线全段的文化带建设规划，导致产业布局、生态保护、文化传承、景观打造等工作条块分割、缺乏合力。三市的大运河文化带建设虽然各具地方特色，但由于文化带建设项目排布、景观塑造、建筑风格等方面缺乏整体性，没有达到相映成趣、相得益彰的效果，进而影响了整体的苏北运河段的文化融通。

（二）文脉传承彰显不足

苏北大运河文化的挖掘、研究、阐释有待深化。大运河苏北段沿线水利文化历史悠久，遗址遗存较多，但区域内现有的水利遗址公园等项目缺乏互动性、吸引力，尚未形成品牌。同时，对于因河而生的民俗歌谣、传统文化等无形“文脉”挖掘开发不够，文旅配套设施薄弱，对上协调与合作的力度有待进一步加大。此外，大运河沿线文化历来兼容并蓄、多元交融，但目前苏北运河文化带承载的文化价值和精神内涵挖掘还不够，大运河苏北段的文化脉络和历史内涵尚未理清，遗产活态传承载体和传播渠道有限，不利于区域大运河文化的创造性转化和创新性发展。

（三）与叠加战略融合度不够

苏北大运河文化带与淮河生态经济带，淮海经济区等战略存在叠加效应，且与长江经济带相邻，但是与其他战略互动不够明显。由于运河是仍在使用的活态文化遗产，加之运河沿线又是人口密集区和重要经济承载区，遗产保护与交通、水利、能源、城乡等发展建设不足之间的矛盾会在相当长的时间内存在，这就会影响到其他战略的实施效果。当前，苏北大运河文化带建设存在时空跨度大，文化遗产类型多样，系统性、全方位遗产保护仍显不足的发展短板，并且大运河苏北段水网密集、人口稠密，生态资源本底较为敏感脆弱，部分禁止开发区域存在环境隐患，山水林田湖一体化保护有待加强，大运河串联的部分湖泊水体质量有待提升。而当前徐州、淮安、宿迁三市依旧是以工业赶超发展为主，导致运河沿线产业结构依旧以重工业为主，如淮钢等重点重工业企业的存在，并且部分城乡建设以挤占河湖生态空间为主要方式，这些种种矛盾的存在，本质上就是如何突破资源瓶颈，将叠加战略完全融合以形成发展动力。

（四）文旅发展路径单调

苏北三市对于大运河文化带建设侧重从文化传承的视角考虑文化产业的发展，存在缺少对于市场需求的思考，缺乏对文旅融合发展的规划和思考，缺少与旅游业融合发展的实践，缺乏专注于旅游服务和市场化运行，导致了旅游发展缺少大运河文化带资源的支撑而停留在表面化的现状。此外，大运河文化带旅游景区又分属于旅游、文物、宗教、文化、国土资源、环境等不同部门管理，难以沟通协调，不利于文化带旅游资源的开发和保护。因此，由于体制制约，跨界融合往往会遇到许多问题，成为融合的阻碍。另外，运河沿线三市推动文旅融合发展意识有待强化，存在各自为战的状态，现在依然没有形成一条苏北大运河特色旅游精品路线，并且区域之间文化交流创意精品不够丰富，区域间旅游资源整合和旅游服务协作不够深入，常态化协作机制尚不健全。

三、完善苏北大运河文化带建设的对策建议

苏北大运河文化带建设是区域提升整体影响力的契机，也是提升自身高质量发展的优化路径。基于上述大运河文化带建设中存在的问题，课题组认为应通过大运河（苏北段）文化辐射带，从“点－线－面”入手构建多点支撑的大运河（苏北段）城市文化带发展格局，加强沿线三市文化经济资源融合，提高岸线利用效率，实现创造性转化和创新型发展。相对于传统文化遗产保护视角，本章认为要突出大运河（苏北段）文化带的现代城市文化内涵，强调大运河文化带的当代价值，通过“示范区－集聚区－辐射区”的运河城市文化体系发掘出大运河的经济支点意义和城市带的辐射力，进而提升

地区的整体影响力。针对上述问题，具体措施如下。

（一）从省域高度整合，打造苏北派运河文化符号

加快推进苏北三市构建全国大运河文化带建设先行区、大运河文化带标识创新高地、区域大运河文化带融合发展示范区，跻身世界级创新型运河文化品牌行列。通过加强苏北三市之间步调一致的文化带设置规划，吸引、集聚和配置大运河文化带建设高端要素，进而实现整体规划与文化、创新、资本资源的集聚辐射、相互叠加赋能，成为引领江苏大运河文化带高质量发展的主引擎和大运河沿岸最具活力、开放程度最高、创新能力最强的区域之一。促进苏北三市大运河沿岸产业布局、生态保护、文化传承、景观打造编制规划深度融合，着力发展整合三地的旅游节庆资源，支持三地举办有地方特色、文化内涵和市场影响力的运河主题会展、演艺、民俗等品牌活动，建设“大运河文化带苏北一体区”。徐州可凭借淮海经济区核心城市等发展契机，大幅提升区域大运河文化带规划的高度与布局，成为国际高端旅游资源集聚，进而实现苏北三市全域旅游协作分工支撑的国家重点旅游城市。淮安通过淮河生态经济带领头羊地位打造，着力建设苏北大运河南翼核心区，科学谋划区域重大文化带南北分界点布局，结合淮安港口、机场、高铁和高速公路网络建设，推进徐淮两大苏北中心城市在文化带建设战略主导下的现代服务业和先进旅游业优势互补发展，在文创融合、旅游品牌、运河贸易、运河港航等领域实现双核联动，推进文化带的创新链、产业链深度融合，平台优化整合，加快把苏北大运河文化带地区打造成为长三角城市北翼核心区，增强苏北三市参与大运河文化带建设的整体竞争优势。此外，通过与扬州的携手合作，积极发挥苏北三市大运河文化带建设推进江苏大运河文化带高质量一体化发展的作用，推动徐州、宿迁和淮安苏北运河一体规划区融入江苏运河整体协同联动发展，深入推进淮安“全面对接苏中苏南运河”建设，支持徐州、宿迁提升文化带规划品质，进而积极影响辐射山东连接运河沿岸城市的规划编制，形成与南北运河在大运河文化带规划层面的协同一体化发展态势。

（二）从区域历史传承，保护扩散淮海运河文脉

苏北三市应以大运河文化建设为引领，推动地区历史内涵的挖掘，带动

生态、旅游和物流等领域建设，进而向世界展示苏北大运河的文化底蕴，彰显大运河文化带淮海区域的整体魅力。苏北三市应在考古勘探、遗址保护、文物修缮等方面强化协作建设，及时保护修缮沿河两岸的物质文化遗产；杜绝在发展经济、旅游开发过程中，损毁遗存、侵占和文物盗挖现象发生；纠正区域内部分区域重视地面景观，忽视考古发掘保护倾向。同时，积极激活区域内大运河沿线非物质文化遗产传承活力，针对非遗项目存在传承人年龄偏大、后继乏人，项目展示传播缺乏平台和资金等问题，进一步加大扶持力度。加强对三市内大运河的经济、文化、历史、地理、风土人情、传统习俗、生活方式、文学艺术等历史演变的梳理。同时，坚持以文化企业为主体，以文化贸易为主要方式，推动苏北三市大运河沿线优秀文化企业、产品和服务“走出去”。苏北三市应充分运用淮海地区特有的历史文化、民族民间传统文化、红色文化、生态旅游等运河沿线历史文化资源，不断推动大运河文化精品创作生产，加大对大运河原创且具有淮海特征精品制作的扶持力度，推出更多思想精深、艺术精湛、制作精良的大运河淮海文化精品力作。尤其应重视整合大运河淮海特色人文资源，打造大运河文化淮海产业品牌。加大苏北三市旅游景点的大运河淮海文化融入和品牌营销战略，将区域特色的淮海自然人文资源纳入大运河文化带进行整体规划和开发利用，组织研究地区具有文化底蕴的大运河文化带景点历史底蕴，突出地方大运河特色旅游项目的知识功能和文化传承功能。应加快培育基于大数据、云计算、物联网等新技术的新型大运河文化业态，促进高新数字技术在大运河文化传承、创作、生产、传播和消费等环节的应用。

（三）从战略融合布局，提升苏北运河文化整体社会效益

苏北三市应加强大运河（苏北段）文化带建设与国家区域发展战略的对接，在有效推进与淮海经济区、淮河生态经济带融合的基础上，主动融入长三角一体化国家发展战略，可以依托长三角高度发达的经济社会发展水平率先建设区域大运河城市文化示范带，提升大运河（苏北段）的城镇化发展质量。通过大运河（苏北段）城市文化带的建设加强三市与域外运河城市之间的交流互动，构建出区域内大中小城市和城镇协调发展的格局，率先形成区域运河文化发展共同体，促进区域和城乡协调发展，为地区运河经济文化一

体化进程提供内生性动力。苏北三市可构建文化带内部互促、城乡互补、协调发展、共同繁荣的新型运河城市关系，高质量推进新时代“运河造福工程”，形成区域运河沿岸自然生态与人文环境相结合、现代都市与田园乡村相融合、历史文化与现代文明相交汇的全域大美格局。高品质架构“融合秀美”的运河沿岸城乡空间新格局。按照“多规合一”和国土空间规划编制统一部署，统筹考虑运河沿岸村镇区划调整、新村村庄规划、基础设施建设、生态环境整治、乡村未来社区等规划建设，推动城镇和农村地区的空间优化重构和全域文化旅游有机更新。结合苏北三市要素市场化配置的改革，注重把运河文化带建设投入的信息、技术、人才、金融等先进要素注入运河沿岸农村的发展之中，促进劳动力、资金、土地、水资源等资源要素在三市城乡之间自由流动和优化配置。高颜值擘画“大美运河”的美丽区域升级版。结合文化带建设，高质量推进新时代“运河再发现工程”，打造三市全域宜游、生态宜居的美丽苏北升级版的“清明上河图”。深入推进“无违建运河城市”创建，确保运河沿岸住房有特色、有品质、有风貌，全面提升运河沿岸美丽人居和绿化美化水平，着力打造具有楚风汉韵和“苏北派”风格的生态宜居区域。扎实推进沿河景区化建设，构建生产生活生态融合、人与自然和谐共生、自然人文特色彰显的美丽宜居新格局。全面推进运河沿岸厕所革命，大力开展美丽河湖建设。全面推进垃圾革命，完善生活垃圾分类投放、分类收集、分类运输、分类处理机制，进一步提升运河沿岸的生态文明建设标准。

（四）从打响品牌出发，促进文旅融合发展迈向新层次

苏北三市构建具有地域运河特色的“旅游+”产业圈，重点发展“旅游+农业”“旅游+体育”“旅游+养生”“旅游+健康医疗”“旅游+工业”等新业态，变“一日游”为“过夜游”、“观光游”为“休假游”、“小众游”为“大众游”、“季节游”为“全年游”，并可通过新媒体传播平台打造“大运河（苏北段）城市文化带数字博物馆”品牌，对苏北大运河文化带资源进行活化利用，让各类文化元素可视化、可触摸、可感知。特别是在三市的城乡建设和城市更新过程中，可充分利用各种城市空间，将多种现代生活元素、活动和场景作为运河历史文化遗产的新型载体。特别是通过街景、建筑、城市雕塑、街区、公园、城市地标、文创产品、文创空间等，将大运河历史文化元素融入现代城乡百姓的生活中，让各类文化元素可视化、可触摸、可感知，让苏北大运河文化可玩、可看、可赏、可消费，提升其国内外品牌影响力。苏北三市还应强化全域旅游集散中心的整合，加快运河两岸的“运河都市圈”区域形象提升，大力发展水上旅游，开通淮河入江水道、徐宿淮航道、洪泽湖、骆马湖、微山湖水上旅游环线。加快沿河公路提档升级和高铁建设等重点交通工程建设，做到“运河沿途皆有景”。此外，苏北三市应坚持以市场化手段、产业化进程、国际化的眼光打造大运河沿线城镇的休闲旅游产业带品牌，实现运河文化与经济的结合，盘活大运河（苏北段）的线性活态遗产廊道，进而强化文旅融合，实现三市的全域旅游目标，全面提升文旅融合发展的层次与深度。

第三节　高质量推进淮河生态经济带建设

2018 年 11 月，国家发展改革委印发《淮河生态经济带发展规划》。淮河生态经济带规划范围包括江苏、安徽、山东、河南、湖北 5 省的 25 个地市和 4 个县（市），分别是江苏省淮安市、盐城市、宿迁市、徐州市、连云港市、扬州市、泰州市，山东省枣庄市、济宁市、临沂市、菏泽市，安徽省蚌埠市、淮南市、阜阳市、六安市、亳州市、宿州市、淮北市、滁州市，河南省信阳市、驻马店市、周口市、漯河市、商丘市、平顶山市和南阳市桐柏县，规划面积 24.3 万平方公里之内。当前，淮河生态经济带范围地区正处于由高速增长阶段向高质量发展阶段转换，经济发展呈现出良好态势，但整体水平偏低，经济发展质量还不高。毫无疑问，淮河生态经济带国家战略实施为加快推动沿线城市的崛起，实现经济高质量发展带来新机遇。迈克尔·波特曾根据经济发展中关键要素的转换，把经济发展划分为要素驱动、投资驱动、创新驱动和财富驱动四个阶段，该理论对淮河生态经济带沿线城市的高质量发展具有重要启示。因此，在淮河生态经济带战略背景下，沿线城市应紧抓发展新机遇，贯彻落实新发展理念，充分发挥自身优势，积极培育发展新动能，加快经济发展从要素驱动、投资驱动转向创新驱动，逐渐摆脱经济发展对资源与环境的过度依赖，真正实现创新发展、协调发展、绿色发展、开放发展和共享发展。

一、淮河流域发展状况分析

（一）淮河流经区域

淮河流域地处中国东中部，介于长江和黄河两流域之间，位于东经111°55′～120°45′，北纬31°～36°，流域面积约27万平方千米。淮河原是水系通畅、独流入海的河道，自12世纪后，长期受黄河夺淮影响，失去入海尾闾，水系紊乱，洪涝灾害严重。淮河发源于河南省桐柏山老鸦叉，东流经河南、安徽、江苏三省，全长约1000千米（其中河南省境内约364千米、安徽省境内约436千米、江苏省境内约200千米）。

（二）淮河流域主要资源状况和发展潜力

1. 耕作条件良好，农业生产潜力巨大

淮河流域平原面积广阔，占流域总面积的2/3，流域气候、土地、水资源等条件较优越，适宜发展农业生产，是我国重要的粮、棉、油主产区之一。淮河流域农作物分为夏、秋两季，夏收作物主要有小麦、油菜等，秋收作物主要有水稻、玉米、薯类、大豆、棉花、花生等。淮河流域的总耕地面积为1.9亿亩，约占全国总耕地面积的11.7%，人均耕地面积1.12亩。有效灌溉面积1.4亿亩，约占全国有效灌溉面积的16.5%，耕地灌溉率72.6%。粮食总产量9490万吨，约占全国粮食总产量的17.4%，商品粮占全国25%。人均粮食产量559千克，高于全国人均粮食产量。

2. 矿产资源丰富，工业发展基础较好

淮河流域矿产资源丰富、品种繁多，其中分布广泛、储量丰富、开采利用价值高的矿产资源有煤、铁、钼、岩盐、天然碱、石英石、凹凸棒石粘土、石灰岩、大理石、石膏等。如桐柏的碱矿、银矿，信阳的钼矿、非金属矿，随州的重晶石、萤石、磷矿等化工原料类矿以及石灰岩、花岗岩等建材非金属矿，霍邱的铁矿，叶县的盐矿，淮南、永城、颍上的煤矿，淮安的凹凸棒石粘土、岩盐和芒硝，盐城的石油、天然气、风能和光能新能源资源等，都居全国前列。因此，淮河流域发展现代能源、化工、原材料工业具有得天独厚的条件，可成为国家重要的能源原材料基地。特别是我国煤炭资源绝大部分分布在缺水地区，成为发展煤化工的制约因素。唯有淮南煤矿在水资源富集地区，在淮南市建立煤制油基地，并逐步扩大规模，可有效降低对进口石油的依赖程度和提高我国中原地区能源安全保障。

3. 区位条件优越，后发优势明显

流域濒邻长三角和环渤海地区，是我国沟通南北、连接东西的重要区域，区位优势明显。淮河流域总人口 1.70 亿人，约占全国总人口的 13%；其中城镇人口 5657 万人，占全国城镇人口的 9%，城镇化率 33.3%。流域平均人口密度为 631 人/平方千米，是全国平均人口密度的 4.5 倍。淮河流域劳动力资源丰富，特别是农村富余劳动力多，每年输出 3000 多万农民工。流域内交通干线密布，有京沪、京九、京广铁路和京福高速铁路等。公路网密集，分布有京沪、京珠等高速公路，是国家重要的交通走廊。京杭大运河、淮河干流及主要支流是国家重要的水上运输通道。

二、经济发展基本状况与态势

20 世纪 90 年代以来，受淮河水患等自然灾害和其他多种复杂因素影响，淮河生态经济带沿线城市经济发展相对滞后。对此，沿线相关省委、省政府针对各自区域发展差距明显的状况，制定实施了皖北振兴、苏北振兴等战略，着力增强沿线城市内生发展动力，促进经济高质量发展。经过多年努力，沿线城市经济发展保持较快速度，呈现出综合实力显著增强、经济结构持续优化、发展质量不断提升、基础设施有效改善的良好发展态势。截至 2019 年底，淮河全流域 GDP 总额约为 7 万亿元，约占全国 GDP 总额的 7.05%。

（一）淮河生态经济带发展基础情况

淮河流域地处长江流域和黄河流域之间，淮河生态经济带贯通南北、连接东西、通江达海，与长江经济带地域相连、水系相通，是国家重要的交通走廊，具备一定的发展基础。其主要优势是：（1）区位条件得天独厚，京沪线、京九线、京广线、陇海线等国家铁路、公路穿越而过。从城市看，徐州地处苏、鲁、豫、皖四省交界，东襟淮海，西接中原，南屏江淮，北扼齐鲁，素有“五省通衢”之称；淮安位于江苏省北部中心，处于中国南北地理分割线、是南北气候过渡带的交汇之地，下辖三县四区以及淮安经济技术开发区、工业园区、生态文旅区、苏淮高新区、宁淮现代服务业集聚区。淮安2022年完成地区生产总值4742亿元，位列江苏13个设区市第11位。不过近年来，随着徐宿淮盐和连淮铁路高铁的建成通车，加上在建中的宁淮城际，以及规划中的沿淮、淮泰高铁，淮安重新成为区域性交通枢纽城市。蚌埠地处中国南北地理分界线秦岭—淮河一线，淮河中游，京沪铁路和淮南铁路交会点，也是京沪高铁和京福高铁的交汇点，是全国性综合交通枢纽城市。淮河水系通航里程约2300公里，京杭大运河、淮河干流及主要支流航运发达。（2）自然禀赋优良。淮河生态经济带位于中国南北气候过渡带，生物多样性丰富，平原面积广阔，是重要的商品粮基地和棉花、油料、水果、蔬菜的重要产区。区域内湖泊众多，水系发达，水产养殖业和畜牧业潜力巨大，矿产资源储量丰富、品种繁多，是华东地区重要的煤炭和能源基地。（3）发展潜力巨大。人力资源丰富，城镇化和消费市场潜力巨大。产业体系较为完备，装备制造、有色金属、食品等产业集群优势明显。毗邻长江三角洲等经济发达地区，承接东部产业转移的基础条件好。（4）文化底蕴深厚。淮河流域山水相连、人缘相亲、文化相容，是中华文明的重要发祥地，拥有楚汉文化、明文化、红色文化、大运河文化、西游文化等丰富多彩的文化资源，国家历史文化名城众多，为在新时期更好地传承和弘扬中华优秀传统文化奠定了良好基础。

（二）淮河生态经济带发展面临的矛盾和问题

总体看，淮河生态经济带发展面临的一些问题值得关注：工业污染和农业面源污染问题突出，水生态系统破坏较为严重。徐州、宿迁、宿州、淮北、商丘、枣庄市、济宁市、临沂市、菏泽市等地区，地处淮海经济区老工业基地，环境基础建设“欠账”由来已久，蚌埠、信阳、淮南、阜阳、六安、亳州、驻马店、周口、漯河、平顶山、桐柏等市（县），位于中西部内陆，很多企业是沿海等地转移过来的中小化工企业，其中相当一部分是医药、农药、化工项目，污染成分复杂，治理难度大，成本高。《中国2018年生态环境公报》显示，淮河流域监测的180个水质断面中，Ⅲ类以上水质断面占57.2%，Ⅴ类和劣Ⅴ类12.2%，水质情况不容乐观。河南、安徽等省份水利、环保基础设施建设相对滞后，航道等级偏低，通江达海不畅；安徽省六安市、河南省信阳市等地，地处大别山腹地，城镇化程度较低，产业创新发展动力不足，经济转型发展压力大；区域合作机制不健全，江苏、安徽、河南、山东、湖北五省围绕淮河生态经济带的合作不够紧密，污染治理、应急监管等联防联控机制有待健全。

三、加快淮河生态经济带发展的思路

构建淮河生态经济带总体思路是从根本上改变长期以来淮河以蓄洪排洪为主的传统思路，确立综合发展的新思路，把淮河流域建设成经济社会协调和可持续发展，工业化、城市化和农业现代化同步推进，社会和谐稳定，造福两岸人民的“黄金水道”。

“以港兴城，港为城用，港城相长，衰荣共济”是世界范围内港口城市发展演变的普遍规律。淮河生态经济带就是要将沿淮河流域的得天独厚区位、交通、资源、产业等比较优势转化为经济优势，在淮河干流地区建立若干国际性二类港口，形成一个新型工业化产业带，发展一个新兴城市群。

（一）形成“一带三核两枢纽多节点”空间开发格局

淮河生态经济带空间开发格局：以千里淮河黄金航道为依托，以防洪和通航为一体，以江苏淮安、安徽蚌淮、河南信阳三核为中心，以江苏盐城为门户枢纽，促进淮河流域上中下游要素集聚，加快流域内工业化、城市化和农村现代化进程；以沿淮河地区主要交通运输通道为纽带，进一步强化腹地资源、产业优势，注重发展滞洪区特色产业；以临近淮河内河港的区域为节点，加快布局临港产业，建设若干临港工业集中区和物流园区，培育和壮大重点城镇，形成“一带、三核、两枢纽、多节点”的空间开发格局。通过以干流地区为先导区和以主要支流地区为辐射区的互动发展，增强辐射区对先导区的支撑作用，扩大先导区对辐射区的带动作用。通过干流发展，辐射带动周口、漯河、驻马店、商丘、阜阳、淮北、宿州等支线流域，推动整个淮河流域跨越发展。

“一带”：依托千里淮河、沿淮高速公路、新东陇海铁路、沿淮管道等主要通道，完善沿淮河重大基础设施，重点发展煤化、盐化、钢铁、新能源、节能环保、汽车、纺织、机械、电子信息、食品加工等优势产业，积极建设现代高效农业和特色产业基地，加快发展现代物流、现代金融、商贸商务、产品市场、信息服务等现代服务业，科学规划建设沿淮文化旅游和生态功能区，加快沿淮经济带一体化发展，使淮河流域成为富庶、美丽、繁荣、发达的经济区。

“三核”：实施中心城市带动战略，加强淮河干流淮安、蚌淮（蚌埠—淮南）、信阳三个区域性中心城市建设力度，扩大城市规模，完善城市功能，增强“三核”引领淮河干线流域经济社会发展的“龙头”作用，使信阳、蚌淮、淮安之于淮河，相当于重庆、武汉、南京之于长江，上中下游协同发展，带动淮河流域整体优势的发挥和竞争力提升。

“两枢纽”：发挥淮安作为运河、淮河、盐河、淮河入海航道交会的内河航运枢纽及区域性公路运输、铁路运输枢纽功能，以低成本运输贯通南北、连接东西。推进淮河入海水道一级航道建设，充分发挥盐城港“一港四区”海河联运的优势，建设盐城枢纽港，形成“一主多元”的淮河出海门户。“一主”即盐城港滨海港区（建设30万吨深水码头），“多元”即盐城港射阳港区、大丰港区、陈家港港区。实现淮河航道与盐城港滨海港区的“无缝”对接，建成淮河便捷出海门户、大宗商品储运中转加工交易中心和国际物流枢纽保税港区，带动全流域加快融入全球产业体系，更加广泛地集聚国内外先进生产要素。

“多节点”：以沿淮河两岸各县（市）以及可建内河港的区域为重要节点，依托沿淮重要城镇，新型工业化、新型城镇化和农业现代化“四化”融合、协调推进和同步发展。

节点城市主要包括：河南省桐柏县、罗山县、息县、淮滨县、潢川县、固始县等；安徽省霍邱县、颍上县、寿县、定远县、凤阳县、明光市、全椒县等；江苏省盱眙县、金湖县、阜宁县、响水县、宝应县、大丰市、滨海县、射阳县和泗阳县等。

（二）淮河生态经济带的建设思路

1. 构建现代综合交通运输体系

加强淮河流域城市合作，实现交通无缝对接。完善沿淮综合运输通道，大力开发淮河内河航运，建设沿淮干线铁路、高速公路，形成淮河中部地区与沿海港口“无缝衔接”的综合交通运输体系。

万吨级黄金水道：建设千里淮河黄金水道，打通沿淮城市的短直出海口。将淮河正阳关至信阳段由现状的四级航道升级为三级航道、沙颍河颍上—周口段升级由四级航道升级为三级航道；将正阳关至蚌埠段由现状三级航道升级为二级航道；将蚌埠至洪泽湖、苏北灌溉总渠、入海水道提升为一级航道，可通行3000吨以上船只、万吨级船队。

港口码头：将滨海港打造成为“淮河门户、亿吨大港”。重点加快滨海港30万吨级航道工程建设，10万吨LNG专用码头工程建设，加快滨海港航道工程、挖入式港池、航道及防波堤工程建设，加快大丰港、射阳港、响水港等沿海喂给港建设。加强淮河水系唯一国家级内河港口——蚌埠港的建设，重点打造国家二类口岸。

公路：建设沿淮高速公路。由于淮河流域北部的五河县城至泗县县城之间约40公里的距离尚无联系通道，建议以淮河和洪泽湖为界，在淮安、蚌埠、淮南、阜阳、信阳之间500公里的距离内分别规划建设两条沿淮高速公路，南沿淮高速公路和北沿淮高速公路，打造“四小时公路交通经济产业带”，在淮南市、蚌埠市和淮安市之间建设一条干线一级公路，加密沿淮三市干线公路通道，服务淮河中下游“两小时公路交通经济产业带”。

铁路：建设新东陇海铁路线。目前，淮河流域南北向铁路基础设施迅速完善，对外交流和地区影响力也迅速增加。但是淮河流域通南达北，却东西出入不便，缺少一条贯穿东西的铁路。建议修建东西铁路通道——沿淮铁路，东起盐城大丰港，向西依次经过蚌埠、阜阳、驻马店、南阳、十堰、安康、汉中，在阳平关向西延伸接轨兰渝铁路后直达兰州。

2. 推进流域资源综合科学开发

建设“沿淮管道运输”六大通道，形成西碱东输、西气东输通道。淮河流域具有丰富的盐卤、天然碱、铁精矿、凹土、石英石等自然资源，同时也是我国东部区域性成品油、天然气、煤炭中转储配基地，科学开发盐卤、天然碱等重要经济资源，充分发挥管道运输的成本优势，通过“沿淮管道运输”大通道建设，加快流域资源要素的合理配置，促进流域经济实现跨越式发展。建成六条“沿淮管道运输”大通道：滨海—淮安—蚌埠—淮滨“LNG”管道运输大通道；淮安—连云港、淮安—响水、淮安—滨海、淮安—蚌埠—淮滨盐卤水管道运输大通道；桐柏—淮滨—霍邱—寿县—淮南—蚌埠—淮安天然碱管道运输大通道；连云港—淮安—蚌埠—淮南成品油输送管道；滨海—淮安—蚌埠—淮南—淮滨风电制氢、氧输送管道。

3. 优化全流域产业结构与布局

转变经济发展方式，坚持走中国特色新型工业化道路，加快壮大淮河流域支柱产业、积极培育战略性新兴产业，改造提升传统产业，加快发展现代服务业，全面构筑流域现代产业体系，推动区域运输枢纽、商贸中心、物流中心、产业基地等建设，推动沿淮流域城镇化和农业现代化建设，带动区域发展。

充分利用淮河流域资源禀赋，发挥淮河流域的特色和优势，积极承接国内外产业转移，提升自主创新能力，打造全国重要的粮食和特色农产品生产加工基地、国家级现代制造基地，建设辐射泛长三角地区的产业服务中心，形成以新型化工业、新能源产业、新材料产业、现代制造业、海洋产业、现代服务业、现代农业为主体的产业群和完善的产业支撑体系，构筑配置合理、功能协调、相对集中的特色产业空间发展格局，建立起结构优化、技术先进、清洁安全、附加值高、吸纳就业能力强的现代产业体系，产业整体竞争力达到国内先进行列。

大力发展循环经济，主要以煤炭、碱、盐为主导，以煤盐碱化工深加工、综合利用和配套产业为补充，形成相对集中、互为补充、协调发展的新型绿色循环化工产业体系，打造国家重要新型煤盐碱化工基地。重点支持淮安、滨海、淮南等打造数个中国特色非石油路线的烯烃产业集群，带动整个流域发展成为现代化大型新型化工基地和循环经济示范区。重点建设桐柏碱化工、淮安盐化工、淮南煤化工、滨海石油化工、霍邱钢铁、蚌埠电子信息、蚌埠及凤阳硅基材料、盱眙凹土新材料等若干个万亿元级、千亿元级特色产业基地。

4. 解决淮河流域"十年九旱一涝"问题

从桐柏山到王家坝距离364千米，属上游地区，落差178米。从王家坝到洪泽湖的三河闸距离490千米，属中游地区，落差16米。从三河闸到镇江市的三江营入江口距离146千米，属下游地区，落差6米。从系统工程角度研究淮河流域水利灾害频繁问题，统筹河南、安徽、江苏三省，分段实施千里淮河上中下游三段水利设施基础、大型水库建设。

(1) 淮河上游水利工程方案。

在淮河上游修建出山店、前坪、张湾、江巷、淮干息县水利枢纽等一批具有防洪、灌溉、供水等功能的大型水库建设，兴建白雀园、袁湾、下汤、晏河、虎山、罗汉山一批中型水库，建设354座小型水库，加固病险水库，扩大水库控制面积，增加拦蓄能力，使上游地区防洪标准由目前不足20年一遇提高到50年一遇，重要支流防洪标准达到或超过20年一遇。

(2) 淮河中下游水利工程方案。

引江济淮工程。曾称江淮运河，又称江淮沟通，因运河一词不能确切反映其全面、巨大的综合作用，故在20世纪80年代后期改称为引江济淮沿用至今。引江济淮工程是一项以工业和城市供水为主，兼有农业灌溉补水、水生态环境改善和发展江淮航运等综合效益的大型跨流域调水工程，按其所在位置和主要功能，自南向北可划分为引江济巢、江淮沟通、淮水北调三段，其中引江济巢为引江济淮水源和兼顾巢湖水环境改善工程，江淮沟通为引江济淮输水和兼顾江淮航运工程，淮水北调为引江济淮延伸配水工程。

引江济淮工程引水线路，分为两个预选方案，一是中线调水工程，二是东线调水工程。

中线引江济淮工程。调水方向是从长江引江水入巢湖（引江取水位置两处，一处为凤凰颈闸站，另一处为枞阳闸），然后沿巢湖西岸的派河上溯后抽水上岗，穿越江淮分水岭入东淝河，经瓦埠湖调蓄后注入淮河干流，再经蚌埠闸调蓄后利用茨淮新河、怀洪新河等继续向北送水。自长江至淮河输水线路长度约 350 千米，其中利用现有湖泊、河道或适当拓宽疏浚长度约占 2/3，新开挖河道长度约 1/3，需要占用一定农田和搬迁相当数量的城镇乡村居民。

东线引江济淮工程。借助南水北调东线既有工程抽江规模 600 立方米/秒基础上再略增流量即可，在年平均抽江水量达到 105.86 亿立方米的基础上根据东线引江济淮实际需求增加约 30 亿立方米，相对年节约抽调江水达 20 亿立方米。由于在已有南水北调东线工程基础之上，利用已有河道和泵站补给淮河，且距离近，因此通过洪泽湖补给淮河工程水资源损耗极小。

5. 推进流域“四化”协同发展

积极探索淮河流域新型工业化、信息化、新型城镇化和农业现代化“四化”融合、协调推进、同步发展的新模式。探索在不牺牲农业和粮食、生态和环境的前提下，以新型城镇化引领城乡协调发展，构建新型工业化、农业现代化的发展平台，走多级集聚、城乡统筹、生态宜居、民生安全和共同富裕的城镇化道路。

实施核心城市引领、中心城市带动战略，重点建设淮安都市圈、盐城都市圈、蚌淮都市圈以及淮三角城市群，加快发展地区性中心城市，积极发展中小城市，加快县城建设，培育一批有产业支撑的中心镇，促进区域中心城市、中小城市、小城镇协调发展，逐步形成以淮安、蚌埠为核心，节点为骨架，中小城市和小城镇为依托，交通运输通道为纽带，布局合理、协调发展的城镇体系。通过科学规划，依托产业和交通运输体系，分步推进，最终形成“一带、三圈、六轴、多极”的城镇化空间布局。

在皖北蚌埠、苏北淮安等地区，设立全国新型城镇化综合配套改革试验区，探索农业地区新型城镇化内涵、模式和路径。建立农村土地管理制度改革试点，建立城乡统一的土地市场，改革和完善土地征用制度，确保农民在土地增值中的收益权。

6. 挖掘文化旅游资源，打造沿淮旅游品牌

提升淮河文化影响力。深入挖掘和弘扬淮河文化底蕴，发挥文化遗产丰富优势，突出炎帝文化、盘古文化、新石器文化、农耕文化、治水文化、道教文化、民间艺术等淮河文化的传承弘扬，办好淮河文化系列活动。重点提

升以上游信阳为中心的“淮汉文化”、随州为中心的“炎帝文化”，以中游蚌埠为中心的“大禹文化”，以下游淮安为中心的“淮扬文化”，以出海口盐城为中心的“海盐文化”，以重点城市为依托打造地域特色文化圈。

促进淮河文化产业大发展。整合文化资源，完善产业链条，培育龙头企业和知名品牌，加快扩张规模和提升层次，形成以文化旅游、文化娱乐、出版印刷、艺术品、传媒广告、文博会展和文化创意七大行业为主导的文化产业体系，推动文化产业成为经济支柱性产业。积极发展特色文化产业，挖掘传统文化，融合现代元素，加快推进湖上生明月、花鼓灯嘉年华、大明文化园、大禹文化产业园等重点文化产业园区建设，支持发展一批历史文化街区、特色文化村镇，建设形成一批国家级、省级文化产业示范园区。

7. 深化改革开放，增强社会经济发展动力与活力

加强民生工程建设。加快完善基本公共教育服务体系，优化配置义务教育资源。加强职业教育，对各类学校毕业未能就业人员、下岗失业人员、农民工等重点群体开展职业技能培训。支持信阳、蚌埠、淮安等中心城市高等教育发展，支持建设淮安、信阳综合性大学。综合完善流域城乡公共就业服务体系，建设流域人力资源开发交流服务平台，促进流域内不同区域人才交流。坚持促进产业发展和扩大就业相结合，拓宽就业渠道，增加就业岗位，增加城乡居民收入。坚持开发式综合扶贫方针，稳步提高扶贫标准。全面落实医药卫生体制改革各项任务，完善公共卫生服务体系。建设淮安、蚌埠、信阳流域性医疗中心，大力推动流域医疗资源共享。

推进四化同步发展。探索建立城镇和农村利益协调机制、工业和农业利益协调机制、城镇建设土地节约利用机制、农业现代化与农村人口有序转移机制，加快形成工业化、信息化、城镇化与农业现代化同步发展新格局，为全国同类地区发展起典型示范带动作用。

扩大对外开放合作。建设流域内合作的制度安排，营造与流域外市场接轨的制度环境，完善涉外公共管理和服务体系，加快形成全方位、多层次、宽领域的合作与开放格局。依托淮河黄金水道，推动沿淮主要港口直接出海，打破淮河不入海的历史，迎来淮河流域对外开放发展新机遇，激活区域内合作发展新动力，开拓资源、要素流通和承接产业转移新途径。重点支持淮安打造台资集聚高地，支持信阳建设台商产业园，支持符合条件的省级开发区升级为国家级开发区；支持具备条件的地区申报建设海关特殊监管区域，建设盐城滨海保税港区、淮安一类水运、淮安航空口岸、信阳陆路口岸、蚌埠长淮卫临港产业园、蚌埠综合保税区以及淮安、蚌埠、信阳临空经济区等开放型载体，带动流域融入全球航运体系与产业链；充分利用盐城683万亩沿海滩涂后备资源和230平方公里低产盐田资源，建设滩涂综合开发试验区，重点推进黄海经济区开发，积极承接能源、石化、冶金、机械制造等重大项目，打造淮河出海门户现代临港产业集聚区。

有序承接产业转移。充分利用土地储备、沿海滩涂、原材料、农副产品、劳动力等资源优势，完善产业配套条件，打造产业转移承接平台，健全产业转移推进机制，全方位、多层次承接长三角地区和国际产业转移，鼓励与皖江城市带、江苏沿海城市带及中原经济区的交流与合作。支持中心城市重点承接发展高端装备制造业、战略性新兴产业和现代服务业，推动流域各地区依托当地资源禀赋重点发展优势产业，形成集中布局、错位发展、良性竞争的格局。

四、苏北高质量推进淮河生态经济带建设的路径

（一）加强水资源开发治理与利用

1. 水资源开发工程建设

要建立淮河水利建设专项基金及发展灌溉面积专项引导资金，提供专门的水利基础设施建设长期优惠政策性贷款等，并严格划分中央与地方的职责与事权。对淮河流域发展有影响的重点水利工程项目必须依靠国家投资来完成，如淮河流域大型水资源科学配置和水资源综合利用工程等。重点地区水土保持工程和水源保护工程，以节水为中心的大型灌区改造与续建配套及重点水利扶贫等项目，投资由中央和地方共同承担，适当加大中央投入的比例。地方政府也应相应采取各种措施，加大对水利建设的投入力度。

2. 水资源节约利用

要节约用水，强化节水考核管理，大力推进节水型社会建设试点工作，提高用水效率和效益。要把实施节水高效农业列为国民经济的重大基础建设

项目，把提高水的利用效率作为节水高效农业的核心，调整农业结构，提高农业灌溉水利用率与生产效率，建议国家出台相关政策支持搞好淮河地区以节水为中心的配套工程和技术改造工作。要严格执行工业用水定额标准，严禁超定额用水，加大节水技术研发推广力度，大力推广节水工艺技术和设备，通过产业升级降低工业单位耗水定额，建立节水型行业和城市。

（二）推进矿山生态恢复治理

探索采煤塌陷区有效利用的途径和鼓励政策，建立集环境补偿机制、资源补偿机制、用地保障机制、失地农民生活保障机制、洪泛区生态补偿机制等于一体的采煤塌陷区生态补偿政策，为煤炭生产和塌陷区复垦提供一条可持续的道路。对于无法实现继续农业利用的集中连片塌陷区，在企业负责赔偿的基础上，实行国家征用，采取建设平原水库或列为湿地保护区等措施，使其成为淮河流域水资源配置中的重要环节。对于历史遗留塌陷区，国家设立专项资金支持开展综合整治和利用。

（三）推进产业转型升级

实证结果表明，淮河生态经济带东部地区的经济发展和水环境处于较高水平。东部地区以湖泊水体为基础，拥有自然优质的水环境和充足的水资源总量，经济发展早于其他地区，同时发展速度也快于其他地区，经济基础较好。应进一步将重工业产业进行转移和疏散，特别是教育、医疗、科技等相关产业需要向周边地区转移，中西部地区应做好产业转入的相关准备，立足淮河生态经济带协调发展，科学设计产业布局，合理调整产业结构，以合作发展理念取胜，积极应对东部产业转移；产业环境协同作用低的东部与北部地区必须从产业结构入手，从根本上提高水环境水平，优化产业发展环境，提高产业能力，筑巢引凤，通过产业升级实现产业功能、资源要素和产业政策，将结构规划等方面与其他地区联系起来，促进水环境的持续优化。

（四）建立苏北流域生态安全体系

1. 建立基于物联网体系架构的集控中心

加快推进信息化、数字化、智能化技术在循环经济体系中的运用，构建基于物联网体系架构的集控中心，将排污企业的生产数据、排污站数据、循环利用数据等相关数据传输到集控中心，进行预警、预报、发布等功能。

2. 构建生态安全体系平台

建立一个与所有相关行业、机构的管理信息系统双向沟通的信息管理系统，广泛获取生态安全信息。构筑生态安全数据库，以保护城市生态安全为目标进行统计、分析与决策，及时向政府、社会与公众发出信息与预报，以促使政府、公众、企业的行为更符合流域生态发展状态，实现和谐、平衡发展。

3. 以科技创新为引领，推进生态智慧城市建设

建立以“智能+互联+协同”为特征的生态智慧城市，推进先进信息技术应用与城市生态安全理念的融合，以更快、更好地实现城市政府从管理到服务，从治理到运营，从局部管理应用到协同一体的平台服务的综合应用。通过智能化、交换共享与关联应用，实现城市生态安全运作更安全、更高效、更便捷、更绿色的和谐目标，促进城市生态安全体系建设与管理各参与主体实现多赢。

4. 进一步强化生态环保措施，防范环境风险

应特别关注生态环保措施，重点加强高污染行业风险防范。一是优化空间布局，严守生态“红线”，合理设定卫生防护距离，确保不对自然生态环境、敏感目标和人体健康造成危害。二是严格环境准入条件，大力淘汰落后产能。通过制定严于国家的排放标准、提高引资选项的环保门槛，推动高污染产业向高端化发展。三是强污染治理。加强工业园区环境基础设施建设和运营管理，提高工业废水的处理水平和废水回用率，安全处置化工废水；加强危险废物、工业固废管理，尤其在设计产业链时，不能因经济效益而忽视危险废物管理等法律法规的执行；加强有机废气治理。四是提高副产品、废弃物综合循环利用和无害化处置水平。五是进一步加强企业风险防范和控制措施的制定落实。

5. 建立和完善专项的生态安全预警和防护体系

根据生态环境的不同状况，有重点地建立和完善专项的生态安全预警和预防体系。预警原则的主要目的是更好地保护人类健康和自然环境，采取的

预防措施不是在危害作用发生之后，而是在效应发生前行动。今后，要维护和实现流域的生态安全，就必须坚持预警原则，建立以气象预报体系、防汛体系、疫情预报与防治体系、动植物检疫体系、环境监测体系等构成的生态安全预警和防护体系，提高全流域应对生态环境灾害的应急能力，减轻灾难的损失。

（五）完善苏北流域生态环境补偿政策

1. 排污权交易机制

淮河流域每年汛期上游都会有大量污水下泄，使下游水体受到严重污染，下游地区对跨区域、流域性污染的防范能力十分脆弱，对造成损害的赔偿难以落实，大大增加了淮河下游地区环保工作的难度。建议建立淮河流域排污权交易机制，建立流域排污权管理中心，确定流域各地区污染物排放指标的总量，确定排放指标的种类，确定流域初始排污权分配的方案，建立流域排污权交易初级市场，通过市场机制降低流域排污总成本。

2. 生态环境补偿机制

加大中央财政对淮河流域生态补偿力度，加大对粮食生产主体功能区补偿力度，进一步探索制定统筹生态保育、环境保护与农业生产的补偿政策，建立不同层面的生态补偿机制，进一步促进流域生态环境的改善。建议由国家财政和沿淮各省级财政共同给予支持，建立淮河流域生态补偿基金，按照“谁开发谁保护、谁破坏谁治理、谁受益谁补偿”的原则，建立下游地区对上游地区、开发地区对保护地区、受益地区对受损地区、城市对乡村、富裕省份对贫困省份的生态补偿机制以平衡各方利益。

第四节　高质量破解江苏“南强北弱”

一、“南强北弱”的总体表现

近年来，在经济新常态下，江苏省经济仍然呈持续增长的态势，虽然增长速度有所放缓，据《江苏省国民经济和社会发展统计公报》，2018 年地区生产总值增长 6.7%，2019 年增长 6.6%，2020 年受疫情的影响，但是经过全力保障各类生产企业的复工复产，仍然实现了 3.7% 的增长，经济增长方式和经济结构不断优化。总体上，江苏省经济体量领先全国，经济发展方式正由速度型粗放增长转向效率型集约增长，经济发展质量不断提高。然而，从省内来看，江苏省内区域经济发展不平衡的态势仍然未得到根本性的改变，特别是“南强北弱”矛盾更加突出，主要表现在以下三个方面。

（一）南北经济总量差距仍呈扩大趋势

从 2014 ~2019 年的数据来看（见表 7 -1），苏南地区生产总值长期超过苏北地区生产总值在 2 万亿元以上，且呈现逐年增加的态势，从相对比例来看，苏南地区生产总值长期超过苏北地区生产总值在 2.4 倍以上，相比绝对数差距，南北地区生产总值相对数差距变化不大。

表 7 -1　　江苏南北地区生产总值差距发展态势

年份	苏南地区生产总值（亿元）	苏北地区生产总值（亿元）	生产总值绝对差异（亿元）	生产总值相对差异
2014	38895.11	15289.55	23605.56	2.543901554
2015	41535.56	16821.48	24714.08	2.469197716
2016	44792.63	18460.23	26332.4	2.426439432
2017	49397.27	20171.58	29225.69	2.448854775
2018	53220.44	21500.45	31719.99	2.475317493
2019	56646.45	22963.34	33683.11	2.466821029

数据来源：根据《江苏省统计年鉴》整理计算。

1. 南北地区人均生产总值差距突出

从 2013 ~2019 年的数据来看（见表 7 -2），苏南地区人均生产总值长期超过苏北地区人均生产总值在 6 万元以上，且呈现逐年增加的态势，从 2013 年的 64824 元增加到 2019 年的 92444 元，表明南北地区人均生产总值差距逐年扩大趋势非常明显，从相对比例来看，苏南地区人均生产总值长期超过苏北地区人均生产总值在 2.2 倍以上，相比绝对数差距，南北地区人均生产总值相对数差距相对稳定。

表7-2　　江苏南北地区人均生产总值差距发展态势

年份	苏南地区人均总值（元）	苏北地区人均总值（元）	人均总值绝对差异（元）	人均总值相对差异
2013	111488	46664	64824	2.39
2014	119485	51141	68344	2.34
2015	127180	55750	71430	2.28
2016	136914	60937	75977	2.25
2017	150200	66934	83266	2.24
2018	160747	70369	90378	2.28
2019	167995	75551	92444	2.22

数据来源：根据《江苏省统计年鉴》整理计算。

2. 南北地区单位土地面积产出差距逐年扩大

从2014～2019年的数据来看（见表7-3），苏南地区单位土地面积产出长期超过苏北地区单位土地面积产出在1.1万元以上，且呈现逐年增加的态势，从2014年的11062元增加到2019年的15985元，表明南北地区单位土地面积产出差距同样在逐年扩大，从相对比例来看，苏南地区单位土地面积产出长期超过苏北地区单位土地面积产出在4.7倍以上，说明苏南地区土地利用能力和利用效率远高于苏北。

表7-3　　江苏南北地区单位土地面积产出差距发展态势

年份	苏南单位土地产出（万元/平方公里）	苏北单位土地产出（万元/平方公里）	单位土地产出绝对差异（万元/平方公里）	单位土地产出相对差异
2014	13849.56	2786.71	11062.85	4.97
2015	14789.76	3065.92	11723.84	4.82
2016	15949.52	3364.60	12584.92	4.74
2017	17589.11	3676.52	13912.60	4.78
2018	18950.45	3918.72	15031.73	4.84
2019	20170.36	4185.35	15985.01	4.82

数据来源：根据《江苏省统计年鉴》整理计算。

二、“南强北弱”的具体表现特征

相比苏北，苏南在以下几个方面表现出了比较突出的强势特征。

（一）"产业强"的优势特征

1. 产业结构优势突出

从2014～2019年的数据来看（见表7－4），苏南地区第一产业生产总值长期低于苏北地区，从比例来看，苏南地区第一产业生产总值不到苏北的一半（约40%以上），然而，苏南地区第二产业生产总值长期超过苏北地区第二产业生产总值在1.1万亿元以上，且呈现逐年增加的态势，从2014年的11714万亿元增加到2019年的18395万亿元，相对比例长期维持在2.5倍以上，苏南地区第三产业生产总值长期超过苏北地区第三产业生产总值在1.3万亿元以上，同样呈现逐年增加的态势，从2014年的13017万亿元增加到2019年的19384万亿元，相对比例长期维持在2.7倍以上，表明苏南地区在工业化水平和现代服务业水平远超苏北地区。总体上，苏南地区第二、第三产业相对苏北地区非常强势，特别是在第二产业增长放缓和总量靠近峰值时，第三产业强劲增长，增长速度超过第二产业，说明苏南经济遵循经济发展规律，已进入后工业化时期，而苏北地区第二、第三产业虽然也在逐年增长，但是增幅不大，与苏南地区的差距还在扩大，表明苏北地区还未能完成工业化进程，处于工业化中期。

表7－4　　江苏南北地区产业结构差距发展态势

年份	第一产业生产总值（亿元）			第二产业生产总值（亿元）			第三产业生产总值（亿元）		
	苏南	苏北	比例	苏南	苏北	比例	苏南	苏北	比例
2014	816.27	1758.38	0.46	18651.56	6937.53	2.69	19473.43	6455.8	3.02
2015	865.26	1869.76	0.46	19402.30	7445.52	2.61	21251.20	7249.03	2.93
2016	899.99	1978.19	0.45	20294.42	8021.89	2.53	23601.42	8160.12	2.89
2017	919.70	2109.73	0.44	22731.82	8980.78	2.53	26523.67	9178.25	2.89
2018	907.13	2189.90	0.41	24358.79	9243.51	2.64	28690.84	9932.57	2.89
2019	906.45	2376.22	0.46	25332.87	9562.44	2.65	30409.13	11024.69	2.76

数据来源：根据《江苏省统计年鉴》整理计算。

2. 工业企业数量、资产规模和盈利能力优势突出

从2014～2019年的数据来看（见表7－5），苏南地区工业企业数量

（规模以上）长期高于超过苏北地区 10000 家以上，从相对比例来看，苏南地区工业企业数量是苏北地区 1.8 倍以上，从最低 1.8 倍增加到最高 3 倍，表明苏南地区在工业企业数量上远超苏北，从工业企业总体规模来看，苏南地区的工业企业资产总量是苏北地区的 3 倍以上，最高达到 2019 年的 4.2 倍，从工业企业盈利能力来看，苏南地区的工业企业利润总额是苏北地区 1.6 倍以上，且逐年增长，2019 年最高达到 4.3 倍。表 7－5 的数据表明，苏南地区工业企业在数量、资产规模和盈利能力方面均远超苏北，而且，这种“南强北弱”发展态势有越演越烈的倾向。

表 7－5　　江苏南北地区工业企业差距发展态势

年份	工业企业数量（规模以上）个			资产总计（亿元）			利润总额（亿元）		
	苏南	苏北	比例	苏南	苏北	比例	苏南	苏北	比例
2014	25631	12503	2.0	64173.18	18050.46	3.6	4347.73	2419.57	1.8
2015	24851	12944	1.9	65959.02	20463.52	3.2	4460.52	2726.72	1.6
2016	23939	13200	1.8	69701.23	22282.65	3.1	5007.55	2871.03	1.7
2017	23732	10717	2.2	72217.72	21191.85	3.4	5099	2395.12	2.1
2018	23753	10846	2.2	76424.72	19914.83	3.8	5093.6	1306.72	3.9
2019	26593	8940	3.0	79594.43	18925.16	4.2	4715.52	1093.91	4.3

数据来源：根据《江苏省统计年鉴》整理计算。

3. 产业集群布局和产业结构完整性优势突出

2018 年，江苏决定重点培育新型电力（新能源）装备、工程机械、物联网、前沿新材料、生物医药和新型医疗器械、高端纺织、集成电路、海工装备和高技术船舶、高端装备、节能环保、核心信息技术、汽车及零部件、新型显示等 13 个产业集群，目前这 13 个世界级的产业集群正快速崛起，从产业集群地理空间布局来看，苏南的优势非常突出，例如，以高端纺织产业集群为例，该集群拥有恒力、盛虹、海澜三家千亿企业，江阴、吴江、常熟三个千亿基地，东方丝绸市场、常熟服装城、叠石桥家纺城三个千亿级交易市场，集群主要分布在苏南，又如，以全球光纤通信前三强企业—苏州亨通集团为代表的江苏核心信息技术产业集群，聚合了高端软件、新一代软件和人工智能，嵌入式、工业软件水平全国领先，也主要分布在苏南。苏北工业体系基本由重化工和以“短、平、快、小”为典型特征的产业项目构成，呈现以重工业为主、以传统行业特别是资源行业为主、以原料产品和初级产品行业为主、以中小型企业为主等特点，且工业大规模企业相对较少，没有形成以龙头企业为主导、小企业为支撑的产业链和产业集群，无法实现规模效益，且与资源环境之间的矛盾较为突出。从表7－6来看，苏南地区集聚的产业集群所在行业类型、数量均远超苏北，根据表7－6的不完全统计，苏南地区集聚了41个产业集群，而苏北仅有7个，在所涉及的行业类型方面，苏南地区涉及行业门类也远超苏北，说明苏南具有十分完整、齐全的产业结构体系，因此，相比苏北，苏南在产业集群布局和产业结构完整性方面具有突出优势。

表7－6　　江苏南北地区产业集群分布比较（2020年）

所属行业	苏南地区产业集群数量（个）	苏北地区产业集群数量（个）
服装产业集群	10	
纺织产业集群	11	
光伏产业集群	1	
轨道交通产业集群	1	
智能制造产业集群	3	1
电力产业集群	2	
智能装备产业集群	1	
化工产业集群	1	
石油机械产业集群		1
水晶产业集群		1
计算机产业集群	1	
新能源产业集群		1
新材料产业集群	2	
生物医药产业集群	2	
电子产业集群	1	
工程机械产业集群		1
精密机械产业集群	1	
化纤类产业集群	2	
冶金产业集群	2	

续表

所属行业	苏南地区产业集群数量（个）	苏北地区产业集群数量（个）
农业产业集群		2
建材产业集群	1	
合计	41	7

数据来源：根据《中商情报网》数据整理计算。

（二）人才竞争力与人才结构优势

苏南五市由于历史和地理位置等原因，在人才数量、人才集聚和人才竞争力等方面，一直存在对苏北五市的显著优势，依据《江苏省设区市人才竞争力报告（2017）》数据，江苏13个设区市人才综合竞争力排名分别为：南京、苏州、无锡、常州、南通、镇江、徐州、扬州、泰州、盐城、连云港、淮安、宿迁，苏南五市人才综合竞争力排名均在苏北五市前面，充分说明苏南在人才数量、质量和吸引力等方面领先苏北。从全民所有制和集体所有制专业技术人员结构（见表7－7）来看，苏南历年的工程技术人员人数远高于苏北，差距一直在15000人以上，在农业技术人员方面苏北要高于苏南，在科研人员方面，苏南也高于苏北。从人才结构来看，苏南工程技术人员比例远高于其他专业技术人员，这与苏南以先进制造业和高新技术产业为主的经济结构相一致，而苏北较高的农业技术人才比例，与苏北第一产业较高的比重也是一致的。总体上，苏南在人才综合竞争力和人才结构方面优势明显。

表7－7　　苏南苏北地区专业技术人才

年份	工程技术人员（万人）		农业技术人员（万人）		科学研究人员（万人）	
	苏南	苏北	苏南	苏北	苏南	苏北
2014	4.15	2.87	0.58	1.12	0.16	0.15
2015	4.34	3.41	0.67	1.15	0.18	0.13
2016	4.6	3.02	0.82	1.06	0.21	0.16
2017	4.65	3.05	0.60	1.27	0.26	0.15
2018	4.47	2.83	0.57	1.27	0.18	0.16
2019	4.71	3.2	0.58	1.25	0.18	0.17

数据来源：根据《江苏省统计年鉴》整理计算。

（三）"强势县域经济"特征

从近年的苏南和苏北县域规模以上工业企业的经济指标来看，苏南地区县域经济的"强势特征非常明显"，例如，2019 年昆山规模以上工业企业的主营业务收入达到 8604 亿元，张家港规模以上工业企业的主营业务收入达到 5595 亿元，江阴达到 6133 亿元，同期苏北地区规模以上工业企业主营业务收入最高的为响水县不过 899 亿元，这在一定程度上反映了苏南地区"强县域经济特征"。从表 7－8 数据来看，苏南地区县域经济绝大多数超过 1000 亿元规模，而苏北地区县域规模以上工业企业的主营业务收入或工业产值普遍在 1000 亿元规模以下，因此，从县域经济视角来看，"南强北弱"特征更为显著。

表 7－8　　　　江苏南北地区县域经济状况

年份	规模以上工业企业收入 1000 亿元以下县（县级市）数量		规模以上工业企业收入 1000 亿元以上县（县级市）数量		规模以上工业企业收入 2000 亿元以上县（县级市）数量		规模以上工业企业收入 3000 亿元以上县（县级市）数量	
	苏南	苏北	苏南	苏北	苏南	苏北	苏南	苏北
2014	1	18	10	4	7	1	4	0
2015	0	17	10	5	6	1	4	0
2016	0	12	10	8	7	1	4	0
2017	1	15	9	5	7	1	4	0
2018	2	20	8	0	6	0	4	0
2019	2	20	8	0	6	0	5	0

数据来源：根据《江苏省统计年鉴》整理计算。

（四）外向型经济和出口优势特征

从 2014～2019 年的数据来看（见表 7－9），苏南地区实际使用外资额是苏北地区的 3 倍以上，出口总额是苏北地区 11 倍以上，进出口总额是苏北的 13 倍以上，凸显了苏南地区的外向经济特征优势，但是，在"新冠肺炎"疫情期间以及逆全球化的背景下，苏南的出口经济增速呈下降态势，实际使用外资则相对稳定，苏北地区出口总额虽然呈增长态势，但是体量偏小，如果扣除货币增发因素，实际增长幅度更小，因此，苏北经济更多地体现为内向型经济。

表 7-9　　江苏南北地区使用外资、进出口情况

年份	实际使用外资（亿美元）		出口总额（亿美元）			进出口总额（亿美元）		
	苏南	苏北	苏南	苏北	比例	苏南	苏北	比例
2014	180.19	55.23	2860.03	195.27	14.6	4818.13	293.96	16.4
2015	155.63	45.36	2833.23	184.31	15.4	4651.62	283.05	16.4
2016	167.46	43.74	2642.56	182.39	14.5	4316.78	271.58	15.9
2017	153.90	46.69	3010.18	212.58	14.2	5003.22	322.49	15.5
2018	153.59	49.74	3345.43	259.82	12.9	5592.74	394.51	14.2
2019	156.23	51.11	3241.41	278.57	11.6	5265.18	405.85	13.0

数据来源：根据《江苏省统计年鉴》整理计算。

（五）更强大的消费能力特征

从 2014～2019 年的数据来看（见表 7-10），苏南地区常住人口总数比苏北地区多 300 多万，略微超出 12% 左右，因此南北地区人口总数差异不大，然而，从居民人均可支配收入来看，苏南地区是苏北地区的 2 倍左右，与此基本一致，苏南地区历年社会消费品零售总额也是苏北的 2 倍以上，表明在常住人口总数差异较小的情况下，苏南地区的消费能力仍远远高于苏北地区，消费作为拉动经济增长的重要因素，体现了苏南、苏北经济增长动力存在“南强北弱”的显著特征。

表 7-10　　江苏南北地区人口、收入和消费情况

年份	年末常住人口（万人）		居民人均可支配收入（元）		社会消费品零售总额（亿元）	
	苏南	苏北	苏南	苏北	苏南	苏北
2014	3318.80	2999.81	36472	18623	13679.38	5580.89
2015	3324.08	3009.70	39476	20312	15003.57	6255.14
2016	3333.60	3021.08	42795	22174	16584.16	7012.94
2017	3347.52	3035.27	46592	24294	18315.59	7800.18
2018	3365.74	3037.29	51065	26997	19226.16	8075.52
2019	3378.09	3041.60	55399	29380	19809.68	10002.87

数据来源：根据《江苏省统计年鉴》整理计算。

二、江苏“南强北弱”经济发展态势的成因

（一）地理位置差异

苏南地区处于长三角下游，是沿江沿海交汇区域，毗邻上海、杭州等经济发达城市，容易受到上海、杭州等经济领先城市的经济辐射，特别是上海作为国际大都会，在 20 世纪已成为我国工业中心、金融中心，受地价、人工、水资源等因素影响，上海工业逐步向周边地区转移，苏南作为承接地锻造了苏锡常，地理位置优势和配套完善的交通设施，降低了商品、原材料等货物运输成本，增加了货物流通的便利，从而进一步提高了苏南地区的投资吸引力，促使资本、人才、技术等生产要素快速向苏南地区集聚。

苏北地区主要位于淮河以北，与其接壤的地区又是相对而言欠发达的安徽北部、山东南部和苏中区域，能够受到的有效经济辐射较弱，虽然有较好的水上交通和一定的陆地交通条件，但由于交通运输设施落后，交通枢纽作用不能很好发挥，公路、铁路、航空、水运综合运输不强，运输距离和便利条件弱，导致苏北商品出口和向南运输成本增加，从而降低了苏北的投资吸引力，对资本、人才和技术等生产要素的吸引力不强。

（二）思想观念和历史文化差异

上海作为受西方资本主义文明影响最早和最大的国际化城市，不仅向周边地区辐射经济影响，而且对周边地区的思想观念也产生了较大的影响，重商主义激发了苏南地区人员的市场意识、商业意识、竞争意识和发展意识，勇于且善于用市场经济手段去适应新环境、新变化，解决新困难、新问题，求得新发展、新业绩，开放意识和包容意识较强，这是苏南发展态势强劲、后劲不减的重要原因。

苏北部分地区由于历史上是兵家必争之地，导致战事不断，人口和人才流出严重，苏北人更多强调分工，把经济工作看成经济部门和市场主体的事，存在给经济发展和创新创业设置人为的障碍的现象，较多苏北人存在因循守旧、消极等待的思想，发展意识、竞争意识、机遇意识和创新精神不强，开放和包容意识较弱，这给苏北经济发展带来一定的阻碍作用。

（三）工业基础和产业结构差异

受多种因素的影响，苏南已经建立了比较完善的工业体系和产业体系，生产知识、生产技术、人才、生产设备、生产资料等生产要素经过改革开放的长期积累，已经具备非常坚实的基础和实力雄厚，基本实现了工业现代化进程，进入以高新技术发展为主要驱动力的后工业化时期，坚实的工业基础条件和现代化的产业服务体系，推动苏南经济不断向高质量高速度发展；而苏北刚刚进入工业化中期，工业基础薄弱，产业体系比较分散，行业门类不齐全，产业配套不完整，无大型支柱产业，产业承接能力不强，无法形成有效的产业集聚和产业竞争能力，从而不能跟上苏南的发展步伐，与苏南的差距进一步扩大。

从经济发展三次产业结构演变规律来看，一般经济发展水平的提高会伴随第一产业比重不断下降，资本和劳动力要素向第二、第三产业流动，从而使第二、第三产业生产总值比例不断提高，由于第一产业产品的需求收入弹性随收入的增加而下降，第二、第三产业产品则反之，因此，经济发展重心遵循从第一产业向第二产业再向第三产业转移的一般规律；由于苏南工业基础良好，产业体系完备，目前已进入经济发展重心向第三产业转移的阶段。而苏北由于农业的区位优势，第一产业比例相对更高，由于苏北农业生产效率和现代化水平不高，一方面占用了大量劳动力资源，降低了苏北向第二、第三产业投入生产要素的能力；另一方面，薄弱的工业基础和产业体系限制了苏北经济发展。因此，工业基础和产业结构问题是导致“南强北弱”经济发展态势的重要原因之一。

（四）固定资产投资规模差异

受多种因素影响，2015～2019 年苏南在固定资产投资方面（见表 7－11），在 2018 年和 2019 年突破万亿元大关，在一定程度上反映了苏北在投资总量方面与苏南的巨大差距，由于投资活动是拉动经济增长“三驾马车”之一，区域固定资产投资一般会推动区域多种产业和经济社会的发展，提高经济增长速度，因此，固定资产投资规模的南北差异也是导致“南强北弱”经济发展态势的重要原因。

表 7-11　　江苏南北地区固定资产投资差异

年份	固定资产投资（亿元）		
	苏南	苏北	差距
2019	26032.23	12572.15	13460.08
2018	23702.82	12135.76	11567.06
2017	23548.52	17192.93	6355.59
2016	22454.26	15660.09	6794.17
2015	22220.01	13758.57	8461.44

数据来源：根据《江苏省统计年鉴》整理计算。

(五)“非均衡发展战略”与区域政策不平衡

响应国家“梯度发展战略”和“先富带后富”的政策导向，江苏省委、省政府提出“积极提高苏南、加快发展苏北”的非均衡经济发展战略，经过三十多年的实践证明，苏南得到高速发展，苏北大发展等战略决策在体制上、机制上落实不充分，从而使缩小区域发展差距的目标未能达到预期效果。由于苏南地区的地理位置优势和经济社会基础优势，江苏在土地政策、税收政策和金融政策等方面在特定时期内持续向苏南倾斜，将经济发展和增长的重心放在了苏南，由此衍生了不平衡的区域政策，例如，在工业和商业化土地指标方面，江苏的农地红线主要由苏北苏中保障，苏南在商业和工业化用地方面指标相对宽松，这为苏南大量引进外资和建设规模化、集群化的区域经济提供了基础条件，在税收优惠方面，国家给予江苏的优惠税收政策，如综合保税区、出口加工区、试点试验区、外资企业等基本落地在苏南，这在客观上增加了苏南的投资吸引力，促进资本、人才、技术和各种类型的企业向苏南流动集聚，催生了苏南的经济活力和发展速度；在金融支持政策方面，明显倾向苏南，例如，银行贷款指标（如存贷比例）苏南明显高于苏北，苏南在经济高速发展的同时，进一步促进了区域金融机构存款和贷款增长，从而进入经济发展的良性循环。如表 7-12 所示，从 2015~2019 年来看，苏南金融机构存款余额长期是苏北的 4 倍左右，苏南金融机构贷款余额长期是苏北的 4 倍左右，充分说明苏南在金融支持经济发展方面的能力和支持力度均远超苏北。因此，区域政策不平衡也是产生“南强北弱”的重要原因之一。

表 7－12　江苏南北地区金融对经济社会的支持能力和支持力度

年份	金融机构存款余额（亿元）			金融机构贷款余额（亿元）		
	苏南	苏北	比例	苏南	苏北	比例
2019	99927.43	25799.56	3.87	89679.92	21995.57	4.08
2018	92711.27	22888.16	4.05	78904.14	18588.62	4.24
2017	85770.25	21242.23	4.04	70206.60	15891.57	4.42
2016	80846.02	18525.64	4.36	63476.16	13631.05	4.66
2015	73665.10	15387.67	4.79	55087.34	11457.91	4.81

数据来源：根据《江苏省统计年鉴》整理计算。

三、加快打破“南强北弱”经济发展态势的对策

为了实现江苏经济高质量、可持续性发展，抓住“十四五”时期国家层面战略规划机遇，需要加快解决江苏区域经济发展不平衡的问题，目前，虽然苏北还处于工业化中期，工业生产总值与苏南差距较大，但是，苏北在城市基础设施、能源供给、公路、铁路和机场等交通基础设施方面，已经具备打破“南强北弱”经济发展态势的基础，遵循区域经济发展的一般规律，苏北振兴应将经济重心进一步倾向第二、第三产业，加快构建新型工业体系和现代服务体系，具体思路如下。

（一）加快资本、人才、技术等生产要素向苏北流动

苏北在未能建立完整的工业体系和产业结构体系情况下，又面临第四次工业革命浪潮带来的机遇和挑战，如果不能尽快建立适应智能时代的新型工业体系和现代服务业体系，不仅很难缩小与苏南的差距，而且会使这种差距进一步扩大。构建完整的新型工业体系和现代服务业体系是一项复杂、系统的工程，需要大量的资金、人才、技术、劳动力、土地等要素投入，现阶段仅靠苏北自身资源实力将很难满足要求，因此，需要采取多种措施，驱动资本、人才、先进技术等生产要素快速向苏北流动，具体措施如下：

第一，制定并实施“全面振兴苏北”的具体政策体系，在税收优惠政策、工业和产业用地指标、金融支持政策、人才政策等方面，全力向苏北倾

斜，强化和加大对苏北的支持力度（最好不低于或高于对苏南的支持力度），从而驱动资本、技术、产业、人才等生产要素向苏北快速流动和集聚。

第二，实施“先富带后富”战略。由江苏省政府牵头并通过分类指导，遵循经济发展规律，引导苏南将第二产业、资金及技术向苏北转移，苏北应积极主动与苏南沟通，寻求分工合作点，积极承接产业转移。苏南应将发展重点放在数字经济、研发、高新技术服务、智能金融服务等第三产业，尽可能将第二产业向北转移，苏北经济重心聚焦于发展工业制造业。

第三，进一步加大财政投入，完善基础设施建设，加快新基建建设，加快政府职能转变，构建服务型政府，营造开放、包容的“营商环境”，全面提高苏北对资金、人才和产业落地的吸引力。

（二）加快建立新型工业和产业结构体系，实施“强工业和强产业化”战略

现阶段，苏北还没有大型、完整的工业和产业结构体系，产业集群数量和规模均很小，还未能走完工业现代化的进程，大量产业处于低附加值和低加工阶段，而苏南已开始进入后工业化时期，其发展重点应聚焦于金融服务、科技服务、教育服务、贸易服务等第三产业领域，因此，苏北应结合江苏省“十四五”规划，抓住机遇，加快建立新型工业和产业结构体系，力争成为江苏省的“制造中心和基地”，具体措施如下：

第一，做好顶层设计，制定并实施“苏北新型工业体系和产业结构体系”建设政策纲要，在财政、税收、土地、金融支持等方面向工业制造和产业集群建设倾斜，按照苏北新型工业体系建设要求，对现有苏北不合理、分散、规模参差不齐的产业布局在区域范围内进行调整并重新布局。

第二，根据江苏省“十四五”发展战略规划，将属于第二产业范畴的大项目布局，尽可能落地于苏北，以驱动苏北新型工业体系构建。

第三，推进苏北传统产业技术和数智化转型升级，加大引进大型制造产业的力度，苏北五市要根据自身实际情况，突出重点，打造高水平产业集群，具体而言，徐州可以打造更大规模的高端装备制造产业集群，盐城打造以钢铁和黑色金属为主的临海地区先进制造业产业集群，连云港重点打造以化工新材料和精细化工为特色的大型产业集群，宿迁、淮安等地要准备承接

更多苏南产业转移项目和新的大型制造项目入驻。

第四，加快推进产业结构升级，突出对新型主导产业的培育，以现代装备、汽车、石化、船舶制造等主导产业为重点，加快建设新能源、新医药、新能源汽车、电子信息、新材料、节能环保、海洋生物等新兴产业，实施“互联网+”行动计划带动区域产业集群建设，推进产业结构优化升级。

第五，打破现有经济格局，开辟新的经济空间。积极参与“一带一路”和长江经济带建设，推动科技成果的转化和促进自主创新技术的利用，深入推进企业、城市、人才国际化，打破现有经济格局；加快新技术的研发，尽快形成校、企、院三体联合的科研机构，把基础研究和应用研究、国防和民用科研体系等有机结合，形成创新体系，拓展经济发展新空间。

（三）建立现代化的服务体系，强化苏北新型工业体系建设

适应苏北新型工业体系建设需要，进一步升级苏北第三产业服务体系。近年来，苏北五市第三产业发展较快，从服务结构来看，行业类别比较齐全，传统产业和新兴产业并举发展，传统服务业、交通运输、邮电及旅游等结合现代科技信息技术，数字化服务体系正在形成，苏北现有服务体系基本满足现有农业生产性服务，但是，工业生产性服务还不能满足苏北地区新型工业化建设需求，要结合新型工业化体系建设规划和布局特征，大力发展现代物流、科技服务、信息服务、研发设计、金融保险、市场中介等配套工业生产性服务业，提升苏北新型产业结构体系的配套水平，建立双向流通的市场体系，畅通消费渠道。

顺应生活方式改变和消费升级趋势，加快健康、养老、育幼、文化、旅游、体育、家政、物业等生活性服务业提质扩容，推动向品质化和多样化方向升级，积极开发适合老年人的消费产品，鼓励社会力量提供连锁化、品牌化养老服务，壮大银发经济，推动育幼、家政、物业等服务规范化、标准化发展，实施“服务到家”计划，打造社区和农村便民服务示范点。推广“旅游+”“文化+”“健康+”等服务业态，不断拓展生活性服务业增值空间，围绕满足中高端服务需求，扩大专业化、个性化、品质化服务供给，形成与基本公共服务有效衔接、互为支撑的良性发展格局。鼓励各地因地制宜集聚发展特色服务产业，打造中高端服务业品牌。优化服务设施布局，进一

步提升服务可及性、便利性，推动城镇生活性服务业向农村延伸，优化生活性服务消费环境，全面改善服务体验，提升消费满意度。

（四）构建现代农业生产体系，推进农业产业集群建设

加快改变现有农村土地经营体系，推进规模化、农场化、机械化和现代化农作物种植，提升农业生产效率，依据苏北五市及所属县域的地区特征和差别优势，发展特色农业，建立现代化的农业生产体系，释放更多劳动力进入新兴工业生产体系和现代服务业体系，支持苏北新型工业化发展战略。

加快农业产业园区和产业集群建设，通过兼并、联合、联营等方式，构建和培育更多农业龙头企业，发展大型农业企业集团，支持龙头企业与小农户、家庭农场和农民合作社建立基地共建、资源共享的利益联结机制，培育农业产业化联合体，持续提高农产品加工的范围、精度和深度，实施农产品名牌战略和国际化战略，加快第一产业农产品向第二、第三产业流转的速度，促进产业间深度融合，打造完备的农业产业链与供应链。

（五）加快县域经济建设，启动千亿级县域经济建设计划

现阶段，苏北绝大多数县域经济总量均在千亿级以下规模，根本原因在于苏北县域工业经济以中小企业和低端产业为主，缺乏高端产业、大型企业集团和产业集群，苏北可以根据苏北各县地理位置、自然资源和经济基础，进行总体设计和布局，配合苏北新型工业体系和产业结构体系建设计划，以苏南县域经济为标杆，制定“千亿级县域经济建设计划”和实施方案，打造一批具备可持续发展和生态发展“千亿级”经济强县，具体措施如下：

第一，结合苏北不同县域自然资源特征和产业承载能力特征，以高端化、规模化和集群化为抓手，通过外部投资引进、产业引进和内部整合、兼并等措施，打造不同县域的特色产业集群和配套产业集群。

第二，进一步改善、完善营商环境，加大县域经济政策扶持力度，在减免税收、土地使用指标和条件、金融贷款支持、人才引进政策、政府服务、合作方式等方面，采取更加积极和优惠的政策，提高外部资金、人才和产业向苏北各县（县级市）流动的动力和速度。

第三，建立苏南经济强县与苏北经济弱县的对接帮扶机制，通过苏南苏北县域“强弱对接”方式，弥补苏北县域资金、人才、技术短板，承接部分苏南经济强县的第二产业转移或者配套产业建设。

（六）加快打造沿海高质量发展增长极

建设令人向往的沿海生态风光带。推进沿海防护林、滨海湿地等生态系统修复与建设，大幅增加沿海生态空间、绿色屏障，显著提升海岸带和海域生态环境质量，打造优质蓝色海域。实施陆海污染一体化治理，强化重点开发节点污染防治，加快推行入海污染物排污总量控制制度。

建设滨海风貌城镇带。进一步壮大连云港、盐城城市综合实力，支持打造现代海洋城市。整合沿海港口资源，建设一批临港产业园区和现代化新港城，塑造具有滨海风情和地方特色的城市风貌，打造新的城镇节点，建设一批宜居宜业宜游的临海特色小镇，打造交通便捷、规模适度的特色村落。

建设高质量发展经济带。优先发展海洋高端装备、生物医药、新能源、新材料、信息服务等海洋新兴产业，推进化工、钢铁等临港产业绿色化发展，大力发展海洋交通运输、滨海旅游和高技术高附加值船舶制造。推动海洋绿色牧场建设，有序发展远洋渔业，打造一批高标准农产品水产品生产加工基地。培育国家级海洋研究机构，支持建设海洋产业创新研究院和海洋技术产权交易平台，以江苏海洋大学等高校为依托成立涉海产学研合作联盟，推进设立海洋产业子基金。

（七）加快新基建建设进程，强化数字社会建设

构建高速、移动、安全的新一代信息基础设施，推动新型数字基础设施与生产生活紧密衔接，提升利用效率，大力推进5G网络建设，加快5G与制造、能源、交通、农业等实体经济各个领域融合发展，建立苏北大数据中心。推进苏北传统基础设施和信息基础设施同步规划建设实施，鼓励支持相关基础设施资源开放共享。打造全方位交通感知网络，推动智慧公路、智慧航道、智慧港口、智慧机场和智慧综合客运枢纽等设施建设，加强综合能源网络建设，构建以智能电网为基础，多种能源形态协同转化、集中式与分布式能源协调运行的能源互联网，发展新能源微电网、分布式能源微电网。推进电动汽车充电基础设施建设，有序布局城市和城际充电服务网络，推进供

水、排水、燃气等市政公用设施智慧化建设改造，提升运行效率和安全性能。

大力拓展数字化公共服务，深度开发各类便民应用，扩展社会服务覆盖范围和应用群体，增强公共服务高效、便捷、智能供给。积极构建数字化生活场景，在车联网、感知网、智慧社区、智慧家庭、智慧养老、智慧医保等领域先行突破，加快智能终端推广应用。

整合城市数字资源，基于城市信息模型（CIM）基础平台技术，全面推行城市数据大脑建设，促进不同服务平台有效对接，实时调度优化城市高效运行管理，实现从社区治理到社区服务的智慧化全覆盖，实施乡村新一代信息基础设施振兴工程和智慧广电乡村工程，加大农村互联网建设力度，提升农村光纤网络水平和覆盖深度，实现城乡信息通信网络服务能力一体化，提升全民数字技能，努力消除代际数字鸿沟。

（八）加快推进新型城镇化建设

苏北地区农村城镇化建设水平整体上落后于苏南，虽然 2019 年苏北城镇化率达到 66.18%，但内部缺乏协调性和整体性，总体水平不高，存在土地城镇化快于人口城镇化，人口城镇化快于人口市民化的问题。振兴苏北经济，不可或缺的一环就是大力推动新型城镇化建设，结合苏北农村人口特征，积极引导农村劳动力就地或区域内向第二、第三产业转移，加快农村人口市民化进程；新型城镇化建设要坚持绿色、生态、可持续和创新发展的思路，要重点关注苏北新型城镇化建设进程中，城镇在区域市、县之间的连接关系，全力打破城乡隔阂，发挥新型城镇在苏北各市、县之间的连接纽带作用。随着地区行政区划调整，尤其是苏北地区调整较多，户籍改革要跟上行政区划调整，彻底打破“城乡二元结构”，城镇化发展中重视农业转移人口市民化问题，松绑那些强加在农民身上的不公平束缚，让他们不仅拥有城镇户籍，更要享受城镇福利。对于城镇居民，要注重保障弱势群体的基本生活，通过转移支付缩小在生活水平、公共服务等方面存在的差距。尊重城、乡不同的发展模式，统筹城乡发展，苏北新型城镇化建设，要大力发展乡村旅游、休闲农业、观光农业、绿色生态产业和多类型特色小镇，提升新型城镇创新驱动发展的能力，重视人才在新型城镇化建设中的支撑作用，通过体制机制创新促进生产要素在区域内市、县、镇之间的自由流动和优化组合，尤其是要充分发挥人力资本在区域经济协调发展中的突出作用，加大人才培养力度，夯实技术创新的基础，优化吸引外资条件，吸引人才和信息资源进入欠发达地区。

第五节　高质量对接江苏先进制造产业集群

2018 年江苏推进制造强省建设，加快培育具有国际竞争力的世界级先进制造业集群，推动高质量发展走在前列，并出台了《省政府关于加快培育先进制造业集群的指导意见》（苏政发〔2018〕86 号）（以下简称《指导意见》）。

一、江苏先进制造产业集群定位与规模

根据《指导意见》江苏省将重点培育新型电力（新能源）装备、工程机械、物联网、高端纺织、前沿新材料、生物医药和新型医疗器械、集成电路、海工装备和高技术船舶、高端装备、节能环保、核心信息技术、汽车及零部件、新型显示等 13 个先进制造业集群。计划到 2020 年，13 个先进制造业集群主营业务收入达 8 万亿元左右。其中，高端纺织、节能环保、汽车及零部件（含新能源汽车）3 个集群规模分别超万亿元，新型电力（新能源）装备、物联网、生物医药和新型医疗器械、高端装备、新型显示 5 个集群规模分别超 5000 亿元（见表 7 - 13）。

表 7 - 13　　2020 年 13 个先进制造业预计产业规模

产业规模	产业集群
大于 1 万亿元	高端纺织、节能环保、汽车及零部件（含新能源汽车）
大于 0.5 万亿元	新型电力（新能源）装备、物联网、生物医药和新型医疗器械、高端装备、新型显示
小于 0.5 亿元	工程机械、前沿新材料、集成电路、海工装备和高技术船舶、核心信息技术

通过培育，集群高质量发展取得重要进展，企业研发体系健全，研发投入明显提升，有效发明专利保持较快增长，掌握一批重点领域关键核心技术，产品质量有较大提高，建成一批开放式制造业创新中心和“双创”平台，区域创新网络体系初步形成。新型电力（新能源）装备、工程机械、物联网、高端纺织等集群综合竞争力进一步增强，达到或接近国际先进水平。

到 2025 年，13 个先进制造业集群主营业务收入达 11.5 万亿元左右。其中，物联网、节能环保、高端纺织 3 个集群规模分别超 1.5 万亿元，新型电力（新能源）装备、生物医药和新型医疗器械、汽车及零部件（含新能源汽车）、新型显示、高端装备 5 个集群规模分别超万亿元。集群企业研发投入占主营业务收入比重接近发达国家水平，涌现一批世界级领军企业、单项冠军企业和知名品牌，前沿新材料、生物医药和新型医疗器械、集成电路、海工装备和高技术船舶等 9 个先进制造业集群在全球产业分工和价值链中的地位明显提升，新型电力（新能源）装备、工程机械、物联网、高端纺织等 4 个先进制造业集群具有全球创新引领能力，综合影响力达到世界一流水平（见表 7－14）。

表 7－14　　2025 年 13 个先进制造业预计产业规模

产业规模	产业集群
大于 1.5 万亿元	物联网、节能环保、高端纺织
大于 1 万亿元	新型电力（新能源）装备、生物医药和新型医疗器械、汽车及零部件（含新能源汽车）、新型显示、高端装备
小于 1 亿元	工程机械、前沿新材料、集成电路、海工装备和高技术船舶、核心信息技术

二、苏北先进制造业集群定位与规模

以苏北淮安市为例，2019 年淮安市出台的《市政府关于加快培育先进制造业集群的指导意见》提出，到 2025 年，10 个先进制造业集群应税开票销售力争突破 3000 亿元，新能源汽车及零部件、化工新材料、高端装备制造集群规模力争分别达到 1000 亿元、500 亿元、400 亿元，集成电路、应用电子、特色食品精深加工 3 个集群规模力争分别达到 300 亿元。集群企业研发投入占主营业务收入比重接近省内平均水平，涌现一批国家级领军企业、单项冠军企业和知名品牌。

2023 年淮安市相继出台《关于加快推动先进制造业特色产业集群发展的实施意见》(以下简称《实施意见》)、《淮安市专精特新企业培育三年行动计划（2023 ~2025 年)》等文件，推进淮安先进制造业发展。《实施意见》提出，全市先进制造业集群的发展目标为聚力培育智能装备及新能源、新能源汽车及零部件、纤维新材料、化工新材料、PCB 电子元器件、绿色食品、生物技术及新医药等优势产业集群，以及人工智能、集成电路、新兴数字产业等先导产业集群。到 2025 年，力争培育 4 个千亿产业集群，集群产值占规上工业总产值比重 80% 以上，其中优势产业集群、先导产业集群产值年均分别增长 15% 和 20%；到 2035 年，主导产业力争突破万亿元，全面建成长三角先进制造业融合发展集聚区。《实施意见》进一步明确了全市“7 +3”先进制造业集群现有基础和招商方向，详细分析了智能装备及新能源产业集群、新能源汽车及零部件产业集群、纤维新材料产业集群等优势产业集群的发展现状，并根据各优势产业集群的具体情况，提出力争打造全省智能装备和光伏产业基地、全国最大的新能源商用车和零部件生产基地、全省纤维新材料创新型产业集群等目标。在先导产业集群方面，《实施意见》对人工智能产业集群、集成电路产业集群、新兴数字产业集群进行了详细分析并提出具体目标。

三、江苏省重点先进制造产业集群产品技术与空间布局

（一）新型电力（新能源）装备先进制造业集群

1. 主要产品与技术

新型电力装备与技术：大规模可再生能源并网消纳、大电网柔性互联等关键技术及核心设备、基础元器件；低功耗电源管理模块；特高压超高压交直流变压器等关键设备、器件；高效能量转换的大容量储能系统。

新能源：高纯多晶硅生产、低成本高效光伏电池及组件生产等关键核心技术；先进风电机组设计制造关键技术及核心零部件；核电关键材料及装

备；氢能源制备、存储与利用技术。

2. 空间布局

新型电力（新能源）装备产业集群分布在南京、常州、无锡、镇江、苏州等地，重点集聚区主要在常州天合光伏产业园、徐州经济技术开发区、苏州高新区、无锡光伏产业园、江阴临港经济开发区、江阴风电装备产业园、惠山区无锡风电科技产业园、南京江宁经济开发区、镇江扬中新能源产业园。新型电力装备（新能源）产业在南京、扬州已形成一定集聚规模，有一批电线电缆、电气设备、储能装备等方面的龙头企业，也有一批成长性好、前景好的潜力企业，部分企业的产品和技术处于业内领先地位。

（二）工程机械先进制造业集群

1. 主要产品与技术

超大型起重机、大吨位装载机、大型石化装备、港口机械和矿山机械；关键液压部件、传动部件、智能控制系统、配套动力系统等核心功能部件。

2. 空间布局

重点集聚区有徐州经济开发区、徐州高新区、常州高新区、常州武进区、连云港经济技术开发区、连云港海州经济开发区、灌云经济开发区。重点企业徐工、卡特彼勒、利勃海尔、布兰肯、海伦哲、国机常林、恒立液压、柳工、小松、现代、特雷克斯、恒立液压、三一重机、中交天和、天明机械。其主要以徐工、恒立液压等企业为发展主体。

（三）物联网先进制造业集群

1. 主要产品与技术

物联网与人工智能：新型传感、智能接入、系统集成关键技术与产品；基于人工智能的计算机视听觉、生物特征识别、人机交互、智能决策控制等关键技术与应用产品。

大数据与云计算：自主可控的嵌入式操作系统；大规模数据采集、大数据处理平台，智能云管理、云计算安全、分布式存储和处理关键技术与产品。

2. 空间布局

主要有分布在无锡、苏州、南京的瑞声、美新、高华、感知、中兴等企业。

（四）前沿新材料先进制造业集群

1. 主要产品与技术

前沿先导材料：高性能高等级碳纤维与功能性特种纤维制备、石墨烯规模化制备及应用、高质量纳米材料低成本宏量可控制备的关键核心技术及产品、高性能膜、生物基材料。

先进基础材料：高性能合金、金属基复合材料、稀土功能材料；特种有机高分子材料，高性能无机材料，高技术纺织材料。

2. 空间布局

其产业主要在苏州、常州、镇江、连云港、无锡等城市，代表性的企业有第六元素、恒神、中简科技、中复神鹰、二维碳素。

（五）生物医药和新型医疗器械先进制造业集群

1. 主要产品与技术

生物新药：HPV 等新型多价疫苗、新表达系统疫苗及新发突发传染病疫苗等新型疫苗，抗体、重组蛋白、细胞治疗产品等创新生物技术药，微生物药物，纳米靶向制剂。

重大化药：针对恶性肿瘤、心脑血管、耐药性病原菌感染、病毒感染等重大疾病治疗的化学新药，基于新靶标、新作用机制等创新药物，新型给药技术产品和新制剂及辅料。

高端医疗器械：高场强超导磁共振和专科超导磁共振成像、手术实时成像等设备；中小超声器械芯片等核心元器件；高端试剂、生物芯片及配套仪器；植入式假体产品。

2. 空间布局

生物医药和新型医疗器械产业集群分布在泰州、连云港、苏州、南京、无锡、常州、南通。重点集聚区有泰州医药高新技术产业开发区、苏州国家高新技术产业开发区、苏州高新区医疗器械科技园、昆山小核酸产业园、连云港经济技术开发区、南京江北新区生物医药谷、南京经济开发区生命科技创新园、江宁生命科技创新园、常州生命健康产业园、常州科教城、西太湖国际医疗产业园、无锡（马山）国家生命科学园、南通市经济技术开发区、南通海门临江新区、启东经济开发区、启东滨江医药化工园、如东沿海经济开发区。江苏生物医药和新型医疗器械集群具有一定的国内竞争力，以恒瑞、扬子江、康缘、豪森、正大天晴等民营企业为发展主体，形成了较为完整产业链，并掌握一定核心技术。

（六）高端纺织先进制造业集群

1. 主要产品与技术

超高分子量聚乙烯纤维、高性能芳纶纤维及制品；高速经编机。

2. 空间布局

重点集聚区在苏州常熟服装城、苏州东方丝绸市场、苏州吴江盛泽镇、无锡江阴新桥毛纺服装生产基地、南京六合程桥服装名镇、南京高淳纺织服装产业集群、常州武进区、常州高新区、常州金坛、南通通州区、南京海门市、中国叠石桥家纺市场。重点企业有恒力、海澜、盛虹、红豆、三房巷、阳光、华宏实业、华芳、波司登、澳洋、江南化纤、金昇实业、梦兰集团等。江苏高端纺织集群具有显著的规模优势、创新优势、竞争优势，形成了以盛虹、恒力、海澜等民营企业为发展主体的产业集群，具有完整产业链和关键核心技术。据行业协会统计江苏高端纺织产业集群规模全国第一。

（七）集成电路先进制造业集群

1. 主要产品与技术

圆片级封装、多芯片封装等高密度先进封装和测试关键技术及设备；宽禁带第三代半导体材料；高端服务器芯片、DSP 芯片、移动智能终端芯片、图像处理芯片、人工智能芯片、MCU 芯片、低功耗电源管理芯片、高速模拟混合集成电路芯片、高压功率芯片、网络通信核心芯片等芯片设计技术，集成电路先进制造和特色工艺开发，集成电路先进封装测试技术，集成电路装备和材料。

2. 空间布局

主要分布在无锡、南京、苏州、南通等市，代表性的企业有长电、通富微、中微爱芯、无锡芯朋微电子、华润微电子、SK 海力士、和舰科技、台积电。

（八）海工装备和高技术船舶先进制造业集群

1. 主要产品与技术

深海油气开采装备、浮式生产储卸装置等海洋工程装备及关键配套系统；邮轮、超大型集装箱船、大型 LNG 燃料动力船等高技术船舶及关键设备。

2. 空间布局

主要分布在泰州、南通、扬州等地，代表企业有新扬子造船、新世纪造船、招商局重工、中远重工、中海造船、金陵船舶、振华、亚星锚链、金东船舶等企业。

（九）高端装备先进制造业集群

1. 主要产品与技术

高端数控机床：智能化、开放型高档数控系统；高速高精密、复合成型的高端数控机床及加工中心；高效高可靠、柔性化自动生产线；精密刀具等关键功能部件。

智能成套系统：智能化产品设计、工业物联网、智能工控系统、金属 3D 打印设备；高端纺织装备；柔性制造、网络化控制、系统集成的智能化成套装备；结构高效消能件。

智能机器人：高速高精度感知、协调控制、人机交互等关键技术及产品；RV 减速器、伺服电机和驱动器、控制器等核心零部件；先进工业机器人、智能服务机器人、特种机器人等。

现代交通装备：现代轨道交通整车及其关键配套系统与核心部件；航空装备及关键核心配套件。

2. 空间布局

高端装备产业集群主要分布在南京、镇江、常州、扬州、无锡等。代表性的企业有埃斯顿、熊猫、戚墅堰、新誉、透平、绿的谐波、南通振康、华恒股份、苏州汇川、南京中车浦镇。

（十）节能环保先进制造业集群

1. 主要产品与技术

新型环保技术及装备：环境修复技术及关键核心装备；废水超低排放与深度处理回收成套技术及装备；工业气体净化与资源化利用等大气污染控制技术及装备。

高效节能及装备：新型节能电机、低品位余热利用关键技术及成套装备；高效低成本半导体照明等节能技术及应用产品。

2. 空间布局

主要分布在无锡、南京、苏州、盐城，无锡最多。代表性的企业有中电环保、久吾、鹏瑶、大唐、雪浪、无锡压缩机、南京磁谷、威孚高科、创元科技、科林环保、江南环保。节能环保产业可以培育为世界级产业群。

（十一）核心信息技术先进制造业集群

1. 主要产品与技术

高端芯片：面向工业控制、智能制造、5G 通信、人工智能、超级计算、信息安全、量子通信、车联网、工控安全等领域的自主可控高端核心芯片。

核心设备：新一代（5G 和 B5G）无线移动通信、光通信、微波通信关键技术与核心设备；新型异构网络、自组织网络、网络安全关键技术与核心设备。

2. 空间布局

主要分布在南京、无锡、苏州等市，代表性企业有中兴软创、百敖、瑞中、亚信、浩辰软件、翼辉信息、诚迈科技、华为软件、恒宝、鱼跃信息、江苏天瑞。

（十二）汽车及零部件先进制造业集群

1. 主要产品与技术

汽车整车设计制造及关键核心部件；高效电池系统、电机系统；新能源汽车整车集成及轻量化设计产品；车联网；无人驾驶技术。

2. 空间布局

主要分布在南京、扬州、盐城、苏州、无锡，代表性的企业有东风悦达起亚、南汽、金龙、凯龙、越博动力、敏安、潍柴动力等企业，汽车及零部件（含新能源汽车）是江苏本土最具代表性的产业，有很强的基础，可以发展成为全国前列的产业集群。

（十三）新型显示先进制造业集群

1. 主要产品与技术

新型显示材料及器件。

2. 空间布局

主要在苏州、南京、常州、无锡等地区，代表性的企业有中电熊猫、鸿富夏、江苏和成、康得新、苏州三星、龙腾光电、鸿富锦、乐金显示、苏大维格、锦富新材料。本产业集群的发展的核心是尽快形成产业生态，加快配套企业的发展，掌控核心技术。

表 7－15　　江苏 13 个重点先进制造产业集群空间布局

产业集群	分布区域	重点集聚区（重点企业）
新型电力（新能源）装备先进制造业集群	南京、常州、无锡、镇江、苏州	常州天合光伏产业园、徐州经济技术开发区、苏州高新区、无锡光伏产业园、江阴临港经济开发区、江阴风电装备产业园、惠山区无锡风电科技产业园、南京江宁经济开发区、镇江扬中新能源产业园
工程机械先进制造业集群	徐州、常州、连云港	徐州经济开发区、徐州高新区、常州高新区、常州武进区、连云港经济技术开发区、连云港海州经济开发区、灌云经济开发区。重点企业徐工、卡特彼勒、利勃海尔、布兰肯、海伦哲、国机常林、恒立液压、柳工、小松、现代、特雷克斯、恒立液压、三一重机、中交天和、天明机械。主要以徐工、恒立液压等企业为发展主体

续表

产业集群	分布区域	重点集聚区（重点企业）
物联网先进制造业集群	无锡、苏州、南京	瑞声、美新、高华、感知、中兴等企业
前沿新材料先进制造业集群	苏州、常州、镇江、连云港、无锡	第六元素、恒神、中简科技、中复神鹰、二维碳素
生物医药和新型医疗器械先进制造业集群	泰州、连云港、苏州、南京、无锡、常州、南通。	泰州医药高新技术产业开发区、苏州国家高新技术产业开发区、苏州高新区医疗器械科技园、昆山小核酸产业园、连云港经济技术开发区、南京江北新区生物医药谷、南京经济开发区生命科技创新园、江宁生命科技创新园、常州生命健康产业园、常州科教城、西太湖国际医疗产业园、无锡（马山）国家生命科学园、南通市经济技术开发区、南通海门临江新区、启东经济开发区、启东滨江医药化工园、如东沿海经济开发区
高端纺织先进制造业集群	苏州、无锡、常州、南京、南通	苏州常熟服装城、苏州东方丝绸市场、苏州吴江盛泽镇、无锡江阴新桥毛纺服装生产基地、南京六合程桥服装名镇、南京高淳纺织服装产业集群、常州武进区、常州高新区、常州金坛、南通通州区、南京海门市、中国叠石桥家纺市场
集成电路先进制造业集群	无锡、南京、苏州、南通	长电、通富微、中微爱芯、无锡芯朋微电子、华润微电子、SK 海力士、和舰科技、台积电
海工装备和高技术船舶先进制造业集群	泰州、南通、扬州	新扬子造船、新世纪造船、招商局重工、中远重工、中海造船、金陵船舶、振华、亚星锚链、金东船舶等企业
高端装备先进制造业集群	南京、镇江、常州、扬州、无锡	埃斯顿、熊猫、戚墅堰、新誉、透平、绿的谐波、南通振康、华恒股份、苏州汇川、南京中车浦镇
节能环保先进制造业集群	无锡、南京、苏州、盐城	中电环保、久吾、鹏瑶、大唐、雪浪、无锡压缩机、南京磁谷、威孚高科、创元科技、科林环保
核心信息技术先进制造业集群	南京、无锡、苏州	中兴软创、百敖、瑞中、亚信、浩辰软件、翼辉信息、诚迈科技、华为软件、恒宝、鱼跃信息
汽车及零部件先进制造业集群	南京、扬州、盐城、苏州、无锡	东风悦达起亚、南汽、金龙、凯龙、越博动力、敏安、潍柴动力
新型显示先进制造业集群	苏州、南京、常州、无锡	中电熊猫、鸿富夏、江苏和成、康得新、苏州三星、龙腾光电、鸿富锦、乐金显示、苏大维格

四、苏北（淮安）与省重点产业集群关联的主要产业

（一）新能源汽车及零部件

目前，淮安汽车产业经过多年的发展，已经具有一定的规模和基础，其中汽车制造企业 36 家，专用汽车 4 家，零部件企业 30 余家，近年还引进了新能源电动汽车生产企业，如江苏敏安电动汽车科技有限公司、淮安市专用汽车制造有限公司、淮安市久泰汽车零部件制造有限公司等，围绕省汽车及零部件先进制造产业集群以及无人驾驶、车联网等新兴技术研发，淮安在新能源汽车及零部件等方面具备一定的对接基础。

（二）生物技术及新医药

目前，虽然淮安生物医药企业数量和规模有限，存在产品结构不合理、生产企业规模小、创新能力不强等不足之处，主要有正大清江制药有限公司、江苏天士力帝益药业有限公司、江苏神华药业有限公司、涟水制药厂、江苏润邦药业有限公司、淮安晖宇化工科技有限公司、江苏正济药业股份有限公司、江苏鹏翔生物医药有限公司、涟水县科诺生物技术开发有限公司等，但是，淮安处于新医药产业链的中上游，具有农业资源、环境资源、水资源、生物资源等优势，基于淮安本地资源优势，大力推进创新链和产业链融合，发展以现代生物技术为核心的相关产业，推进科技成果产业化，使生物技术和新医药产业成为核心竞争力和巨大发展潜力的高科技产业。

根据江苏生物医药和新型医疗器械产业集群发展现状和发展目标，结合淮安的资源基础和能力，重点在生物医药原材料等方面，与集群内企业进行对接、合作和配套生产。

（三）高端装备制造

目前，淮安高新技术产业开发区、金湖经济开发区已经获得江苏省高端装备制造业特色产业基地认定。其中，淮安高新区以高端装备制造、电子信息、新材料等为主导，目前已集聚德瑞加数控、翔宇电力、胜克机电等装备

制造企业58家，淮安经济技术开发区的半导体层膜和维修项目还可以为国内半导体厂、光电厂和太阳能面板厂提供专业维修和新备品生产提供服务，具备与省高端装备产业集群进行一定协作和对接的基础，可以围绕高端数控机床、智能成套系统、智能机器人和现代交通装备等领域所涉及的技术、产品、配件和原材料，结合淮安实际技术、生产和能力基础开展对接、分工、合作或配套建设。

（四）高端纺织

目前，淮安市现有各类纺织生产销售企业500多家，其中规模以上企业30多家，拥有康乃馨等中国名牌、省级名牌10多个，拥有国际先进的纺织、服装及印染后整理等生产设备，从业人员3万多人。根据省高端纺织产业集群规划和建设需要，存在一定的对接基础，围绕超高分子量聚乙烯纤维、高性能芳纶纤维及制品等新型纺织材料、原料，开展应用型产业对接和建设。

（五）集成电路

目前，淮安集成电路产业聚集多家企业。其中，德淮半导体、时代芯存、中璟半导体3户制造企业，纳沛斯半导体1户封测企业；大量科技1户封测装备制造企业。围绕半导体信息全产业链条建设，市相关部门精准分析半导体产业发展方向，细分产业链条，优化产业布局，加快人才集聚，按照“走出去”和“引进来”并重的工作思路，不断加强与台湾等地区半导体企业的沟通联系，通过与台湾双新考察团的交流合作，围绕半导体信息的上下游项目，在IC设计、原料供应、设备提供等前端环节，一批项目已达成投资协议；围绕生产制造等中端环节，积极对接全球第三大晶圆厂——环球晶圆总投资超20亿美元的生产线项目落户，助推淮安高新区半导体产业“扩容增量”；围绕封装、测试、应用等末端环节，总投资15亿元的光腾光学镜头、10亿元的晶测封装测试、5亿元的智能电表、5.5亿元的半导体层膜、5亿元的茂丞科技、2亿元的手机模组、2亿元的捷佳科技、2亿元的鼎响科技、1亿元的领先针测电子等项目正在积极跟进。

产业配套趋于完善。围绕打造优质的配套服务和产业生态圈，为集成电路（半导体信息）产业发展构建最优的发展环境。淮安高新区以半导体制造为核心动力区，做优功能配套，规划建设占地3平方公里，加快建设一个“产城一体”“三生融合”的特色小镇，融产品展示、居住、商业、娱乐等功能于一体。另外，淮安高新区通过建立“四维”金融服务体系，以50亿元的产业引导基金、5000万元的“政银保”平台、科技小贷公司、融资租赁公司，为落户的半导体信息产业项目提供投、研、咨、服于一体的全产业链服务。

因此，淮安具有与省集成电路先进制造集群进行对接的基础，可以围绕圆片级封装、多芯片封装等高密度先进封装和测试关键技术及设备；宽禁带第三代半导体材料；集成电路先进制造和特色工艺开发，集成电路先进封装测试技术，集成电路装备等技术及配套技术展开协作、分工和配合。

（六）盐化凹土新材料

淮安拥有非常丰富的岩盐资源，已探明储量达1300亿吨（主要分布在淮安、淮阴和清浦三个区），还有储量20多亿吨的芒硝资源（主要分布在洪泽区和淮阴区）。淮安的盐矿是我国东部地区盐类矿床中地质构造最好、储量最大、品质优良的盐矿资源，其特点是储量大、丰度高，矿石品位高、卤水质量好，具有重要的工业化开采价值。

作为淮安市四大工业优势特色产业之一，盐化凹土新材料产业近年来一直保持平稳较快发展。为充分发挥淮安得天独厚的岩盐资源优势，提升盐化新材料产业发展水平，淮安市培育建设千亿元级盐化新材料产业园区，核心区及建成区已达到24平方公里。园区先后被批准为国家火炬盐化工特色产业基地和省级特色园区、特色产业基地、科技园区、农药集中区。

一是突出融合发展，聚力打造盐化新材料产业园区“园中园”。按照“高起点规划、高标准建设、高速度推进”的园区发展理念，确立“一步规划、核心做强、组团相连、一区多园、产城融合、分步推进”的块状发展和融合发展思路。打造特色园区，加快建设以集群配套发展为核心的盐化新材料项目“企业园中园”和“县（区）园中园”。以大企业集群配套和产业链延伸配套为重点，以组团式规划建设“园中园”。打造精品园区，加快建设以成果转化为核心的盐化新材料“科技园中园”。打造快捷园区，加快建设以物流传输一体化为核心的盐化新材料“物流园中园”。规划建设危化品仓储区、物流区，规划建设岸线码头和专线铁路等。

二是突出链式发展，聚力打造盐化新材料产业园区“大、特、高、优”产业。按照“强链、补链、建链”的产业发展理念，确立“以重特大项目建设为引擎，以两碱一盐为基础，以盐化工与石油化工相结合发展为支撑，以特殊功能材料和高端精细化学品为特色”的集成发展和转型升级发展思路。

聚焦发展融合能力强、集中度高的大产业。大力推进基础化工向高分子化工产业链延伸，做强拉长氯碱化工、石油化工等融为一体的大型集中化产业链。聚焦发展竞争力强的特殊性能材料产业。大力推进无机化工向有机化工产业链延伸，大力发展聚氨酯、氨纶芳纶等特种纤维、氟硅材料、高性能树脂、合成塑料等特殊性能材料，补齐做粗“两碱一盐”延伸产品链。聚焦发展科技含量高的精细化学品产业。大力推进医药、农药中间体等精细化工产品向生物化工、生命科学新材料等高端化学品延伸，通过引进附加值高、科技含量高的高端产品在盐化新材料产品分工中实现产业较大幅度的提升增值。聚焦发展市场前景好、品质优的盐化日化产业。突破发展盐化日用化学品，开发日化用盐、表面活性剂、化妆品、洗化用品、美容保健品等轻工日化产品链，优化拓展盐化新材料产品空间、市场领域。

三是突出集群发展，聚力打造盐化新材料产业园区“企业群”。按照“做强企业、做大产业”的转型升级理念，确立“打造主导产业群、龙头企业群和主打产品群”为支撑的企业培塑发展思路。

打造基地型企业群。以实联化工和井神盐业“两碱一盐”产业园和盐化石化融合发展产业园等为龙头，打造我国“两碱一盐”及盐化新材料重要生产基地，形成一批销售 100 亿元以上的战略性企业。做大集团型企业群。发展壮大中农化淮安农药化工基地、盈恒化工聚氨酯等主业突出、核心竞争力强的企业集团，形成一批销售 30 亿 ~50 亿元以上的区域性企业。培育发展型企业群。大力培育在盐化工产业链上的科技创新型企业和拥有主打产品的优势企业，形成一批销售 10 亿 ~30 亿元的成长型小巨人企业。同时创新企业组织机构和提高产业集中度，推动企业战略重组，不断提升园区内企业分工协作和技术、产品及市场竞争力。

表 7－16　　淮安可能对接的产业及产业（企业）基础

江苏重点产业	可能对接的产业	淮安的产业基础
汽车及零部件	新能源汽车及零部件	汽车制造企业 36 家，零部件企业 31 家，近年还引进了新能源电动汽车生产企业，淮安在新能源汽车及零部件等方面存在一定的对接基础
生物医药和新型医疗器械	生物技术及新医药	淮安处于新医药产业链的中上游，具有农业资源、环境资源、水资源、生物资源等优势，重点在生物医药原材料等方面
高端装备	高端装备制造	淮安高新区、金湖经济开发区已获得江苏省高端装备制造业特色产业基地认定，可以围绕高端数控机床、智能成套系统、智能机器人和现代交通装备等领域所涉及的技术、产品、配件和原材料
集成电路	集成电路	淮安高新区已聚集多家企业，产业配套趋于完善，可以围绕圆片级封装、多芯片封装等高密度先进封装和测试关键技术及设备；宽禁带第三代半导体材料；集成电路先进制造和特色工艺开发，集成电路先进封装测试技术，集成电路装备等技术及配套技术展开协作、分工和配合
前沿新材料	化工新材料、凹土新材料	淮安的岩盐资源，储量大、丰度高，矿石品位高、卤水质量好，具有重要的工业化开采价值。淮安市培育建设千亿元级盐化新材料产业园区，被批准为国家火炬盐化工特色产业基地和省级特色园区、特色产业基地、科技园区、农药集中区。凹土拥有国家重点实验室，以及一批高新技术企业
高端纺织	纺织（不是淮安重点发展产业）	淮安有各类纺织企业 500 多家，其中规模以上企业 30 多家，拥有康乃馨等中国名牌、省级名牌 10 多个，从业人员 3 万多人，可以围绕超高分子量聚乙烯纤维、高性能芳纶纤维及制品等新型纺织材料、原料，开展应用型产业对接和建设

第六节　高质量发展苏北县域经济

在我国行政区划中，县级行政区是一个非常重要的组成部分，县一级处在承上启下的关键环节，随着县域经济的蓬勃发展，县域经济在我国经济建设中也占据着越来越重要的地位，不少经济发达的县区 GDP 已超过千亿元大关。但从整体来看，当前我国县域经济的发展水平普遍不高。即便是位处东部经济发达地区的江苏，也还有淮安、连云港两个市管辖的县市至今尚未入围“全国百强县”名单。本节主要以淮安市县域为样本对象，分析淮安县域高质量发展的路径与对策。

经数据比较和多维度的发展分析，制约县域经济发展和综合竞争力提高的因素由于地域和发展环境的差异，会呈现出不同的特点。例如，下辖清江浦、淮安、淮阴、洪泽 4 个区和涟水、金湖、盱眙 3 个县的淮安，三县发展既呈现出“GDP 增速各有不同”的县域之差，各县的主导产业也是“因地而异”，有以台商台企为地方产业集聚和转型升级重要力量的，有以“虾稻共生”为经济发展新增长极的，还有已形成自己“3 + X”特色产业体系的。因此，在新征程上无论是谋划各县域转型提质的新路径，还是擘画弯道超车的新图景，都应首先摆正态度，秉承实事求是、因地制宜的科学发展理念，在准确识别具体县域的比较优势与“短板”劣势的基础上，系统性提出略带前瞻性、建言性的解决方案。

一、淮安县域经济发展现状

（一）县域经济保持平稳增长

目前，淮安主要有涟水县、盱眙县和金湖县三县。从各县近年来的 GDP 发展数据来看，淮安市县域经济总体保持平稳增长的态势。由表 7 – 17 可以看出，2019 ~ 2022 年这 4 年间，在国内外经济面临下行压力以及 2020 年突如其来的疫情的影响下，2020 年，盱眙、金湖的 GDP 增速较 2019 年有大幅度下降，2021 年则继续保持两位数的增长态势，涟水县的 GDP 值始终呈现稳健的增长态势。各县 GDP 增长的同时，城镇居民可支配收入逐年稳定增长，人民生活水平继续得到提高和改善。2022 年，涟水、盱眙和金湖 3 县的 GDP 分别占淮安市 GDP 的 14.7%、11.07%、8.67%。2019 ~ 2022 年，3 县 GDP 占淮安市 GDP 的比重分别为 31.5%、32.4%、32.53%、34.44%，呈稳步上升态势。

表 7-17　2019~2022 年淮安各县地区生产总值及所占比重

时间	涟水			盱眙			金湖			总和占全市比重（%）
/	GDP（亿元）	增长率（%）	占全市比重（%）	GDP（亿元）	增长率（%）	占全市比重（%）	GDP（亿元）	增长率（%）	占全市比重（%）	/
2019	476.27	6.6%	12.3%	418.56	6.6%	10.8%	325.12	6.7%	8.4%	31.5%
2020	532.27	6.8%	13.2%	435.32	3.1%	10.8%	337.03	3.2%	8.4%	32.4%
2021	650.48	13.2%	13%	501.94	11.2%	11.03%	386.51	10.1%	8.5%	32.53%
2022	700.37	4.1%	14.7%	525.08	3.8%	11.07%	411.51	4.5%	8.67%	34.44%

（二）县域经济品牌逐渐形成

1. 涟水县域经济特色

从数据来看，近年来涟水县域经济不断发展，综合实力不断提升，县域品牌打造日益彰显。当前正全力打造绿色食品、新一代电子信息、高端装备制造、纺织服装四大主导产业，其中，纺织服装、食品饮料相继成为百亿级产业，今世缘酒业营收突破 50 亿元，进入白酒上市企业前 10 位，荣获“省自主工业品牌五十强”“全国质量奖”。农业基础更加坚实，形成优质稻米、青芦笋、中药材、食用菌四大优势特色产业。全县在营台企 34 家，总投资近 10 亿美元，台资数量稳居全市县域前列，台商台企已成为涟水产业集聚和转型升级的重要力量。

2. 盱眙县域经济特色

近年来，盱眙很好地利用了其地理位置和自然资源等，快速发展了旅游经济，创建了铁山寺、明祖陵、第一山、黄花塘新四军纪念馆等一批 4A 旅游景点，国际龙虾节的社会影响日益增大，盱眙持续聚焦龙虾品牌，增强发展“新动能”。盱眙龙虾产业已经形成了百亿级产业规模，经济总产值达 150 亿元，其中年直接收入 70 亿元，带动相关产业收入 80 亿元。依托“虾稻共生”综合种养优势，精心打造“盱眙龙虾香米”品牌。盱眙龙虾香米直营店走进上海、南京等地，深受消费者青睐。“盱眙龙虾香米”先后荣获全国稻渔优质鱼米大赛金奖和江苏好大米十大品牌，并获批国家地理标志证明商标。目前，“北有五常稻花香，南有盱眙龙虾米”市场新格局逐步形成，成为“虾稻共生”产业新的增长极。

3. 金湖县域经济特色

金湖县以推动高质量发展为主题，以深化供给侧结构性改革为主线，加快构建以高端装备制造、新材料、大健康三大产业为主导，其他产业协同发展的“3 + X”金湖特色产业体系，全面筑牢千亿工业硬核支撑力。其中，机械制造、仪表线缆等主导产业不断壮大，石油机械产业成功获批列入国家火炬计划。全县共有海洋石油机械企业 45 家，2021 年实现工业产值超过 60.31 亿元，利润 8.16 亿元，同比分别增长 20% 和 16.9%。

二、淮安县域经济发展的短板

如表 7 – 18 所示，涟水、盱眙、金湖 3 县的经济发展在全市经济发展中有着举足轻重的地位，其县域经济的快速发展不仅为整个淮安市经济高质量发展作出了重大贡献，带来了动力和活力，还大大加快淮安城市化进程，增强了淮安城市竞争力和美誉度，极大地提升了人民群众的生活水平和幸福感。但瑕不掩瑜地说，淮安县域经济发展也仍然存在一些需要深刻认识和注意的问题。

（一）县域间发展不平衡

由表 7 – 18 可以看出，2021 年，因为受地理位置、自然资源、经济基础和人口等一系列因素的影响，淮安的县域经济在快速发展的同时，县域间经济发展存在不平衡的矛盾比较突出。3 县之间的 GDP 发展不均衡，涟水县的 GDP 大约是金湖县的 1.6 倍。从表 7 – 18 可以看出，金湖县人均 GDP（13.35 万元）是涟水县人均 GDP（7.84 万元）的两倍，盱眙人均 GDP 高于涟水，但与金湖人均 GDP 相比，仍然有较大的差距。就 3 县人均收入而言，盱眙和金湖两县的人均收入相对较高，突破3 万元，两县差距相对不大。而由于生产力低、人口数量等方面的因素，涟水县的人均收入最低，比洪泽区的人均 GDP 少了近 8000 元。可见淮安县域经济发展不平衡。

表 7－18　　　　淮安市 2021 年各县人均收入

县 指标	涟水	盱眙	金湖
GDP（亿元）	650.48	501.94	386.51
年末常住人口（万人）	82.97	60.78	28.95
人均 GDP（万元）	6.67	8.27	13.35
人均收入（万元）	2.847	3.3235	3.4539

数据来源：淮安市统计局。

（二）县域经济整体水平偏低

近年来，淮安县域经济发展迅速，但是总体水平偏低。根据赛迪顾问县域经济研究中心发布的《2022 年中国县域经济百强研究》排名，江苏省入围 25 个县市，在百强县前 10 排名中，江苏省占据了一半以上，并包揽前 4 名，而淮安市则依旧没有县进入排行名单，至今未实现百强县零的突破。可见，淮安县域经济的发展与其他经济发达地区之间仍然存在一定差距，必须在新征程上开足马力补短板、强弱项、激活力。

三、“十四五”淮安突破百强县的评价指标

根据目前淮安市涟水县、盱眙县、金湖县经济社会发展状况和县域地位，以及淮安市第七次党代会第五次会议和淮安市第八次党代会赋予涟水县冲刺全国百强县的新使命新任务，结合中共淮安市委、淮安市人民政府《关于支持涟水县加快建设全国百强县的意见》（淮发〔2021〕26 号）的文件精神，全市欲以涟水县为突破县，上榜中国县域经济“百强县”，需要精准找出当前涟水县经济社会发展存在的差距和不足，从而更有针对性地提高淮安的综合实力和城市竞争力。

1. 经济实力评价

《涟水县国民经济和社会发展第十四个五年规划和二〇三五年远景目标纲要》指出，“十四五”时期是涟水打造“产业集聚新高地、综合枢纽物流

港、城乡融合示范区、美丽宜居幸福城”的重要时期，是“苦干新五年，冲刺百强县”、奋力开启社会主义现代化建设新征程的关键阶段。因此，这一目标的实现，经济实力极大提升是首当其冲的任务。而经济实力又可以从以下几个具体指标上“管窥一斑”。

县域经济发展数据方面：从地区生产总值看，涟水县 2022 年地区生产总值为 700. 37 亿元。与排名 76 位和 77 位的建湖县（712. 1 亿元）、射阳县（709. 67）已相差不大。从 GDP 增长率看，涟水县的增长率为 4. 1%，也与建湖县（5%）、射阳县（4. 1%）基本相当。

从规模以上工业增加值看，涟水县 2022 年实现规模以上工业总产值 464. 40 亿元，同比增长 14. 8%；实现规上工业营业收入 425. 95 亿元，同比增长 7. 5%。与邻近的建湖县（规上开票销售 528 亿元、增幅 23%）、射阳县（规模以上工业总产值 539. 6 亿元同比增长 9. 3%）相比，虽总产值上相差明显，但增长速度已超过射阳县。

从一般公共预算收入上看，2022 年涟水县一般公共预算收入 30. 02 亿元，同比增长 18. 2%，占 GDP 比重约 4. 2%。相比于建湖县（37. 7 亿元、增长 9%，占 GDP 比重约 5. 2%）和射阳县（一般公共预算收入 30. 76 亿元，剔除留抵退税因素后同口径增长 1. 9%，占 GDP 比重约 4. 3%），其“追赶”态势明显。特别是从一般公共预算收入占 GDP 比重看，一般而言，比重越高代表地方经济发展水平越高、营商环境越好，近年来，随着涟水县改革动能的持续激发，全县的工业经济的稳步提质，在淮安市统计局公布的 11 项主要经济指标中，涟水县共有 10 项指标增幅位列全市前三。

对外经济贸易方面：2022 年涟水县外贸进出口总额达 30. 8 亿元，与建湖县的 20. 7 亿美元和射阳县的 12. 04 亿美元相差甚远。

从人均 GDP 来看，2022 年，涟水县居民人均可支配收入 30145 元，同比增长 5. 9%；建湖县城乡居民人均可支配收入分别达 44700 万元、27800 万元，分别增长 5. 8%、7. 9%；射阳县居民人均可支配收入为 34381 元，同比增长 5. 5%。

2. 增长潜力分析

涟水县 2022 年相关经济数据显示，该县工业经济实现新突破。实现规上工业应税开票销售 327. 8 亿元、工业入库税金 22. 4 亿元、工业投资 167. 48 亿元，分别增长 10.7%、3.4%、45.1%，增幅均位居全市第一方阵。

该县当年实现四大主导产业规上总产值 265.9 亿元、增长 21.9%，占全县规上工业总产值的 57.3%。其中，新增规上工业企业 60 户、产值超亿元企业 14 户、产值超 10 亿元企业 1 户、税收超千万元企业 4 户。其中，新一代电子信息产业同比增长 18.2%，绿色食品产业同比增长 17.8%。辖区龙头企业今世缘酒业前三季度营收已超 2021 年全年、再创新高，已达 65.16 亿元，同比增长 22.19%；实现净利润 20.81 亿元，同比增长 22.53%；从一家居则成功申请上市辅导备案。

从全县要素保障来看，实现新提升。完成低效用地再开发 1600 亩、处置批而未供土地 1300 亩；全年储备可用气污染物总量 300 余吨、水污染物总量 1900 余吨；承办省“普惠金融县区行”涟水专场推介会，聚集全省金融资源，全方位满足重大项目落地需求。出台助企纾困“涟 20 条”“涟 8 条”等一揽子措施，兑付留抵退税资金 4.46 亿元，兑现实体经济奖励资金 6669 万元、惠及企业 309 户。

从全县平台建设来看，实现新跨越。持续推动“一区三园”融合发展，精心编制“一区三园”整体发展规划。围绕发展百亿级新材料产业集聚区目标，加快推进公共管网等 8 项基础设施配套项目。建设食品产业港、临港智能制造产业园等标准化厂房 28 万平方米，为企业“拎包入住”提供保障。启动食品产业园污水处理厂、电子产业园污水处理厂二期建设，着力破解配套短板。工业经济的稳步提质，鼓舞着我们在高质量发展道路上昂首阔步、勇往直前。

从全面深化改革来看，实现新突破。深化“放管服”改革，在全省率先成立施工图审查分中心。承接省级以上改革试点任务 10 项，推出重点领域改革举措 28 项，打造 5 个省级精品“一件事”、8 个省定标准“一件事”政务品牌，创新推出“营商环境 10 条”服务承诺等系列文件，企业开办全流程免费、平均用时 0.5 个工作日。全面完成国企改革三年行动任务，交通控股集团重组为涟投控股集团，县粮食集团挂牌运营。对外开放不断深化。积极落实稳外资稳外贸政策，新设外资项目 7 个，实际利用外资 1.6 亿美元、增长 4.3%，实际利用台资连续 7 年位居全市前列。科技创新加速蝶变。全面推进“智改数转”三年行动，实施智改数转企业 132 户，获批省级星级上云企业 17 户，建成 5G 基站 560 个，推动“5G + 工业互联”技术应用。获批国家高新技术企业 35 户，科技型中小企业入库 195 户。

四、淮安突破“百强县”发展建议

（一）改善产业结构，增加工业比重

当前，县域之间的竞争已从硬实力到软、硬兼顾，从产业竞争到产业集群的竞争。“十四五”期间，涟水应推动绿色食品、新一代电子信息、高端装备制造、纺织服装四大主导产业形成产业集群，大幅提高四大主导产业在三产中的比重。到 2025 年，涟水县地区生产总值应达到 900 亿元以上，规模以上工业投资额 140 亿元，一般公共预算收入 40 亿元，进出口总额 4 亿元，实现涟水县经济实力的大提升。

（二）加大固定资产投入，突出科技创新驱动

涟水固定资产投入与百强县城市相比还有较大差距。“十四五”期间，涟水要完善科技创新体制机制，突出以创新赋能产业发展，进一步激发创新活力、释放创新潜能，集中力量加大固定资产投入力度，夯实涟水县经济发展的潜力，实现高质量内涵式发展。

一是以科技创新引领骨干企业发展。例如，支持今世缘酒业早日进入“营收百亿俱乐部”，加快今世缘南厂区技改项目建设进度。到 2025 年，全县固定资产投资额达到 350 亿元，工业投资额达到 200 亿元，高技术产业占规模以上工业投资 16.5% 以上，研发支出占 GDP 比重达 1.8% 以上。推进产学研用深度融合，打造科技、教育、产业、金融紧密融合的创新体系。

二是以科技创新引领高新技术企业集群。实施科技企业培育成长计划，推动科技型企业、高新技术企业和高成长性企业集聚发展，促进新技术快速大规模应用和迭代升级。到 2025 年，实现有效高新技术企业 77 个以上，高新技术产业产值占比达 13.4% 以上。

三是以科技创新推动高端实用技术应用。支持重点企业在市场占有率高的优势产业突破一些关键技术，获取相关科技成果，以科技创新引领品牌化发展。到 2025 年，新增专利授权量 800 件，万人高价值发明专利拥有量达 0.69 件。

（三）进一步加快新型城镇化建设，提高城镇化率

“十四五”期间，涟水应进一步加快新型城镇化建设，提高居民就业率，扩大社会保障范围，提高人民群众的富裕程度，到2025年实现城镇化率65%以上。

一是要强化战略对接，坚持规划引领，深度对接长江经济带、江淮生态经济区、淮河生态经济带、大运河文化带等战略布局，深度融入淮河生态经济带航空货运枢纽建设，推动重大战略在涟水落地生根。

二是要增强双区联动，凸显城乡统筹，通过实施“双区联动”，有效处理好新城旧城关系，实现滨河新城和老城区功能上的互补和融通；积极优化镇（街道）布局，推进“4+12”城镇空间布局体系建设，推进农村居民按城镇化规律集中居住，让农民过上与时代同步的现代城镇生活。通过做大做强重点镇，全力推进产镇融合发展。例如，高沟镇以县域“副中心”为目标，按照辐射百万人口的规模打造新型城镇化先行区。

（四）加快城市绿化建设，提高绿色发展水平

涟水县在大力培育经济潜力、发展综合经济实力的同时，还必须坚定不移把推动绿色发展作为鲜明导向，促进环境持续改善，践行绿水青山就是金山银山的理念，推进绿色低碳循环发展，坚持生态优先、绿色发展，才能切实提高涟水县域经济综合竞争力。

一是要紧扣绿色发展导向。要扩大城市绿化面积，建设绿色社区、绿色村庄；要管理好、利用好现有的生态资源，林业生态红线任何人都不得碰触；大力发展循环绿色，坚持生态化的方向发展，从整体上提升产业价值。

二是持续提高环境治理水平。在治理环境方面，应从水、土地、空气三大资源入手。在空气污染治理方面，对污染严重的企业，要勒令其及时进行技术改造，把秸秆焚烧当成管理重点。在土地污染治理方面，要根据当前已经被破坏的土地情况制定合理的修复计划，把矿山复绿、土壤质量评价等当成重点工作来抓。在水污染治理方面，要全面推行河湖长制，根据每条河流的具体情况制定合理的治理对策。

第七节 高质量发展苏北数字经济

数字经济是继农业经济、工业经济之后的主要经济形态，是以数据资源为关键要素，以现代信息网络为主要载体，以信息通信技术融合应用、全要素数字化转型为重要推动力，促进公平与效率更加统一的新经济形态。习近平总书记在党的二十大报告中明确提出，"加快发展数字经济，促进数字经济和实体经济深度融合，打造具有国际竞争力的数字产业集群"。徐州、连云港、宿迁、淮安、盐城等苏北城市拥有全省 51.82% 的土地面积，但经济总量却不足全省 1/4，属于经济发展后发地区，也是全国中小城市的典型代表。大力发展数字经济不仅是苏北城市推动高质量发展、加快追赶苏南的现实路径，更事关全面推动中国式现代化江苏新实践的发展大局。

一、苏北城市数字经济发展现状

"十三五"以来，苏北城市积极抢抓全球数字经济蓬勃发展的战略机遇，顺势而为、聚力前行，数字经济呈现良好发展态势。2019 ~ 2022 年，苏北五市连续四年全部入选全国数字经济百强城市。

（一）数字核心产业持续壮大

从整体规模看，根据各市年度国民经济和社会发展统计公报，2022 年苏北五市数字经济核心产业营业收入超过 5000 亿元，其中盐城、徐州两市分别达到 2123.7 亿元和 1199.5 亿元，年度增速分别达到 65.9% 和 45.7%。从具体行业看，苏北五市电子信息制造业、软件和信息服务业等基础产业集聚效应加速显现，电子信息制造业规模超过 2000 亿元，软件和信息技术服务业规模超过 500 亿元。集成电路、大数据、人工智能等新兴产业加快布局，徐州市集成电路与 ICT 产业营业收入接近 200 亿元，宿迁市大数据产业营业收入达到 190 亿元。

（二）制造业数字化转型加快推进

苏北城市企业数字化发展加快推进，生产设备、产线、流程的数控化率和数字化水平明显提升。截至 2022 年底，苏北五市累计建成省级示范智能车间 294 家、省级智能制造示范工厂 21 家。工业互联网平台加快建设，累计获批省级重点工业互联网平台 35 家，徐工汉云连续 4 年获评国家级跨行业跨领域工业互联网平台，实现联网设备 140 万台，服务用户超 7 万个。园区数字化转型稳步推进，盐城市大数据产业园、徐州淮海大数据产业园先后落地建设，前者更是获评国家制造业大数据高新技术产业化基地、国家大数据应用标准创新基地等多项“国字号”荣誉。

（三）数字经济推进力度持续加大

苏北五市先后成立数字经济发展领导小组，设立数字经济工作专班，发布数字经济发展规划、三年行动计划、实施方案等系列政策文件，形成了远期有规划、中期有方案、近期有措施的连贯性政策体系，全面建立了“领导小组 + 工作专班 + 政策文件”的链式推进机制。淮安、盐城、连云港三市先后举办中国·淮安第二届淮河华商大会数字经济发展论坛、2022 数字经济与超算产业发展论坛、数字经济创新发展高峰论坛等系列数字经济重大活动，政企协同发力推进数字经济发展，积极营造数字经济发展良好氛围。

二、苏北数字经济发展典型模式研究

数字经济涉及领域和技术基础在全球范围内尚处于探索阶段，尚未有成熟的发展路径可以参考。徐州邳州市、宿迁宿豫区、盐城东台市、连云港海州区等苏北县域城市通过创新探索，形成了各具特色的典型发展模式。

（一）邳州市数字产业集群引领模式

邳州市瞄准半导体光刻材料、光电材料、显示材料、生产测试设备、柔性线路板等关键领域，按照先材料、后设备的发展思路，奋力推动博康、华兴、上达、影速等 60 余家具有影响力的半导体企业集聚发展，引进中科院微电子所徐州研修院、光刻材料研发中心、半导体材料科创中心等20余家省级新型研发机构，建成欧洲半导体海归人才创业园、半导体材料与设备产业园等一批特色园区，成功走出了一条以半导体产业集群引领数字经济发展的独特之路。

（二）东台市“智改数转”促进数实融合模式

东台市坚持把智能化改造和数字化转型作为推动高质量发展的“关键一招”，通过诊断服务先行、标杆示范引路、数字设施优化、标识解析应用等举措，逐渐推动数字化转型发展从理念普及、试点示范、系统创新走向深化应用。先后建成智能车间50余个，企业上云550余家，支撑东台市2021年获评全省“智改数转”成效明显地区，成功通过推动产业数字化转型实现实体经济加速与数字技术的深度融合。

（三）宿豫区京东数字大平台带动模式

宿豫区全面深化与京东集团合作，专门成立京东合作促进中心（京东办），派驻专职工作人员入驻京东，推动京东全国客服中心、淮海经济区仓储物流中心、京世大数据、京东社区互联网医院、京东供应链金融公共服务平台、京东慧采等一批“京东系”项目落户发展，吸引当当、途牛、天天拍车、爱回收等互联网企业集聚，形成了“一个龙头、一个产业”的独特模式。

（四）海州区“农村电商”助力乡村振兴模式

海州区牢牢把握以消费促发展、稳增长、扩内需和惠民生，着力深度挖掘乡村市场消费潜力，积极搭建数字乡村服务平台，引导农民通过物联网监测、大数据分析等数字化手段，创新直播带货等网络营销新模式，推动农业农村跨越发展。当前，全区先后建成市级电商示范镇街4个，农村电商示范村超过20个，带动近3万“新农人”成功实现脱贫致富达小康。

三、苏北加快发展数字经济的对策

（一）加强加快数字基础设施建设，保障“智改数转”工程顺利实施

前瞻布局数字设施，实施城市基础网络感知工程。率先建成满足经济社

会持续健康发展需要的新型基础设施体系，5G 通信网络实现对市县（区）城区、重点中心镇、重点公共服务场所全覆盖。高速、移动、安全、泛在的新一代信息基础设施建设规模、覆盖范围、标杆场景应用水平大幅度提升。考虑建设新一代数据中心和云计算中心，形成多元协同、数智融合的算力基础设施服务体系，夯实苏北数字经济发展基础。加快工业互联网标识解析二级节点建设，推动更多企业接入应用。

（二）打造特色数字产业集群，支撑“智改数转”应用

结合苏北现有数字产业实际情况和发展基础，加快引进和培育一批智能装备、新一代信息技术等数字产业企业，瞄准新、特、强方向，加大招商引资力度，重点培育和发展特色产业集群。

打造数字设备制造产业集群。重点打造高端印制电路板产业集群和半导体产业集群，对印制板产业集群，主要依托永鼎汽车、庆鼎精密电子、苏杭电子、宏恒胜等一批重点企业，聚焦环保型 PCB 及 FPC 设计制造产品的提档升级和高端化发展，重点发展多层、柔性、柔刚结合和绿色环保印制电路板；同时，面向京津冀、珠三角、长三角等地区，开展产业链上下游配套招商，引进产业链龙头项目和补链、强链关键节点项目，支持永鼎汽车线束、天科合达二期年产 16 万片碳化硅衬底晶片、环太汉默跨境电商供应链、鹏鼎控股淮安第三园区、立创互联网科技产业园等重点产业载体建设，加快推动鹏鼎高端 HDI 和先进 SLP 类载板智能制造项目建成投产，做大做强高端印制电路板产业，以专业服务保障和产业基金招商引资为抓手，以延链、强链、补链为重点，打造长三角地区最大的高端印制电路板基地。对半导体产业集群，以发展特色应用集成电路为抓手，聚焦集成电路封测、第三代半导体材料领域，围绕现有集成电路制造企业发展配套产业，加快培育一批单项冠军、隐形冠军和专精特新“小巨人”企业；对接紫光集团、上海华虹、中芯国际、无锡海力士等行业龙头企业，引入实力强劲的投资主体与德淮半导体、时代芯存两大芯片项目合作重组，实现图像传感器和相变存储器细分领域的突破性发展，发挥立创互联网科技产业园项目带动和辐射作用，吸引配套合作企业入驻园区，加快省内唯一以半导体产业特色小镇“智芯小镇”建设，充分利用立创电子商务平台，推进本地元器件厂商线上交易，提升产业集群规模化发展能力。

打造数字应用产业集群。重点打造软件数字服务产业集群和大数据产业集群，对软件信息服务产业，要优先发展行业应用软件，围绕智慧城市、两化融合、智能制造、机器人等重点领域，利用“机器换人”“机联网”和“智能工厂”的发展机会，主动与传统产业有效对接，提高软件企业的研发创新能力。引导和扶持本地企业积极参与智慧城市建设项目，探索应用和产业协同发展的创新模式。加快培育下一代互联网、移动互联网、物联网等环境下的新兴服务业态，鼓励移动终端应用软件的开发和服务；加强工业软件应用，支持开源软件开发和应用推广，着力提升软件及信息服务产业自主发展能力，围绕工业互联网建设，引进和培育智能设计与仿真、制造物联与服务、工业数据处理等高端工业软件核心技术，开发自主可控的高端工业软件，重点推进计算机辅助设计、辅助制造和生产过程智能化管理系统等工业软件的开发应用，形成苏北特色的工业软件开发、生产和服务体系；要引导重点行业应用市内软件企业产品，面向教育、医疗、社保、环保、安全等领域数字化需求，以及政府、金融、通信、交通、商贸、物流、能源等领域的信息技术应用，发展应用软件产品和行业解决方案，形成与先进数字设备制造业发展相适应的数字服务业体系。

加快构建软件产业发展新业态。引培一批工业软件开发企业、信息技术服务商和系统集成服务商，加大苏北科教产业园、淮海大数据中心、淮安区天好大数据产业园建设力度，使其成为各市软件产业发展的孵化器和集聚高地，加强工业软件公共服务平台和研发创新能力建设，搭建“互联网+智能制造创新服务平台”，并基于智能制造、工业设计等企业的全生命周期，构建相对完整的公共服务生态体系，助力苏北工业智能化进程，引导软件企业重点研究软件技术在装备智能化、设计数字化、生产自动化、管理现代化、营销服务网络化等领域的应用，培育一批工业一体化软件服务提供商；积极推动信息技术协同创新体系发展，鼓励本土软件企业同 BATH 等国内外知名 IT 企业和科研单位联合成立研究院、实验室、工程中心、创新中心，针对新业态、新产品、新服务、新模式等方面开展联合创新研究，构建适应“互联网+”新业态的信息技术服务体系，积极推进建立以企业为主体、高等院校和科研院所为支撑的苏北电子信息产业技术协同创新联盟，实现协同发展，加强和完善知识产权保护，加强本地企业间及与国内外 IT 企业的合作交流，提升创新能力，塑造核心竞争力。

对大数据产业集群建设，要加快云计算统筹布局和政务资源的有效集聚，苏北"一盘棋"，形成以淮海大数据中心、淮安市大数据中心等为核心，县（区）大数据中心为节点的苏北"1+N"大数据中心布局体系，鼓励各县（区）共享使用市级政务云资源，鼓励三大运营商、天好等企业在各市合理布局大数据中心或产业园，在开展"共享"应用服务的同时，集聚大数据相关企业，深入推进行业大数据应用，大力推广工业互联网在农产品、养殖业、仪器仪表、食品等传统优势产业的应用，重点支持大米云、龙虾云、螃蟹云、仪表云、汽车云等重点行业云平台的建设，鼓励有条件的企业通过云制造模式，实现生产经营各环节的企业间协同，带动行业转型升级。

依托苏北电子信息产业技术协同创新联盟、电子信息产业公共技术平台，推进企业、院校、科研院所深度合作，搭建政、产、学、研沟通桥梁，开展联合技术攻关，打造大数据产业链，重点培育一批云工程和云服务企业，做大做强细分领域大数据应用产业，建设"苏北数据之都"，打造苏北政务云平台，围绕人、事、物、企业、空间要素等多个维度，不断提高数据质量，智能采集各市政务相关属性数据，建立各市政务大数据平台，推动政务资源开放与共享利用和城市大数据产业发展，面向细分领域进行大数据行业分析，开辟移动服务，提升企业供需匹配能力，鼓励产学研用相结合的协同创新和基于开源社区的开放创新，加强非结构化数据处理技术和产品开发，研发海量数据存储与管理、数据清洗、数据分析发掘、数据可视化等关键技术，打造较为健全的大数据产品体系，在智慧交通、智慧医疗、智慧社区等具有大数据基础的领域，推进交互共享、一体化的数据服务模式，促进大数据技术成果惠及民生。

（三）加快"智改数转"应用升级，推进数字和实体经济的深度融合

充分利用人工智能、大数据、5G、物联网等新一代信息技术，支持龙头骨干企业对标行业领先水平，实施智能化和数字化改造。坚持把数字经济新优势运用到产业发展"首端"和产业销售"终端"，嫁接互联网技术，支持"淮扬特色美食"等实体商业发展线上业务，推动与互联网平台企业的合作，

实现新型消费线上线下双向融合；鼓励企业通过网络促销扩大影响，拓宽产业销售渠道和市场，带动实地消费，促进消费新业态、新模式、新场景的普及应用；引导企业加快核心技术和产品研发，鼓励业务模式创新，由产品型营利模式向服务型平台化模式变革，在服务、运营方式等方面逐步向互联网模式、大数据形态转型；打造新型细分领域的平台经济，体现差异化竞争，提升信息产品、服务的有效供给水平。

重点发展专业电商平台，扶持行业电商、垂直电商、跨境电商和传统行业平台等细分领域电商，做大做强电商龙头企业，培育有实力的网商（微商）按企业规范化做大做强，鼓励传统企业主动实施“互联网+”战略，实现企业产品设计、生产、销售和管理的互联网化；升级移动电商平台，构建全网营销体系，丰富移动电商应用内容，鼓励本地生活服务类产品线上支付，线下体验，培育苏北本地大米、餐饮、养殖等特色产业的电子商务品牌；把握中国（徐州）跨境电子商务综合试验区、中国（盐城）跨境电子商务综合试验区、中国（淮安）跨境电子商务综合试验区的发展机遇，重点建设跨境电商国家示范项目，完善电子商务行业管理、统一监测和市场监管方式，创新进口跨境贸易电子商务监管模式、出口跨境电子商务贸易模式及通关方式，建设跨境贸易电子商务服务平台，构建跨境电子商务服务产业链，带动苏北跨境电商的跨越式发展，发挥苏北在农业领域的先天优势，大力发展农村电商、社区电商，打造新型的基于线上线下（O2O）的平台经济，利用直播、私域流量推广等手段，实现农业领域的服务产品、服务方式、服务内容等方面的转型升级；大力发展苏北电商物流产业园，按特色化、生态化、精准化打造5~6个有特色产业的电子商务产业园，引进专业运营商，构建完整的“产业生态+科技社区”服务理念，提供专业运营服务，做大做强电子商务整体规模。

深化文体旅游信息化，打造淮安软实力。整合苏北吃、住、行、旅、购、人文等领域各类基础数据，通过与城市管理、社会治理、社会信用等数据的实时交互、深度应用，加快公共文化旅游领域数字化服务体系建设，运用大数据技术对文化旅游行业产生的数据进行挖掘分析，更加深入地掌握和预测游客需求，为文化产业战略制定、公共服务资源配置优化、市场主体的服务和监管、精准营销等提供数据支撑，推进社会信用在文化旅游市场的应用，加强对经营商户、从业人员、游客和顾客的管理，实现旅游行业的精细化管理，建立信息集成化、服务智慧化、营销精准化、创新多元化的“苏北全域旅游平台”，增强苏北旅游产业的核心竞争力；推进文化和旅游融合发展，围绕徐州“两汉文化”、伏羊食俗，淮安“西游记”动漫、“淮扬菜”美食、周恩来总理，宿迁项王故里、酒都洋河等历史特色文化，与新一代信息技术相结合，打造一批富有文化底蕴的顶级旅游 IP，广泛应用于城市宣传系统、城市导视系统、城市基础设施等领域，铸造苏北城市新名片；举办高水平中国（淮安）国际食品博览会，加强文化和食品的融合，大力推动“线上 + 线下”展会新模式，支持企业线上办展参展，举办“云展览”扩大会议影响力，结合发展在线新经济，打响“淮安线上食博会”新品牌。

（四）推进公共服务体系数字化进程，提高政府和社会服务效能

构建“经济调节、市场监管、公共服务、社会治理”为核心的苏北城市大脑框架体系，打通“信息孤岛”和数据壁垒，重点推进以下几个方面的工作。

全面推进政务改革，构建公共服务信息化体系。迭代升级“互联网 + 政务服务”体系，以法治化、标准化、信息化为核心，完善以“1 + 1 + N + 6”（即“1 个政务服务数据中心、1 个综合性政务服务网、N 个系统组成生态链、6 个统一身份认证、统一总客服、统一电子印章、统一公共支付、统一物流快递、统一安全运维保障体系”）的“互联网 + 政务服务”体系，实现服务内容更集约、服务流程更优化、服务模式更多元、服务渠道更畅通，市民满意度明显提升；践行“信息惠民”理念，建设全市一体化政务服务平台，推动“数智政务”建设，推进“一窗受理”“一网通办”，推行政务大数据云优先计划，支撑政务服务“全域通办”、城市运行“一网通管”，构建智慧苏北各市门户平台，为群众提供“一站式服务、互动式服务、主动式服务”的高品质服务，为公职人员提供便捷的“最多跑一次”的办公服务，为政府管理决策提供数据支撑。

深化医疗大数据应用，探索健康服务新模式。完善医疗健康大数据，建全全员人口、电子健康档案、电子病历、健康医疗资源四大数据库，基本覆盖全市人口信息并动态更新，建立全市健康医疗大数据分类、分级、分域开放共享政策规范，畅通区域、部门、层级、行业间的数据开放共享通道，形成“一处录入、多处共享”的平台运行机制，实现多医疗机构之间、部门之间的数据互联互通，动态更新居民电子健康档案，拓展医疗健康大数据应用，完善“互联网+卫生健康”服务体系，增强“自主健康”服务体验，实现互联网健康咨询、预约就诊、诊间结算、移动支付等基础服务，融合大数据技术与健康医疗，持续推进智慧医院、互联网医院建设，实现医疗行为全流程标准化管理，建立覆盖全生命周期的预防、治疗、康复和健康管理的一体化健康服务，开展医疗健康大数据应用试点，推动卫生健康大数据在公共卫生、临床科研、行业监督和健康服务等领域的创新应用，深化5G远程视频、影像、心电、会诊等场景应用，探索远程医疗、分级诊疗和家庭签约等就医新模式，加强重大突发疾病防控预警。

推动智慧教育持续发展，引领苏北教育现代化。加强数字教育资源库建设，优化升级优质数字教育资源建设，调动优质学校、名特优教师的积极性，逐渐建成适合区域教育实际需要的教育信息化资源库，形成“人人皆学、处处能学、时时可学”的学习型社会；加快“5G+IPv6”技术在教育体系的推广应用，完善智慧教育公共服务和管理平台，实现招生管理、学籍管理、学业水平管理、综合素质评价、教学督导、办学管理等各项工作的全程贯通与融合，着力构建精细化、协同化的教育信息化综合管理体系；建设市级智慧教育平台，深度实施教育信息化2.0行动计划，构建覆盖苏北各市的教育城域网和电子教育资源平台，探索优质教育资源的智能排序和自适应推送，鼓励中小学教师结合各类优质教育资源组织实施教学教研活动和强化对学生的指导，建设“名师空中课堂”，无缝对接市、区（县）、校三级数据，促进信息技术与教育教学的深度融合，提升“平台+资源”服务能力，推动信息化对教学模式、学习方式的深度变革，构建基于“互联网+移动终端”的家校互通互动平台，实现学生考勤、作业、成绩、教师评价、综合表现等在校情况的及时反馈与高效沟通，打造协同共育的家校工作新局面。

推进智慧人社建设，建设一体化社保服务体系。构建市级智慧人社一体化体系，加快第三代社保卡发行应用，全面拓展实体卡和电子卡服务功能，实现线上“一网通”、线下“一卡通”，推进以大服务、大数据、大平台为主题的“智慧人社”建设，健全多层次社会保障体系，整合优化医疗、民政、就业等跨部门、跨地域业务流程，建设城乡网络覆盖、信息互通共享、业务应用融合的一体化社会保障公共服务体系，实现网上服务、自助终端服务和窗口服务流程标准化和社保业务同城通办；推动和规范苏北各市人社数据资源的统一管理和应用标准，积极开展与公安、税务、民政、教育、卫生等部门的数据共享，探索引入社会机构、互联网数据资源，构建多领域集成融合的“智慧人社”大数据应用分析平台，升级就业创业信息服务体系，完善就业、社会保险、劳动关系形势监测体系，引导劳动力资源有序跨地区流动；建立公共就业和职业技能培训信息服务平台，实现就业和社保信息无缝对接，创造平等就业机会，促进充分就业；加快推进社保卡在国家一体化在线政务服务平台的应用，按照国家一体化在线政务服务平台建设要求，以国家政务服务平台为总枢纽，推动社保卡在政务服务平台的应用，实现社保卡持卡人身份认证和社保卡电子证照共享互认，实现人力资源社会保障信息的共享复用，提升政务服务便利化水平和政务服务效能。

推动智慧社区服务升级，探索管理服务新模式。打造数字化基层治理体系，完善信息化支撑的基层治理体系，深化“一张网格托底、一支队伍巡查、一个中心调度、一套系统支撑”为架构的网格化治理体系，进一步开展信息平台、指挥体系、全科网格、便民服务等方面的标准化提升，形成基层精准智控能力，着力提升基层社会治理水平，切实增强群众的获得感、幸福感、安全感；推动养老服务智慧化发展。建设全市养老服务管理信息系统，打造覆盖家庭、社区和机构的智慧健康养老服务网络。建设社区智慧养老服务站，集成各类科技设备、专设5G网络环境，实现智慧照护示范间、家门口智能微型老人服务站等人工智能场景应用；进一步升级现有“虚拟养老院”平台，开发智慧养老分析决策功能，提供养老数据汇聚、养老数据全生命周期管理、养老多维数据综合分析、趋势预测、全息感知以及数据展示等功能；推进精准扶贫智慧化建设，整合苏北低收入家庭经济状况核对平台、社会救助信息系统、残疾人事业信息网络系统、社会工作者登记管理系统等一批民政业务系统应用，通过大数据和智慧化的在线分析，对社会救助业务信息进行深度加工提炼，为社会救助工作的管理提供精准分析数据及辅助决策信息；推动家居智慧化发展，融合照明管理、电器控制、安防监控、环境监测等场景体验，开展智慧家居应用试点，探索家居环境感知与远程控制、建筑节能与智能控制、公共区域管理与社区服务、物业管理与便民服务等方面的“智慧生活”综合应用。

（五）构建数字人才引育体系

加大引进力度，优化人才结构。建立高层次信息化人才定向引才的有效渠道，完善高端人才使用和激励机制，鼓励重大信息化项目与人才引进联动，支持企业与高校、科研院所合作建立人才培训基地，着力培养信息化建设紧缺人才，结合苏北各市信息化发展特色，加大工业互联网、农业物联网、特色集成电路等相关专业人才引进，实施差异竞争与错位引才方式，确保信息化工作可持续发展。

打造发展平台，营造成长环境。加强研究院、博士后科研工作站、院士工作站、创新平台等人才载体建设，加快科技创新领军人才、高级管理人才、创新创业人才的培育和引进，对企业引进的高层次人才给予相关人才津贴和住房补贴，加强信息化工作相关工作人员对信息化发展相关领域的培训学习交流，不断壮大信息化中坚人才队伍。加大力度支持中国矿业大学、江苏师范大学、盐城师范学院、淮阴师范学院、盐城工学院、淮阴工学院等院校培养软件工程、大数据技术、网络安全等相关专业人才，充实苏北各市 IT 人才队伍，鼓励企业与高校、科研院所合作建立人才培训基地，建立层次分明、灵活多样的信息化人才培养体系，打破人才流动体制界限，推动人才在政府、企业、智库间有序顺畅流动。加强落户优惠政策宣传，加大生产要素供给保障，吸引更多数字经济产业项目落户，打造区域数字经济发展高地。

| 第八章 |

苏北高质量发展的战略举措

苏北地区探索生态优先、绿色发展导向的高质量发展新路，要有实实在在的对策举措，要从打造苏北生态安全体系、发挥科技创新主动力、倡导绿色生态消费模式、以品牌引领绿色发展、培育区域特色发展经济带、强化绿色发展的硬件支撑等多方面综合施策，构建苏北地区生态优先、绿色发展的长效机制。

第一节 守住安全底线：打造苏北生态安全体系

严格落实主体功能区规划，进一步强化空间管控，严守城市开发边界、耕地保护、生态保护“三条红线”，促进生产空间集约高效、生活空间宜居适度、生态空间山清水秀，按照节约、协调、可持续的国土开发理念，着力打造淮安生态安全体系。

一、强化主体功能区对绿色发展的引领

进一步强化主体功能区战略对推进苏北生态优先、绿色发展的引领作用，坚持以节约优先、保护优先、高效利用为主的方针，不断优化国土空间开发利用格局。要以资源环境综合承载力为依据，统筹行政边界和自然边界，推动各类主体功能区合理配置城镇、农业、生态三类空间，加强生产力

布局和资源环境利用的空间引导与约束。要按照“严控增量、盘活存量、调整结构、提高效率”的原则，全面推进节约高效利用土地资源；要以修复提升绿色发展的国土功能为方向，进一步拓展土地整治空间和范围，紧密围绕山水林田湖的统筹保护和系统修复为目标，大力推进国土综合整治；要强化土地用途管制，合理控制开发强度，优化国土资源开发格局和形态，从国土开发源头上倒逼苏北绿色发展。

二、严守城市开发边界红线

城镇空间主要分布在优化和重点开发区域，城镇空间控制在1000平方公里以内，约占土地总面积10%，是未来苏北城镇建设和工业集聚的主要区域。要坚持集约、节约用地，进一步明确城镇建设区、工业区、农村居民点等开发边界，合理确定新增城镇建设用地规模，合理布局城镇工业、服务业、科教文化卫生事业、交通物流和居住等用地，合理布局城市生产空间和生活空间。要进一步提高建设用地的集约程度，鼓励从城镇已有建设用地中挖掘用地潜力，提高节约利用土地水平。大力推进城市绿化，拓展绿色空间，提高人均绿地面积。不断优化城市绿地生态系统，不断完善城市绿色开放空间体系，进一步强化城市绿地与城市外围山水林田湖等各生态要素的衔接，均衡布局城市公园绿地，营造美好的生活环境。

三、严守耕地保护红线

农业空间主要分布在适度开发区域、限制开发区域，部分分布在重点开发区域内。到2035年，淮安市耕地保有量不低于697.3500万亩，其中永久基本农田保护面积不低于596.0050万亩（含易地代保任务3.0000万亩）；徐州市耕地保有量不低于835.1200万亩，其中永久基本农田保护面积不低于740.2368万亩（含易地代保任务0.2368万亩）；宿迁市耕地保有量不低于602.2100万亩，其中永久基本农田保护面积不低于543.0210万亩（含易地代保任务5.0100万亩）；盐城市耕地保有量不低于1134.1700万亩，其中永久基本农田保护面积不低于1038.6490万亩（含易地代保任务2.0000万亩）；连云港市耕地保有量不低于546.8400万亩，其中永久基本农田保护面积不低于474.8800万亩（含易地代保任务2.8600万亩）。以淮安为例，淮安市基本农田和村庄主要分布于灌溉总渠以北的淮阴区西北部——涟水片区，灌溉总渠以南的淮安区东南部、洪泽区东南部以及金湖片区，盱眙县西南部丘陵山地片区以及洪泽湖和白马湖沿岸片区。要进一步加强耕地保护责任目标考核，切实落实政府的耕地保护主体责任，加快划定永久基本农田，将核定的基本农田保护任务落地到户、上图入库。继续实施最严格的耕地保护制度，确保相同质量耕地占比达到平衡，确保耕地数量不下降、质量不降低。加大对各类违法侵占农田的打击力度，做到各类建设用地尽量不占耕地和少占耕地。建立并完善耕地补偿激励机制，进一步加大对耕地保护工作成效突出的地区进行资金奖励。

四、严守生态保护红线

苏北各市要严格按照《江苏省国土空间规划（2021～2035年）》要求，进一步落实省委省政府“263”专项行动方案，综合考虑苏北河流上下游关系和区域间生态功能的互补作用，加快形成完备可靠的生态安全格局和重要生态屏障。根据国家生态保护红线划定技术指南和统一部署，加快调整完善生态保护红线，明确近期保护重点和分类分级管控要求，切实提升生态服务功能。要进一步强化监督管理，严格管控措施，对已纳入生态红线规划的各类重要生态功能区域，严格执行对应的管控措施，严禁高污染、高排放、高风险项目进入。要进一步完善生态补偿机制，对重点生态功能区因加强生态保护造成的利益损失进行补偿，确保生态保护红线区域“划得出、保得住”。

第二节　增长动力转换：发挥科技创新主动力

加快实现经济新常态下经济增长动力转换，积极推动苏北经济增长动力从主要依靠要素驱动和投资规模驱动的传统发展模式向以科技创新为主动力的绿色发展模式转变。

一、进一步加强科技创新平台建设

抓好创新基础平台建设。依托省内外知名科研机构和高校，重点布局和建设一批以重点实验室为主体的知识创新平台，以工程技术研究中心和企业技术中心为主体的技术创新平台，以科技孵化器和加速器、生产力促进中心、科技成果转化服务机构为主体的创新服务平台。充分发挥徐州、盐城国家级高新区的先导示范作用，加强国际创新资源的引进与合作、创新集群的自主培育，创建一流高新区，使其成为创新驱动苏北经济发展的主平台。

二、进一步加强重点领域技术研发

立足苏北地区经济发展基础和产业发展特色，着力加强重大科学技术问题研究，集中科研力量重点开展能源节约、资源循环利用、新能源开发、污染治理、生态修复等领域关键技术攻关，在若干个基础研究和前沿技术研发领域取得突破性进展，为苏北地区的绿色生产提供强力技术支撑。

三、进一步加强区域协同创新

突破创新主体间壁垒，充分释放人才、资本、信息、技术等创新要素活力，在苏北地区绿色产业领域新建一批省级以上产业技术创新战略联盟，加快形成以产学研为核心，地方政府、金融机构、中介组织、创新平台等多元主体协同互动的网络创新模式，有效促进科技与经济深度融合，显著提升区域创新能力和创新绩效。

四、进一步加强知识产权保护

深化市（县、区）和各类园区知识产权试点示范工作，鼓励和支持具备条件的苏北城市和园区创建国家知识产权试点示范城市和国家知识产权试点示范园区，打造专利集聚区域。加强发明专利转让、拍卖、入股等中介服务交易平台建设，促进知识产权的价值实现，发挥知识产权保护对发明创造的激励和促进作用。

第三节　消费模式改进：倡导绿色生态消费模式

推动苏北地区消费模式改变，必须顺应当前居民环保意识和绿色消费意识日益增强的趋势，大力推进绿色生态消费模式建设，进一步完善绿色消费政策法规，引导居民提高绿色生态消费支出比重，加大政府对绿色产品采购比重。

一、鼓励居民提高绿色产品消费比重

进一步加强绿色消费观念的倡导和教育，使绿色消费观念深入每一个消费者心中。逐步健全和完善对消费者购买绿色产品的激励机制，采取政府财政贴息、“以旧换新”等多种方式，加大对居民购买新能源汽车、绿色建材、环保装修材料、节能家电、节水产品的支持力度。营造绿色消费环境，倡导绿色消费模式和生活方式，鼓励公众参与绿色发展，提高全社会绿色安全和健康消费意识，在苏北地区加快形成勤俭节约、绿色低碳、文明健康的生活方式和消费模式，构建有利于促进绿色消费的长效机制，从需求侧倒逼供给侧绿色发展。

二、加大政府对绿色产品采购比重

严格执行政府对绿色产品的优先采购和强制采购制度，在提高采购质量和效率的同时，从社会公共环境利益出发，综合考虑政府采购的环境保护效果，着力扩大政府绿色采购范围，显著提高绿色产品在政府采购中的份额。建立健全绿色采购标准体系，完善政府绿色采购执行制度和绩效考评机制，推动政府绿色采购长期稳定发展。

三、完善绿色消费政策法规及制度建设

制定和完善各类行业绿色生产标准，将法律法规、国际标准、行业标准与 ISO 相关系列认证有效结合起来，加大对绿色产品的采购支持力度。进一步深化绿色消费配套财税政策体制机制改革，健全绿色产品和服务标准体系，逐步建立统一的绿色产品认证标识体系，扶持绿色产业的发展壮大。在各项产业政策中，尤其要加大对休闲旅游、创意产业等符合绿色消费类的服务型产业的引导与扶持。充实产业的文化与科技含量，真正做到上水平、创品牌特色，以此来增加消费者对闲暇消费和精神层面消费的需求。

第四节　产业结构调整：加快构建绿色产业体系

苏北地区当前绿色发展存在的问题，从根源上讲是结构性问题。必须以产业结构的优化调整引领苏北绿色发展，加快构建以现代农业为基础，战略性新兴产业、先进制造业和现代服务业为主体，彰显区域发展特色的低碳、高效、集约的绿色产业体系，切实推动苏北地区产业结构由中低端向中高端迈进。

一、加快发展现代农业

积极支持苏北大力发展优势特色农业，实行“一村一品”“一镇一业”特色发展，建设一批安全高效生态绿色的优质农产品生产基地，深入开展生态循环农业示范镇村、示范园区、示范工程创建，夯实现代农业对苏北绿色发展的基础保障作用。积极利用信息化助推农业现代化，加快发展“互联网+”农业。借助信息化为苏北地区现代农业发展营造良好的商务沟通环境，为城乡之间的无缝对接提供通畅而便捷的信息渠道，加速农业现代化发展的进程。

二、加快发展战略性新兴产业

强化技术创新与新兴产业发展的深度融合，大力发展新一代信息技术、“互联网 +”、云计算大数据、智能制造、绿色制造、高端装备、战略性新材料、新能源、生物技术与新医药、新型节能环保、高科技农业等战略性产业，催生一批具有较强竞争力的创新型领军企业。以战略性新兴产业示范基地和园区为载体，打造一批具有苏北特色的战略性新兴产业品牌群，形成一批核心竞争力强、国际化水平高、具备战略性新兴产业特征的优势企业。

三、加快发展先进制造业

以数字化、网络化、智能化为重点，推进工业化和信息化深度融合。运用新一代集成协同、制造服务、制造物联、云制造等信息化技术，推进制造业信息化，改造提升苏北轻纺、钢铁、建材、盐化工、食品等行业的装备自动化水平。重点支持徐州装备制造和新能源产业，盐城汽车、环保和新能源产业，宿迁电子信息、轻工建材等产业发展。

四、加快发展现代服务业

进一步加大对苏北地区服务发展的支持力度，着力完善服务业特色产业体系，重点发展现代物流、生态旅游、电子商务、健康养生、文化创意、工业设计、商贸流通等服务行业，支持苏北地区培育形成一批具有较强影响力的服务业集聚示范区，以服务业品牌引领服务业发展质量提升和服务业规模做大。

第五节　绿色产品培育：以品牌引领绿色发展

绿色经济的发展，离不开绿色品牌的创建和培育。必须进一步加强优质农产品、绿色工业品创建和培育，进一步促进服务业绿色转型，着力打造以品牌价值为核心，彰显苏北区域特色和绿色发展理念的绿色品牌新形象。

一、加强优质农产品品牌的创建和培育

将农产品品牌创建作为苏北地区发展现代农业的重要抓手，以提高农产品质量和效益为核心，以农业龙头企业、流通合作经济组织为载体，强化政府引导扶持，大力推进标准化生产、产业化经营、市场化运作，集中力量培育一批市场占有率高、经济效益好、辐射带动力强的无公害农产品、绿色食品和有机农产品品牌，着力构建起集品牌宣传、保护、产品营销平台建设为一体的绿色农产品营销体系。积极推进市级农产品检测中心和县（区）农产品检测站建设，加快建立覆盖市、县、乡三级的农产品质量安全追溯体系。

二、加强绿色工业产品品牌的创建和培育

引导企业采用绿色制造技术生产产品，有效缓解生态环境破坏和资源短缺问题。引导企业加强绿色产品设计，企业在研制开发绿色产品时，在保证产品质量的前提下紧紧抓住绿色这个主题，用环保的观念进行产品设计，对绿色产品生产实行全过程规范化管理，把对环境影响减至最低限度。重视绿色产品的市场营销，在消费者心目中树立绿色企业形象，提高消费者对企业品牌的认可程度。

三、促进服务业绿色转型

实施绿色金融战略，通过建立健全绿色金融法律法规，建立新型的贷款评价指标体系，加快构建面向绿色经济、绿色产业、绿色产品的金融支持体系。制定绿色物流标准，理顺绿色物流管理体制，打破地区、部门和行业限制，按照大物流、绿色化的思路对物流业进行整体规划，提高物流服务效率。积极发展绿色商业，倡导绿色消费观念，实行绿色采购，鼓励绿色消费、循环消费。

第六节　发展空间拓展：培育区域特色发展经济带

落实国家和江苏省主体功能区规划，牢牢守住发展和生态“两条底线”，进一步优化苏北绿色发展空间布局，重点推动“一带一路”沿线地区、沿海地区、沿东陇海线、淮河生态经济带、淮海经济区快速发展，为苏北地区绿色发展进一步拓展发展空间。

一、推动“一带一路”沿线地区融合发展

强化连云港、徐州新亚欧大陆桥经济走廊东方起始区域重要节点城市的带动和引领作用，推动苏北地区主动融入“一带一路”建设大局。进一步深化徐州、连云港与“一带一路”沿线国家经贸产业合作，着力推进徐工、徐矿、协鑫等重点境外投资合作项目，建好中哈物流中转基地、上合组织出海基地，依托港口、物流园区、海关特殊监管区和临港产业区打造出海口的核心功能区，为“一带一路”沿线国家和地区提供完善的多式联运、仓储中转、加工增值等基础服务，以及商务、贸易、金融、保税、跨境协作等延伸服务，发展具有“一带一路”特色的东西海陆双向开放新格局。

二、推动沿海产业带高端发展

坚持高起点规划、高水平建设、高效益开发，以连云港、盐城、南通三个市区为依托，以沿海地区主要交通运输通道为纽带，进一步强化腹地产业优势，促进高端要素集聚，积极培育与发展临港产业、特色海洋产业等高端主导产业，形成若干产业功能区，走集聚、集群、集约的绿色发展之路，形成“港口建设、港城崛起、产业拉动”三位一体的良性互动格局。

三、推动沿东陇海线经济带特色发展

充分发挥东陇海沿线地区综合交通运输体系的优势，促进交通优势转化

为产业发展优势，加快培育形成具有区域特色的产业集群。以徐州、连云港两市为核心，以淮安、盐城、宿迁三市为紧密联系区域，广泛吸纳国内外要素资源，充分释放绿色发展的动力和潜力，积极打造重点产业集中区，促进绿色产业集聚，全面提高东陇海线中心城市的总体实力和区域竞争力。依托连云港港口和机场、徐州"四省通衢"的交通枢纽地位等有利交通条件，积极发展面向海外的国际性物流业园区和面向苏北的区域性商贸物流中心。

四、推动淮河生态经济带协同发展

围绕将淮安打造成淮河生态经济带龙头城市的目标，突出规划引领，全面加强淮安与淮河流域城市的公铁水空管交通对接，为整个淮河流域借港出海、扩大开放提供有力支撑，促进整个流域经济社会协同发展。全面加强淮安与淮河流域城市在工业、农业、服务业等各个领域的合作，不断增强淮安在淮河生态经济带中的产业带动作用和产业配套能力。

五、推动淮海经济区联动发展

进一步加快推动淮海经济区各城市在交通基础设施上互联互通，在产业协作协同发展，在商贸物流、文化旅游、金融服务、医疗保障、人力资源等方面互联互融，引领淮海经济区融合联动发展。充分发挥徐州在推进淮海经济区建设中的龙头作用，将淮海经济区打造成为"一带一路"战略的重要枢纽和"双向开放"综合改革试验区、以传统文化为引导的区域治理现代化示范区和东中部"经济低谷"转型发展试验区。

第七节　基础设施建设：强化绿色发展的硬件支撑

牢固树立绿色发展理念，针对绿色发展基础设施建设领域的薄弱环节和重点领域，进一步完善苏北交通、环保、能源、水利等基础设施建设，为苏北绿色发展提供良好的硬件支撑。

一、加快完善适应绿色发展的交通基础设施

按照发展现代交通、绿色交通的要求，着力建设低碳绿色交通基础设施，构筑规模适宜、布局合理、高效低耗、多种运输方式衔接协调的综合交通网络体系。打造苏北对内对外快速高速铁路通道，加快建设连盐铁路、青连铁路、连淮扬镇铁路、徐宿淮盐铁路、徐连高铁；尽早开工建设盐城至南通铁路；积极推进盐泰锡宜、南京至淮安铁路等项目前期工作。支持苏北地区区域性快速公路建设，完善公路网络体系。重点推进连云港港扩容提升工程、盐城港扩容提升工程、京杭运河枢纽港扩容提升工程以及深水航道、干线航道建设，完善港口现代集疏运体系。强化苏北机场功能，推动航空提档升级。推进苏北中心城市加快建设以轨道交通为骨干、地面公交为主体、步行以及租赁自行车等多种交通方式为补充的城市公共交通体系，基本确立城市公共交通在城市交通中的优先地位。

二、加快完善适应绿色发展的环保基础设施

扎实推进新一轮城乡环境综合整治，逐步建立适应绿色发展的环保基础设施，确保城镇及农村生活污水、垃圾收运处置等基础设施全面覆盖，在确保稳定运行基础上，逐步提高排放标准。加快城镇污水处理设施建设，加快城镇污水收集管网建设与改造，积极推进城市雨污分流改造。全面实施城镇污水处理厂提标改造，督促各地完成县级以上城市污水处理厂全面实施、基本完成一级 A 提标改造。积极推行城乡居民生活垃圾分类制度，加快环卫基础设施建设，实现生活垃圾无害化处理设施全覆盖，县级以上城市餐厨废弃物处理全覆盖，设区市建筑垃圾资源化利用设施全面建成。

三、加快完善适应绿色发展的能源基础设施

优化能源供给结构，进一步扩大风力发电、光伏发电发展规模，稳步发展燃气发电，安全发展核电，显著提高清洁能源在苏北能源供应结构中所占

的比重，促进清洁高效、低碳优质能源逐步成为增量能源供应主体。

四、加快完善适应绿色发展的水利基础设施

加快流域骨干工程建设，加快沿海地区、淮河流域地区、黄河故道地区水利基础设施建设，积极改善缺水地区水资源条件，加强水生态保护和治理修复，提高水利工程调度运用水平和水资源利用效率。

| 第九章 |

苏北高质量发展政策保障体系

第一节　组织保障

一、强化组织领导

省级相关部门要加强对苏北经济高质量发展的工作指导，由省发改委区域经济处（苏北发展处）统筹协调各成员推进苏北地区走生态发展的高质量发展之路，统筹推进苏北地区生态优先绿色发展的组织协调、任务分解、督促检查、项目推进和评估考核等各项工作。建立健全苏北生态优先绿色发展工作网络，强化部门之间的横向联系、上下级之间的纵向联系。苏北地区各级党委、政府对推动本行政辖区内生态优先绿色发展负总责。行业主管部门按照“管发展必须管环保、管生产必须管环保、管行业必须管环保”的原则，对本行业、本领域的环保工作和环境监督工作负责。建立环境保护重点领域分级责任机制，分解落实重点领域、重点行业和苏北各地污染减排指标任务。

二、创新体制机制

制定实施负面清单管理制度，强化标准引领、空间管控和减排约束机制，健全环境质量和污染排放标准体系，倒逼产业转型升级。设立绿色产业投资基金，支持苏北绿色产业体系建设。建立健全苏北地区环境污染联防联控机制和预警应急体系，建立跨区域、跨部门、跨流域突发环境事件应急响应机制。研究制定苏北地区生态修复、环境保护、绿色发展的指标体系。构建生态承载力引导机制，以生态承载力为依据统筹苏北地区产业布局，引导“土地向规模集中、人口向城镇集中、工业向园区集中”。支持苏北地区开展城乡建设用地增减挂钩、工矿废弃地复垦利用、同一乡镇范围内村庄建设用地布局调整等节约集约用地“双提升”改革试点。对南北园区共建重点项目用地指标安排上给予优先保障。实施节能减排指标地区差别化管理，全省污染物排放总量指标分配实行分类指导、区别对待，对产业转型腾出的总量指标实行全省统筹、综合平衡，对苏北地区予以倾斜支持。优化平台整合机制，重点搭建基于区域协同的创新创业平台、产业协作平台、生态环境监测平台等功能性平台，增强苏北生态优先绿色发展的要素集聚力、协同创新力和可持续发展能力。探索建立多元化生态补偿机制，开展京杭运河、灌河、淮沭新河等河流区域生态补偿试点，实行分类分级的补偿政策，更多实施造血型生态补偿。加大排污有偿使用和交易等政策创新，全面推行排污权有偿使用和交易。实行企业碳汇抵扣碳排放指标政策。

三、严格监督考核

完善体现生态文明要求的目标、评价、考核机制，加大资源消耗、环境损害、生态效益等指标权重，完善节能减排目标责任考核及问责制度。弱化对苏北 GDP 考核。按照“差别对待、突出重点、务实可行”的原则，设计苏北地区分类考核评价体系，重点考核生态经济发展规模质量、生态空间管控和生态治理成效、生态富民等指标。建立环境保护重点领域分级责任机制，分解落实重点领域、重点行业和苏北各地区污染减排指标任务。创新监测方式，健全生态环境监测、监管高效运转机制，运用现代信息技术有效整合统计、监测数据，全面真实反映苏北生态优先绿色发展情况。创新评估方式，引入第三方评估，增强生态评估的客观性和准确性。强化社会参与监督，全面落实排污单位、监管部门、建设项目环境影响评价的信息公开。建立环保责任离任审计、环境保护督察和履职约谈等制度，实施生态环境损害终身追求制度，推动环境保护责任的全面落实。

第二节　资金保障

一、多渠道筹措生态建设资金

完善生态环境保护投融资机制，综合运用土地、规划、金融等多种政策引导资本投入，鼓励不同经济成分和各类投资主体，以独资、合资、承包、租赁、拍卖、股份合作制、BOT、PPP 等不同形式参与环境保护建设，推动环保投入相当于苏北地区生产总值的比例达到 5% 左右。积极设立环保信托投资公司、风险投资公司，创新金融环境产品。

宿迁以 PPP 项目推动绿色产业发展

2019 年 12 月，江苏宿迁市中心城市西南片区水环境综合整治 PPP 项目发布资格预审结果公告，清一色“中”字头企业牵头的联合体入围，联合体单位中也不乏北控、首创、碧水源等水务龙头企业，真是强者云集，竞争激烈程度可见一斑。项目估算总投资约为 303384 万元，其中，工程费用约为 226374 万元，工程建设其他费约为 29238 万元，预备费约为 26381 万元，铺底流动资金为 453 万元，建设期利息为 20938 万元（利率按照 5.88% 计算）。宿迁各区纷纷紧抓 PPP 项目落地，已签约的富含生态理念的项目有宿豫区工业污水处理项目、连起山与湖山水绿廊和古黄河生态农业生态观光旅游项目。

二、完善财税价格政策

省对苏北改革转移支付制度，完善省、市事权与支出责任，通过财政贴息、奖励、补助、扶持等财政政策，支持生态经济发展。实行生态经济财政补贴政策，鼓励采购苏北绿色产业新技术、新产品。建设与生态建设和环境保护相挂钩的税收政策，根据生态管控成效和生态环境改善状况确定省级税收对苏北各地的返还规模。完善城镇污水处理费、排污费、水资源费征收管理办法，合理提高征收标准，实施居民生活用水、用气阶梯价格改革。逐步开展扬尘、挥发性有机物排污收费。执行差别电价和超能耗惩罚性电价、燃煤电厂超低排放、可再生能源、脱硫脱硝除尘的电价补贴政策。加强资金使用绩效评价和项目后续管理，切实提高财政资金的使用效益。

三、积极发展绿色金融

支持苏北地区建设绿色金融创新示范区，发起设立绿色银行。完善绿色信贷政策，加强环保部门与金融机构企业环境信用信息共享，引导金融机构优先支持节约资源技术开发和生态环境保护产业、企业，严格限制环境违法企业贷款。支持开展排污权、特许经营权、购买服务协议质（抵）押等担保贷款业务，探索利用污水垃圾处理等预期收益质押贷款。支持循环经济、污水处理、清洁及可再生能源利用、环保设备等领域企业发行短期融资券、中期票据、企业债、公司债等直接债务融资工具。推动化工、印染、造纸、危废处置等环境高风险企业实行强制环境污染责任保险制度。

第三节　技术保障

一、加强先进生态环保技术推广应用

积极推广先进适用技术，围绕工业行业大气污染防治、移动源废弃排放控制、农业面源污染控制、重点行业废水深度处理、土壤污染诊断及风险管控等关键领域，推动环境保护与污染防治先进适用技术在苏北地区实现广泛应用。鼓励用能单位积极采用先进适用技术进行节能改造，在政府采购中将获得节能和低碳认证的产品列入优先采购目录。严格落实用能设备能效控制措施，新建高耗能项目用能设备须达到一级能效标准。

二、推进区域特色性环保科技创新

加强苏北地区生态环境保护领域科研机构能力建设，不断提高现有专业技术人才知识水平。借助“引智”工程，提高苏北地区科研单位、科技型企业在重大环境保护基础问题、实用环保技术及环境经济政策的研究能力。加强对突出环境问题、污染治理先进技术、环境管理等的前瞻性研究，积极开展未达标河道治理及骆马湖、洪泽湖、苏北沿海湿地等重点生态区保护、农业面源污染防治、污水深度处理、生态修复、主要污染物减排、环境监测预警、环境风险评估等关键及共性技术攻关，重点加强大气复合型污染和灰霾产生机理、化工园区治理等方面研究。

盐城市借用科技力量支撑环保产业发展

盐城环保科技城以烟气治理为主攻方向，实施环保全产业链布局，走出了一条“特色赶超、跨越发展”之路。中国环科院、中科院过程所、高能所、大气所、生态中心、城环所、地环所、中建材环保研究院，清华、复旦、南大、同济、哈工大、美国明尼苏达大学、澳大利亚墨尔本大学等国内外在环保领域具有特色的高校，德国 GEA、日本上岛研究院等国外知名研发机构已全面入驻。建成清华盐城环保技术研究中心、南大盐城环保技术工程研究院、北欧—中国清洁技术联盟、中欧环保技术转化中心、复旦创新创业基地等 22 家研发平台，建有 9 个博士后工作站，创成科行、长虹等国家企业技术中心 11 家，拥有三菱、高和等省级以上高新技术企业 32 家。

三、加强生态环境信息大数据应用

探索建立“苏北生态云平台”，加强大数据平台，依托大数据平台建设环境政务云、公众应用云、移动应用云等生态环保云，建立污染源统一编码体系，加快推进智慧监测、智慧监管、智慧门户建设以及环保信息资源的整合共享。推动苏北地区相关部门联合开展水环境、大气环境、土壤环境、污染源监管、自然生态以及环评管理、企业信用评价、排污许可制、环境预警与应急等重点领域大数据综合应用和集成分析，为环境决策科学化、监管精准化、服务便民化提供有力支撑。

第四节　人才保障

一、集聚优秀人才

紧盯生态优先绿色发展急需的“高精尖缺”人才，继续实施“苏北高质量发展急需人才引进计划”，每年聘请一批“苏北发展特聘专家”。创新人才投入税收减免政策，完善科研、工作、生活配套政策，支持苏北地区引进高端化、国际化人才，舍得下更大本钱更大力气引进世界级顶尖人才。支持高层次科技人才到苏北创新创业，促进科研项目和成果转化，维护科研人员创新创业合法权益。

二、培育优秀人才

建立健全人才源头培养工作机制，围绕苏北生态优先绿色发展重大需求，在高校、科研院所及领军型科技企业建设一批青年专业人才培养基地，培养具有国际视野、创新活力、成长潜力的青年创新创业人才。依托苏北生态农业、绿色制造业、现代服务业重点领域，推进高技能人才培养（实训）基地建设，培养一批高水平技师、工匠。加大基层环保人才培养支持力度，建立常态化的“上派下挂”人才培养机制，提升基层环保人才队伍素质。

第五节　法治保障

一、健全环境监管法治机制

深入推进苏北生态优先绿色发展的立法工作，重点制（修）订覆盖苏北地区的环境保护、湿地湖泊保护、生态公益林保护、海洋环境保护、自然资源资产产权、国家公园、大气污染防治、土壤污染防治、生态环境损害赔偿等地方性政策法规，健全相关地方性法规和规章体系。

二、实施最严格的环境执法

全面落实新《环境保护法》等法律法规，加大区域环境综合整治、挥发性有机物排放治理等重点领域监督执法力度，专项执法与“双随机”执法检查并举，强化联合联动综合执法，推进行政执法和刑事司法相衔接，做到违法必究。落实环境生态损害赔偿制度，通过诉讼等方式对造成环境污染或生态损害的单位追究环境生态损害赔偿责任。强化执法人员的法治意识和生态意识，规范执法行为，强化行政成效。

| 附　录 |

附录一　江苏省“十四五”工业绿色发展规划

为贯彻落实《江苏省国民经济和社会发展第十四个五年规划和二〇三五年远景目标纲要》《江苏省制造业高质量发展“十四五”规划》，加快推动工业绿色低碳转型，制定本规划。

一、发展环境

（一）取得成效

“十三五”时期，按照“生态优先，绿色发展”总要求，全省上下聚焦工业节能和绿色发展主战场，加快产业结构转型升级，大力实施绿色制造工程，着力构建高效、清洁、低碳、循环的绿色制造体系，加强资源综合利用，培育壮大绿色产业，工业绿色发展取得阶段性成就。

1. 产业结构持续优化。围绕推进核心技术自主化、产业基础高级化、产业链现代化，制造业向高端化发展。省级先进制造业集群综合竞争力持续加强。全省战略性新兴产业、高新技术产业快速发展，2020年产值占规模以上工业比重分别达37.8%和46.5%。重点行业去产能成效明显，严格执行钢铁、水泥、平板玻璃等行业建设项目产能减量置换规定和要求，有效控制新增产能。“十三五”期间，累计压减粗钢产能1788万吨、压减水泥产能1915万吨、平板玻璃产能2700万重量箱，超额完成国家、省定目标任务。开展化工行业安全环保整治提升，全省累计关闭退出化工企业4454家，全省化工园区（含集中区）由54家压减至2020年的29家。

2. 绿色制造体系初步形成。加快工业领域绿色发展，引入产品全生命周期管理理念，绿色发展水平不断提升。创建一批绿色制造示范企业，推广一批绿色制造系统解决方案，实施一批绿色制造重点工程，培育一批绿色制造优秀服务机构，初步构建绿色制造体系。“十三五”期间，累计建设国家级绿色工厂174家、园区14个、绿色供应链管理企业14家，数量列全国前列，成功培育第一批97家省级绿色工厂；19家企业承担国家绿色制造系统集成建设项目，25家企业入选国家绿色制造系统解决方案供应商名单，4家企业列入国家绿色设计示范企业名单。

3. 节能降耗水平显著提升。能源利用效率大幅提升，“十三五”期间，全省单位地区生产总值能耗、单位工业增加值能耗分别下降20.6%和26.7%，超额完成国家下达的目标任务；单位GDP用水量、单位工业增加值用水量比2015年下降28.3%、31.5%。能源管理不断创新，组织开展重点用能单位“百千万”行动，实施重点耗能行业能效、水效“领跑者”行动，开展工业企业节能诊断服务，加快节能新技术、新产品的推广应用，组织实施节能技术改造项目，依法依规开展节能监察，实现高耗能行业节能监察全覆盖。“十三五”期间，共有12家企业入选国家能效“领跑者”名单、4家企业入选国家水效“领跑者”名单；63家第三方服务机构、节能技术装备提供商为605家企业开展节能诊断；实施重点节能改造项目332项，实现年节能205万吨标准煤。

4. 资源综合利用水平稳步提升。以减量化、资源化、循环化为原则，着力削减工业固废、废水产生量，加强工业资源高效循环利用，发布《江苏省工业固体废物资源综合利用评价管理实施细则》，公布第三方评价机构名单，促进工业固体废物综合利用规模化发展，全省年综合利用工业固废超1亿吨，一般工业固废综合利用率稳定在90%以上，全省固体废物综合利用年销售收入超过750亿元。再制造产业初具规模，年销售超200亿元，形成张家港国家再制造产业示范基地为代表的产业集聚区，成立国内首个“国家再制造汽车零部件产品质量监督检验中心”。加强再生资源行业规范管理，全省废钢、废塑料、废油脂、废轮胎等 62 家企业列入工信部相关行业规范管理公告名单。新能源汽车动力电池回收利用工作取得积极进展，退役动力电池回收、梯次、再生利用产业链初步构建。

5. 节能环保产业持续壮大。围绕提高产业技术水平和核心竞争力，完善政策机制，培育规范市场，着力加强技术创新，大力提高技术装备、产品、服务水平，推进节能环保产业高质量发展。产业规模居全国前列，2020 年全省节能环保产业实现主营业务收入超 7000 亿元，年均增长 7% 左右，27 家企业列入国家环保装备制造行业规范企业名单。创新能力不断提升，建成省级以上企业技术中心 140 家，培育制造业创新中心建设，攻克了大功率高速磁悬浮驱动技术、系列化耐污染反渗透、冷能余热综合利用技术等一批关键技术，并实现产业化。产业集聚效应日益显著，南京、无锡、常州、苏州、南通 5 市产业规模占全省 75% 以上，宜兴、盐城已发展成为全国具有较大影响的节能环保产业集聚区。骨干企业转型加速，积极探索智慧节能环保发展理念与思路，加快向“互联网 + 节能”“互联网 + 环保”、智慧系统转型。

（二）存在问题

“十三五”期间，虽然全省工业绿色发展取得了显著成效，但工业绿色发展水平与发达国家和国内先进地区还存在一定差距。一是影响工业绿色发展的结构性问题依然存在。产业结构偏重，高耗能行业能耗占规上工业能耗比重达到 80%；能源结构偏煤，煤炭消费占 50% 以上。二是绿色化生产水平还有较大提升空间。生态设计尚处起步阶段，制造业数字化智能化应用面不广，能源资源利用效率与先进水平存在差距。绿色消费引领绿色生产的格局尚未形成，绿色产品供应不足。三是绿色技术创新能力有待进一步加强。绿色核心关键技术装备突破不多，先进适用技术尚未得到广泛应用，产业链总体上处于中低端，绿色制造高端装备、关键零部件、基础材料、核心工艺等对外依赖程度较高。

（三）面临形势

“十四五”时期，是我国全面建成小康社会、实现第一个百年奋斗目标之后，乘势而上开启全面建设社会主义现代化国家新征程、向第二个百年奋斗目标进军的第一个五年。

从国际看，绿色低碳发展是全球发展的大趋势，部分发达国家已经实现碳达峰，全球上百个国家提出了不同阶段实现碳中和目标，共享绿色发展成果和绿色低碳技术、共同应对气候变化已成为全球共识。欧盟等一些地区正积极谋划或推行碳关税机制。这些都将影响全球贸易格局，对我省产业结构升级、技术进步提出更高要求，但同时也为我省工业绿色转型提供了机遇。

从国内看，我国已转向高质量发展阶段，处在转变发展方式、优化经济结构、转换增长动力的攻关期。工业绿色发展是全面推进高质量发展，实现碳达峰碳中和目标的必然途径。“一带一路”建设、长江经济带、长三角一体化、深入打好污染防治攻坚战等国家重大战略为工业领域更大力度、更深层次系统破解资源环境约束，探索生态优先、绿色发展的新路子提供契机。加快构建以国内大循环为主体，国内国际双循环相互促进的新发展格局，要求经济发展不能再以牺牲资源环境为代价。上述因素给我省工业绿色发展提供难得机遇。

从省内看，经济社会发展取得一系列成就，但资源环境瓶颈约束矛盾日益突出。全省能源消费总量超过3亿吨标准煤，单位国土面积污染物排放高于全国平均水平。其中工业能耗约占全社会总能耗70%以上，工业领域二氧化硫、氮氧化物排放量分别占全省的86%、52%，工业领域成为节能减排、绿色低碳发展的主战场。统筹做好全省工业领域绿色发展对实现高质量发展影响巨大。“十四五”时期是江苏深入落实党中央、国家重大战略部署要求的关键时期，这对全省工业绿色发展提出了新的要求，同时也给江苏工业绿色发展带来了新的机遇。

二、总体要求

（一）指导思想

以习近平新时代中国特色社会主义思想为指导，深入贯彻习近平生态文明思想，全面贯彻党的十九大及十九届二中、三中、四中、五中全会精神，立足新发展阶段，贯彻新发展理念，构建新发展格局，以碳达峰碳中和目标为导向，完善绿色制造体系，加快工业绿色低碳转型，推动产业结构和生产过程绿色化，深入推进美丽江苏建设，坚定不移走生态优先、绿色发展的高质量发展道路。

（二）基本原则

政府引导，市场主导。发挥政府试点示范、要素投入等方面的引导作用，加强政府服务监管职能。注重发挥市场配置资源的决定性作用，强化企业积极主动性，持续构建企业为主体、市场为主导的工业绿色发展推进机制。

创新驱动，转型发展。完善以企业为主体的技术创新体系，打好关键核心技术攻坚战，加速科技成果转化应用。以创新驱动加快转型发展，加快推动传统产业绿色转型，促进绿色新兴产业集聚，形成新的经济增长源。

质效优先，绿色低碳。坚持节约先行，加快推进绿色改造升级工程，推进绿色产业基地建设，提高经济发展的质量。推行绿色低碳生产方式，全面推进资源节约集约利用，提高资源综合利用效率和产出效益，减少污染排放。

整体推进，重点突破。全面推进绿色制造体系建设，加快园区绿色发展布局，引导和鼓励企业创建绿色工厂，努力提高绿色制造的整体水平。解决重点行业、区域和企业发展中的资源环境问题，充分发挥试点示范的带动作用。

（三）发展目标

到 2025 年，制造业产业结构明显优化，绿色低碳技术装备普遍应用，数字化、智能化助推绿色发展水平快速提升，能源资源利用效率大幅提高，绿色低碳循环发展的工业体系初步形成。

能源资源高效利用，碳达峰碳中和稳步推进。全省单位地区生产总值能耗下降 14.5%、规模以上单位工业增加值能耗下降 17%、单位工业增加值二氧化碳排放下降 20%；主要高耗能行业产品单位能耗、二氧化碳排放达到世界先进水平；清洁生产水平持续提升，规模以上单位工业增加值用水量持续下降，主要污染物排放进一步削减，一般工业固废资源综合利用率保持在

90%以上；工业领域重点行业力争在2030年左右率先达峰。

绿色产业逐步壮大，绿色制造体系建设全面开展。加快产业绿色低碳转型，以绿色制造创新为引擎，推动节能环保产业竞争力进一步提升；绿色制造服务体系不断完善，制造业全行业和省级以上工业园区全面建设绿色工厂、绿色园区、绿色供应链，实施绿色设计，开发绿色产品，绿色低碳循环生产方式基本形成。

“十四五”工业绿色发展主要指标

指标名称	指标单位	2025年
（1）规模以上单位工业增加值能耗降低率	%	17
（2）单位工业增加值二氧化碳排放降低率	%	20
（3）单位工业增加值用水量降低率	%	18
（4）工业主要污染物排放总量削减比例	—	—
其中：挥发性有机物削减比例	%	14
氮氧化物削减比例	%	10
化学需氧量削减比例	%	8
氨氮削减比例	%	8
（5）一般工业固体废物综合利用率	%	>90
（6）主要再生资源回收利用量	—	—
其中：废钢	万吨	3500
废纸	万吨	750
废塑料	万吨	200
废橡胶、轮胎	万吨	30
（7）节能环保产业主营业务收入	亿元	10000

三、主要任务

（一）构建绿色产业结构

以推动制造业高质量发展为目标，多措并举加快产业结构调整，培育壮大先进制造业集群，深入实施数字化转型和智能化升级，促进产业整体向中高端迈进。

1. 加快传统产业转型升级。加快落后产能退出，严格落实国家落后产能退出的指导意见，依法依规淘汰落后产能和“两高”行业低效低端产能。着力推动传统产业绿色化转型，实施绿色化提升工程，实行产品全生命周期绿色化管理，增强绿色发展新动能。严把能耗过快增长关，新上高耗能项目必须达到强制性能耗限额标准先进值和污染物排放标准先进值；对未完成上年度能耗强度目标任务的地区，实行区域高耗能项目限批。大力发展先进制造业，加快培育先进制造业集群，重点打造万亿级产业集群，实施集群发展促进机构培育计划，构建开放高效的集群创新服务体系。推进531产业强链递进培育工程，产业链供应链自主可控能力有效提升。大力发展战略性新兴产业，加快技术迭代和产业升级。

2. 优化重点区域布局。系统谋划沿江、沿海和苏北地区高质量发展，走生态优先、绿色发展、特色彰显的新路子，形成多极增长、双向支撑新格局，进而实现“江强海兴”“南北均衡”发展。提升沿江制造业绿色发展水平，推动产业向价值链中高端攀升，高标准培育先进制造业产业集群，打造长三角北翼高端制造产业带。打造沿海高质量发展增长极，大力发展新型海工装备、海洋药物和生物制品、海水淡化装备等海洋特色产业，推进化工、钢铁等临港产业高端绿色化发展，着力打造高水平的产业发展示范带。加快苏北产业绿色发展，支持苏北地区优势产业链强链补链延链，高起点发展先进制造业集群，因地制宜加快特色产业振兴，推动传统产业加快绿色转型升级。

3. 推进产业数字化智能化转型。有效引导企业进行数字化转型和智能化升级，坚持补短板、锻长板，激发企业积极性和内生动力。深入实施智能制造工程，开展智能制造进园区、进集群专项行动，推进制造业数字化网络化智能化，推进示范智能车间、智能工厂建设，加强标杆示范引领。加快信息化、工业化深度融合，推动先进工艺、信息技术与制造装备融合发展，带动通用、专用智能制造装备加速研制和迭代升级。加快数字化智能化服务体系建设，建设一批智能制造、工业互联网综合服务平台，培育一批智能制造领军服务机构，加快智能制造新模式的推广应用。

（二）提升绿色制造水平

以全生命周期管理理念，推行生产方式绿色化、生产过程绿色化、生产装备绿色化，系统提升工厂、产品、园区和供应链等绿色发展水平，加快构建绿色制造体系。

1. 推动生产方式绿色化。聚焦节能、降碳、减污目标，以管理和技术为手段，实施生产全过程污染控制。推广绿色设计理念，在产品设计开发环节，系统考虑优先选择使用绿色清洁能源和原材料，推动生产企业采用减量化、无害化的高效清洁工艺技术，提高生产制造过程绿色化水平，最大限度减少污染物产生和排放。以数字化智能化绿色化融合发展带动能源资源效率提升，推动关键工艺装备智能感知和控制系统、制造流程多目标优化、经营决策优化，实现生产过程物质流、能量流等信息采集监控、智能分析和精细管理。以工业园区和产业集中区为重点完善产业生态链，加强余热余能回收利用、能量梯级利用、水资源循环利用、废弃物综合利用。推动在役工业燃煤锅炉、窑炉实施天然气、电能替代。引导企业清洁原料替代，推进重点行业有毒有害物质限制使用，加强电器电子产品中铅、镉、六价铬等有害物质限制使用管理。在生态环境影响大、产品涉及面广、产业关联度高的行业，创建绿色设计示范企业，探索行业绿色设计路径，带动产业链、供应链绿色协同提升。

2. 推动生产过程绿色化。实施清洁生产水平提升工程，围绕挥发性有机物、化学需氧量、氨氮、重金属等污染物排放量大的工艺环节，开展源头控制与过程削减协同工艺技术研发和应用示范，降低污染物排放强度。开展清洁生产审核，实施清洁生产方案，实施污染物削减提标改造，实现有组织排放全面达标、无组织排放有效管控。传统产业集聚区和工业园区根据产业结构特征建设集中喷涂中心等共享“绿岛”。实施末端治理设施升级改造，聚焦烟气排放量大、排放成分复杂、治理难度大的重点行业，开展多污染物协同控制应用示范。深入推进钢铁、水泥等重点行业超低排放改造。聚焦工业废水排放量大、涉重金属及有机物废水的重点行业，开展废水高效处理循环利用全过程综合控制应用示范，逐步推进印染、造纸、化学原料药、煤化工、有色金属等行业实施超低排放改造。

3. 推动生产装备绿色化。突出钢铁、石化、化工、建材、印染、机械等行业，加大新一代清洁高效、安全绿色生产工艺技术装备推广力度。钢铁行业重点深化热装热送、连铸连轧技术研发应用，推广无头轧制、富氧冶金，有序发展短流程工艺。铸造、热处理等领域重点发展近净成形、数字化无模铸造、增材制造、铸件余热时效热处理等制造技术。水泥行业重点推广辊压机终粉磨、高效低氮预热分解及先进烧成、新一代高效篦冷机等先进适用技术装备。纺织印染行业重点推广小浴比染色、短流程染色、逆流水洗、分段浴比、喷墨打印和低水位染色、三合一纱线快速漂白等少水无水工艺。推广高效节能锅炉、电力变压器、风机、空气压缩机等高效用能设备，优化系统匹配，实施变压器能效提升计划，新增高效节能变压器占比达到75%以上。

4. 建设绿色制造体系。推进绿色工厂建设，按照厂房集约化、原料无害化、生产洁净化、废物资源化、能源低碳化原则，全领域全面培育绿色制造标杆，充分发挥示范引领作用，提升行业整体绿色化水平。推进绿色产品开发，开展绿色设计示范试点，在产品设计开发阶段系统考虑全生命周期各个环节对资源环境造成的影响，实现产品对能源资源消耗最低化、生态环境影响最小化、可再生率最大化。推进绿色园区建设，培育一批创新能力强、示范引领作用好的绿色园区，形成各具特色的工业园区绿色发展模式，发挥绿色园区示范作用，强化绿色产业园区建设推进机制，鼓励采用现代信息技术，建立区域能源监控中心和环境监测网络，提高园区绿色建筑和可再生能源使用比例，提升园区能源资源利用效率，打造绿色智慧园区。推进绿色供应链建设，以行业龙头企业为核心，以绿色供应标准和生产者责任延伸制度为支撑，加快建立以资源节约、环境友好为导向的采购、生产、营销、回收及物流体系，建立绿色供应链管理体系。

专栏1　绿色制造体系创建工程

绿色产品开发工程。选择量大面广、与消费者紧密相关、条件成熟的产品，开展绿色设计示范，开发绿色产品，创建一批绿色设计示范企业。鼓励企业全面按国家绿色产品评价标准开发生产绿色产品，建立合理的绿色产品遴选、认定和推荐机制，加强事中事后监管，确保绿色产品供给质量。

绿色工厂建设工程。在化工、冶金、建材、纺织、高端装备制造等重点制造领域选择一批基础好、代表性强的企业开展绿色工厂创建，实现工厂绿色发展，到2025年，创建国家级绿色工厂和省级绿色工厂1000家。

绿色园区建设工程。强化国家级绿色园区和省级绿色园区的示范作用，在省级以上工业园区全面建设绿色园区，推动园区绿色化、循环化和生态化改造，建设完善绿色共享基础设施，实现废水集中治理、中水回用、余热余压资源梯级优化利用和固废综合利用。到2025年，创建10家国家级绿色园区。

绿色供应链示范工程。在汽车、电子、化工、机械、大型成套装备等行业选择一批代表性强、行业影响力大、经营实力雄厚、管理水平高的龙头企业，开展绿色供应链示范企业建设，并择优创建一批国家级绿色供应链管理企业。

（三）加快产业低碳转型

以“30·60”碳达峰碳中和目标为导向，严格落实能耗总量和强度“双控”目标责任，制定工业低碳行动计划，围绕重点行业低碳发展路径，开展低碳建设试点示范，优化工业用能结构和生产过程，从源头减少重点行业二氧化碳排放。

1. 加快重点行业低碳转型。深入落实国家和省碳达峰行动方案，编制钢铁、建材、石化化工、数据中心/5G新基建等重点行业碳达峰实施方案。钢铁行业有序引导电弧炉短流程炼钢工艺发展，优化原燃料结构，推动钢铁生产副产资源能源与建材、石化化工等行业深度耦合。建材行业加强原料、燃料替代，推广水泥窑协同处置固废技术，研发推广新型低碳胶凝材料和高效混凝土。石化化工行业开展绿氢炼化、二氧化碳耦合制甲醇等化学品示范工程，加快推动减油增化，加大高端绿色化工产品供给。新基建领域加强统筹规划合理布局，加大对基础设施资源的整合调度，推动老旧基础设施转型升级，加快基础研究，加大关键核心技术研发和推广应用，打造绿色低碳新基建。推动非化石能源替代，重点推广生物燃料、垃圾衍生燃料等能源在重点领域规模化应用。

2. 开展低碳发展试点示范。推广综合能源系统建设，结合绿色园区、绿色工厂创建活动，开展工业绿色低碳智能微电网建设，鼓励园区、工厂发展光伏建筑一体化、多元储能、高效热泵、余热余压利用、智慧能源管控系统等，推动工业余热余能梯级和多能互补综合利用。开展低碳示范项目，重点建设“光伏+”、微电网应用、氢储能及加氢站试点、便捷充换电池基础设施、近零排放、二氧化碳大规模捕集和高值化利用试点等示范项目。开展碳达峰示范建设，探索开展“近零碳园区（工厂）”和“碳中和工厂”建设，鼓励有条件的工业园区率先达峰，选择有条件的地区和工业园区开展“碳排放达峰先行区”创建示范。

专栏2　产业低碳转型工程

重点行业碳达峰行动：编制钢铁、石化化工、建材数据中心/5G新基建等重点行业碳达峰实施方案，研究提出重点行业碳排放峰值，明确达峰时间、路线图和政策措施，重点高耗能行业率先达峰。

钢铁行业：采用成熟可行的先进节能技术，开发并推广突破性减碳技术，加快推广应用数字化、信息化技术；优化生产流程和原燃料结构，提升废钢应用比例，提高余热余汽利用效率，提升自发电比例，推广终端设备电动化。探索富氢富氧冶金、碳捕集/封存技术在钢铁行业的应用。

石化化工行业：依托石化基地，以大型炼化一体化项目为龙头，下游烯烃产业链、芳烃产业链、化工新材料/精细化学品产业链等协同发展，结合碳捕集封存与利用项目，打造二氧化碳近零/净零排放示范工程。

水泥行业：巩固去产能成效，严格执行产能减量置换等压减过剩产能的产业政策。引导使用新型低碳水泥替代传统水泥，开展水泥生产原料替代，利用工业固体废物等非碳酸盐原料生产水泥，减少生产过程二氧化碳排放。推广辊压机终粉磨技术（辊压粉磨技术）、高效低阻旋风预热器、高能效分解炉及第四代冷却机等技术和装备在水泥行业的应用。

（四）深化工业领域节能

以提高能源利用效率为目标，加快节能技术改造，强化重点用能管理，持续推进能耗在线监测建设，实施能效“领跑者”行动，加强节能监察，强化结果运用，创新节能服务机制，全面推动工业能效变革。

1. 强化企业节能主体责任。重点用能单位制定并实施年度节能计划和节能措施，确保完成能耗总量控制和节能目标。提升企业节能基础能力，制定完善节能管理规章，明确能源管理职责，推进能源管理体系和能耗在线监测管控系统建设，加强数据运用，实现能源管理智慧化。提升企业用能水平，深挖节能潜力，开展能源审计，按时报送能源利用状况报告，主动淘汰落后生产工艺和用能设备。

2. 实施工业节能技改工程。全面推进传统行业节能技术改造，在钢铁、石化、化工、建材、纺织、造纸等领域实施一批重点工程。实施能效提升工程，重点进行燃煤锅炉节能环保综合提升、绿色照明、能量系统优化、重点用能单位综合能效提升等工程，推进能源综合梯级利用。加快应用先进节能低碳工艺技术和装备，提升锅炉、变压器、电机、泵、风机、压缩机等重点通用设备系统能效。深入开展工业领域能效领跑行动，遴选发布重点行业能效“领跑者”名单，推动重点用能企业持续赶超引领。

3. 完善节能监管和服务机制。落实节能目标责任，将能耗总量控制和节能目标分解到重点用能单位，对重点用能单位实行节能目标责任制和节能考核评价制度。加强节能监察，实施高耗能行业重点用能单位、重点用能设备节能监察全覆盖，强化结果运用，确保严格执行能耗限额标准，依法淘汰落后高耗能用能设备。推进节能服务产业发展，建设技术需求及技术创新供给市场服务平台，积极推广节能技术和产品。开展节能服务进企业活动，围绕主要工序工艺、重点用能系统、关键技术装备，组织全面诊断和专项诊断相结合的工业节能诊断，全面提升企业能效水平。大力推行合同能源管理，鼓励采用先进适用节能技术对主要耗能工艺装备进行节能技改。

专栏 3　能源高效利用工程

节能改造和能效提升。实施窑炉节能改造，提高工业锅炉能源效率；实施电机（水泵、风机、空压机）系统调节方式，采用高效设备、对电机系统、汽轮发电机系统等实施整体优化等节能改造；实施中低品位余热余压回收利用技术改造；推进能源梯级利用，开展综合能源系统试点，按照能源梯级利用、系统优化原则，对能量系统的能源流、物质流、信息流实施协同优化。采用技术成熟的半导体通用照明产品等高效照明产品，高效照明控制系统，以及采用自然光为光源等实施各类场所的照明节能改造。

能效领跑行动。在重点用能行业实施能效领跑行动，开展企业能效对标达标，定期发布领跑企业名单及其指标，引导企业实施节能技术改造。发布江苏省节能技术产品推广目录。

重点用能单位能耗在线监测。深化能耗在线监测系统建设，实现全能源品种在线监测，促进信息技术与节能工作深度融合，推动企业能源智慧管理，优化生产调度和生产工艺，制定科学有效的节能方案，提高能源管理精细化水平和能源利用效率。

（五）推进节约集约利用

以减量化、资源化、循环化理念，推动工业节水改造和废水回用，推动一般大宗工业固体废物资源综合利用，推进再生资源高效高值回收利用，加快动力电池回收利用体系建设。

1. 大力开展工业节水行动。实施定额用水制度，对超过用水定额标准的企业分类分步限期实施节水改造，建设项目严格执行工业用水定额先进值指标，鼓励重点用水企业、园区建立智慧用水管理系统。加强用水管理，科学制定用水定额并动态调整，实行严格的计划用水管理和用水报告制度，组织专项监督检查。支持企业开展废水“近零排放”改造，优化工艺和循环冷却水利用，强化过程循环和末端回用，推动企业加强废水资源化利用，支持有条件的园区、企业开展雨水集蓄利用等非常规水源利用。大力培育和发展工业水循环利用服务支撑体系，积极推动高耗水工业企业广泛开展水平衡测试、用水审计及水效对标，定期遴选水效领跑者，推进节水型企业和节水型园区建设。

2. 加强固体废弃物综合利用。推进重点行业工业固废减量化，加强可循环、可降解材料及产品开发应用推广，减少工业固废产生量。推动大宗工业固废资源化利用，重点围绕粉煤灰、工业副产石膏、钢渣、化工废渣等大宗工业固废，加快推广规模化高值化综合利用技术、装备，积极拓展综合利用产品在冶金、建材、基础设施建设、地下采空区充填、土壤治理、生态修复等领域的应用。推动大宗工业固废区域协同处置，以龙头骨干企业为依托，推进建设工业资源综合利用基地，探索建立基于区域特点的工业固废综合利用产业发展模式，对接落实长三角一体化发展战略，强化跨区域协同，扩大综合利用规模。加大推动工业固废综合利用技术创新，因地制宜推进水泥窑、钢铁窑炉、砖瓦隧道窑等工业窑炉协同处置一般工业固废、生活垃圾、城市污泥、淤泥等废物。实施工业固体废物资源综合利用评价，推动有条件的地区率先实现新增工业固废能用尽用、存量工业固废有序减少。

3. 推进再生资源高效高值化利用。加快建设再生资源回收利用体系，推动资源要素向优势企业集聚，引导再生资源利用企业规范化发展。鼓励再生资源产业园区建设，培育发展龙头骨干企业，引导小微企业入园，积极开发高值化再生产品，着力延伸再生资源产业链。落实生产者责任延伸制度，加快废旧资源回收体系建设，推动传统销售企业、电商、物流公司等主体利用销售配送网络，建立逆向物流回收体系。推进区域协作，鼓励回收企业与国家“城市矿产”示范基地等利用企业建立战略合作，促进回收与利用的有效衔接。推广“互联网 +”技术，支持再生资源企业利用互联网、物联网技术，建立线下线上融合的回收网络。鼓励开展供应链管理，形成部分重点品种上建回收网络、中联物流、下接利废产业的产业链，拓宽企业发展空间，稳定和保障再生资源供应。

4. 加快发展智能再制造产业。加强高端智能再制造标准化工作，鼓励研制高端智能再制造基础通用、技术、管理、检测、评价等共性标准。培育高端智能再制造技术研发中心，开展绿色再制造设计，进一步提升再制造产品综合性能。加强再制造产业化发展，重点围绕发动机、工程机械等领域，加快再制造智能设计、评估、检测，以及智能拆解清洗、增材加工等技术装备研发和产业化应用。鼓励构建用户导向的再制造产品质量管控与评价应用体系，促进再制造产品规模化应用，建立与新品设计制造间的有效反哺互动机制。

5. 加快动力电池回收利用工作。编制出台《江苏省动力电池回收利用五年行动计划》，建立以区域中心站为核心，覆盖全省的动力电池回收利用网络体系，实现退役动力电池全部回收。建立全产业链的溯源管理平台，实现全方位监管，将低速车电池等纳入监管体系。培育一批动力电池回收利用骨干企业。突破退役动力电池拆解、梯次、再生关键共性核心技术装备。加快动力电池回收利用基础能力建设，构建本地特色的标准体系，培育一批检测认证机构。

专栏4 资源集约使用工程

工业节水技术升级改造工程。针对钢铁、纺织印染、造纸、食品等重点行业实施节水治污改造工程，实施用水企业水效领跑者引领行动，推进节水技术改造，加强非常规水资源利用。

再制造产业发展。以张家港国家再制造产业示范基地为依托，以汽车零部件再制造为核心，建成具有国际影响力的再制造产业示范基地和完备的“绿色产业链”。

再生资源高水平发展。以钢铁、废油脂、废塑料、废旧轮胎、建筑垃圾为重点，推行绿色化生产方式，高效高值利用再生资源。形成一批共性关键核心技术装备，打造一批再生资源利用骨干企业。

资源循环利用基地建设。以扬州市、江阴市秦望山产业园、常州市新北、连云港市东海县、新沂市、无锡市惠山、徐州市等7个资源循环利用基地为抓手，鼓励资源循环利用基地建设。将基地打造成一个回收网络完善、产业循环链合理、技术水平领先、基础设施与公共服务共享化的资源循环利用示范基地，成为集多种资源循环利用产业与业态为一体的绿色低碳循环产业体系建设示范区。

（六）加强绿色制造创新

以提升制造过程中绿色化水平、提高产业竞争力为目标，推动绿色低碳技术创新应用，紧跟全球新一轮科技革命方向，激发市场主体创新活力，强化科技创新对工业绿色发展的支撑作用。

1. 构建绿色技术创新体系。制定绿色制造产业指导目录、绿色技术推广目录、技术与装备淘汰目录，引导绿色制造技术创新方向，推动各行业技术装备升级。落实揭榜挂帅制度，发布关键核心技术指南，围绕国家和省级节能减排重大需求的关键领域和“卡脖子”环节，明确补链强链的重点领域和主攻方向，切实强化共性技术供给。构建以企业为主体的产业创新体系，引导龙头企业围绕市场和产业发展需求，牵头整合产业链上下游各类创新资源，着力解决关键共性技术难题。建立绿色技术创新风险保障机制，争取政策性银行资金支持，引导金融机构加大对企业采用新技术进行节能减排、污染治理技术应用支持力度。

2. 加强绿色制造关键核心技术攻关。实施绿色技术创新攻关行动，鼓励企业与高校、科研院所、产业园区深度合作。推动产学研协同创新，加强国际先进节能环保技术的引进、吸收和再创新，开发推广一批适合我省行业特色的清洁生产先进技术和装备。加强绿色制造基础领域技术研究，从材料、工艺、装备等方面瞄准绿色发展中的难点、痛点，集中优势力量攻克技术难关，形成一批压箱底的技术，转化一批先进适用技术，储备一批前沿技术。提高核心技术竞争力，围绕制约产业绿色发展的关键技术和装备，在高效电机及拖动设备、余热余压利用、高效储能、智能优化控制、智能电网等领域加大研发，推动研制一批具有自主知识产权、国内和国际先进水平的关键核心绿色技术，培育一批具有核心竞争力的骨干企业。

3. 完善绿色技术全链条转移转化机制。建设绿色制造技术、专利池，推动知识产权保护和贡献。建立以技术咨询、设施运营、人才培训和信息发布统计等为主要内容的绿色制造服务业平台，开展网上教育培训与咨询服务，加快专利转化和技术交易。采取政府购买服务等方式，健全绿色技术创新公共服务体系，扶持初创企业和成果转化。引导各类天使投资、创业投资基金、地方创投基金等支持绿色技术创新成果转化，大力推广采用能源托管、服务外包等模式，加速科技成果转化应用。落实首台（套）重大技术装备保险补偿政策措施，支持首台（套）绿色技术创新装备示范应用。大力推广新技术应用，鼓励企业生产过程中使用原创性、引领性等技术，最大限度把创新成果转化成现实生产力。

专栏5　绿色技术创新工程

实施绿色技术创新攻关工程。鼓励企业与高校、科研院所、产业园区深度合作，推动产学研协同创新，围绕节能环保、清洁生产、清洁能源、生态保护与修复、绿色基础设施等领域，开发攻关一批适合我省行业特色的清洁生产关键核心技术和装备。

绿色技术创新人才培养工程。加强绿色制造技术创新人才培养，在高校设立一批绿色制造技术创新人才培养基地，加强绿色技术相关学科专业建设，持续深化绿色领域新工科建设，主动布局绿色技术人才培养。选好用好创新领军人物、拔尖人才，选择部分职业教育机构开展绿色技术专业教育试点，引导技术技能劳动者在绿色技术领域就业、服务绿色技术创新。

绿色技术创新成果转化工程。落实首台（套）重大技术装备保险补偿政策措施，支持首台（套）绿色技术创新装备示范应用。采取政府购买服务等方式，健全绿色技术创新公共服务体系，扶持初创企业和成果转化。

绿色技术创新金融支持工程。引导各类天使投资、创业投资基金、地方创投基金合理确定绿色技术贷款的融资门槛，积极开展金融创新，支持绿色技术创新企业和项目融资。鼓励保险公司开发支持绿色技术创新和绿色产品应用的保险产品。鼓励地方政府通过担保基金或委托专业担保公司等方式，对绿色技术创新成果转化和示范应用提供担保或其他类型的风险补偿。

（七）发展节能环保产业

以加大绿色低碳产品、服务供给为目标，提升基础原材料和基础零部件、重大装备和核心技术保障能力，加快节能环保装备研发制造，促进制造与互联网、服务业融合发展，打造国内领先的节能环保产业高地。

1. 支持企业特色发展。加大龙头企业培育力度，引导优质资源集聚，有效发挥大企业大集团引领带动作用，鼓励一批规模大、技术新、实力强的龙头骨干企业、产业链“链主”企业做大做优做强，进一步发挥品牌、人才、市场、资金优势，从设备制造商向综合服务商发展，提高国内外市场综合竞争力。支持差异化发展，引导中小企业向“专精特新”方向转型，围绕产业亟需领域培育一批专精特新小巨人和单项冠军，通过一项技术、一种材料、一个零部件和一件产品的关键性突破，带动全产业链水平整体提升。打造良好产业生态圈，依托行业协会等社会组织，规范环保企业经营行为，形成龙头企业引领、中小企业配套、产业链协同发展的良好产业生态，促进节能环保产业健康发展。

2. 推进园区提档升级。完善服务保障和政策供给，发挥园区在汇聚生产要素、优化资源配置、营造产业生态等方面积极作用，进一步深化“放管服”改革，强化园区服务体系建设，加强市场诚信和行业自律机制建设，营造公平竞争的市场环境。持续开展精准补链，瞄准细分领域和上下游精准选择进驻企业，通过引进培育一批可填补我省产业链空白或能显著提升关键技术水平的创新型企业，有效打通产业链。高效发挥协同优势，采用云计算、大数据、物联网等现代信息技术，打造智慧化园区，建立产业集群协同机制，推动区域产业链供应链企业协同采购、协同制造、协同物流，促进技术、人才、资本等各类要素在企业之间高效流动和有效配置。

专栏 6　节能环保产业发展工程

实施产业强链行动计划。聚焦水污染防治设备、高效节能装备、大气污染防治设备、固体废弃物处理设备等四大产业链，实施产业强链计划。成立产业强链专班，实施引航企业培育计划，支持龙头企业强创新、优品牌、促转型，培育一批掌握全产业链和关键核心技术的产业生态主导型企业，增强产业链细分领域主导能力，促进产业链上下游联动发展。

实施“壮企强企”工程。聚焦产业链终端产品特别是整机装备，大力培育一批技术引领型、市场主导型的“链主”领军企业。支持企业瞄准行业关键环节、关键领域，开展核心技术研发、工艺升级、产品迭代、模式创新，积极培育行业隐形冠军。大力支持中小微企业走专精特新发展之路，完善小微企业、初创企业支持制度和服务体系，着力培育专精特新“小巨人”。

构建集群创新体系。依托重点企业、高校、科研院所等研发机构加快技术创新平台建设。建设省环保装备产业技术创新中心、省环保装备创新平台、清华苏州环境创新研究院、省中小企业节能环保产业公共技术服务平台等技术创新平台，推动共性关键技术研发和成果转化，提高基础原材料和基础零部件、重大装备和核心技术的保障能力。围绕新能源和储能装备、节能技术装备、水污染防治、大气污染防治、固废处理、资源循环利用、温室气体捕集与利用等领域，加快突破关键技术与核心部件。

建立健全集群培育工作机制。建立省市联动机制，省级层面由省工信厅分管领导牵头，相关处室具体实施；市级层面明确工信部门分管领导和具体负责处室和联系人。建立节能环保集群培育专家库，组建集群培育工作专家咨询服务团队，定期开展行业咨询和体检会诊。发挥行业协会、中介机构和产业联盟等社会组织的桥梁纽带作用，加强行业研究、技术交流合作，促进集群培育和发展。

四、保障措施

（一）加强组织实施

强化省级部门、省地间协同合作，统筹推进工业绿色发展。各地结合各自实际，加强政策衔接，明确责任，加大投入力度，切实落实各项任务措施。发挥行业协会、研究机构、第三方机构等的桥梁纽带作用，助力重点行业和重要领域绿色发展。定期开展规划实施的跟踪评估工作，确保规划有效落实。

（二）强化监督执法

加强节能监察执法，完善节能监察与企业信用评价、节能审查等管理制度衔接，着力构建促进企业绿色发展长效机制。实施新一轮节能监察，实现高耗能行业以及重点用能单位全覆盖。推动健全节能标准体系，加快扩大重点行业、产品、设备节能标准覆盖面。依法依规淘汰落后产能。加强节能监察队伍基础能力建设，健全节能管理、监察、服务“三位一体”节能管理体系。

（三）创新体制机制

完善工业绿色发展评价体系，强化结果运用，形成促进绿色产业发展的激励约束机制。发挥工业绿色发展预警机制作用，指导地方依据能耗强度目标完成情况合理调控高耗能项目建设。推进价格机制创新，落实资源产品价格改革。推进政府绿色采购，优先购买和使用符合国家绿色认证标准的产品和服务的采购活动，促进企业改善能源利用和环境行为。

（四）落实要素保障

完善地方性法规，制定与工业绿色发展密切相关的配套制度。针对全省不同区域的主体功能定位，创新实施差别化的区域和产业政策，强化中小企业节能减排和绿色发展的相关政策。落实节能减排、绿色制造、资源综合利用等有关税收优惠政策。加大财政资金支持绿色发展项目的改造和建设力度。大力发展绿色信贷、绿色担保和绿色保险等绿色金融，鼓励商业银行开发绿色金融产品。强化人才培养机制，引导鼓励专业机构、学会协会、科研院所等开展各种形式培训、教育活动，培养工业绿色发展所需的各类人才。

（五）加强政策宣传

开展全民绿色宣传，充分利用互联网、报刊杂志、广播电视等大众媒体平台，强化工业绿色发展政策宣传，加大绿色产品、绿色技术宣传力度，倡导节约、环保、绿色生活方式，增强民众的资源节约和生态环保的意识，营造良好推进氛围。鼓励多元参与，从家庭、学校、社会多管齐下，使绿色文化、理念和意识深入社会各行各业。

附录二　江苏省“十四五”自然资源保护和利用规划

前　言

江苏辖江临海，扼淮控湖，全省土地面积10.72万平方千米，自然资源类型较为丰富。拥有国际重要湿地2处，林木覆盖率达24%，海岸线全长约954公里，自然岸线保有率44.35%。整体地势较为低平，呈“一山两水七分田”基本特征。土地资源开发程度较高，农用地、建设用地和未利用地占比约为“六二二”。矿产资源种类较多，已发现各类矿产133种，查明储量的有69种，但人均矿产占有量较少，小型矿床较多、大型矿床较少，非金属矿多、金属矿少。

“十四五”时期（2021~2025年），是江苏深入贯彻党的十九大和十九届二中、三中、四中、五中全会精神，全面落实习近平新时代中国特色社会主义思想特别是习近平总书记对江苏工作的重要指示精神、深入践行“争当表率、争做示范、走在前列”新使命新要求的重要时期，是开启全面建设社会主义现代化新征程、奋力谱写“强富美高”新篇章的关键阶段。自然资源作为生存之基、发展之本、财富之源、生态之要，在构建新发展格局中肩负着重大历史使命，在全省经济社会发展中发挥基础性、引领性、保障性作用，统筹推进自然资源保护和利用具有重大意义。

按照省委、省政府和自然资源部决策部署，依据《江苏省国民经济和社会发展第十四个五年规划和二〇三五年远景目标纲要》《美丽江苏建设总体规划（2021~2035年）》和国家《“十四五”自然资源保护和利用规划》，编制《江苏省“十四五”自然资源保护和利用规划》，主要阐明“十四五”时期江苏自然资源保护和利用的基本思路、主要目标和重点任务，是指导“十四五”时期江苏省自然资源保护和利用的战略性、基础性文件，是制定相关专项规划、部署年度工作、安排财政预算、配置资源要素、完善政策体系、开展审计监督的重要依据。

第一章 实干为先勇担当“十三五”自然资源保护和利用成效显著

第一节 “十三五”自然资源保护和利用主要成效

“十三五”时期，在习近平新时代中国特色社会主义思想指引下，按照党中央、国务院和省委、省政府关于自然资源保护和利用的决策部署，我省深入开展“五抓五促”专项行动，围绕“六稳”“六保”，全力保障好粮食安全、经济发展、民生建设和安全稳定，奋力夺取疫情防控和经济社会发展双胜利，克难奋进，积极开展国土空间规划体系与用途管制制度建设，持续推进自然资源保护与节约集约利用，大力实施国土空间生态保护修复，着力健全自然资源管理制度和法治体系，切实维护自然资源所有者权益，圆满完成“十三五”规划目标任务，为高水平全面建成小康社会提供了坚实的自然资源保障。

国土空间开发保护格局不断优化。推进建立省、市、县、乡四级，总体规划、专项规划、详细规划三类的江苏国土空间规划体系。科学编制《江苏省国土空间规划（2021—2035 年）》，整体谋划新时代江苏国土空间开发保护格局。加快推进市县国土空间总体规划和“多规合一”的实用性村庄规划编制。严格建设用地总量与强度控制，土地开发强度控制在22%以内。划定国家级生态保护红线（陆域）8474.27 平方千米、（海域）9676.07 平方千米。开展国土空间用途管制和纠错机制试点，研究江苏省国土空间用途管制导则，探索国土空间用途管制制度体系。推进土地利用计划管理改革，坚持计划供给与实际需求相统筹、用途管制与空间规划相统筹、重点保障与区域协调相统筹。“十三五”以来，对省重大基础设施、重大产业项目和重大民生工程用地用海做到应保尽保，省级共批准建设用地 11.89 万公顷（178.30 万亩），涉及农用地 8.31 万公顷（124.59 万亩）；累计批复用海 484 宗，面积约 9.37 万公顷（140.53 万亩）。

资源保护与生态修复成效显著。构建具有江苏特色的“责任＋激励、行政+市场”耕地保护机制和以绩效为导向的激励机制。签订新一轮耕地和永久基本农田保护责任书22.31万份。建立各级补充耕地指标交易平台、自行协商、省配给等方式相结合的省域内补充耕地指标跨市域易地调剂机制。继续强化永久基本农田划定与保护，全省耕地保有量为516.38万公顷(7745.76万亩)，永久基本农田面积为392.01万公顷（5880.16万亩)，超额完成国家下达的目标任务，切实保障粮食安全。积极探索矿地融合新机制，建设徐州、宜兴等矿地融合发展示范区。大力推进绿色矿山与绿色矿业发展示范区建设，严格实施生态公益林占补平衡措施，强化湿地保护。实现部省发证固体开采矿山绿色矿山创建全覆盖。省级以上公益林达到38.60万公顷（579万亩)，全省湿地保有量282万公顷（4230万亩)，自然湿地保护率达58.9%。积极开展国土综合整治与生态修复，完善各类型整治和修复项目技术标准，着力健全国土空间全域综合整治制度体系。“十三五”以来，共实施土地整治项目80404个，整治规模48.07万公顷（721万亩)，其中历史遗留矿山生态修复面积7333.33公顷（11万亩)，投入资金约30亿元。全国首创长江经济带废弃露天矿山生态修复工作指南，明确修复矿山213个，面积1073公顷（1.61万亩)，超出部下达任务92公顷（1380亩)。

自然资源利用效益持续提升。落实建设用地总量和强度“双控”措施，实施节约集约用地“双提升”行动计划，推进工业用地供应方式改革，开展城市地下空间开发利用关键技术探索，研发先进节地技术与节地模式，完善土地有偿使用制度，供地结构不断优化，建设用地产出效益和节地水平不断提升。“十三五”时期，全省建设用地土地供应存量占比从47.68%提高到65.36%，建设用地地均地区生产总值增长了35%，单位地区生产总值建设用地使用面积下降了26%，节约集约成效持续显现。持续推动矿产资源节约与综合利用。“十三五”时期，严格落实供给侧结构性改革去产能要求，完成全省矿产年开采总量不超过2.1亿吨和矿山数量不超过960个的总量控制目标。矿产企业年平均采掘量从2015年的18万吨增长至2020年的59万吨。7项矿产资源节约与综合利用技术被自然资源部列入全国推广应用的先进适用技术目录。开展围填海现状调查，制定围填海历史遗留问题清单，有序推进解决围填海历史遗留问题。全省总计减少填海面积840公顷（1.26万亩)，占已批准尚未完成围填海总面积的42.36%。

自然资源民生服务保障能力持续增强。在全国率先实现设区的市城市地质调查全覆盖。完成基础地质调查 1.77 万平方千米。晶质石墨等新兴战略资源、苏北盆地地热（干热岩）以及浅层地温能等绿色清洁能源勘查工作取得突破性进展。地质灾害监测预警与防控成效显著，实现地质灾害险（灾）情连续十七年无人员伤亡、无较大财产损失。系统集成农村建设用地管理政策，助力乡村振兴战略实施。单列 5% 新增建设用地计划用于农村一二三产业融合发展，单列挂钩计划支持苏北地区农民群众住房条件改善。不动产登记工作全国领先，颁发了全国第一本不动产权证，在全国省（区）中率先全面实现不动产统一登记，率先全面实现房屋交易、缴税、不动产登记“一窗受理、集成服务”办理模式，率先实现一般不动产登记 3 个工作日内办结。农村土地制度改革试点取得标志性成果，常州市武进区在农村宅基地制度、集体经营性建设用地入市以及土地征收改革等方面做出了深入探索与有益创新，首次实现资本市场上的同权同价，形成了江苏经验、武进模式，形成了一批可复制、能推广、利修法的制度文件，为《中华人民共和国土地管理法》的修订作出了贡献。自然资源管理法治建设日趋完善。在全国首个颁布实施省级不动产登记条例和海洋经济促进条例，率先完成省级土地管理条例修订工作。出台全国系统首份综合性服务标准，《国土资源“四全”服务规范》（DB32/T3420－2018）。

表 1　“十三五”规划主要指标完成情况

原规划名称	指标名称（单位）	“十三五”目标	实现情况	指标属性
江苏省国土资源“十三五”规划	耕地保有量［万公顷（万亩）］	456.87（6853.05）	516.38（7745.76）	约束性
	永久基本农田保护面积［万公顷（万亩）］	389.6（5844）	392.01（5880.16）	约束性
	高标准农田建设面积［万公顷（万亩）］	285（4275）	285（4275）	约束性
	新增建设用地总量［万公顷（万亩）］	8.92（133.9）	8.44（126.6）	约束性
	土地开发强度（%）	≤22	≤22	预期性
	新增建设占用耕地［万公顷（万亩）］	6.13（92）	5.34（80.16）	预期性

续表

原规划名称	指标名称（单位）	"十三五"目标	实现情况	指标属性
江苏省国土资源"十三五"规划	单位GDP建设用地下降率（%）	26	26	预期性
	土地整治补充耕地面积［万公顷（万亩）］	6.33（95）	14.80（222.06）	预期性
	矿产年开采总量（亿吨）	≤2.1	1.07	预期性
	矿山地质环境治理面积（万公顷）	0.3	0.73	预期性
	基础地质调查面积（万平方千米）	1.6	1.77	预期性
《海岸线保护与利用管理办法》	自然岸线保有率（%）	35	44.35	约束性
江苏省"十三五"海洋经济发展规划	海洋生产总值占GDP的比重（%）	10	8.1	预期性

同时，我省自然资源保护和利用仍然存在一些较为突出的问题。自然资源紧约束长期伴随，自然资源供给不平衡不充分与高质量发展需求之间的矛盾依然存在；耕地与永久基本农田保护压力持续加大，耕地破碎化问题日益凸显，自然资源节约集约利用水平仍有提升空间；废弃矿山生态修复任务重，部分重要生态保护区域的生态环境状况不容乐观，江海河湖自然岸线保护压力较大，生态环境保护与用地用海矛盾凸显；海洋灾害监测预警能力有待进一步提升，海洋生态保护工作任务艰巨；山水林田湖草沙系统保护和覆盖全域的国土空间用途管制体系亟待建立；自然资源统一调查监测和确权登记工作刚刚起步，各类自然资源数据和管理业务系统整合难度大，自然资源管理的基础支撑能力有待提升；全民所有自然资源资产产权制度体系尚待完善，自然资源治理体系和治理能力建设亟需加强。

第二节　机遇与挑战

"十四五"时期，是我国开启全面建设社会主义现代化新征程起步期，尽管国际形势复杂多变，但发展仍然处于重要战略机遇期，江苏自然资源保护和利用转型的挑战与机遇并存。

从国际层面看，国际环境日趋复杂，不稳定性不确定性明显增加，单边主义、保护主义抬头，矿产、农产品等自然资源或资源高度依赖型商品的国际供应链稳定维持面临潜在风险。这既为江苏加快自然资源利用新技术研发、应用与推广，实现自然资源高效利用提供了倒逼动力；又对保障自然资源充分供给带来严峻挑战。

从国家层面看，"十四五"时期是我国向第二个百年目标迈进的第一个五年，是构建以国内大循环为主体、国内国际双循环相互促进的新发展格局的重要阶段，处于深化自然资源供给侧结构性改革，优化各类资源要素配置方式，提高经济要素投入产出效率和竞争力，实现绿色低碳发展的攻坚期，还是落实绿水青山就是金山银山理念，夯实高质量发展基底，加强自然资源整体保护，推进生态产品价值实现和山水林田湖草沙协同治理，构筑安全底线的关键期。要胸怀"两个大局"，立足新发展阶段，贯彻新发展理念，把江苏自然资源保护和利用放在全国一盘棋的大格局中来谋划。要求江苏必须充分认识人口和经济大省的历史使命，深刻分析当前自然资源保护和利用、生态系统保护与修复面临的现实压力，努力在加强自然资源整体保护与修复、强化国土空间治理、深化自然资源要素供给侧结构性改革、集中资源全面推进乡村振兴等方面取得实质性进展，全面提升国土空间品质。

从江苏层面看，"十四五"时期是紧扣"强富美高"的总目标总定位，深入践行习近平总书记赋予江苏新发展阶段"争当表率、争做示范、走在前列"的新使命新要求、推动美丽江苏建设的关键起步期。要求江苏充分利用"一带一路"建设、长江经济带发展、长三角区域一体化发展等国家战略叠加交融的机遇，在更大空间尺度上谋划国土空间布局、优化自然资源配置格局；系统谋划自然资源管理改革创新行动计划，打造自然资源精准供给体系，推进自然资源市场化配置环境建设；全面推动地市之间及省际跨界地区深度分工与合作，建立产业转移与生态保护联动的横向利益补偿机制、协同推进自然资源保护与生态修复，助力高质量发展，推进"强富美高"新江苏建设。

第二章　深入践行新使命科学谋划“十四五”自然资源事业发展蓝图

第一节　指导思想

坚持以习近平新时代中国特色社会主义思想为指导，全面贯彻党的十九大和十九届二中、三中、四中、五中全会精神，统筹推进“五位一体”总体布局和协调推进“四个全面”战略布局，坚定不移贯彻新发展理念，深入践行习近平总书记赋予江苏“争当表率、争做示范、走在前列”的新使命新要求，落实省委十三届九次全会要求，高举生态文明旗帜，坚持系统思维和底线思维，以推动高质量发展为主题，统筹发展与安全，深化自然资源管理改革创新，优化国土空间开发保护格局，加强自然资源整体保护与高效利用，实施国土空间综合整治与生态修复，推动自然资源利用方式根本转变，推进自然资源治理体系和治理能力现代化，为谱写“强富美高”新篇章提供强有力支撑。

第二节　基本原则

坚持保护优先与绿色发展。自觉践行绿水青山就是金山银山理念，坚持最严格的耕地保护制度，严格落实国家下达的耕地保有量和永久基本农田保护任务，强化土地、矿产、森林、湿地、海域海岛等自然资源系统保护，引导开展自然资源合理利用和绿色开发，推动绿色低碳发展，助力江苏率先实现碳达峰目标。

坚持资源高效与合理利用。完善山水林田湖草沙全要素自然资源的节约集约利用制度，推动自然资源利用方式转变，加快资源高效利用技术与模式的创新推广，推进自然资源利用总量管理、科学配置和全面节约，提高自然资源要素市场化配置水平，提升自然资源利用质量和效益，充分保障经济社会高质量发展。

坚持以人民为中心的理念。将保障群众权益和人民福祉作为自然资源管理工作的出发点，优化不动产登记工作，全面开展自然资源资产确权登记，健全自然资源资产产权制度，优先保障民生工程自然资源需求，加强生态修复与自然灾害防控的城乡区域统筹，助力提升人民福祉。

坚持系统思维与创新引领。坚持以系统观念、系统方法推动自然资源事业发展，统筹自然资源保护与保障，发挥自然资源管理改革创新在推动自然资源系统保护和利用方式转型中的引领作用，深入推进自然资源资产管理、国土空间用途管制与生态保护修复等方面的制度与政策创新，积极完善自然资源法规政策体系与监管体系。

第三节　主要目标

通过构建系统化的国土空间规划体系、整体化的自然资源保护体系、精准化的自然资源供给保障体系、协同化的国土空间生态保护修复体系、法治化的自然资源管理体系、智慧化的自然资源基础支撑体系等六大体系，实现保护优先、空间优化、配置优良和保障优质“四优”目标，推进自然资源治理体系和治理能力现代化。

保护优先，自然资源保护修复更加系统有效。严格保护耕地资源，耕地保有量完成国家下达任务。生态环境质量明显好转，生态安全屏障体系初步形成。到2025年，湿地保有量保持在282万公顷（4230万亩），林木覆盖率达到24.1%，自然湿地保护率提高到60%。自然保护地体系初步建立，保护面积比例不低于陆域国土面积的8%，重要自然生态系统、自然遗迹、自然景观和生物多样性得到系统性保护，生态系统碳汇能力显著提升。围填海得到有效管控，重要海岛得到有效保护，大陆自然岸线保有率不低于35%，海洋灾害防御能力有效提升。划定19个省级重要矿产保护矿区，纳入江苏重要矿产资源保护和储备管理。新增国土综合整治与生态修复面积27.61万公顷（414.15万亩）。

空间优化，国土空间格局更加协调。以统一用途管制为手段的国土空间开发保护制度基本建立。全省四级三类国土空间规划编制完成并全面实施。生产空间集约高效、生活空间宜居适度、生态空间山清水秀，安全和谐、富有竞争力和可持续发展的空间格局基本形成。到2025年，土地开发强度控制在国家下达指标以内，永久基本农田保护面积完成国家下达任务，生态保护红线面积不低于国家批复面积。

配置优良，自然资源利用更加节约高效。推进自然资源利用总量管理、科学配置、全面节约。新增建设用地总量控制在国家下达指标以内，存量建设用地盘活利用取得明显进展，存量土地占土地供应总量比重不低于 70%，单位地区生产总值建设用地使用面积下降率达 21%。矿产资源综合利用水平不断提高，矿产年开采总量控制在 2.1 亿吨以内，大中型矿山比例不低于 45%，新建矿山全部按照绿色矿山标准建设。海洋资源得到合理有效利用，海岸带空间布局更加合理，海洋经济质量明显提升，2025 年全省海洋生产总值超过 1.1 万亿元，占全省地区生产总值比重超过 8%，海洋新兴产业增加值占主要海洋产业增加值比重提高 3 个百分点。

保障优质，自然资源治理体系更加现代化。归属清晰、权责明确、保护严格、流转顺畅、监管有效的自然资源资产产权制度全面落实，统一行使全民所有自然资源资产所有者职责的管理体制基本形成。自然资源统一调查监测及确权登记全面展开。自然资源资料收集、整理、共享、汇交职能全面落实。到 2025 年，全省陆域 1∶2000 以上或更大比例尺地形图覆盖率达 100%，完成 55 个地质灾害防治重点县（市、区）1∶1 万地质灾害精细化调查，完成省域内工程建设项目地质资料的汇聚与共享。自然资源管理重点领域改革有序推进，城乡统一的建设用地及矿、海、林等使用权交易市场体系逐步建立。自然资源政策法规体系更加健全，执法监管体系更加完善。自然资源科技创新与应用水平持续提高，国际合作进一步扩展，信息化建设全面升级，地质、海洋防灾减灾能力显著增强，发展安全保障更加有力，治理能力现代化的保障水平全面提升。

表 2　　江苏省“十四五”自然资源保护和利用主要指标

类型	指标名称	2025 年	指标属性
资源保护	耕地保有量（万公顷）	完成国家下达任务	约束性
	湿地保有量（万公顷）	282	约束性
	林木覆盖率（%）	24.1	约束性
	自然湿地保护率（%）	≥60	预期性
	大陆自然岸线保有率（%）	≥35	约束性
	省级重要矿产保护矿区数量（个）	19	预期性
	新增国土综合整治与生态修复面积（万公顷）	27.61	预期性

续表

类型	指标名称	2025 年	指标属性
资源利用	单位地区生产总值建设用地使用面积下降率（%）	21	预期性
	存量土地供应占比（%）	≥70	预期性
	矿产年开采总量（亿吨/年）	≤2.1	约束性
	大中型矿山比例（%）	≥45	预期性
空间布局	生态保护红线面积（万平方千米）	不低于国家批复面积	约束性
	永久基本农田保护面积（万公顷）	完成国家下达任务	约束性
	自然保护地占陆域国土面积比例（%）	≥8	约束性
	土地开发强度（%）	国家下达指标之内	约束性
	新增建设用地规模（万公顷）	国家下达指标之内	约束性
基础支撑	全省陆域 1：2000 或更大比例尺地形图覆盖率（%）	100	预期性
	完成地质灾害防治重点县（市、区）1：1 万地质灾害精细化调查（个）	55	预期性

展望 2035 年，山清水秀海蓝的美丽国土空间格局基本形成，自然资源利用效率得到全面提升，资源供给保障能力更加稳定，资源开发与生态建设更加协调，重要生态系统完好稳定，生态环境根本好转，自然资源治理体系和治理能力现代化走在全国前列。

第三章　构建系统化的国土空间规划体系　构筑江海河湖统筹的美丽国土空间

以国土空间规划体系建设为基础，加快推进各级各类国土空间规划编制实施，强化国土空间规划实施监管，建立健全国土空间用途管制制度，优化省域自然资源保护和利用格局，推动形成美丽省域国土空间，为建设美丽江苏提供规划引领与空间保障，促进人与自然和谐共生。

第一节　健全国土空间规划体系

建立健全四级三类国土空间规划体系。强化国土空间规划作为各类开发保护建设活动基本依据的地位，全省建立四级三类的国土空间规划体系，包括省国土空间规划和相关专项规划，市县国土空间总体规划、详细规划和专项规划，乡镇国土空间规划和详细规划，村庄规划。

科学编制国土空间规划。贯彻落实全国国土空间规划要求，出台《江苏省国土空间规划（2021—2035 年）》，明确省域国土空间开发保护战略目标和总体格局，引导国土空间适度有序开发。科学编制市县国土空间总体规划，严格落实省国土空间规划确定的约束性指标和管控要求，强化传导落实，加强底线约束。结合国家碳达峰、碳中和战略部署，强化主体功能定位，统筹划定“三区三线”（“三区”是指生态空间、农业空间、城镇空间，“三线”是指生态保护红线、永久基本农田保护红线和城镇开发边界）空间格局，优化 “三生”（生产、生活、生态）空间，完善基础设施和公共服务设施布局，彰显美丽江苏形态。可根据实际需要编制乡镇国土空间规划。加快编制国土空间生态修复规划、海岸带保护规划等专项规划，提升详细规划的编制水平，塑造美丽江苏的质感与韵味。

第二节 优化国土空间格局

打造省域空间开发保护总体格局。坚持尊重自然本底、严守生态安全、粮食安全底线的基本原则，落实江苏战略定位要求，根据江苏自然地理环境特征和经济社会发展基础，按照“生态优先、带圈集聚、腹地开敞”的空间发展思路，推动形成南北沿海差异发展，优化省域国土空间开发保护格局，塑造美丽江苏的空间骨架，带动江苏全域一体化发展。

积极落实区域协调发展战略。以苏中苏北地区为重点，补齐区域交通、信息基础设施短板，打造衔接有效、功能全面的省域基础设施体系，促进地区间的联系和沟通。按照省域一体化发展要求，提升南京都市圈全国影响力，推动苏锡常、徐州等省内都市圈协同发展，构建市场化规范化法制化的体制机制，推动宁镇扬一体化发展。加强与上海、浙江、山东、安徽等周边省市的协调，推进重要战略空间协调，促进交通和基础设施互联互通，促进生态环境协同治理。

落实以人为核心的新型城镇化。完善城镇化空间布局，发展壮大城市群和都市圈，分类引导大中小城市发展方向和建设重点，形成疏密有致、分工协作、功能完善的城镇化空间布局。增强中心城市功能和都市圈城市群综合竞争力。深化城乡融合发展，推进以县城为重要载体的城镇化建设。到 2025 年，全省常住人口城镇化率提高至 75% 以上。

第三节　实施向海发展战略

优化沿海地区国土空间格局。发挥地处“一带一路”和长江经济带交汇点的区位优势，协同打造通州湾、海州湾、盐城等海洋经济圈。整合沿海港口资源，建设一批临港产业园区和现代化新港城，塑造具有滨海风情和地方特色的城市风貌，打造新的城镇节点。建设一批宜居宜业临海特色小镇，打造沟通便捷、规模适度的特色村落。

加快陆海统筹发展。着力提升以沿海地带为纵轴、沿江两岸为横轴的“L”型海洋经济发展能级，高质量打造沿海海洋经济隆起带、高水平建设沿江海洋经济创新带、高起点拓展腹地海洋经济培育圈，优化海洋经济空间布局。严格用海规划管理，强化节约集约用海，严控新增围填海。科学确定海洋开发规模、方式和时序。贯彻《江苏省海洋经济促进条例》，深化地质、测绘、信息和大数据等要素在涉海规划编制、资源利用、生态保护修复、防灾减灾等方面的作用，加强海洋资源综合保护利用，构筑沿海生态安全屏障，推动海洋经济高质量发展。

推进海洋产业提质增效。以推进传统海洋产业深度转型、海洋新兴产业提质扩能、海洋现代服务业加速升级为核心，全面推进海洋产业提质升级。优先发展海洋高端装备、生物医药、新能源、新材料、信息服务等海洋新兴产业，推进化工、钢铁等临港产业绿色化发展，大力发展海洋交通运输、滨海旅游和高技术高附加值船舶制造。推动海洋牧场建设，支持发展远洋渔业，着力拉长并稳定海洋经济产业链，不断壮大现代海洋经济实力。

第四节　强化国土空间规划实施

强化规划审批与监管。坚持底线思维，践行绿色发展理念，强化规划传导。精简规划审批内容，按照一级政府一级事权的原则，强化省、市、县分级管控和监督实施。按照“谁审批、谁监管”的原则，建立国土空间规划审查备案制度。省国土空间规划经省人大常委会审议后报国务院审批，南京及国务院指定设区的市的国土空间总体规划经同级人大常委会审议后由省政府报国务院审批，其他设区的市和县（市）国土空间总体规划经同级人大常委会审议后报省政府审批，其中县（市）总体规划要经设区的市审查同意。单独编制的乡镇国土空间总体规划报设区的市政府审批，村庄规划报县级政府审批。

构建国土空间规划“一张图”。统一规划技术基础，加强全域全要素管控，加快国土空间规划“一张图”与实施监督系统建设。将各级各类国土空间规划纳入统一的国土空间基础信息平台，作为国土空间用途管制、规划许可和实施监督的依据。加强不同层级国土空间规划信息互通，推进不同部门之间数据共享与业务协同，为国土空间管控与规划监督提供支撑。

建立规划监督与评估机制。依托国土空间基础信息平台，建立健全国土空间规划动态监测、定期评估预警、实施监管机制及技术体系。建立国土空间规划监测评估预警制度，结合国民经济社会发展阶段，对规划实施情况开展动态监测、评估和预警。因国家和省重大战略调整、重大项目建设、行政区划调整等确需修改的，须经规划审批机关同意后，方可按法定程序进行修改。

第五节 构建国土空间用途管制体系

建立国土空间用途管制制度。建立覆盖全域全类型、相互统一衔接的国土空间用途管制规则和覆盖所有自然生态空间的用途管制制度。构建国土空间用途管制基本框架体系、技术方法体系、法律政策体系和运行体系，明确重点区域用途管制规则，完善计划管理，制定国土空间准入正（负）面清单管理制度，严格空间准入和转用管理，强化实施监管。依据国家相关政策，适时出台江苏省国土空间用途管制指导性文件，明确分区分级国土空间用途管制原则、内容、程序等，并加强与相关法律修订的衔接。指导市县因地制宜制定、落实用途管制制度，以国土空间规划为依据，对所有国土空间分区分类实施用途管制。探索规划“留白”制度，为未来发展预留空间。

探索特殊区域用途管制政策。进一步规范耕地、林地、自然保护地、海岸带、生态敏感脆弱区等特殊区域用途管制。强化耕地和永久基本农田保护制度创新，推进永久基本农田储备区建设。加强全省重要湿地和生态公益林专项保护，明确重要湿地和林地管控目标和管控措施。充分利用长江经济带国土空间用途管制和纠错试点经验，制定并实施大运河江苏段国土空间管控措施。严格历史文化保护相关区域的用途管制，加强重大历史文化遗产保护利用。统筹陆海资源的保护和利用，明确海岸线和海陆交错带用途管制重点与政策，积极稳妥推进围填海和海岛历史遗留问题处理。

第四章　构建整体化的自然资源保护体系　推动形成山水林田湖草沙整体保护格局

采取“长牙齿”的硬措施严格落实耕地和永久基本农田保护制度，坚决遏制耕地“非农化”、防止耕地“非粮化”。加强自然保护地建设与管理，深入推进矿产和海域海岛资源保护，持续开展林地和湿地保护，推动形成山水林田湖草沙整体保护格局。

第一节　落实最严格的耕地保护制度

强化耕地数量、质量和生态“三位一体”保护。坚持占优补优、占水田补水田的原则，严格落实占补平衡，确保补充耕地质量。支持通过全域土地综合整治补充耕地，鼓励补充耕地指标跨市域易地调剂。依托第三次全国国土调查成果，综合考虑自然地理格局、土壤条件和生物多样性等因素，推进耕地资源质量分类工作，开展耕地质量等别年度更新评价，探索构建耕地分类保护体系。有序开展耕地土壤改良和轮作休耕，提升全省耕地质量与生态条件。贯彻落实《中华人民共和国土壤污染防治法》，加强对耕地污染的调查评价，严格污染土地的准入管控，开展污染土地治理。

构建保护有力、集约高效、监管严格的永久基本农田特殊保护新格局。严格落实永久基本农田保护红线的管控要求，完善保护措施，提高监管水平。积极巩固永久基本农田划定成果，确保规划期末永久基本农田面积不少于国家下达任务。严格控制建设项目占用永久基本农田，规范开展重大项目占用永久基本农田补划方案、土地综合整治涉及永久基本农田调整方案的省级论证。建立储备区制度，积极推进永久基本农田储备区建设，划定永久基本农田储备区。重大建设项目占用等需补划永久基本农田的，须在永久基本农田储备区中予以补划，确保做到永久基本农田管得住、建得好、守得牢。

创新耕地和永久基本农田保护机制。强化“党委领导、政府负责、部门协同、公众参与、上下联动”的耕地保护共同责任机制。持续完善耕地保护“责任+激励、行政+市场”机制，积极引导各地出台各具特色的耕地保护补偿激励政策措施。按照“谁保护、谁受益”的原则，加大耕地保护补偿激励力度，调动各级主体保护耕地的主动性和积极性。研究制定相关政策，严厉禁止农村乱占耕地建房行为。推进智慧耕地平台建设，将耕地占补平衡业务环节全要素纳入，实现耕地和永久基本农田保护动态监测，提升耕地保护监测监管水平。

专栏1 江苏耕地保护“责任+激励、行政+市场”机制

耕地保护“责任+激励、行政+市场”机制即综合运用行政、法律、经济、科技、市场等手段，实现对耕地更加有效的保护，构建形成以责任保目标、以激励促绩效、以行政抓管控、以市场优配置的耕地保护新格局。

“责任+激励”是指以严格落实耕地保护目标责任为基础，压实各级政府耕地保护的主体责任，形成自上而下耕地保护的行政约束力；以全面实施耕地保护补偿激励为导向，调动集体经济组织和农民耕地保护的积极性，形成自下而上耕地保护的内生源动力。

“行政+市场”是指以行政管控为根本，用好行政“有形之手”引导作用，指明耕地保护方向；以市场调节为主导，发挥市场“无形之手”配置功能，显化耕地保护价值。

第二节 推进自然保护地体系建设

积极构建自然保护地体系。科学划分自然保护地类型，稳妥推进自然保护地整合优化，加快构建以自然保护区为主体、自然公园为基础的自然保护地体系，培育国家公园。健全全省自然保护地基本信息库，制定自然保护地内建设项目负面清单。到2025年，完成全省自然保护地整合优化、勘界立标。

健全自然保护地管理体制机制。结合自然资源资产管理体制改革，推进自然保护地分级管理，明确各级自然保护地管理职责。在不损害生态环境的前提下，探索一般控制区内特许经营制度。按照自然保护地生态保护需求设立生态管护岗位并优先安排原住居民，推进参与式社区管理。建立志愿者服务体系，健全自然保护地社会捐赠制度，激励企业、社会组织和个人参与自然保护地生态保护、建设与发展。加强自然保护地监测、评估、考核、执法、监督制度建设，强化落实和实施，保障自然保护地保护目标实现。到2025年，全面落实自然保护地管理，建立基本政策法规、建设管理、监督考评等制度体系。

专栏2　加强自然保护地保护管理

“十四五”时期完成全省自然保护地整合优化，完善自然保护地政策法规、建设管理、监督考核制度，理顺管理体制，提升自然生态空间承载力，逐步建成科学有序的自然保护地体系，全面提升自然保护地建设管理水平，自然保护地占陆域国土面积的8%。

开展保护地勘界立标。开展全省各级各类自然保护地勘界立标，建立矢量数据库，通过细致调查、科学评估、严谨论证，完成全省自然保护地整合优化，并与生态空间管控、本地行政区域内国土空间规划管控及生态保护红线相衔接，将全省重要的自然生态系统、自然遗迹、自然景观及其所依存的自然资源、生态功能和文化价值实施长期保护的陆域和海域，依法划定为自然保护地。

完善保护地管理体制机制。构建全省统一的自然保护地分级分类管理体制，实行一个保护地名称、一套机构、一块牌子。完善自然保护地政策法规、建设管理、监督考核制度。编制自然保护地规划，将规划成果纳入国土空间规划体系，落实“多规合一”。

提升保护地管护能力。依法依规强化自然保护地管理，坚持严格保护、生态为民，建设科学有序的自然保护地体系，加强保护地基础设施建设，提高巡护监测能力，提升自然生态空间承载力与自然保护地科学管理水平。

第三节　严格保护近岸海域海岛

着力加强海岸带管控。编制海岸带综合保护和利用规划，优化海岸带空间布局，强化海岸线用途管制。按照严格保护、限制开发和优化利用的要求，实施海岸线分类管控，禁止在严格保护岸线范围内开展任何损害海岸地形地貌和生态环境的活动，控制限制开发岸线范围内的开发强度，推动优化利用岸线范围内的资源利用向绿色化和生态化转变。加强滩涂资源与生态系统的基础调查与动态监测，严格控制滩涂湿地的开发强度与规模。加强入海河道河口治导线管控，确保河流入海通道行洪畅通。

严格控制海域海岛开发规模。落实围填海管控制度，科学确定海洋资源开发规模和方式，严格控制各类建设用海规模。严格管控围填海和无居民海岛利用，除国家重大项目和公益事业外，禁止新增用岛。禁止在重要水生生物的自然产卵场、繁殖场、索饵场、洄游通道和鸟类栖息地进行围填海活动。对于涉及滨海湿地的开发活动，要坚持科学论证、规范使用。

第四节　加强矿产资源保护

全面推进绿色矿山建设。以采选和环保技术、装备和工艺及管理理念等方面具备全国先进水平的矿山企业为依托，充分发挥典型示范作用，绿色矿山建设对象覆盖所有开采矿种，进一步提高全省绿色矿山建设水平。完善绿色矿山建设长效机制，持续推动全省矿业绿色发展。

开展重要矿产保护与储备。根据江苏重要矿产资源勘查成果，划定并明确重要矿产资源保护矿区名录，明确保护矿种及其保护区域，建立完善的江苏矿产资源保护储备体系，强化优质资源保护与储备。

第五章　构建精准化的自然资源供给保障体系　全面提高资源利用效率

强化自然资源总量管理，实现自然资源精准供给，加快自然资源高效利用新技术与新模式应用，促进自然资源开发利用方式转型，完善自然资源全生命周期管理和循环利用机制，全面提升自然资源节约集约利用水平。

第一节　推进用地用海用矿精准供给

实施土地要素精准保障。积极落实建设用地总量和强度“双控”目标，明确各地的建设用地总量和开发强度上限，到 2025 年，全省新增建设用地规模和土地开发强度均控制在国家下达指标以内。坚持年度土地利用计划总量控制，深入落实“增存挂钩”机制，加大“人地挂钩”配套政策实施力度，优化全省土地利用计划分配方式，探索土地计划指标向中心城市、重点城市群倾斜，进一步加大城乡建设用地计划的省级统筹力度。坚持土地要素跟着项目走，实施分类保障、高效供给，鼓励用地向国家和省级重大项目、优质项目倾斜。完善省级以上重大产业支持政策和差别化供应机制，对重大项目施行用地核销制，合理安排用地时序，做到应保尽保。土地供应向租赁住房建设倾斜，单列租赁住房用地计划。

专栏3　重大项目“四个一”保障机制

建立重大项目“四个一”保障机制：

一个平台，启用省重大项目用地全程服务监管系统，逐一明确解决措施、落实时间节点。

一项机制，定期召开全系统重大项目保障工作调度会，省自然资源厅与省交通运输厅、省铁路办、省石油集团公司、省电力公司等召开部门协调会议，构建重大项目工作对接和信息沟通的长效机制。

一套制度，建立健全用地计划核销制、用地用海审批服务绿色通道及不见面审批模式等制度，精准保障重大项目用地用海需求。

一个专班，省自然资源厅建立厅领导分地区挂钩联系推进重大项目机制，组建工作专班，构建一站式服务体系。

科学保障建设项目用海。保障国家重大基础设施和重大民生工程等用海，优先支持海洋战略性新兴产业、循环经济产业和海洋特色产业建设用海，严格执行建设项目用海面积控制指标等相关技术标准，合理提高建设用海的生态门槛和产业准入门槛，严格控制产能严重过剩以及高污染、高耗能、高排放项目用海。完善海域征收管理制度。

提升矿产资源保障能力。围绕国家重要矿产、江苏优势矿产等，统筹部署调查评价与勘查，加大调查勘查投入，力争找矿新突破，新圈定一批找矿远景区、找矿靶区，新增一批资源储量。科学划定重点开采区、建筑石料集中开采区，鼓励引导集约化、规模化开采建筑石料，保障建筑石料供应。

第二节 促进建设用地集约利用

加快城市更新与地下空间开发。支持有条件的地区编制实施城市更新规划、土地储备规划，科学制定城市更新与土地收储年度工作计划，在国土空间规划中明确重点更新区域、规模，因地制宜制定出台城市更新管理办法，引导城市更新有序实施，推进城市建设用地集约利用水平显著提升。鼓励各地区加快落实关于加强城市地下空间开发利用的指导意见，结合城市更新需求，加快编制国土空间规划体系下的城市地下空间专项规划，引导城市地下空间科学和复合利用，因地制宜推进综合管廊建设，积极拓展城市发展空间，增强城市综合承载能力，提高土地资源综合利用效率。

实施城镇建设用地提效行动。开展多层次城镇建设用地节约集约利用评价，明确低效用地范围，编制实施城镇低效用地再开发规划，严格城镇低效建设用地再开发计划管理，健全差别化低效用地再开发引导政策。鼓励开发区土地节约集约利用机制创新，支持低效工业用地复合利用和用途合理转换。合理确定工矿废弃地复垦范围和规模。推进江苏省沿海部分地区低效盐田的复垦利用。深入推进批而未供土地消化利用，提升土地资源配置效率；有序推进闲置土地处置，提升已供土地开发利用水平。严格执行建设用地准入政策和控制标准，深入推进长期租赁、先租后让、租让结合等灵活供地方式，加快土地节约集约利用模式（技术）创新和推广应用，积极推进土地复合利用，建立不同产业用地类型合理转换机制，增加混合产业用地供给。

积极盘活农村存量建设用地。结合乡镇国土空间规划编制实施，加快推进村庄布局调整，规范实施城乡建设用地增减挂钩，推进农村居民点用地适度集中和农民住房条件改善，助推乡村振兴。落实农村宅基地制度改革，稳慎引导农村宅基地自愿有偿退出，加快推进集体经营性建设用地入市，积极盘活存量农村建设用地，活化乡村土地资产，促进乡村振兴和城乡融合发展战略落地实施，支持宁锡常接合片区国家城乡融合发展试验区开展集体经营性建设用地入市改革。

第三节 提升海洋资源集约利用水平

加强滩涂资源综合保护利用。加强滩涂资源开发新技术研究和科技成果转化，探索滩涂资源多元化利用模式，鼓励因地制宜发展生态养殖、滩涂旅游开发等。适度发展滩涂农林业，支持开展耐盐农作物基因工程改良和培育，发展耐盐粮油作物、蔬菜、苗木、特色经济植物等盐土产业。科学合理利用滩涂资源，在适宜区域有序开展滩涂围垦，提高已围滩涂综合开发利用效率。

有序推进海洋可再生能源开发利用。支持科学利用沿海风能资源，优化海上风电开发布局。鼓励风光一体海洋可再生能源利用技术创新以及大功率风电机组、控制系统等海上风电关键设备研发，加快海上风电施工运维母港建设，实现研发、制造、运维、检测一体化发展。规划布局深远海风电，加强深远海风电项目管理和用海政策支持，打造全国领先的海上风电产业集群。

第四节　推动矿产资源高效利用

优化矿产资源开发利用结构。加强开采矿山数量和采矿规模总量控制，到2025年，矿产年开采总量控制在2.1亿吨以内，在采矿山数量控制在320个以内。按照集约高效的原则，鼓励和引导矿山企业规模化开采，进一步优化矿山规模结构。到2025年，全省矿山平均年生产规模达65万吨，大中型矿山比例达到45%以上。鼓励发展精深加工，延长产业链，提升岩盐、芒硝、膨润土、凹凸棒石粘土等矿产加工水平，实现资源优势向经济发展优势转变。

推进矿产资源节约与综合利用。树立高效、绿色、安全、环保的先进典型，鼓励推广矿产资源利用先进适用技术和科学管理模式，充分发挥示范引导作用。提高全省矿产资源节约与综合利用水平，提高矿山“三废”资源利用率，鼓励煤、铁、铅、锌、锶、硫、磷、岩盐、芒硝、高岭土等重要矿种开采矿山综合利用共伴生矿产资源，全省重要矿产开采矿山“三率”水平达标率达96%以上。

推进矿地融合发展。按照生态文明建设和矿区可持续发展要求，探索矿产资源开采与土地资源、采矿地下空间资源的保护、利用和整治一体化协调发展的矿业开发模式。创新工矿废弃地复垦利用新机制，统筹规划矿区资源，优化矿区城乡建设用地布局，改善矿区生态环境，实现矿产资源、土地资源集约化利用。

专栏4 矿地融合机制

促进地质矿产与土地资源在管理理念、规划、调查评价与综合监测、资源开发利用与保护、管理服务、技术方法与标准、成果转化与信息服务等方面实现融合，形成统筹协调、相互促进的矿地融合发展新模式。逐步构建统筹衔接的自然资源综合调查监测体系、系统协调的国土空间规划体系、科学高效的成果转化应用机制、开放共享的自然资源基础信息系统，推进自然资源科学配置与合理利用，为新型城镇化、农业现代化、区域经济发展、生态文明建设、民生改善等提供基础支撑和服务。

加快地热等绿色清洁能源资源利用。加强绿色清洁能源的勘查，加快推进干热岩、浅层地温能等绿色能源资源开发利用，适时推进清洁能源资源利用示范区建设，推动绿色清洁能源的可持续开发。

第五节 推动林业资源可持续利用

加强森林资源管理。强化对林木覆盖率、乔木林单位面积蓄积量、省级以上重点公益林面积等指标的考核。坚持和完善林地分类分级管理制度，实行林地用途管制和定额管理，严格林木采伐限额管理，健全林地保护利用规划体系，严格限制重点区域的林地转为建设用地，确保林地不减少。加强野生动植物资源保护，推进极小种群野生动植物保护，加强野生动植物自然栖息地和珍稀濒危种群保护与恢复。推动林业可持续发展。加强丘陵山区次生林、绿色通道和淮北杨树速生丰产中幼龄林抚育，全面提高单位面积蓄积量和综合效益。加大用材林基地建设，突出可持续经营和定向集约培育，加大人工用材林培育力度，增强木材加工业的原料供给能力。以林木良种化为根本，推进种苗基地建设，加快林下经济扩面、提质、增效，聚力打造千亿元林木种苗与林下经济产业。依托森林和湿地资源，大力发展生态旅游，推进森林体验和康养基地建设。加强林业资源综合利用，壮大林业循环经济，促进人与自然和谐发展。

第六章　构建协同化的国土空间生态保护修复体系 提升生态系统质量和稳定性

落实《全国重要生态系统保护和修复重大工程》要求，基于“山水林田湖草生命共同体”的理念，加快推进山水林田湖草沙系统保护与治理试点，强化重点生态区域的保护修复，探索建设自然生态修复试验区，明确实施国土空间生态监测评估，稳定生态系统质量，提升生态系统碳汇能力。

第一节　加快形成国土空间生态保护与修复新格局

打造“两纵三横六区七类多层级”国土空间生态保护与修复总体格局。根据江苏国土空间生态系统的特点，遵循“整体保护、系统修复和综合治理”的基本原则，结合生态系统类型与资源环境问题的空间差异，科学划定国土空间整治修复重点区域，因地制宜推进形成“两纵三横六区七类多层级”国土空间生态保护与修复总体格局。

专栏5　“两纵三横六区七类多层级”国土空间生态保护修复格局

“两纵”包括运河沿线生态保护修复带、滨海沿岸生态保护修复带。

“三横”包括陇海生态保护修复带、盐淮生态保护修复带、长江沿线生态保护修复带。

“六区”包括宁镇扬低山丘陵保护修复区，徐淮平原综合保护修复区，沿江平原综合保护修复区，滨海平原综合保护修复区，环太湖平原综合保护修复区，里下河平原综合保护修复区。

“七类”包括环湖生态保护修复、矿山生态保护修复、农田生态保护修复、城市生态保护修复、河网生态保护修复、滨海生态保护修复、森林生态保护修复。

“多层级”包括省级层面的一级“源地－廊道－节点”，六大分区层面的二级“源地－廊道－节点”。

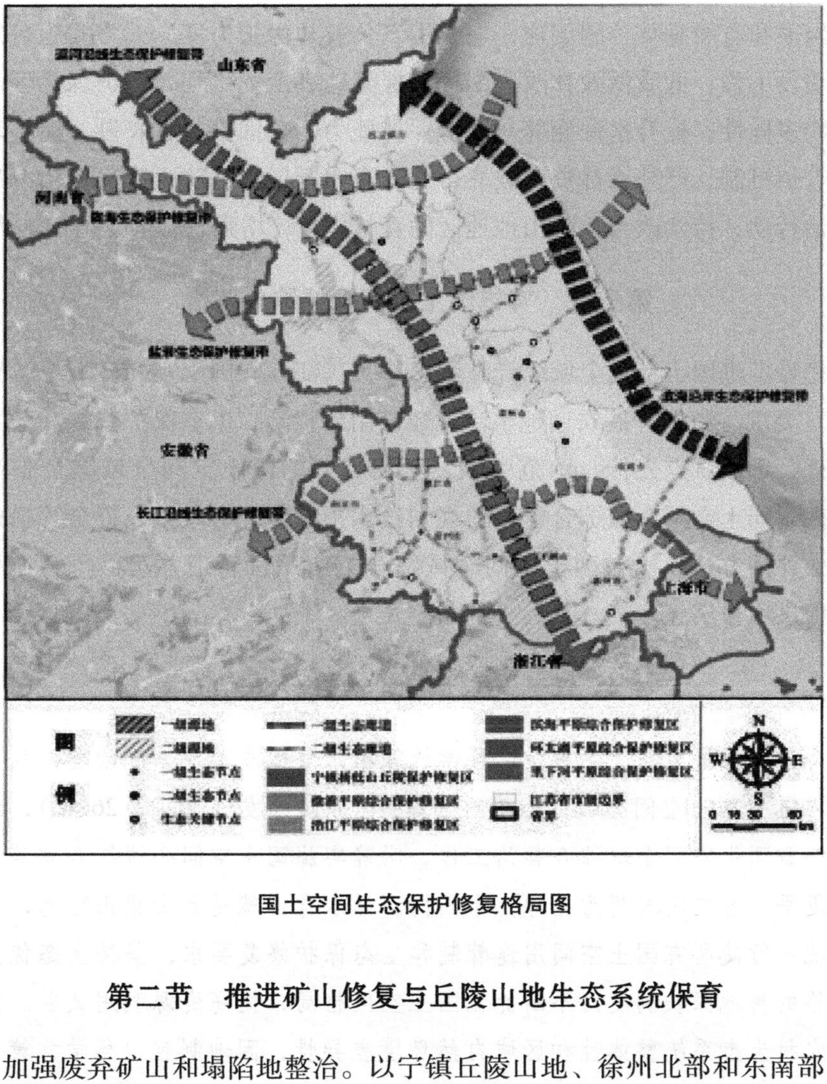

国土空间生态保护修复格局图

第二节　推进矿山修复与丘陵山地生态系统保育

加强废弃矿山和塌陷地整治。以宁镇丘陵山地、徐州北部和东南部以及连云港北部丘陵岗地废弃矿山和采煤塌陷区域为重点，实施废弃矿山和采煤塌陷地综合治理工程，推动地形地貌与地表植被重建、采空塌陷地复垦和塌陷地人工湿地建设，消除地质灾害隐患，减少土地资源压占与损毁，营建塌陷地湿地生态系统，提升生态系统稳定性。

开展丘陵山地生态保护与保育。加强太湖西南部的宜溧和茅山山地、沿江老山和宁镇山地、江淮丘陵岗地地区和鲁南丘陵余脉地区等河湖源头地区的自然生态系统保护，严格保护国家和省级森林生态系统自然保护区，有序推进国家和省级森林公园创建，加大生态公益林保护力度，大力实施自然保护地建设工程、低质低效林改造工程和裸露地表恢复工程，保护森林生态系统生物多样性，提升水源涵养与水土保持能力。全面推行林长制，完善森林长效管护机制，严惩森林资源破坏行为，深入开展森林防火隐患整治、病虫害防治行动，持续改善丘陵山地地区的森林质量，增强森林固碳增汇能力。

第三节　实施国土空间全域综合整治

稳妥推进国土空间全域综合整治。落实《江苏省国土空间全域综合整治方案》要求，整体开展农用地整治、建设用地整治、生态保护修复和公共空间治理，形成试点先行、示范引领、全面展开的国土空间全域综合整治格局。探索国土空间全域综合整治的规划技术指南、配套政策、资金筹措途径和绩效评估方法；出台国土空间全域综合整治项目管理办法，严格项目管理，促进项目实施。

专栏6　江苏省国土空间全域综合整治方案

为深入推进生态文明建设，科学统筹山水林田湖草沙系统治理，我省出台《江苏省国土空间全域综合整治方案》（苏政办发〔2020〕26号），统筹谋划全省国土空间全域综合整治工作。明确实施国土空间全域综合整治，要以习近平生态文明思想为指导，牢固树立绿水青山就是金山银山理念，认真落实统一行使所有国土空间用途管制和生态保护修复要求，坚持生态优先和最严格的耕地保护制度，不断优化国土空间格局，提高资源利用效益。坚持立足农村生态系统整体性和区域自然环境差异性，因地制宜、科学施策、整体推进，形成试点先行、示范引领、全面展开的国土空间全域综合整治格局。主要任务包括持续推进农用地整治、大力开展建设用地整治、实施生态保护修复、推动公共空间治理。

加快形成试点示范效应。以乡镇全部或部分行政村为实施单元，积极落实全域土地综合整治规划。以山、水、林、田、湖、草、村全要素为整治对象，开展国土空间全域土地综合整治，因地制宜解决耕地、林网相对破碎化等问题，促进农业集约化、规模性经营，全面改善整治区域自然生态景观。到2025年，建成国家试点项目20个，省级示范项目不少于100个，支持市县自主开展一批项目，基本形成国土空间全域综合整治制度体系。

第四节　加强河湖湿地生态保护与修复

推进湖泊湿地保护与修复。加强太湖、洪泽湖、固城湖、滆湖、骆马湖、高邮湖等大型湖泊及里下河低洼湖荡和其他塘库湿地保护，控制湿地萎缩。合理有序推进太湖、滆湖、长荡湖、洪泽湖、骆马湖、高邮湖、白马湖、大纵湖、得胜湖、广洋湖等退田（圩）还湖工程，逐步扩大湖泊和沼泽湿地面积。有序开展全省湿地自然保护区、湿地公园和湿地保护小区建设，建立健全省湖泊湿地保护网络体系，丰富湿地生物多样性，提升河湖水源涵养和洪涝调蓄等水生态功能。

加强重要江河湿地保护与生态修复。以千里长江防护林和千里运河风光带建设为契机，持续完善长江干流、南水北调东线河道（京杭大运河等）、新通扬运河、通榆河和黄河故道等重要江河沿线的绿色生态屏障，因地制宜实施沿线地质环境治理工程，全面消除地质灾害隐患，完善江河生态防护林带和滨河湿地，涵养水源、改善水质，提升水质保护与清水通道维护等重要生态功能。

第五节　强化海岸滩涂湿地生态保护修复

加快海岸带综合治理。以盐城射阳河口以北海岸带为重点，探索科学建设芦苇生态湿，有序建设挡浪潜堤，控制海岸侵蚀。扎实推进沿海防护林和千里滨海生态走廊建设，严格控制自然岸线占用，持续实施海岸线生态化改造与保护，提升海岸带生态质量，强化海岸带防灾减灾能力。

加强滨海湿地保护。以大丰麋鹿、盐城湿地珍禽等自然保护区为重点，大力实施各类海洋自然保护地建设，加快扁担河、故黄河口、灌河口、临洪口、埒子口等重要入海河道河口湿地的保护修复。科学引导滩涂资源利用，鼓励滩涂养殖结构与模式优化。严格控制滩涂围垦，科学实施退养还湿，维护滩涂湿地生境，促进空间破碎、功能退化的滩涂湿地生态系统自然恢复。

第七章　构建法治化的自然资源管理体系
健全自然资源资产管理制度

全面落实自然资源资产产权制度改革要求，推进自然资源资产的市场化配置，深化自然资源行政审批制度改革，建立健全自然资源资产监管和法规体系，促进自然资源系统保护与高效利用。

第一节　健全完善自然资源资产产权制度

建立全民所有自然资源资产所有权委托代理机制。加快推进全民所有自然资源资产清查，明确全民所有自然资源资产的空间范围，制定省级及以下代理行使所有权的全民所有自然资源资产清单，扎实推进全民所有自然资源资产所有权委托代理机制试点工作，制定并实施江苏省委托代理机制，确定不同类型自然资源资产所有权行使模式。研究制定委托代理评价考核体系。

探索生态产品价值实现机制。探索建立根据生态产品质量和价值确定财政转移支付额度、横向生态补偿额度的体制机制。完善生态产品市场交易体系，加快建立生态产品价值实现机制。完善市场化多元化生态保护补偿机制，提高生态保护补偿标准，鼓励探索有效吸引社会资金投入生态产品供给的政策措施、产权安排和运作模式。开展生态产品价值实现机制试点示范，加大理论研究、实践探索和制度创新力度。探索构建符合江苏实际的“政府主导、企业和社会各界参与、市场化运作、可持续”的生态产品价值实现机制。支持宁锡常接合片区国家城乡融合发展试验区探索生态产品价值实现机制。

推进建设用地使用权分层设立。积极探索建设用地地上、地表和地下使用权分设，优化产权设置。鼓励有条件的城市率先开展地下空间利用地方性立法试点工作，全面探索地下空间开发利用机制创新，建立健全地下空间资产配置、权属登记和产权交易制度。

健全海域海岛滩涂资源产权制度。探索海域使用权立体分层设权，着力强化海域使用权出让、转让、抵押、出租、作价出资（入股）等权能，依法明确水域滩涂养殖权利权能，允许权利流转和抵押。

推进矿产资源产权制度改革。以矿产资源国情调查为基础，开展探明储量的矿产资源确权登记，推进矿产资源确权登记法治化。依据矿产地质勘测实际，合理调整探矿权有效期及延续期限，结合矿产资源储量分类设定采矿权有效期及延续期限。

协调各类资源产权间关系。完善探矿权、采矿权与土地使用权、海域使用权衔接机制，强化探矿权和采矿权审批与相关规划的衔接。理顺水域滩涂养殖的权利与海域使用权、土地承包经营权的关系。

专栏7　自然资源资产产权制度改革

自然资源资产产权制度是加强生态保护、促进生态文明建设的重要的基础性制度。自然资源资产产权制度改革，以完善自然资源资产产权体系为重点，以落实产权主体为关键、以调查监测和确权登记为基础，着力促进自然资源集约开发利用和生态保护修复，加强监督管理，注重改革创新，加快构建系统完备、科学规范、运行高效的自然资源资产产权制度体系。为深入贯彻《中共中央办公厅国务院办公厅印发〈关于统筹推进自然资源资产产权制度改革的指导意见〉的通知》（中办发〔2019〕25号）精神，深入推进我省自然资源资产产权制度改革各项任务落实，建立江苏省统筹推进自然资源资产产权制度改革联席会议制度，制定路线图时间表，明确年度工作安排。

第二节　推进自然资源资产市场化配置改革

建立健全城乡统一的建设用地市场。深化国有建设用地有偿使用制度改革，完善建设用地市场制度，加强一、二级市场联动，建立健全产权明晰、市场定价、信息集聚、交易安全、监管有效的土地转让、出租、抵押二级市场。建立健全农村集体经营性建设用地入市制度，探索建立就地入市、异地调整和集中整治入市等制度，规范使用集体经营性建设用地的范围、程序、方式，加快构建“保护产权、同权同价、维护契约、平等交易”的城乡统一建设用地市场。强化土地市场运行情况监测，加强土地供后开发利用监管，促进土地市场平稳健康发展。

深化产业用地市场化配置改革。深入推进工业用地供应方式改革，深化完善工业用地供应制度，切实提高土地资源配置效率。探索按照产业链、供应链上下游关系供应工业用地，建立符合产业发展规律和推动产业集群发展、促进实体经济区域协调发展的供地模式，在符合国土空间规划和用途管制要求前提下，探索增加混合产业用地供给，创新开发区土地资产配置机制。推广出让方与竞买人双方互信承诺制的“双信地”出让模式，提升“净地”供应标准，强化供后验收监管。做好“僵尸企业”处置中的土地资产盘活工作。

持续推进补充耕地和城乡建设用地增减挂钩节余指标交易。探索建立增减挂钩节余指标流转使用长效机制，破除土地、资金等要素在城乡之间流动和配置的制约，驱动城乡资源要素的自由流动，实现更大范围内资源统筹优化配置。跨市域补充耕地指标交易统一纳入省级交易平台，全面实现补充耕地指标交易流程电子化。鼓励有条件的设区的市建立市域内跨区域补充耕地指标交易市场，完善交易规则和服务体系。

专栏8　土地要素市场化配置改革

完善要素市场化配置是建设统一开放、竞争有序市场体系的内在要求，是坚持和完善社会主义基本经济制度、加快完善社会主义市场经济体制的重要内容。推进土地要素市场化配置改革，是完善要素市场化配置的关键环节。根据《中共中央国务院关于构建更加完善的要素市场化配置体制机制的意见》（中发〔2020〕9号），要深化要素市场化配置改革，促进要素自主有序流动，提高要素配置效率，进一步激发全社会创造力和市场活力，推动经济发展质量变革、效率变革、动力变革，构建更加完善的要素市场化配置体制机制。我省出台《中共江苏省委江苏省人民政府关于构建更加完善的要素市场化配置体制机制的实施意见》（苏发〔2021〕12号），从健全城乡统一的建设用地市场、深化产业用地市场化配置改革、鼓励盘活存量建设用地和完善土地管理体制等方面着力推进土地要素市场化配置，全面提高土地利用效率。

有序推进矿海林使用权市场化配置。推动矿产、林地、林木和海域等资源的所有权和使用权分离，扩大使用权的划拨、出让、租赁、作价出资、授权经营等权能，除法律规定的特殊情形外，推进使用权的有偿流转。统筹推进矿业权、海域使用权、林地使用权和林木采伐权等自然资源使用权交易平台和服务体系建设，规范矿业权出让行为，全面推进矿业权竞争性出让，健全市场监测监管和调控机制，促进流转顺畅、交易安全、利用高效。

第三节　深化自然资源行政审批制度改革

扎实做好用地审批权试点和委托下放工作。深入推进“放管服”改革，切实贯彻落实国家和省关于委托用地审批权的相关规定。稳妥推进国务院委托用地审批权试点，做好省政府用地审批权委托下放工作，进一步规范审查标准、压缩审批时限、优化审批流程、提高审批质效，完善监管考核机制。推进部分省级农用地转用和土地征收、用地预审和规划选址、增减挂钩实施方案和工矿废弃地复垦实施方案的审批权下放试点。制定和实施审批权下放“接得住、管得好”的激励约束机制。

积极推进用地审批制度改革。简化优化用地预审和规划选址、建设用地规划许可、建设工程规划许可、规划核实等审批流程，推进全省用地预审、用地报批与城乡规划许可“多审合一”“多证合一”改革，深入开展建设工程“多测合一”改革。完善全省统一的建设用地审批系统，建立用地审批工作评价机制，构建规划用地“多证合一”在线监管平台，强化建设用地用海审批过程监管，深化落实“不见面审批（服务）”。全面推广网上收件、网上审批和网上出件，减少审批环节，提升审批效率。

专栏9　用地审批制度改革

根据《国务院关于授权和委托用地审批权的决定》（国发〔2020〕4号）和《自然资源部关于贯彻落实〈国务院关于授权和委托用地审批权的决定〉的通知》（自然资规〔2020〕1号），为进一步深化“放管服”改革，优化我省营商环境，赋予设区的市更大用地自主权，我省分别出台《省政府关于委托用地审批权的决定》（苏政发〔2020〕40号）和《省政府关于印发江苏省承接国家委托用地审批权试点实施方案的通知》（苏政发〔2020〕48号），切实稳妥落实审批权承接和下放工作。成立以省长为组长的建设用地审批权委托试点工作领导小组，形成政府总揽，省自然资源厅牵头，各部门共同参与的工作格局。将赋予省政府的农用地转用和土地征收审批事项委托下放给设区的市行使，做到依法依规、应放尽放。构建严格规范、精准高效的审批机制，全面提升审批效率。

加快推进矿业权分级审批制度改革。做好自然资源部下放矿业权审批权限的承接，探索开展省以下矿业权分级审批管理制度改革。拟定下放的矿业权审批权限和监管措施，开展矿业权审批流程和审批要件改革。

第四节 健全自然资源资产监管体系

建立行政和社会监督机制。建立健全我省全民所有自然资源资产报告制度，向同级人大常委会报告全民所有自然资源资产情况，自觉接受人大和社会监督，让国有资产的管理和监督更加透明。建立科学合理的自然资源资产管理考核评价体系，以全民所有自然资源资产平衡表为基础，构建领导干部自然资源资产离任审计制度，落实生态文明绩效评价考核和责任追究有关要求。开展生态环境损害调查和赔偿，建立生态环境损害责任终身追究制。完善自然资源资产产权信息公开制度，强化社会监督。

完善执法监督机制。推动自然资源行政执法与刑事司法的衔接机制与平台建设，促进自然资源资产利用违法案件信息共享、案情通报和案件移送，推动依法行政、严格执法。加强自然资源资产执法机制与队伍建设，依法严肃查处自然资源资产产权领域违法案件。

第五节 提升自然资源法治能力

健全自然资源管理法规体系。落实自然资源立法规划，制定出台《江苏省土地管理条例》《江苏省测绘地理信息市场管理规定》。根据国家立法修法安排，推动出台《江苏省国土空间规划条例》，修订《江苏省矿产资源管理条例》《江苏省地质环境保护条例》《江苏省不动产登记条例》等地方性法规，定期开展自然资源地方性法规、地方政府规章、规范性文件清理。

提升自然资源行政争议处置效能。坚持省级总抓、设区的市、县（市、区）级具体落实的原则，协同解决系统重大行政公益诉讼案件，积极探索自然资源民事公益诉讼，拓展公益诉讼新领域。提高办理行政争议案件办理质量，实现案件总量与纠错数量双下降、重点地区与重点类型案件总量双改善。

有序实施自然资源执法监督行动。加强自然资源日常执法监管，深化应用实时监管，稳步推进智能监管，严肃查处自然资源违法行为。扎实推进农村乱占耕地建房问题专项整治、土地违法违规问题“清零”行动等各类专项行动，深化整治自然资源领域扫黑除恶行业乱象重点问题。加强卫片执法检查、督察发现问题整改，强化自然资源违法行为全过程全流程监管监督，推动执法“严起来”“长牙齿的硬措施”落地落实。

建立健全自然资源执法监督体系。完善执法体制机制，强化执法要素保障。健全“天上看、地上查、视频探、网上管、群众报、实时督”的六位一体执法体系，进一步构建“早发现、早制止、严查处”工作机制。严格落实行政执法三项制度，完善系统上下“联合监管”、部门之间“联动监管”机制。加强执法队伍建设，选优配强基层一线执法力量。细化联合惩戒办法，对失责行为，严格实施精准问责，坚决做到“失责必问、问责必严”；健全完善容错免责机制，促进执法队伍担当作为。

第八章　构建智慧化的自然资源基础支撑体系 夯实自然资源治理基础

以新型基础测绘和自然资源科技创新体系建设为基础，全面开展自然资源统一调查、监测评价和确权登记，推进自然资源资产信息化管理系统平台建设，建立健全自然灾害监测与预警体系，提升自然资源治理支撑能力。

第一节　推进新型基础测绘体系建设

加快现代测绘基准建设。加强陆海、省市县测绘基准一体化建设、更新和服务。统筹全省测绘基准基础设施资源，持续优化测绘基准观测网络，推进全省测绘基准基础设施并置融合。提升测绘基准信息化建设水平，提供更丰富灵活的测绘基准服务。

持续丰富测绘数据资源。统筹全省测绘航空航天遥感数据获取，持续开展基本比例尺地形图测绘、基础与专题地理信息数据获取与更新，建立省市县数据联动协同更新机制。建设适于江苏省情的地理实体基础时空数据库，构建内容丰富的新型基础测绘产品体系。

推进实景三维江苏建设。统筹建设省域时空三维地形场景和城市三维模型，汇聚省域时空三维数据，建成实景三维数据库，搭建时空三维应用服务系统，实现地形级、城市级、部件级三维数据的业务应用和协同服务。

专栏 10　实景三维江苏建设

围绕更好地为经济建设、国防建设、社会发展和生态保护提供服务，为履行自然资源管理职责提供技术支撑，推进实景三维江苏建设。统筹建设省域时空三维地形场景和城市三维模型，汇聚省域时空三维数据，搭建时空三维应用服务系统，实现地形级、城市级、部件级三维数据的业务应用和协同服务，初步建成实景三维江苏，为自然资源领域治理体系和治理能力现代化提供时空基底。

提升测绘地理信息服务效能。推进省市县时空大数据平台集群建设，持续加强“天地图·江苏”建设及推广应用。创新多样化地图服务模式，持续开展地理信息科普教育，完善应急测绘保障体制机制，深化测绘地理信息军民融合服务，全面提升“地理信息+”公共服务能力。

第二节　开展自然资源统一调查监测和确权登记

推进自然资源统一调查。加快建立自然资源分类标准、自然资源调查监测标准体系和定期调查制度，全面推进自然资源基础调查和专项调查，查清全省各类自然资源在地表的分布范围与位置、面积数量以及利用与保护等基本情况，形成自然资源本底“一张图”。充分利用省市县基础测绘成果，以数字高程模型、数字正射影像、数字表面模型等数据为基底，整合集成地表基质层、地表覆盖层、管理层、地下资源层等各类自然资源调查数据，构建全省自然资源三维立体时空数据库。

建立自然资源资产清查与核算体系。建立实施全民所有自然资源资产清查制度，充分利用自然资源调查成果，开展全面自然资源资产清查，建立全省全民所有自然资源资产数据库。制定符合江苏实际的土地、海洋、矿产、森林、湿地和水流等自然资源资产评估的原则、框架和标准体系，开展自然资源资产的实物量清查与价值量核算。基于全民所有自然资源资产平衡表编制试点工作经验，适时建立江苏省全民所有自然资源资产平衡表编制体系。

实施自然资源动态监测。加快我省自然资源动态监测网络布局，建设全省多源遥感数据统筹共享平台，运用遥感影像自动变化监测、定点观测等多种监测技术和手段，建立自然资源立体监测网络。加快整合国土变更调查遥感监测与地理国情监测，统筹开展自然资源动态常规监测。充分利用高分辨率的航天和航空遥感等高技术手段，组织开展耕地资源、森林资源、水资源等重要资源的专题监测，定期开展城市群地区“三区三线”等重点区域、重点要素的动态监测。

推进自然资源统一确权登记。依据《自然资源统一确权登记暂行办法》《江苏省自然资源统一确权登记总体工作方案》，全面铺开、分阶段推进全省自然资源统一确权登记工作。积极配合做好我省辖区内自然资源部直接开展的统一确权登记工作。以不动产登记为基础，充分利用国土调查成果和自然资源专项调查成果，对我省辖区内除自然资源部直接开展确权登记之外的自然保护区、自然公园等各类自然保护地，以及江河湖泊、生态功能重要的湿地、国有林区等具有完整生态功能的自然生态空间和全民所有单项自然资源开展统一确权登记，逐步实现对水流、森林、山岭、荒地、滩涂、海域以及探明储量的矿产资源等省级自然资源统一确权登记全覆盖。清晰界定我省辖区内各类自然资源资产的产权主体，逐步划清全民所有和集体所有之间的边界，划清全民所有、不同层级政府行使所有权的边界，划清不同集体所有者的边界，划清不同类型自然资源的边界，推进确权登记法治化。推进农村集体所有的自然资源资产所有权确权。

第三节 加快自然资源管理信息化建设

夯实自然资源“三个一”信息管理基础。充分利用新一代信息技术，按照“节约集约、互联互通、智能感知、资源共享”的思路，全面整合省、市、县三级原国土、规划、海洋、林业、测绘地理信息等部门的信息化成果，建设“一张网”：省、市、县、乡四级自然资源网络；“一朵云”：省、市两级“自然资源云”；“一工程”：覆盖省、市、县、乡四级的网络信息安全工程。

推进自然资源信息化“一平台、三体系”建设。持续建设江苏省自然资源大数据平台（国土空间基础信息平台），建成江苏省自然资源“一张图”，加快国土空间规划“一张图”与实施监督系统建设，完成“互联网 + 自然资源”政务服务、监测监管、决策支持应用体系构建，形成以“网、云、数、安”为支撑的江苏省自然资源信息化“一平台、三体系”。协同建设北斗卫星导航系统与 GPS 系统融合的长三角一体化测绘基准综合应用服务网络，提升基准服务能力。

专栏 11　江苏自然资源信息化“一平台三体系”

“一平台”指江苏省自然资源大数据平台（国土空间基础信息平台），新建各类业务应用应基于“一平台”构建，原国土、城乡规划、海洋、地质、矿产、测绘等应用系统基于“一平台”逐步完成重构，实现与平台的接入与集成。

“三体系”是指“互联网 + 自然资源”政务服务应用体系、“互联网 + 自然资源”监测监管应用体系和“互联网 + 自然资源”决策支持应用体系。依托江苏省自然资源大数据平台和大数据库，整合、完善、提升现有各类业务应用系统，实现各类政务服务“一网通办”，构建移动政务服务统一门户和全省自然资源决策支持大数据库和决策支持平台；完善“慧眼守土”工程设施，开展自然资源与生态环境物联网监测网络建设，实施“5G + 无人机”自然资源动态监测工程建设，建立覆盖“天空地海”的江苏省“互联网 + 自然资源”监测监管体系。

第四节　强化地质灾害和海洋灾害监测与预警体系

推进地质灾害监测与预警。常态化开展地面沉降、崩塌、滑坡等地质灾害风险常规监测，加强应急测绘保障能力建设，规范地质灾害隐患点管理。加快推进开发区地质灾害危险性区域评估，强化防灾减灾能力。

完善海洋监测预警体系。优化海洋灾害观测网络布局，构建立体海洋观测网，加快覆盖江苏近海的海洋灾害智能网格预警报系统建设，健全省、市、县三级监测预警体系，丰富海洋灾害预报产品，拓展海洋灾害预警报发布渠道，重点开展汛期、台风、冬春季寒潮大风等引起的风暴潮和灾害性海浪预警预报，提升预警预报服务水平。

加强海洋防灾减灾体系建设。加大海洋灾害风险评估和隐患排查工作力度，推进海洋灾害重点防御区划定，开展年度海平面调查评估工作，加强海岸防护能力建设。加强紫菜养殖用海管理，开展浒苔绿潮常态化联防联控工作，完成防控试验各项工作。

第五节　健全自然资源科技创新体系

推进自然资源关键技术创新。深入实施矿地融合和陆海统筹，着力构建自然资源调查监测、国土空间优化管控、生态保护修复、自然资源高效利用技术四大体系，形成以“双融合四体系”为核心的自然资源科技创新体系。加快自然资源多要素一体化调查与监测、新型基础测绘、新型资源勘查与开发、地下水资源保护和利用、矿山地质环境修复治理、海岸带保护修复与可持续利用、沿江岸线保护修复、林业科技创新与应用等方面的关键技术研发，推进自然资源标准化体系建设，助力全民所有自然资源资产所有者权益实现、国土空间开发保护与生态修复、自然资源综合管理。

加强科技创新平台建设。持续推进自然资源部重点实验室、自然资源部工程技术创新中心、野外观测基地、自然资源新型智库等科技平台的建设与培育，合理布局设点，打通基础研究、工程技术研发、成果转化的全链条，构建产学研结合、高效协同的科技创新平台体系。

推进创新型人才队伍建设。通过深化国土空间规划、自然资源调查监测、生态保护修复、自然资源资产等领域重大科学问题的国际交流与合作，着力培养青年人才，充分发挥现有人才作用，合理引进省外、海外高端人才，推进高层次科技创新人才梯队建设，不断优化人才队伍知识结构、专业结构和年龄结构。积极完善人才流动与激励制度，建立有利于科技人员潜心研究和专心创业的制度环境。以自然资源人才库建设、国家和省部级高层次人才培养工程、中高级专业技术职称评聘为载体，通过强化科技创新团队建设、项目攻关、专业技术人员继续教育等方式，提升各类、各层次专业技术人才业务素质和创新能力。

第九章　推进重大工程实施　全方位保障规划目标圆满完成

根据全省经济社会发展和自然资源管理需要，“十四五”时期，全省谋划布局保护与修复类、高效利用类、基础支撑类、综合管理类等四类重点建设项目共22个。

第一节　保护与修复类重点工程

坚决遏制耕地“非农化”、防止耕地“非粮化”，实施耕地利用状况动态监测与质量提升工程。充分运用卫星遥感影像和信息化技术，加强对耕地和永久基本农田利用状况的动态监测评价，积极推进耕地质量建设，有效提高耕地特别是永久基本农田综合生产能力。

落实“山水林田湖草”生命共同体理念，重点围绕江河湖泊、丘陵山脉等重要生态区域，统筹山、水、林、田、湖、草等要素实施山水林田湖草沙系统治理试点工程、国土空间全域综合整治工程、废弃矿山地质环境治理工程、海岸带保护与生态修复工程和国土空间生态监测评估工程。到2025年，实施山水林田湖草沙系统治理试点工程15个，实施系统保护、宏观管控、综合治理。完成国土空间全域综合整治国家试点项目20个，省级示范项目不少于100个。实现治理废弃矿山面积不低于3000万平方米。

第二节　高效利用类重点工程

为全面提升自然资源节约集约利用水平，着力实施城乡建设用地节地提效工程、城乡建设用地增减挂钩工程、海洋经济提质增效工程、干热岩资源勘查开发示范工程和矿地融合创新示范工程。到2025年，争取在城乡建设用地利用潜能释放和节地水平提升方面取得显著进展。推动资源、资金统筹优化配置，确保建设用地总量不增加，耕地面积不减少、质量不降低，城乡建设用地布局更合理。优化海上风电开发布局，支持海上风电向深远海发展。积极发展海洋药物和生物制品业、海水淡化和综合利用业等海洋新兴产业。推进海洋信息服务、航运服务、金融服务等海洋服务业拓展升级。鼓励海洋牧场建设。探索干热岩资源市场化开发利用。建设干热岩绿色勘查开发示范基地，为优化提升我省能源结构提供地质科技支撑。不断深化矿地融合工作内涵，探索将“矿地融合”拓展到“自然资源融合”。

第三节　基础支撑类重点工程

围绕全省“六个高质量发展”总体布局和自然资源管理职责，实施自然资源统一调查监测工程，建设自然资源调查监测“一张底版、一套数据和一个平台”。配合做好我省辖区内中央政府直接行使所有权由自然资源部直接开展的自然资源统一确权登记工作，实施自然资源统一确权登记工程。按照“一切云上资源皆以服务形式共享”理念，实施自然资源数据平台建设工程。到2025年，全面完成平台建设，基本建成比较完善的自然资源“一张图”大数据库。实施公益性地质调查工程、淮海经济区（江苏域）综合地质调查工程、自然灾害监测和预警预报工程，为生态文明提供安全保障。实施新型基础测绘建设工程和地理信息服务提质工程。持续建设省级三维地理信息服务平台，协同推进市县三维平台建设，建立覆盖全省的时空三维应用服务系统。全面推进地理信息公共服务平台、地图编制和应急测绘等测绘地理信息服务升级。

第四节 综合管理类重点工程

依托自然资源“一张图”平台，建设国土空间规划“一张图”与实施监督系统工程，为国土空间用途管制实施监督提供基础依据。以国土三调成果为基础，实施全民所有自然资源资产清查工程。编制全民所有自然资源资产清查报告，构建全民所有自然资源资产“一张图”，建立全民所有自然资源资产清查和管理资产数据库，实施动态监测监管。落实全民所有自然资源资产所有权委托代理机制工程。编制自然资源清单并明确委托人和代理人的权责，依据委托和代理权责依法行使履职，完善委托代理配套制度。完善自然资源资产划拨、出让、租赁、作价出资入股等配置制度，优化组织实施流程和方式，创新发展自然资源资产储备管理。

第十章 加强规划实施保障 共同谱写自然资源事业高质量发展新篇章

加强党对规划编制和实施的全面领导，完善上下贯通、执行有力的组织体系，深化党的建设，严格规划实施管理，确保规划目标任务落实，奋力书写自然资源满意答卷。

第一节 加强党的全面领导

坚持以党的政治建设为统领，始终把讲政治摆在首要位置，加强党对自然资源工作的全面领导，增强“四个意识”、坚定“四个自信”、做到“两个维护”，把党的领导贯穿规划组织实施全方位全过程。始终做好党建和业务深度融合“大文章”，强化党建对业务的方向指引，推动党建质量与业务水平双促进双提升。将加强监督融入自然资源事业发展之中，把完善权力运行和监督制约机制作为实施规划的基础性建设，构建全覆盖的责任制度和监督制度。充分发挥各级党组织和党员的作用，进一步增强凝聚力和执行力，为实现“十四五”自然资源保护和利用规划目标任务共同奋斗。

第二节　强化组织保障

健全“党委领导、政府负责、部门协同、公众参与、上下联动”的自然资源管理共同责任机制。各级党委、政府要高度重视自然资源保护和利用工作，建立完善权责明确、协调统一的自然资源工作体系，完善自然资源重大方针政策研究的工作机制，全面落实自然资源管理主体责任，规划实施重大事项由主要负责同志亲自抓。按年度细化分解规划目标任务，明确责任分工，加强规划实施的监督考核，确保自然资源保护和利用目标实现。

第三节　加强制度建设

围绕规划既定目标，加强配套制度建设，强化各类制度对规划实施的保障支撑作用。落实公众参与、专家论证、集体讨论决定等法定程序。加快健全行政争议案件办理机制和败诉责任追究机制，有效预防和解决矛盾纠纷，控制规划实施的行政风险。加强规划执法监督制度建设，完善国土资源综合执法监督体系。加强省内各级自然资源保护和利用规划在规划目标、规划任务、制度安排、重大项目等内容的衔接协调。

第四节　严格规划实施管理

加强财政预算与规划实施的衔接，规划确定的各类重大项目要列入政府预算管理，强化各级财政对规划实施的保障作用。坚持定量与定性评估相结合、自我评估与第三方评估相结合，健全规划动态评估、跟踪、预警机制，建立年度分析－中期评估－总结评估的过程动态评估体系，总结规划执行中出现的问题，及时采取必要对策。细化分解规划主要目标指标，明确年度计划落实要求，将规划落实情况纳入领导班子的考核内容。加强规划执行监督，重大事项及时向省委、省政府报告。

第五节　积极凝聚社会力量

着力推进规划实施信息的定期公开发布，探索规划实施的公众监督机制，健全自然资源主管部门与其他部门、企业、社会组织、个人的沟通和信息交流机制，广泛听取新闻媒体、社会团体的意见和建议，鼓励事业单位、市场主体、社会力量和人民群众积极参与和推进规划实施。充分利用新媒体手段，创新和丰富宣传形式，积极报道规划实施的成绩，营造规划实施的良好社会氛围，凝聚社会共识，推动规划顺利实施。

附 件

江苏省“十四五”自然资源保护和利用重大工程项目表

类别	序号	名称	建设内容	建设依据
保护与修复类	1	耕地利用状况动态监测与质量提升工程	充分运用卫星遥感影像和信息化技术，加强对耕地和永久基本农田利用状况的动态监测评价，实行信息化、精细化管理，坚决遏制耕地“非农化”、防止耕地“非粮化”。积极推进耕地质量建设，加强耕地质量保护与提升，有效提高耕地特别是永久基本农田综合生产能力	《中共中央关于制定国民经济和社会发展第十四个五年规划和二〇三五年远景目标的建议》《中共江苏省委关于制定江苏省国民经济和社会发展第十四个五年规划和二〇三五年远景目标的建议》
	2	国土空间全域综合整治工程	以乡镇全部或部分行政村为实施单元，以山、水、林、田、湖、草、村全要素为整治对象，全域开展农用地整治、建设用地整治、生态保护修复和公共空间治理	《省政府办公厅关于转发省自然资源厅江苏省国土空间全域综合整治方案的通知》（苏政办发〔2020〕26号）
	3	废弃矿山地质环境治理工程	在南京、徐州、镇江、连云港等矿山地质环境治理重点区域开展废弃矿山地质环境治理，消除矿区地质灾害隐患，修复被损毁的山体，恢复矿区植被，改善矿区环境	《江苏省矿山地质环境恢复和综合治理规划(2017—2025年)》（苏自然资发〔2018〕75号）
	4	海岸带保护修复工程	建设实施海岸带生态保护修复、生态海堤建设和沿海防护林修复项目	习近平总书记在中央财经委第三次会议讲话精神 自然资源部《海岸带保护修复工程总体方案(2019—2025年)》（自然资办函〔2020〕509号） 《江苏省自然灾害防治工作省级联席会议纪要》
	5	海洋生态保护修复工程	重点围绕海岸带、海岛综合生态修复开展岸线综合整治、滨海湿地恢复、生态海堤建设、地质灾害隐患消除、生态景观打造、沿海防护林建设等	《“蓝色海湾”整治行动工作指南》（自然资修复函〔2019〕35号） 《全国重要生态系统保护和修复重大工程总体规划(2021—2035年)》（发改农经〔2020〕837号）

续表

类别	序号	名称	建设内容	建设依据
保护与修复类	6	国土空间生态监测评估工程	围绕全省重点废弃矿山和采空塌陷地综合治理工程、河湖湿地生态修复工程，国土空间全域整治工程及重点海岸滩涂湿地生态保护修复区域，系统部署监测点位，综合采用遥感、自动监测、实地调查等方式，开展区域（流域）、重大生态功能区生态质量监测评估，建立空—天—地一体化的国土空间动态监测监管体系	《山水林田湖草沙生态保护修复工程指南（试行）》（自然资办发〔2020〕38 号） 《自然资源部办公厅关于开展省级国土空间生态修复规划编制工作的通知》（自然资办发〔2020〕45 号）
高效利用类	7	城乡建设用地节地提效工程	推进城乡低效用地再开发、土地供应监测监管、批而未供和闲置土地处置等工作，健全我省资源节约集约利用制度架构和指标体系，完善资源节约集约利用政策协同和传导落实机制，促进土地资源高效利用，推进土地节约集约利用治理体系和治理能力现代化	习近平总书记关于全面促进资源节约集约利用的重要论述 《中共中央国务院关于构建更加完善的要素市场化配置体制机制的意见》（中发〔2020〕9 号） 《中共中央国务院关于新时代加快完善社会主义市场经济体制的意见》（中发〔2020〕10 号）
	8	城乡建设用地增减挂钩工程	健全完善增减挂钩有关政策，有序推进城乡建设用地增减挂钩，优化农村生产、生活、生态空间，促进节约集约用地。积极开展增减挂钩节余指标调剂，推动资源、资金统筹优化配置，为乡村振兴和城乡融合发展提供要素保障	《中共中央国务院关于全面推进乡村振兴加快农业农村现代化的意见》（2021 年中央 1 号文件） 《中共江苏省委江苏省人民政府关于全面推进乡村振兴加快农业农村现代化建设的实施意见》（苏发〔2021〕1 号） 《中共中央办公厅国务院办公厅关于严格规范村庄撤并工作的通知》（中办发〔2020〕39 号）

续表

类别	序号	名称	建设内容	建设依据
高效利用类	9	海洋经济提质增效工程	加强海洋经济发展示范区建设，推广南通国家海洋经济创新示范城市建设经验，促进海洋经济创新集聚发展。培育壮大江苏（南通、泰州、无锡）海工装备制造业集群，支持无锡深海技术科学太湖实验室建设，整合沿江造船资源，推进高技术船舶产业集群发展，打造我国东部海工船舶创新制造高地。整合开发海岸带旅游资源，提升滨海旅游品质，加强南黄海滨海湿地保护和利用，打造生态康养基地。优化海上风电开发布局，支持海上风电向深远海发展。积极发展海洋药物和生物制品业、海水淡化和综合利用业等海洋新兴产业。推进海洋信息服务、航运服务、金融服务等海洋服务业拓展升级。鼓励海洋牧场建设	《江苏省海洋经济促进条例》 《江苏省国民经济和社会发展第十四个五年规划和二〇三五年远景目标纲要》
	10	江苏省干热岩资源勘查开发示范工程	在江苏不同构造单元地温异常区域开展干热岩资源调查评价工作，圈定干热岩资源靶区，推进工程钻探验证，研究干热岩成热机制，评价干热岩资源储量和应用前景，开展干热岩资源开发利用研究，探索干热岩资源市场化开发利用	《江苏省国民经济和社会发展第十四个五年规划和二〇三五年远景目标纲要》 《省政府关于推进绿色产业发展的意见》（苏政发〔2020〕28 号）
	11	矿地融合创新示范工程	围绕服务自然资源综合管理、推进自然资源保护和利用、矿地一体化协同发展等方面部署开展矿地融合试点项目，加快示范成果推广应用，不断探索创新矿地融合路径。通过矿地融合发展示范区建设，不断探索相关制度、政策创新。不断深化矿地融合工作内涵，探索将“矿地融合”拓展到“自然资源融合”	《中华人民共和国国民经济和社会发展第十四个五年规划纲要和 2035 年远景目标纲要》 《江苏省国民经济和社会发展第十四个五年规划和二〇三五年远景目标纲要》

续表

类别	序号	名称	建设内容	建设依据
基础支撑类	12	自然资源调查监测工程	围绕全省“六个高质量发展”总体布局和自然资源管理职责，构建全省自然资源统一调查监测体系。一是科学组织实施全省自然资源基础调查和耕地资源、森林资源、草原资源、湿地资源、水资源、海域海岛资源、矿产资源、地下空间资源、地表基质等专项调查工作；科学组织实施全省自然资源常规监测和地理国情监测、重点区域监测、地下水监测、海洋资源监测、生态状况监测等专题监测工作，查清各类自然资源家底及其变化情况。二是建设全省自然资源三维立体时空数据库和管理系统，形成自然资源日常管理所需的“一张底版、一套数据和一个平台”。三是建立健全全省自然资源动态监测网络，强化监测网络布局、系统建设和平台建设，逐步提升全省自然资源监管能力。四是强化全省调查监测成果统计分析，客观评价自然资源管理效果和国土空间利用效率	自然资源部《自然资源调查监测体系构建总体方案》（自然资发〔2020〕15号） 《自然资源三维立体时空数据库建设总体方案》（自然资办发〔2021〕21号） 《江苏省自然资源调查监测体系构建实施方案》（苏自然资发〔2020〕205号）
	13	自然资源统一确权登记	配合做好我省辖区内中央政府直接行使所有权由自然资源部直接开展的自然资源统一确权登记工作。做好省级和市县开展的自然资源统一确权登记工作。其中由市县级登记的自然生态空间和自然资源，市县级登记机构可先行开展权籍调查等自然资源统一确权登记登簿前的相关工作，待全民所有自然资源资产中央政府行使所有权和委托地方代理行使所有权的资源清单出台后，再由具有登记管辖权的登记机构进行登簿。推进自然资源统一确权登记信息化建设	《自然资源统一确权登记暂行办法》（自然资发〔2019〕116号） 《省政府办公厅关于印发江苏省自然资源统一确权登记总体工作方案的通知》（苏政办发〔2019〕87号）

续表

类别	序号	名称	建设内容	建设依据
基础支撑类	14	江苏省自然资源大数据平台（国土空间基础信息云平台）	按照“一切云上资源皆以服务形式共享”理念，以资源为核心要素，以服务为应用形式，以微服务为基础开发技术，开发江苏省自然资源大数据平台（国土空间基础信息平台），打造“XasService”云资源生态平台。省、市两级自然资源大数据平台（国土空间基础信息平台），横向联通各相关单位，纵向联通国家、省、市、县四级，并接入其他行业云数据中心。基于云资源生态平台构建政务服务、监测监管、决策支持等各类自然资源业务应用系统，构建“天地图”“时空信息云”等各类空间数据服务平台	《自然资源部关于印发〈自然资源部信息化建设总体方案〉的通知》（自然资发〔2019〕170号）《江苏省自然资源厅关于印发〈江苏省自然资源信息化建设总体方案〉的通知》（苏自然资发〔2021〕77号）
	15	公益性地质调查工程	持续开展公益性地质调查工作，重点推进沿江、沿海与淮海城市群地区、重大工程区、生态功能区、重要成矿区带等区域的区域地质调查、矿产地质调查、多要素城市地质调查、海洋地质调查、灾害地质调查、水文地质调查、土地质量地球化学调查及综合地质调查工程	《中华人民共和国国民经济和社会发展第十四个五年规划和2035年远景目标纲要》 《国务院关于加强地质工作的决定》（国发〔2006〕4号）
	16	自然灾害监测和预警预报工程	优化地质灾害管理制度体系和群测群防体系作用，严格建设项目地质灾害危险性评估和开发区地质灾害危险性区域评估；推进地质灾害风险普查和重点区1：1万详细调查；提高突发地质灾害专业化监测覆盖率，完善地质灾害气象风险预警预报体系；优化地面沉降地裂缝监测网，开展常态化监测，推进长三角地区地面沉降联防联控。优化海洋观测网，提升海洋预警预报服务能力，夯实海洋防灾减灾基础，开展海岸带保护与修复工程	《地质灾害防治条例》 《江苏省地质环境保护条例》 《自然资源部办公厅关于印发〈地质灾害防治三年行动实施纲要〉的通知》（自然资办发〔2020〕16号） 《自然灾害监测预警信息化工程实施方案》《海洋观测预报管理条例》 《国家海洋局江苏省人民政府关于实施“一带一路”战略共同推进江苏海洋强省建设合作框架协议》

续表

类别	序号	名称	建设内容	建设依据
基础支撑类	17	淮海经济区（江苏域）综合地质调查	在已部署的城市地质调查基础上，重点开展以“空间、资源、环境、灾害”为主要要素的城市资源环境承载力动态评价；在淮海城市群重点小城镇开展小城镇综合地质调查，查明三维地质结构、地下空间资源、地热资源、优质地下水资源、主要地质环境问题现状、成因机理，评价其对经济社会发展的支撑程度与影响；开展生态地质调查，查明绿色能源、地下水、特色优质土地等优势地质资源禀赋，推进地质资源绿色、低碳、循环利用；推进土地质量地质调查，满足土地管理数量与质量并重的新常态要求；建立淮海地区空—天—地一体化的生态地质环境监测网络，构建生态地质环境预警体系，推进土地质量和重大地质环境动态评估，为生态文明提供安全保障	《国务院关于淮河生态经济带发展规划的批复》（国函〔2018〕126号） 《淮海经济区协同发展战略合作框架协议》 《淮海经济区交通一体化合作框架协议》 《江苏省关于高质量推进“一带一路”交汇点建设的意见》（苏发〔2018〕30号）
	18	新型基础测绘建设工程	构建以地理实体为核心、空间身份编码为索引的基础地理时空数据模型，探索基于地理实体的各层级、多轮次基础地理信息时空数据整合方法，逐步实现基础地理信息数据库向地理实体基础时空数据库升级改造。基于历年存量数据和全省高精度DEM、DOM、激光点云、水下地形等数据，形成覆盖全省的时空三维地形场景和全省建筑物三维体块模型。统筹建设省市县城市建筑、大型构筑物、立交桥梁、地下空间、主要管线等重点对象的三维精细模型，建成和维护实景三维数据库。持续建设省级三维地理信息服务平台，协同推进市县三维平台建设，建立覆盖全省的时空三维应用服务系统	《全国基础测绘中长期规划纲要（2015—2030年）》 《自然资源部办公厅关于印发〈新型基础测绘体系建设试点技术大纲〉的通知》（自然资办发〔2021〕28号） 《“十四五”全国基础测绘规划》

续表

类别	序号	名称	建设内容	建设依据
基础支撑类	19	地理信息服务提质工程	以智慧江苏时空信息云平台为基础，融合新一代信息技术，构建协同一体、资源丰富、服务智能、安全可控的新一代地理信息公共服务平台，健全空间基础框架、时空信息资源及平台服务支撑体系。完善省市县辅助决策地图联动更新机制，加快完善地图数据库、快速制图系统，丰富按需定制的地图服务产品。加快推进应急测绘地理资源储备建设，建立全省备灾地区地理信息数据集，加强国家应急测绘保障江苏省节点建设，升级完善地理信息应急保障综合服务平台，科学优化全省应急保障基地布局	《自然资源部办公厅关于做好2020年地理信息公共服务平台建设与应用工作的通知》（自然资办发〔2020〕29号）《自然资源部办公厅关于加强应急测绘保障工作的通知》（自然资办函〔2020〕679号）《江苏省自然资源厅关于印发2021年地理信息管理工作要点的通知》（苏自然资函〔2021〕166号）
综合管理类	20	国土空间规划“一张图”与实施监督系统	一是以自然资源“一张图”平台为基础，根据国土空间管控需要，建成国土空间基础信息平台，并实现与国家级平台对接。二是依托国土空间基础信息平台，整合国土空间规划编制所需的各类数据，形成坐标一致，边界吻合，上下贯通的一张底图，作为国土空间规划编制的工作基础。同时，要实现各类空间管控要素精准落地，形成覆盖全省、动态更新、权威统一的全省国土空间规划“一张图”，为统一国土空间用途管制、强化规划实施监督提供法定依据。三是统筹建设支撑省—市—县多级应用的国土空间规划“一张图”实施监督信息系统，为建立健全国土空间规划动态监测评估预警和实施监管机制提供信息化制衡	《党中央国务院关于建立国土空间规划体系并监督实施的若干意见》（中发〔2019〕18号）《自然资源部关于全面开展国土空间规划工作的通知》（自然资发〔2019〕87号）《自然资源部办公厅关于开展国土空间规划“一张图”建设和现状评估工作的通知》（自然资办发〔2019〕38号）《国土空间规划“一张图”建设指南（试行）》
	21	全民所有自然资源资产清查工程	以国土三调成果为基础，结合各类自然资源专项调查（清查）成果，清查自然资源实物属性信息，采集价值属性信息，开展全民所有自然资源资产经济价值估算，编制全民所有自然资源资产清查报告，构建全民所有自然资源资产“一张图”，建立全民所有自然资源资产清查和管理资产数据库，实施动态监测监管	《国务院关于全民所有自然资源资产有偿使用制度改革的指导意见》（国发〔2016〕82号）《关于统筹推进自然资源资产产权制度改革的指导意见》（中办发〔2019〕25号）

续表

类别	序号	名称	建设内容	建设依据
综合管理类	22	全民所有自然资源资产所有权委托代理机制工程	明确不同类型全民所有自然资源资产的所有权实现模式，编制自然资源清单并明确委托人和代理人的权责，依据委托和代理权责依法行使履职，完善委托代理配套制度。完善自然资源资产划拨、出让、租赁、作价出资入股等配置制度，优化组织实施流程和方式，创新发展自然资源资产储备管理	《生态文明体制改革总体方案》（中发〔2015〕25 号） 《关于统筹推进自然资源资产产权制度改革的指导意见》（中办发〔2019〕25 号）

参考文献

英文文献：

［1］ Alagidede I P，Ibrahim M，Sare YA. Structural Transformation in the Presence of Trade and

Financial Integration in Sub-Saharan Africa ［J］. Central Bank Review, 2020，20 （1）：21 –31.

［2］ Ambrogio C B，Jean I，Jumana S. Finance and Synchronization ［J］. Journal of International Economics，2019，116：74 –87.

［3］ Arrow K J. The Economic Implications of Learning by Doing ［J］. The Review of Economic Studies，1962，29 （3）：155 –173.

［4］ Baldwin R E. Agglomeration and Endogenous Capital ［J］. European Economic Revies，1999，43：253 –280.

［5］ Baldwinin R E，Martin P，Ottaviano G I P. Global Income Divergence Trade and Industrialization：The Geography of Growth Take-off ［J］. Journal of Economic Growth，2001，6：5 –37.

［6］ Acemoglu D，Aghion P，Hemous B D. The environment and directed technical change ［J］. The American Economic Review，2012，102 （1）：131 –166.

［7］ Benhabib J，Farmer R. Indeterminacy and Sector-Specific Externalities ［J］. Journal of Monetary Economics，1996，（37）：397 –419.

［8］ Costantini V，Crespi F，Palma A. Characterizing the policy mix and its impact on eco-innovation：A patent analysis of energy-efficient technologies ［J］. Research Policy，2017，46 （4）：799 –819.

［9］ Benhabib J，Meng Q，Nishimura K. Indeterminacy under Constant Returns to Scale in Multisector Economies ［J］. Econometrica，2000，（68）：1541 –1548.

[10] Bhattacharya M, Inekwe J N, Valenzuela M R. Financial Integration in Africa: New Evidence Using Network Approach [J]. Economic Modelling, 2018, 72: 379 - 390.

[11] Blaug M. Economic Theory in Retrospect (fifth edition) [M]. Cambridge University Press, 1997.

[12] Blondel V D, Decuyper A, Krings G. A Survey of Resultson Mobile Phone Datasets Analysis [J]. EPJ Data Science, 2015, 4 (1): 1 - 55.

[13] Boldrin M, and F Canova. Inequality and Convergence: Reconsidering European Regional Policies [J]. Economic Policy, 2001, 32: 205 - 253.

[14] Burger M J, Schalk J, Schiller D. et al. Regional Policy and Greenfield Investments in German Districts [J]. Urban Science, 2021, 5 (3): 51 - 71.

[15] Calabrese F, Di Lorenzo G, Liu L, Ratti C. Estimating Origin-Destination Flows Using Mobile Phone Location Data [J]. IEEE Pervasive Computing, 2021, 10 (4): 36 - 44.

[16] Converse P. New Laws of Retail Gravitation. Journal of Marketing, 1949, (14): 94 - 102.

[17] Crozet M D, Mayer T, Mucchielli J L. How do Firms Agglomerate? A Study of FDI in France [J]. Regional Science and Urban Economics, 2004, 34: 27 - 54.

[18] Henderson D J, Carroll R J, Li Q. Nonparametric Estimation and Testing of Fixed Effects Panel Data Models [J]. Journal of Econometrics, 2008, 144 (1): 257 - 275.

[19] Desrochers M, Fischer K P. The Power of Networks: Integration and Financial Cooperative Performance [J]. Annals of Public and Cooperative Economics, 2005, 76: 307 - 354.

[20] Dixit A, Stiglitz J. Monopolistic Competition and Optinum Pruduct Diversity [J]. American Economic Review, 1977, 67: 197 - 308.

[21] Nguyen D T, Diaz-Rainey I, Roberts H, Minh L. The Non-monotonic Relationship between Financial Integration and Cost Efficiency: Evidence from East Asian commercial banks [J]. International Review of Economics & Finance,

2022, 80: 418 – 438.

[22] Berger E A, Butler A W, Hu E, et al.. Financial Integration and Credit Democratization: Linking Banking Deregulation to Economic Growth [J]. Journal of Financial Intermediation, 2021, 45: 100857.

[23] Elliott R, Zhou Y. Co-location and Spatial Wage Spillovers in China: the Role of Foreign Ownership and Trade [J]. World Development, 2015, 66: 629 – 644.

[24] Feldstein M, Horioka C. Domestic Savings and International Capital Flows [R]. NBER Working Paper, 1980, 90: 314 – 329.

[25] Forslid R, Ottaviano G I P. An Analytically Solvable Core-Periphery Model [J]. Journal of Economic Geography, 2003, 3: 229 – 240.

[26] Forslid R. Agglomeration with Human and Physical Capital and Analytically Solvable Case [R]. CEPR Discussion Paper, 1999, NO. 2102.

[27] Fry-Mckibbin R, Hsiao Y L, Martin V L. Global and Regional Financial Integration in East Asia and the ASEAN [J]. The North American Journal of Economics and Finance, 2018, 46: 202 – 221.

[28] Fujita M, Krugman P, Venables T. The Spatial Economy: Cities Regions and International Trade [M]. Cambridges MA: MIT Press, 1999.

[29] Furceri D, and Zdzienicka A. Financial Integration and Fiscal Policy [J]. Open Economies Review, 2012, 23 (5): 805 – 822.

[30] Globerman S, Chen V Z. Best Policy Practices for Promoting Inward and Outward Foreign Direct Investment [J]. Social Science Electronic Publishing, 2010.

[31] Goetz M R, Gozzi J C. Financial Integration and the Co-movement of Economic Activity: Evidence from U. S. States [J]. Journal of International Economics, 2022, 135: 103561.

[32] Goldberg L G, Lothian J R, Okunev J. Has International Financial Integration Increased? [J]. 2003, 14 (3): 299 – 317.

[33] Gordon D B. Financial Integration in East Asia [M]. Cambridge University Press, 1999.

[34] Guo J T, Harrison S G. Tax Policy and Stability in a Model with Sector Specific Externalities [J]. Review of Economic Dynamics, 2001, (4): 75 - 89.

[35] Haggett P. Locational Analysis in Human Geography [M]. London: Edward Arnold Ltd, 1965.

[36] Hanneke S, Fu W J, Xing E P. Discrete Temporal Models of Social Networks [J]. Electronic Journal of Statistics, 2010, 4: 585? 傢 b605.

[37] Hidenobu M. International Urban Systems and Air Passenger and Cargo Flows: Some Calculations [J]. Journal of Air Transport Management, 2004, (10): 241 - 249.

[38] Hyndman R J, Bashtannyk D M, and G K Grunwald. Estimating and Visualizing Conditional Densities [J]. Journal of Computational and Graphical Statistics, 1996, 5 (4): 315 - 336.

[39] Jia T, Luo X, Li X. Delineating a Hierarchical Organization of Ranked Urban Clusters Using a Spatial Interaction Network [J]. Computers, Environment and Urban Systems, 2021, 87 (5), 101617.

[40] Joaquim O M. Regional Policy Narratives and the "Geographies of Discontent" [J]. Cambridge Journal of Regions, Economy and Society, 2021, (3): 3 - 23.

[41] Kalemli O S, Papaioannou E, Perri F. Global Banks and Crisis Transmission [J]. Journal of International Economics, 2013, 89 (2): 495 - 510.

[42] Kearney C, Lucey B M. International Equity Integration: Theory, Evidence and Implications [J]. International Review of Financial Analysis, 2004, 13 (5): 571 - 583.

[43] Kriljenko J, Khandelwal P, Lehmann A. Financial Integration in Central America; Prospects and Adjustment Needs [R]. IMF Policy Discussion Papers, 2003.

[44] Krugman P, Venables A J. Globalization and the Inequality of Nations [J]. Quarterly Journal of Economics, 1995, 60: 857 - 880.

[45] Krugman P. Development Geography and Economic Theory [M]. Cambridge MA: MIT Press, 1995.

[46] Krugman P. Increasing Returns and Economic Geography [J]. Journal of Political Economic, 1992, 99: 483 – 499.

[47] Krugman P. Increasing Returns, Monopolistic Competition and International Trade [J]. Journal of International Economics, 1979, 9: 469 – 479.

[48] Krugman P. Scale Economies Product Differentiation and the Pattern of Trade [J]. American Economic Review, 1980, 70: 950 – 959.

[49] Krugman P. Space: The Final Frontier [J]. Journal of Economic Perspectives, 1998, 12 (2): 161 – 174.

[50] Krugman P. What's New about the New Economic Geography [J]. Qxford Review of Economic Policy, 1999, 14 (2): 7 – 17.

[51] Lane P R, Milesi-Ferretti G M. The External Wealth of Nations Mark Ii: Revised and Extended Estimates of Foreign Assets and Liabilities, 1970 – 2004 [J]. Journal of International Economics, 2007, 73 (2): 223 – 250.

[52] Liu X, Derudder B, Wu K. Measuring Polycentric Urban Development in China: An Intercity Transportation Network Perspective [J]. Regional Studies, 2016, 50 (8): 1302 – 1315.

[53] Lucas R E. On the Mechanics of Economic Development [J]. Journal of Monetary Economics, 1988, 22 (1): 3 – 42.

[54] Farrell M J. The Measurement of Productive Efficiency [J]. Journal of the Royal Statistical Society, 1957, 120 (3): 253 – 290.

[55] Martin P, Ottaviano G I P. Growing Locations: Industry in a Model of Endogenous Growth [J]. European Economic Reviews, 1999, 43: 281 – 302.

[56] Miller H J. Tobler's First Law and Spatial Analysis [J]. Annals of the Association of American Geographers, 2004, 94 (2): 284 – 289.

[57] Montfort M, Tapsoba R, Sampawende J, A Tapsoba. A Quality of Growth Index for Developing Countries: A Proposal [J]. Social Indicators Research, 2017, 134 (2): 1 – 36.

[58] Montjoye Y A, Hidalgo C A, Verleysen M, Blondel V D. Unique in the Crowd: The Privacy Bounds of Human Mobility [R]. Scientific Reports, 2013, 3: 1376.

[59] Ottaviano G I P. Monopolistic Competition Trades and Endogenous Spatial Fluctuations [R]. CEPR Discussion Paper, 1996, NO. 1327.

[60] Propris L, Driffifield N. Local Industrial Systems and the Location of FDI in Italy [J]. 123. International Journal of the Economics of Business, 2005, 12: 105-121.

[61] Puga D. European Regional Policy in the Light of Recent Location Theories [J]. Journal of Economic Geography, 2002, 2: 372-406.

[62] Quah D. Empirics for Growth and Distribution: Polarization, Stratification and Convergence Clubs [J]. Journal of Economic Growth, 1996, (2): 27-59.

[63] Rae A. From Spatial Interaction Data to Spatial Interaction Information? Geovisualisation and Spatial Structures of Migration from the 2001 UK Census [J]. Computers, Environment and Urban Systems, 2009, 33 (3): 161-178.

[64] Rahman M S, Shahari F. The Nexus between Financial Integration and Real Economy: Solow-Growth Model Concept [J]. Research in International Business and Finance, 2017: S0275531916304366.

[65] Ramsey E. A Mathematical Theory of Saving [J]. Economics of Journal, 1928, (38): 543-559.

[66] Rangvid J, Santa-Clara P, Schmeling M. Capital Market Integration and Consumption Risk Sharing Over the Long Run [J]. Journal of International Economics, 2016, 64 (10): 1355-1361.

[67] Yalabik B, Fairchild R J. Customer, regulatory, and competitive pressure as drivers of environmental innovation [J]. International Journal of Production Economics, 2011, 131 (2): 519-527.

[68] Wurlod J D, Noailly J. The impact of green innovation on energy intensity: an empirical analysis for 14 industrial sectors in OECD countries [J]. Energy Economics, 2018, 71: 47-61.

[69] Rothenberg S, Zyglidopoulos S. Determinants of environmental innovation adoption in the printing industry: The importanceof task environment [J]. Business Strategy and the Environment, 2007, 16 (1): 39-49.

[70] Romer P M. Increasing Returns and Long-Run Growth [J]. Journal of

Political Economy, 1986, 94 (5): 1002 – 1037.

[71] James P. The sustainability circle: a new tool for product development and design [J]. Journal of Sustainable Product Design, 1997, 2: 52 – 57.

[72] Saito A. Recentralization of Tokyo: Contradiction and Political Struggle for Regional Policy in Japan [J]. International Journal of Japanese Sociology, 2021, 30 (1): 81 – 93.

[73] Solow R M. A Contribution to the Theory of Economic Growth [J]. The Quarterly Journal of Economics, 1956, 70 (1): 65 – 94.

[74] Ghisetti C, Quatraro F. Green technologies and environmental productivity: a cross-sectoral analysis of direct and indirect effectsin Italian regions [J]. Ecological Economics, 2017, 132: 1 – 13.

[75] Bergek A, Berggren C. The impact of environmental policy instruments on innovation a review of energy and automotive industry studies [J]. Ecological Economics, 2014, 106: 112 – 123.

中文文献：

[1] 马克思，恩格斯．马克思恩格斯全集（第1卷）[M]．北京：人民出版社，1956.

[2] 马克思．马克思：1844年经济学哲学手稿 [M]．北京：人民出版社，1972.

[3] 习近平．习近平谈治国理政：第1卷 [M]．北京：外文出版社，2018.

[4] 习近平．习近平谈治国理政：第2卷 [M]．北京：外文出版社，2017.

[5] 习近平．习近平谈治国理政：第3卷 [M]．北京：外文出版社，2020.

[6] 习近平．决胜全面建成小康社会夺取新时代中国特色社会主义伟大胜利——在中国共产党第十九次全国代表大会上的报告 [M]．北京：人民出版社，2017.

[7] 中共中央关于制定国民经济和社会发展第十四个五年规划和二〇三

五年远景目标的建议［N］. 人民日报，2020－11－04（001）.

［8］习近平. 在中国科学院第十九次院士大会、中国工程院第十四次院士大会上的讲话［N］. 人民日报，2018－05－29（02）.

［9］阿尔弗雷德·韦伯. 工业区位论［M］. 李刚剑，译. 北京：商务印书馆，2009.

［10］白俊红，蒋伏心. 协同创新、空间关联与区域创新绩效［J］. 经济研究，2015，50（07）：174－187.

［11］保罗·克鲁格曼. 地理和贸易［M］. 刘国辉，译. 北京：人民大学出版社，2002.

［12］钞小静，任保平. 城乡收入差距与中国经济增长质量［J］. 财贸研究，2014，25（05）：1－9.

［13］陈晨，张广胜. 国家创新型城市政策、高端生产性服务业集聚与地区经济高质量发展［J］. 财贸研究，2020，31（04）：36－51.

［14］陈景华，陈姚，陈敏敏. 中国经济高质量发展水平、区域差异及分布动态演进［J］. 数量经济技术经济研究，2020，37（12）：108－126.

［15］陈诗一，陈登科. 雾霾污染、政府治理与经济高质量发展［J］. 经济研究，2018，53（02）：20－34.

［16］陈钊，陆铭. 首位城市该多大？——国家规模、全球化和城市化的影响［J］. 学术月刊，2014，46（05）：5－16.

［17］程风雨. 粤港澳大湾区都市圈科技创新空间差异及收敛性研究［J］. 数量经济技术经济研究，2020，37（12）：89－107.

［18］程华，钱芬芬. 政策力度、政策稳定性、政策工具与创新绩效——基于2000－2009年产业面板数据的实证分析［J］. 科研管理，2013，34（10）：103－108.

［19］齐绍洲，林屾，崔静波. 环境权益交易市场能否诱发绿色创新？——基于我国上市公司绿色专利数据的证据［J］. 经济研究，2018，53（12）：129－143.

［20］孙燕铭，谌思邈. 长三角区域绿色技术创新效率的时空演化格局及驱动因素［J］. 地理研究，2021，40（10）：2743－2759.

［20］郭本海，李军强，张笑腾. 政策协同对政策效力的影响——基于

227 项中国光伏产业政策的实证研究 [J]. 科学学研究, 2018, 36 (05): 790 – 799.

[21] 郭庆旺, 贾俊雪. 中国全要素生产率的估算: 1979 – 2004 [J]. 经济研究, 2005 (06): 51 – 60.

[22] 孙振清, 成晓斐, 谷文姗. 异质性环境规制对工业绿色发展绩效的影响 [J]. 华东经济管理, 2021, 35 (8): 1 – 10.

[23] 郭亚军, 马凤妹, 董庆兴. 无量纲化方法对拉开档次法的影响分析 [J]. 管理科学学报, 2011, 14 (05): 19 – 28.

[24] 孙智君, 陈敏. 习近平新时代经济高质量发展思想及其价值 [J]. 上海经济研究, 2019 (10): 25 – 35

[25] 魏敏, 李书昊. 新时代中国经济高质量发展水平的测度研究 [J]. 数量经济技术经济研究, 2018, 35 (11): 3 – 20.

[26] 文书洋, 林则夫, 刘锡良. 绿色金融与经济增长质量: 带有资源环境约束的一般均衡模型构建与实证检验 [J]. 中国管理科学, 2022, 30 (3): 55 – 65.

[27] 武云亮, 钱嘉兢, 张廷海. 环境规制、绿色技术创新与长三角经济高质量发展 [J]. 华东经济管理, 2021, 35 (12): 30 – 42.

[28] 黄大为. 金融发展与城市全要素生产率增长——以长三角城市群 26 个城市为例 [J]. 经济地理, 2021, 41 (06): 77 – 86.

[29] 黄庆华, 时培豪, 胡江峰. 产业集聚与经济高质量发展: 长江经济带 107 个地级市例证 [J]. 改革, 2020 (01): 87 – 99.

[30] 黄永明, 姜泽林. 金融结构、产业集聚与经济高质量发展 [J]. 科学学研究, 2019 (10): 1775 – 1785.

[31] 徐现祥, 李书娟, 王贤彬, 毕青苗. 中国经济增长目标的选择: 以高质量发展终结"崩溃论" [J]. 世界经济, 2018, 41 (10): 3 – 25.

[32] 薛莹, 胡坚. 金融科技助推经济高质量发展: 理论逻辑、实践基础与路径选择 [J]. 改革, 2020: 53 – 62.

[33] 金碚. 关于"高质量发展"的经济学研究 [J]. 中国工业经济, 2018 (04): 5 – 18.

[34] 景维民, 张景娜. 市场分割对经济增长的影响: 基于地区发展不

平衡的视角［J］. 改革，2019（09）：103－114.

［35］克里斯·泰勒. 德国南部的中心地区［M］. 常正义，译. 北京：商务印书馆，1933.

［36］兰海霞，赵雪雁. 中国区域创新效率的时空演变及创新环境影响因素［J］. 经济地理，2020（2）：97－107.

［37］余泳泽，杨晓章，张少辉. 中国经济由高速增长向高质量发展的时空转换特征研究［J］. 数量经济技术经济研究，2019，36（6）：3－21.

［38］李华，董艳玲. 基本公共服务均等化是否缩小了经济增长质量的地区差距？［J］. 数量经济技术经济研究，2020，37（07）：48－70.

［39］李金昌，史龙梅，徐蔼婷. 高质量发展评价指标体系探讨［J］. 统计研究，2019（01）：4－14.

［40］李敬，陈澍，万广华，等. 中国区域经济增长的空间关联及其解释——基于网络分析方法［J］. 经济研究，2014（11）：4－16.

［41］李平，付一夫，张艳芳. 生产性服务业能成为中国经济高质量增长新动能吗［J］. 中国工业经济，2017（12）：5－21.

［42］李志洋，朱启荣. 中国经济高质量发展水平的时空特征及其影响因素［J］. 统计与决策，2022，38（06）：95－99.

［43］林键，范从来，蔡欣磊. 长三角金融一体化：实践、绩效与推进路径——基于银行信贷聚合视角［J］. 江海学刊，2020（02）：89－97，254.

［44］林毅夫，任若恩. 东亚经济增长模式相关争论的再探讨［J］. 经济研究，2007（08）：4－12＋57.

［45］刘秉镰，秦文晋. 中国经济高质量发展水平的空间格局与动态演进［J］. 中国软科学，2022（01）：62－75.

［46］刘航，伏霖，李涛，等. 基于中国实践的互联网与数字经济研究——首届互联网与数字经济论坛综述［J］. 经济研究，2019，54（03）：204－208.

［47］刘华军，刘传明，孙亚男. 中国能源消费的空间关联网络结构特征及其效应研究［J］. 中国工业经济，2015（05）：83－95.

［48］刘瑞明，赵仁杰. 西部大开发：增长驱动还是政策陷阱——基于PSM－DID方法的研究［J］. 中国工业经济，2015（06）：32－43.

[49] 刘思明，张世瑾，朱惠东．国家创新驱动力测度及其经济高质量发展效应研究 [J]．数量经济技术经济研究，2019 (04) 3 – 23.

[50] 陆剑宝，符正平．海南自由贸易港与粤港澳大湾区联动发展的路径研究 [J]．区域经济评论，2020 (06)：130 – 135.

[51] 陆小莉，刘强，徐生霞．京津冀产业转型升级的空间联动效应研究 [J]．统计与信息论坛，2021，36 (07)：52 – 63.

[52] 吕承超，崔悦．中国高质量发展地区差距及时空收敛性研究 [J]．数量经济技术经济研究，2020，37 (09)：62 – 79.

[53] 吕平，袁易明．产业协同集聚、技术创新与经济高质量发展——基于生产性服务业与高技术制造业实证分析 [J]．财经理论与实践，2020，41 (06)：118 – 125.

[54] 马茹，罗晖，王宏伟，等．中国区域经济高质量发展评价指标体系及测度研究 [J]．中国软科学，2019 (07)：60 – 67.

[55] 毛其淋．二重经济开放与中国经济增长质量的演进 [J]．经济科学，2012 (02)：5 – 20.

[56] 袁晓玲，李彩娟，李朝鹏．中国经济高质量发展研究现状、困惑与展望 [J]．西安交通大学学报（社会科学版），2019，39 (6)：30 – 38.

[57] 倪鹏飞，刘伟，黄斯赫．证券市场、资本空间配置与区域经济协调发展——基于空间经济学的研究视角 [J]．经济研究，2014，49 (05)：121 – 132.

[58] 聂长飞，简新华．中国高质量发展的测度及省际现状的分析比较 [J]．数量经济技术经济研究，2020，37 (02)：26 – 47.

[59] 欧进锋，许抄军，刘雨骐．基于“五大发展理念”的经济高质量发展水平测度——广东省 21 个地级市的实证分析 [J]．经济地理，2020，40 (06)：77 – 86.

[60] 张鑫，徐枫．环境规制对绿色技术创新的影响——基于政府干预视角的区域异质性分析 [J]．城市问题，2022 (9)：55 – 64.

[61] 潘雅茹，罗良文．基础设施投资对经济高质量发展的影响：作用机制与异质性研究 [J]．改革，2020 (06)：100 – 113.

[62] 逄锦聚，林岗，杨瑞龙，等．促进经济高质量发展笔谈 [J]．经

济学动态，2019（07）：3－19.

［63］裴延峰．中国产业结构变迁的空间不平衡对地区经济差距的影响［J］．数量经济技术经济研究，2022，39（03）：3－23.

［64］彭纪生，孙文祥，仲为国．中国技术创新政策演变与绩效实证研究（1978－2006）［J］．科研管理，2008（04）：134－150.

［65］秦放鸣，唐娟．经济高质量发展：理论阐释及实现路径［J］．西北大学学报（哲学社会科学版），2020，50（03）：138－143.

［66］秦月，徐长乐．国外城市群联动研究综述与展望［J］．世界地理研究，2022，31（03）：582－590.

［67］屈小娥，刘柳．环境分权对经济高质量发展的影响研究［J］．统计研究，2021，38（03）：16－29.

［68］任保平．新时代中国经济从高速增长转向高质量发展：理论阐释与实践取向［J］．学术月刊，2018，（3）：66－74.

［69］任保显．中国省域经济高质量发展水平测度及实现路径——基于使用价值的微观视角［J］．中国软科学，2020（10）：175－183.

［70］上官绪明，葛斌华．科技创新、环境规制与经济高质量发展——来自中国278个地级及以上城市的经验证据［J］．中国人口·资源与环境，2020，30（06）：95－104.

［71］沈丽，刘媛．全球政府债务扩张的地区差距及空间分布动态演进研究［J］．数量经济技术经济研究，2020，37（05）：139－155.

［72］师博，何璐，张文明．黄河流域城市经济高质量发展的动态演进及趋势预测［J］．经济问题，2021（01）：1－8.

［73］史代敏，施晓燕．绿色金融与经济高质量发展：机理、特征与实证研究［J］．统计研究，2022，39（01）：31－48.

［74］史利江，刘敏，李艳萍，等．汾河流域县域经济差异的时空格局演变及驱动因素［J］．地理研究，2020，39（10）：2361－2378.

［75］宋旭光，赵雨涵．中国区域创新空间关联及其影响因素研究［J］．数量经济技术经济研究，2018（7）：22－40.

［76］苏竣．公共科技政策导论［M］．北京：科学出版社，2014.

［77］赵儒煜，常忠利．经济高质量发展的空间差异及影响因素识别

[J]. 财经问题研究, 2020, 443 (10): 22-29.

[78] 孙久文, 蒋治, 胡俊彦. 新时代中国城市高质量发展的时空演进格局与驱动因素 [J]. 地理研究, 2022, 41 (07): 1864-1882.

[79] 孙久文, 苏玺鉴, 闫昊生. 东北振兴政策效果评价——基于 Oaxaca-Blinder 回归的实证分析 [J]. 吉林大学社会科学学报, 2020, 60 (02): 75-84, 220.

[80] 孙艺璇, 程钰, 刘娜. 中国经济高质量发展时空演变及其科技创新驱动机制 [J]. 资源科学, 2021, 43 (01): 82-93.

[81] 唐常春, 李亚平, 杜也, 等. 1980-2018 年粤港澳大湾区国土空间结构演变 [J]. 地理研究, 2021, 40 (04): 928-944.

[82] 周磊, 龚志民. 数字经济水平对城市绿色高质量发展的提升效应 [J]. 经济地理, 2022, 42 (11): 133-141.

[83] 陶爱萍, 吴文韬. 进口推动经济高质量发展吗?: 一个供给侧的视角 [J]. 世界经济研究, 2020 (06): 73-88+136-137.

[84] 滕磊, 马德功. 数字金融能够促进高质量发展吗? [J]. 统计研究, 2020, 37 (11): 80-92.

[85] 佟孟华, 褚翠翠, 李洋. 中国经济高质量发展的分布动态、地区差异与收敛性研究 [J]. 数量经济技术经济研究, 2022, 39 (06): 3-22.

[86] 汪丽娟, 吴福象, 蒋欣娟. 双向 FDI 技术溢出能否助推经济高质量发展 [J]. 财经科学, 2019 (04): 64-79.

[87] 邹志勇, 辛沛祝, 晁玉方, 等. 高管绿色认知、企业绿色行为对企业绿色绩效的影响研究—基于山东轻工业企业数据的实证分析 [J]. 华东经济管理, 2019, 33 (12): 35-41.

[88] 汪增洋, 张学良. 后工业化时期中国小城镇高质量发展的路径选择 [J]. 中国工业经济, 2019 (01): 62-80.

[89] 王海, 尹俊雅. 地方产业政策与行业创新发展—来自新能源汽车产业政策文本的经验证据 [J]. 财经研究, 2021, 47 (05): 64-78.

[90] 王军, 车帅. 黄河流域数字经济对高质量发展的影响—来自城市异质性的经验证据 [J]. 资源科学, 2022, 44 (04): 780-795.

[91] 王军, 付莎. 金融一体化与城市群经济协调发展 [J]. 财经科学,

2020 (10): 80-92.

[92] 王小华，杨玉琪，罗新雨，等. 中国经济高质量发展的空间关联网络及其作用机制 [J]. 地理学报，2022，77 (08): 1920-1936.

[93] 王亚飞，樊杰. 中国主体功能区核心—边缘结构解析 [J]. 地理学报，2019，74 (04): 710-722.

[94] 王亚男，唐晓彬. 基于八大区域视角的中国经济高质量发展水平测度研究 [J]. 数理统计与管理，2022，41 (02): 191-206.

[95] 韦东明，顾乃华，魏嘉辉. 财政垂直失衡、公共支出偏向与经济高质量发展 [J]. 经济评论，2021 (02): 23-43.

[96] 孙燕铭，谌思邈. 长三角区域绿色技术创新效率的时空演化格局及驱动因素 [J]. 地理研究，2021，40 (10): 2743-2759.

[97] 魏下海，董志强，黄玖立. 工会是否改善劳动收入份额? ——理论分析与来自中国民营企业的经验证据 [J]. 经济研究，2013，48 (08): 16-28.

[98] 吴楚豪，王恕立. 省际经济融合、省际产品出口技术复杂度与区域协调发展 [J]. 数量经济技术经济研究，2019，36 (11): 121-139.

[99] 吴志军，梁晴. 中国经济高质量发展的测度、比较与战略路径 [J]. 当代财经，2020 (04): 17-26.

[100] 谢康，肖静华，周先波，等. 中国工业化与信息化融合质量：理论与实证 [J]. 经济研究，2012，47 (01): 4-16+30.

[101] 徐保昌，谢建国. 排污征费如何影响企业生产率：来自中国制造业企业的证据 [J]. 世界经济，2016，39 (08): 143-168.

[102] 徐辉，师诺，武玲玲，等. 黄河流域高质量发展水平测度及其时空演变 [J]. 资源科学，2020，42 (01): 115-126.

[103] 陈诗一，陈登科. 雾霾污染、政府治理与经济高质量发展 [J]. 经济研究，2018，53 (2): 20-34.

[104] 许宪春，雷泽坤，窦园园，等. 中国南北平衡发展差距研究——基于“中国平衡发展指数”的综合分析 [J]. 中国工业经济，2021 (02): 5-22.

[105] 许志龙，杨露. 近域城市组群融合发展的模式研究——以浙江省

展的影响——基于 Index DEA 和面板分位回归的分析 [J]. 中国管理科学, 2022, 30 (05): 118 – 130.

[135] 祝珺. 皖江城市带与长三角地区跨区域产业联动的发展研究 [D]. 合肥工业大学, 2012.

[136] 蔡哲, 王德文. 中国经济增长可持续性与劳动贡献 [J]. 经济研究, 1999 (10): 62 – 68.

[137] 曹光辉, 汪锋, 张宗益, 等. 我国经济增长与环境污染关系研究 [J]. 中国人口·资源与环境, 2006 (1): 25 – 29.

[138] 曹文. 我国天然林资源保护工程的财政政策研究 [D]. 北京林业大学, 2008.

[139] 陈海嵩. "生态保护红线" 的法定解释及其法律实现 [J]. 哈尔滨工业大学学报 (社会科学版), 2017, 19 (01): 29 – 35, 2.

后　记

2023年8月15日，习近平总书记在首个全国生态日到来之际作出重要指示强调，全社会行动起来，做绿水青山就是金山银山理念的积极传播者和模范践行者。党的十八大以来，江苏全面贯彻落实习近平生态文明思想，始终坚持绿色发展的价值取向，将生态文明建设自觉融入经济建设、政治建设、文化建设和社会建设，坚决打好污染防治攻坚战，协同推进经济高质量发展、生态环境高水平保护和人民群众高品质生活，生态环境实现从严重透支到明显好转的历史性转变。十年来，江苏在经济总量翻了一番多的同时，主要污染物排放总量持续下降，单位GDP能耗、碳排放强度分别下降48.3%、43.4%。新时代十年，全省生态环境质量指标均创有监测纪录以来最好水平，绿色成为江苏高质量发展的鲜明底色。

江苏能否实现生态优先、绿色发展理念下的高质量发展重点在苏北、难点也在苏北。苏北生态环境保护仍然面临多重矛盾和风险挑战，其结构性、根源性、趋势性压力还没有根本缓解，生态环境治理现代化水平尚不足以支撑绿色化、低碳化的高质量发展阶段，生态环境质量与人民群众日益增长的优美生态环境需要还有一定差距。在全社会牢固树立生态文明理念，增强全民节约意识、环保意识、生态意识，推动高质量发展与高水平保护良性互动，筑牢绿色发展的思想根基，是实现生态优先、绿色发展理念下苏北的高质量发展、奋力建设社会主义现代化新苏北的题中应有之义。

本书是作者近年来相关研究成果的总结与归纳，旨在适应当前国家推动高质量发展的新要求，探讨绿色生态理念下苏北高质量发展的理论与实践问题。全书共分为九章。第一章人类社会发展的新境界：生态优先、绿色发展，阐明人类对工业文明人类中心思想的反思，以及生态优先、绿色发展相关理论的内涵与发展脉络；第二章研究苏北高质量发展基础条件，探讨苏北高质量发展的基础条件、优势、短板、机遇与挑战；第三章研究苏北高质量发展的问题，从发展方式、产业结构、生态环境、人才队伍、社会治理等方面探讨苏北高质量存在的问题；第四章研究苏北高质量发展的导向与功能定位，探讨了苏北高质量发展的发展原则、发展导向、功能特征、功能定位；第五章研究苏北地区产业结构的时序调整和空间演变，探讨了苏北地区产业结构变迁特征和时空格局演变趋势；第六章研究绿色发展与高质量发展的效率测度；第七章研究苏北高质量发展的重点选择，围绕苏北高质量融入长三角一体化、高质量推进大运河文化带建设、高质量推进淮河生态经济带建设等开展研究；第八章研究苏北高质量发展的战略举措，探讨了苏北高质量发展的战略举措，包括守住安全底线、增长动力转换、消费模式改进、产业结构调整等方面；第九章研究苏北高质量发展政策保障体系，包括组织保障、资金保障、技术保障、人才保障、法治保障。

本书中部分章节已公开发表，有部分内容是作者在已有研究积累的基础上整理而成。在本书的资料收集和整理过程中，赵成柏、马卫东等通知付出了辛勤劳动；在撰写过程中，颜彩媛、王姗姗、王惠等同志给予了很大的帮助，在此表示感谢。同时也感谢中国财政经济出版社在此书出版过程中给予的指导与帮助。

由于时间和能力有限，加之本书也是本领域的探索性研究，书中难免会有错误之处，恳请专家学者批评指正。

仇桂且　史修松

2023 年 9 月于淮安